本書出版得到安徽省重點學科
阜陽師範學院古代文學學科資助。

# 嘉靖潁州志（李本）校箋（上）

（明）李宜春　纂脩
張明華　戴歡歡　校箋

中国社会科学出版社

**圖書在版編目（CIP）數據**

嘉靖潁州志（李本）校箋：全2册／張明華，戴歡歡校箋．—北京：中國社會科學出版社，2017.12

ISBN 978－7－5203－0975－2

Ⅰ.①嘉… Ⅱ.①張…②戴… Ⅲ.①阜陽—地方誌—明代 Ⅳ.①K295.43

中國版本圖書館CIP數據核字（2017）第221642號

出 版 人 趙劍英
責任編輯 郭曉鴻
特約編輯 席建海
責任校對 季 静
責任印製 戴 寬

出 版 中国社会科学出版社
社 址 北京鼓樓西大街甲158號
郵 編 100720
網 址 http://www.csspw.cn
發 行 部 010－84083685
門 市 部 010－84029450
經 銷 新華書店及其他書店

印 刷 北京明恒達印務有限公司
裝 訂 廊坊市廣陽區廣增裝訂廠
版 次 2017年12月第1版
印 次 2017年12月第1次印刷

開 本 710×1000 1/16
印 張 48.25
字 數 543千字
定 價 208.00元（全二册）

# 前言

李宜春所纂《嘉靖潁州志》（以下簡稱《李志》）初刻於嘉靖二十六年（1547），其後未曾重刻，且僅有孤本傳世，是非常珍貴的明代方志之一。劉尚恒在《安徽方志考畧》一書中説：「嘉靖李志，全書二卷，分作十二類，體例簡而有要，專立《傳疑》一類，態度猶爲慎重的。每類前有小序，後有評贊。」這是對該書的有力肯定。可是該書一直流傳不廣，其價值也沒有受到學者的重視。至於其纂者李宜春的事蹟與著述，就更加無人關注了。有鑒於此，此處不僅詳細考證李宜春在潁的事蹟和著述，而且對《李志》的特點及其與呂景蒙《嘉靖潁州志》（以下簡稱《呂志》）的關係加以探討。

## 一　李宜春在潁事蹟

作爲《李志》的主要纂者，李宜春可謂功不可沒，可是關於其個人的生平事蹟，由於各種史料記載較少，故難以進行完整的考察。現主要依據《光緒莆田縣志》及《李志》中的相關記載，對其在潁州的事蹟加以羅列。

李宜春，字應元，號壺賓，莆田（今屬福建）人。嘉靖二十三年（1544）進士，曾任潁州知州。關於其生平，可考者有以下22條：

（一）明世宗嘉靖十九年（1540），中舉。《光緒莆田縣志·選舉·鄉薦》：「李宜春，字應元。儒士。甲辰（1544）進士。」

（二）嘉靖二十三年（1544），進士及第。《光緒莆田縣志·選舉·進士》：「（嘉靖二十三年甲辰）李宜春，潁川同知。」按：李宜春所任爲潁州知州，非「潁川同知」。《光緒莆田縣志》記載有誤。

（三）嘉靖二十四年（1545），出任潁州知州。《李志·秩官·知州》：「李宜春，字應元，福建莆田人。嘉靖甲辰進士。二十四年任。」《康熙潁州志·職官·知州》：「李宜春，莆田人。進士，嘉靖二十四年任。」

（四）嘉靖二十五年（1546），改建潁州州治。《李志·建置》：「州治在北城西……嘉靖丙午（1546），知州李宜春漸次改建，規制畧備。」

（五）九月上旬，開始纂脩《潁州志》。李宜春《嘉靖潁州志跋》：「志作於九月初旬，閱載閏而登之木。」

按：嘉靖二十六年（1547）有閏九月，此云「閱載閏」，既「閱載」又「閱閏」，則其始脩時間當爲本年九月。

（六）本年，脩繕囹圄。《李志・建置》載錢梗《繕囹圄記》：「又未幾，閩人李子宜春以進士來守潁。明年（1546）仲夏，余遷刑部郎中過此，則睹李子治甫旬月，燦然脩之法制，可數數以計。其一繕囹圄……」

（七）本年，重脩察院行臺。《李志・建置》：「察院行臺在州學之東……嘉靖丙午（1546），知州李宜春重脩。」

（八）本年，脩廣積倉。《李志・建置》：「廣積倉。在鼓樓之南，凡爲廒四十楹，嘉靖丙午（1546），知州李宜春脩。」

（九）本年，脩公舘。《李志・建置》：「公舘。在察院前，知州李宜春脩。」

（一〇）嘉靖二十六年（1547），脩預備倉。《李志・建置》：「預備倉……嘉靖丁未（1547），知州李宜春脩。」

（一一）閏九月上旬，所纂《李志》成，開始刻板。見上年「九月上旬」條。

（一二）十月，作《嘉靖潁州志跋》。其尾署曰：「嘉靖丁未（1547）冬十月上澣，壺賓李宜春跋。」

（一三）本年，脩養濟院。《李志・建置》：「養濟院。在兵備道後，嘉靖丁未（1547），知州李宜春脩。」

（一四）本年，查復西湖地界。《李志・賦產》：「西湖。在州西北三里……丁未（1547），兵備許公天倫委知州李宜春查復硬界一十一畝。」

（一五）本年，脩先師廟並明倫堂。《李志·學校》：「先師廟。丁未（1547），知州李宜春築兩廡……並脩明倫堂，置考卓［桌］十六張，長凳十條。」

（一六）本年，脩敬一亭。《李志·學校》：「敬一亭……丁未（1547），知州李宜春脩。」

（一七）本年，重脩尊經閣。《李志·學校》：「尊經閣……丁未（1547），知州李宜春重脩……李宜春新置《四書》《五經》《大全》各一部。」

（一八）購《四書》《五經》《性理大全》各一部，置於尊經閣。見上條。

（一九）本年，重脩鄉賢祠。《李志·學校》：「鄉賢祠。丁未（1547），知州李宜春重脩並築臺立碑，覆以木幔，各立長扁幾案。」

（二〇）本年，重申學田。《李志·學校》：「學田。丁未（1547），知州李宜春申：允李錦鋭枉受魏昇買免地五十畝，坐驛虎橋落。」

（二一）本年，建社學。《李志·學校》：「社學。州：在城一，已廢。丁未（1547），知州李宜春改衛東關王廟爲之。」

（二二）本年，重脩遺愛祠。《李志·學校》：「遺愛祠……丁未（1547），知州李宜春與知縣胡寧重脩。」

由此以往，李宜春的事蹟無考。這可能跟其後來仕途不顯達有關。目前所知的李宜春事蹟僅有以上二十餘事，基本上是在潁州之事，但從中可以看出李宜春不僅關注民生問題，如脩建囹圄和養濟院，而且對學校教育也非常重視，既脩建相關設施，還購置桌凳和書籍。

## 二　李宜春在潁著述

李宜春的著述，除了本書，雖然罕見於其他文獻，但其在潁州所寫的文章於所著《李志》中卻收錄較多。除了每類内容慣常的前有序、後有論（皆題爲「李宜春曰」）之外，可考者尚有以下8篇：

（一）《題名記》一篇。在《李志·秩官》後，錄有李宜春《題名記》。作者感於前代題名未樹，有所闕失，廼作此記，先秩後名，使賢者垂名。

（二）《脩州治記》一篇。在《李志·建置》前，錄有李宜春《脩州治記》。李宜春任職潁州期間，見州治規制多卑陋，廼加以脩葺。作此文，表其欲脩廣廈萬間，盡庇一邦之民之心願。

（三）《景行堂記》一篇。在上文《脩州治記》後，又錄有李宜春《景行堂記》。李宜春嚮往宋晏、歐、呂、蘇四公，期以古人自鏡，廼撤事堂爲景行堂，取「高山仰止，景行行止」之義。

（四）《諭俗文告諭父老子弟》一篇。在《李志·風俗》後，錄有李宜春《諭俗文告諭父老子弟》。爲變革潁州之不良時俗，李宜春告諭父老子弟，以期恢復舊時淳樸風俗。

（五）《重脩西湖祠記》一篇。在《李志·學校》後，錄有李宜春《重脩西湖祠記》。前代曾將宋晏殊、歐陽脩、呂公著、蘇軾並祀於西湖，李宜春知潁時，見其祠敗壞，廼加脩整，並令人守之。

（六）《祭文》一篇。在《重脩西湖祠記》後，又錄有李宜春所作《祭文》，廼其爲祭奠晏、歐、呂、蘇四公所作。

（七）《貞烈祠記》一篇。在《李志·祀典》中，錄有李宜春《貞烈祠記》。李宜春深感范母、三婦、三楊之貞烈，爲其脩葺其祠，且易「六貞」爲「貞烈」，以達風範後人之目的。

（八）《嘉靖潁州跋》一篇。在《李志》之後，李宜春作跋以述其事。

此外，在明末兵部尚書張鶴鳴家族所作的民國《張氏族譜》中尚載有李宜春所作《四張子說》一篇。因此文僅見於此，實爲難得，故迻錄如下：

水臺大夫汝明張先生，曜芒列宿，掞藻雲鄉，佳胤發祥，征名從土。伯以培，仲以坊，叔與季則以在以堣，蓋取五行相生義焉。培織學流芳，列諸生，予最愛賞，而大夫又予所敬事者，槩以字請其奚說之辭。予曰：「於古有之，若考作室者乎，繼述來賢，肯堂之道寓焉。是故始之以肇基，繼之以明表，中之以定方，終之以考極。

基非培則弗崇，表非坊則弗立，方非在則止弗定，極非堣則宅弗當。是故累炭積峻，則堂之址，軌以塏而崇隆矣。培也，其克崇乎！襲防營郭，則堂之幹，楨以壯而立固矣。坊也，其克立乎！陳基審執，則堂之規，制以具而止奠矣。在也，其克止乎！順鄉授時，則堂之象，設以辟而宅安矣。堣也，其克宅乎！引發會終，維此與宅矣，各止其所矣，立不易方矣，其崇如墉矣。是故以德崇則用利，以本立則道生，《易》之艮止，《書》之即宅，皆吾儒所謂道也，獨堂構然哉？四子鏡諸，罔曰弗克，嗣美前輝，炳炳焉，麟麟焉，謂天下明堂非邪？不然，弗肯堂，弗肯構，吾懼辱其尊大夫命也。」大夫出其四子，謝曰：「謹受教！」作《四張子說》。

時大明嘉靖二十六年歲次丁未仲冬月穀旦。州尊壺賓宜春李公撰。

筆者目前所能搜羅到的李宜春著述不多，且都是在潁州所作，不見於他處，因此都非常珍貴。

## 三　《李志》的主要特點

作爲明代方志的一種，《李志》不僅遵循了當時方志編纂的大致體例，同時也體現出自身的一些獨特之處。現從三個方面來分析：

其一，跟一般方志相比，《李志》給人的感覺是貌似《呂志》的「節本」。「節本」一詞出於宋代樓鑰的《〈通鑒總類》序》：「《資治通鑒》，不刊之書也，司馬公自言精力盡於此書，而士夫鮮有能徧讀者。始則以科舉而求簡便，世所傳節本，自謂得此足矣。」古人認爲某些書因篇幅較大，或某些內容不宜保留，爲了適應某一層次讀者需要，對這些書加以刪節後印行。這些被刪節後刊印的版本，就被稱爲「節本」。

就方志的編寫來說，一般總要考慮到其與前志的關係問題，以便在內容上加以銜接或者分工。其關係主要可以歸結爲三類：一是新志對前志的體例和內容不作脩改，而在相關的地方補充前志未及收錄的近時內容。例如，張鶴騰等人編纂的《榆次縣志》，萬曆年間有刻本；到了天啟時期，後人又補充了其後的內容，仍號稱「萬曆本」。今存《萬曆榆次縣志》就是這樣的補刻本。二是新志避開前志所載，僅僅編纂近時內容，與前志成爲聯繫密切的有機整體。例如，《民國東阿縣志》所載全是民國間的內容。其《凡例》云：「纂脩《民志》等於創始。蓋民政時代，仍主故常，無裨實用，不可也。」三是既對前志的內容有所補充，又續寫前志之後的內容。在《李志》之前，現存的明代《潁州志》尚有兩種，一是劉節的《正德潁州志》（下文簡稱《正德志》），一是《呂志》。其中，《正德志》比較簡畧，帶有一定的草創意味。而《呂志》吸收了《正德志》的成果，增添了太和、潁上二縣的相關內容，以其門例更加完備，內容更加翔實，編纂及刻板水準更高，受到當時及後世的一致好評。對照以上三類，《李志》與《呂志》的關係皆不類似，它其實更像是《呂志》的「節本」。

也許可以這樣理解，《李志》編纂於《呂志》之後的第十年，彼此相隔時間較短，在體例上又難以超越，可以補充的內容有限，所以只好壓縮《呂志》，編纂成一個規模較小的簡編本。《李志》涵蓋了一州兩縣的地域，全書卻僅有上、下二卷的篇幅，這在現存方志中是較少見的。這也似乎從一個側面印證了《李志》是《呂志》的「節本」。

其二，雖然從總體上説《李志》相對於《呂志》的篇幅已大大縮小，但這並不意味著李宜春一味求簡。事實上，在有些地方，《李志》不但不簡，反而比《呂志》更加具體，文筆也顯得更加繁富。

（一）詳記潁州古蹟。《李志》在介紹潁州古蹟時力求詳盡，特別是對胡子國城、沈子國城、州來城等三處古蹟的介紹。《李志》把可考的一些相關材料按時間整合，具體而清晰。而同樣的內容，在《呂志》中卻只用一兩句話概括其歷程。在介紹去思堂、聚星堂時，《李志》除了像《呂志》那樣介紹古蹟的來歷，還增加了幾首古人的相關詩歌。這樣一來，即使介紹同樣的對象，《李志》的篇幅卻大大超過《呂志》，從而顯示出其「繁」的一面。

（二）詳記《呂志》未載之事。在《呂志》的基礎上，《李志》重點補充了兩方面的內容。一是《呂志》失載的內容。如歐陽脩的六一堂，《呂志》根本就未提及，而《李志》不僅介紹了六一堂的來由，還附錄歐陽脩的《六一居士傳》一文來詳細解釋「六一」的含義。二是《呂志》未及載的內容。對於《李志》來説，《呂志》編成之後的事情最有價值，記載也十分詳細。特別是李宜春自己在潁州知州任上的所作所爲，都得到了具體的反映。如關於李宜春脩建州治一事，《李志》中不僅記載其事，還附錄他自己所作的《脩州志記》。

（三）《李志》雖未設《藝文志》，仍保存了不少珍貴的詩文，特别是當時的詩文。較之一般的志書，《李志》在體例上有所不同，即未單列《藝文志》。雖然如此，《李志》在介紹相關的古蹟、建置以及風物等方面時，爲了突出一些重要的對象，卻又插入很多詩文。例如，都憲馬炳然所作《渡淮河書察院壁詩》及少卿張泰的次韻和答，均不見他處記載，具有很重要的輯佚價值和研究價值。

從以上三個方面可以看出，《李志》並非一味求簡，而是自有其繁富之處。如果説其採用「節本」的形式未必算作優點，其「繁」的一面則體現出更多的文獻價值，因此值得肯定。

其三，設立《傳疑》一類，體現了求實的態度。與其他志書相比，《李志》專門設立「傳疑」一類，具有其獨特之處。據編者李宜春自序，其設立目的爲「敘綜述以稽證，並録以存故」，可見其已具有明確的「信以傳信，疑以傳疑」的求實精神。

《李志·傳疑》的内容涉及三個方面：其一是關於古城的考證，只有「寢丘城」一條。《正德志·古蹟》載其在「潁東三十里」，但李宜春據《史記》考證，實在固始縣。這屬於辨誤。二是對於古墓的考察。關於黄覇墓，《正德志·陵墓》：「在州東三里灣中流高堆。」可李宜春發現《一統志》載其在考城縣東北一十里。關於蔡邕墓，《正德志·陵墓》：「在州西六十里栗頭倉西。」但《一統志》載其在開封府東北四十五里。此兩處皆屬存疑。三是對於歷史人物的考察。這方面的内容較多，具體又可分爲陳勝、鄧宗、灌夫等人的籍貫是否在潁州與鄭渾、徐邈、潘美等人是否曾在潁州任職兩個問題。對於《正德志》《呂志》的記載，《李志》或正誤，或存疑。這些都足以體現《李志》編纂者李宜春的求實精神和嚴謹態度。

明代，在中央政府的倡導下，地方志脩纂蔚然成風。洪武年間，朝廷曾遣使移文天下脩志。永樂十年（1412），爲脩《大明一統志》，朝廷專門頒降《脩志凡例十六則》。十六年（1418），又下詔纂脩天下郡縣志書。同年又頒降《纂脩志書凡例》，分建置、沿革、分野、疆域、城池、山川、坊郭、鎮市、土産、貢賦、風俗、戶口、學校、軍衛、郡縣、廨舍、寺觀、祠廟、橋樑、古蹟、宦蹟、人物、僊釋、雜志、詩文二十五類。這裏所列的類別不可謂不多，可即使如此，其中並無「傳疑」的蹤影。雖說「雜志」一類可能畧微相關，但「雜志」的基本特徵是「雜」，並不以考證爲主，因此彼此關係不大。《李志》脩於嘉靖年間，按理說應該遵循朝廷已有的成法，可是其竟能突破朝廷《纂脩志書凡例》所規定的類别，專設「傳疑」，其創新意義還是很明顯的。這在其他志書中很難見到，體現了其獨特的一面。

黄宗羲在《〈淮安戴氏家譜〉序》中說：「以余觀之，天下之書，最不可信者有二：郡縣之志也，氏族之譜也。郡縣之志，狐貉口中之姓氏，子孫必欲探而出之，始以賄賂，繼之啁喝，董狐、南史之筆，豈忍彈雀？」黄氏之言很能反映一般方志編者的態度。即以《潁州志》編寫來說，也曾有這樣的情況。如劉節在《正德志凡例》曾這樣宣稱：「集録歐公詩文，以見潁在前朝風土美盛。故凡干涉潁者，一一録之。」也正因如此，《正德志》中存在不少錯誤。《正德志》之後出現的《呂志》，書前附有「辨誤」若干則，主要即針對《正德志》的一些錯誤。《李志》在正文中專門設立「傳疑」一類，可以説在《呂志》的基礎上又大大前進了一步。此後的《順治潁州志·叢譚部》中有「正誤十則」，亦可看出《李志》影響的成分。而《康熙潁州志》也沿襲了《順治潁州志》的做法。由此不難看出，自《李志》以後，潁州志書的編纂更加重視客觀、求實了。

《李志》在承襲前志的基礎上，又有所創新與調整。這既避免了其一味重復《呂志》的弊端，又從另一側面反射出了其自身所具有的獨特價值。

## 四　《李志》與《呂志》的關係

所載内容大多出自《呂志》，而《呂志》的名聲又比較大，使得《李志》不論在當時還是後世都爲其所掩。但稍加比較即不難發現，《李志》與《呂志》具有很多的不同之處，《李志》並不是《呂志》的附庸。

其一，類別的不同。《李志》雖對《呂志》有借鑒之處，但在類別上體現出了明顯的不同。現將《李志》的類別與《呂志》作一對比：

| 《呂志》 | 《李志》 | 《呂志》 | 《李志》 |
|---|---|---|---|
| 郡紀 | 州考（附鎮、集、村、坡） | 鄉賢 | 無 |
| 郡縣表 | 無 | 過賓 | 無 |
| 疆域表 | 無 | 名將 | 人物（將畧） |
| 封爵表 | 無 | 死事 | 人物（忠義） |
| 職官表 | 無 | 孝義 | 人物（孝義） |
| 人物表 | 無 | 遺逸 | 人物（隱逸） |
| 輿地 | 輿勝（附古蹟、墳墓） | 貞烈 | 人物（附貞節） |
| 建置 | 建置（附坊廠、鋪橋） | 僑寓 | 宦業（附流寓） |
| 食貨 | 賦產 | 方伎 | 傳疑（附方伎、寺觀） |

续　表

| 《呂志》 | 《李志》 | 《呂志》 | 《李志》 |
| --- | --- | --- | --- |
| 溝洫 | 賦產（附溝洫） | 外傳 | 無 |
| 禮樂 | 學校（附祀典） | 無 | 秩官 |
| 學校 | 學校 | 無 | 選舉（附貢、例、貤封、雜科） |
| 兵衛 | 兵防 | 無 | 風俗（附物異） |
| 命使 | 無 | 無 | 傳疑（附方伎、寺觀） |
| 名宦 | 宦業 | 無 | 人物（名臣、循吏、氣節、經術、文苑、廉介、治行） |

由上表不難看出，《李志》在類別設置上與《呂志》差別很大，主要有這樣幾種情況：第一種，《呂志》中的郡縣表、疆域表、封爵表、職官表、人物表以及命使、鄉賢、過賓、外傳等9類，在《李志》中都不見蹤影。第二種，《呂志》中的郡紀、輿地、食貨、兵衛、名宦、名將等類，在《李志》中被稱作州考、輿勝、賦產、兵防、宦

業、人物，兩者相同的僅有建置和學校兩類。第三種，《呂志》中的溝洫、禮樂、僑寓和方伎四類，在《李志》中被附録到賦産、學校、宦業和傳疑等類；而《呂志》中的名將、死事、孝義、遺逸、貞烈等五類，在《李志》中都被合併到人物一類。第四種，較之《呂志》，《李志》增加了秩官、選舉、風俗、傳疑四類，如果説前兩類還可看作從《呂志》中的職官表、人物表改造而成，後兩類則是新增的。即使從小類看，也有這樣的情況，《李志・人物》中名臣、循吏、氣節、經術、文苑、廉介、治行等小類，都是《呂志》所没有的。

此外，《呂志》前有序文和凡例，《李志》卻未有；而《李志》後有跋文，《呂志》卻未有。總之，即使從類别上看，《李志》與《呂志》的差異還是很明顯的，這足以見出《李志》自身的一些特點。

其二，寫作體例的差異。《李志》與《呂志》在具體的寫作體例上也表現出明顯的差異。同樣關於「風俗」一類的内容，《呂志》將其零散地放置在「輿地」之中，按朝代介紹，内容多只有簡單的一兩句話。其對宋朝潁地風俗的介紹是這樣的：「民性安舒，多衣冠舊族。土地褊薄，迫於營養，洛俗然也。汝陰在二京之交，俗頗同於洛邑。」相比之下，《李志》對「風俗」内容的介紹更加系統，也更加具體。《李志》將「風俗」作爲獨立的一部分，除了引用前人語句進行簡單描述外，還分别介紹了潁地各大節日期間的風俗活動。例如：「元旦。雞將鳴，主人起，肅衣冠，率子弟焚香拜天。次設供祀竈，謂之接竈。次拜神堂。次拜祖先，點燭燒香，焚楮幣畢，男女拜於中堂，尊卑有序。後族親、鄉友、鄰里交相往拜，至親果酒往拜其家，謂之賀節。後備春酒，彼此宴會。二三月廼止。」由此不難看出，對於「風俗」來說，《李志》的寫作體例與《呂志》完全不同。

這種體例的不同還體現在《李志》「兵防」與《呂志》「兵衛」的差異上。同樣是介紹一個世襲的武官家族，《呂志》自其祖上開始，直至當前任職者。如對指揮使梁棟家族，《呂志》的記載是：「梁文，直隸興州人。弘治十四年（1501）任指揮同知，死於陣。安國，正德七年（1512）以父功授指揮使。棟，嘉靖五年（1526）任。」《李志》則是先介紹當前任職者，然後再追溯其職位的傳承順序。還以指揮使梁棟家族來說，《李志》的記載是：「梁棟，順天府興州人。初，祖梁文以蔭襲宣武衛指揮同知。弘治十四年，因與王府結親，改調潁川，正德壬申授潁上，陣亡，贈指揮使。子安國襲指揮使。棟嘉靖五年仍世襲，卒。子大任。」由此例可以看出，《李志》不僅不同於《呂志》的體例，其所記內容甚至也比《呂志》詳盡。

以上所論雖然只涉及「風俗」和「兵防」兩個方面，已足以見出《李志》在寫作體例上與《呂志》有明顯的差異。

其三，《李志》改正了《呂志》中的一些錯誤。《李志》編纂於《呂志》之後，李宜春在參考《呂志》的同時，也有意識地改正了其中所存在的少量錯誤。這大致可以分爲三種情況。一是對《呂志》中的疏漏進行補正。例如，對於谷河口渡的記載，《呂志·輿地下》：「谷河口（渡），州東。」《李志·建置》爲：「谷河口渡，在州東南。」再對照《正德志·關梁》：「谷河口渡，在州東南谷河入淮處，渡通宣灣。」據此可知，《呂志》脱落了「南」字，《李志》則进行了補正。二是對《呂志》中的錯誤加以糾正。例如，對梁守裴之高之籍貫，《呂志·職官表》：「（武帝普通）裴之高，山陽人。詳本傳。」《李志·秩官》爲：「裴之高，字如山，壽陽人。」比《呂志》更早的《成化中都志》、比《李志》更遲的《順治潁州志》均作壽陽，可知壽陽爲正，而山陽爲誤。從這里可以看出，對於《呂志》的錯誤，《李志》有意做了改正。三是對《呂志》中人名錯誤的改正。例如，《呂志·兵衛》：「（丁）亮，宣德元年（1426）任。」對此丁亮，《順治潁州志》《康熙潁州志》均作「丁諒」，可知《呂志》記載有誤。而《李志·兵防》中的記載則爲：「丁威。直隸桃源人。初，丁勝洪武二十八年（1395）累功陞潁川副千戶。傳瑄。傳麟，陣亡。傳諒。」由此可以看出，《李志》對《呂志》中的人名錯誤自覺地進行了改正。無论是對《呂志》疏漏的補正還是對其錯誤的改正，都可見出李宜春追求真實之態度。

通過以上比較可以看出，無論在類目安排、寫作體例還是在改正錯誤上，《李志》都跟《呂志》有明顯的不同，體現出自己的獨特價值。

《李志》是李宜春爲後人留下的寶貴財富，具有其自身的獨特之處，值得我們去珍惜和研究。明人張鶴鳴在《萬曆潁州志序》中一方面高度褒揚《呂志》，另一方面又極力貶損《李志》：

嘉靖初，州倅象郡呂公景蒙取劉公原本（指《正德志》）稍加訂正，續以新編，議論正大，褒貶不戾，雖多援古典，迂滯而無當於潁，然簡確嚴密，猶爲實録。嘉靖中，郡大夫莆田李公宜春增脩，多出山人墨客之手，實損而繁滋，意歆而詞蕪，大失吕公之舊，行之不遠，殘缺無遺矣。

從前面的分析可以看出，這種説法顯然有失偏頗，因爲張鶴鳴不僅忽畧了《李志》自身的特點，而且也忽視了其在求實和創新方面付出的努力。

# 校註凡例

原書無凡例，因校註需要，爲了解決實際上遇到的若干問題，特出凡例如下。

其一，在儘量遵循原書體例的前提下，遇到指代不明的情況，不得不增加類名。如原書《秩官》一類明確分爲封爵、職官和明職官三個方面，但沒有類名，僅僅是先按照朝代順序排列封爵，再按照朝代順序排列職官，最後專門列出明代職官。爲了避免混淆，參考其餘方志的通常處理方式，分別在三類內容前加上「封爵」、「職官」和「明職官」三個類名。

其二，儘量保留原書的異體字。如原書中將歐陽修之「修（亦作脩）」與修建之「修」，全部寫作「脩」，將所有「鼓」字寫作「皷」，將所有「時」字寫作「峕」等，本書在正文中均一仍其舊，但在頁下註文中則統一使用最通行的文字。原書同一字常常有不同寫法，則統一爲最通行的字。如「歡」與「懽」統一爲「歡」，「歎」與「嘆」統一爲「歎」，「樽」與「罇」統一爲「樽」，「莊」與「庄」統一爲「莊」，「釐」與「厘」統一爲「釐」。

頁下註採用同樣的方式。

其三，現存阜陽方志仍有多種，在校註時儘量使用此前的劉節《正德潁州志》和呂景蒙《嘉靖潁州志》，同時使用此後的王天民《順治潁州志》。（張鶴鳴所纂《萬曆潁州志》殘缺較爲嚴重，今僅存最後的《藝文志》和《叢談》兩類。）這樣前後對照，不僅可以校正原文的錯誤，而且可以補充許多可貴的資料。如《順治潁州志》的相關部分殘缺或不夠詳細，則據張鈁的《康熙潁州志》等加以補充。至於潁上、太和兩縣部分，由於幾種《潁州志》或者不載，或者僅涉及少量內容，所以主要依據劉峢、陳琯《萬曆太和縣志》（如該書相關部分失載或殘缺，則據陳大綸、吳溢《順治太和縣志》註釋）及翟廼慎《順治潁上縣志》來加以校註。

其四，由於地名會有改變，建置會有變化。同樣的名稱，在上述幾種志書中所指对象可能並不同；即便對於同一對象，幾種志書的記載也會有所不同，甚至互相抵牾。如果根據這些記載能夠確定本書的正誤，則直接做出明確的論斷；如無法判斷正誤，則亦一一列出，以俟他日有新文獻後進一步論斷。不僅如此，由於同一对象在不同的志書中可能遷移了方位，或者改變了建築，甚至改變了名稱。因此，本書註出此前、此後幾種志書中的相關記載，不僅是爲了證明本書內容的可信性，而且可以見出其來龍去脈。如果一味強調註釋與正文一致，就會忽視其這方面的意義。

其五，由於《成化中都志》和《南畿志》的成書時間均早於現存最早的《正德潁州志》，其中保留着較多的潁州地方史料，且長爲脩志者參考，故凡見於其中的相關資料，均一一註出。

其六，使用其他地方的方志時遵循這樣一個前提：首先是爭取找到相關的方志。許多地方由於無法找到當地的方志或者找到的方志中無相關內容，只能望洋興歎！在找到相關方志的前提下，再儘量選擇距離相關內容年代最近的一種。不過，在實際操作中，這種情況雖然也有一些，但總體上還是顯得過於奢侈了。

其七，爲便於讀者觀覽，對書中的年號紀年或干支紀年，後面用阿拉伯數字加註公元年數，放在「（）」之內。在同一條中，同樣的紀年方式，如正文已加標註，則頁下不再註出；前面引文已經註出，則後面的引文不再註出。

其八，對於書中的脫字，在脫字處加「（）」，將需要補出的字置於其中；對於書中的錯字，在不改變原字的前提下，後面加「［］」，將正確的字置於其中；對於書中的衍文，則刪去多餘的字，並在頁下註出刪字的緣由；如果原文可能有誤，卻又無法判斷錯誤所在，亦將筆者的懷疑註在頁下；原文有缺字或者過於模糊，實在無法辨認，則以「□」標識。

其九，本書雖未設藝文志，但在文中附錄了較多的詩文。對於這些詩文，原書一般使用小字，但也有使用大字的情況。爲統一體例，統一改作小字。

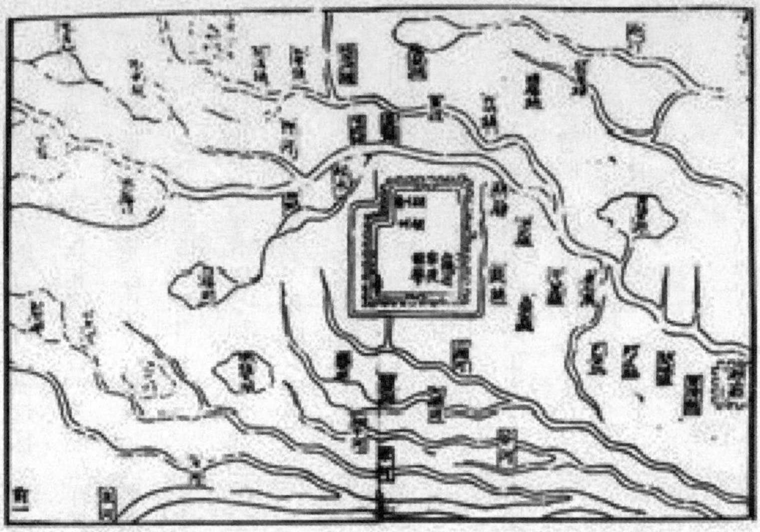

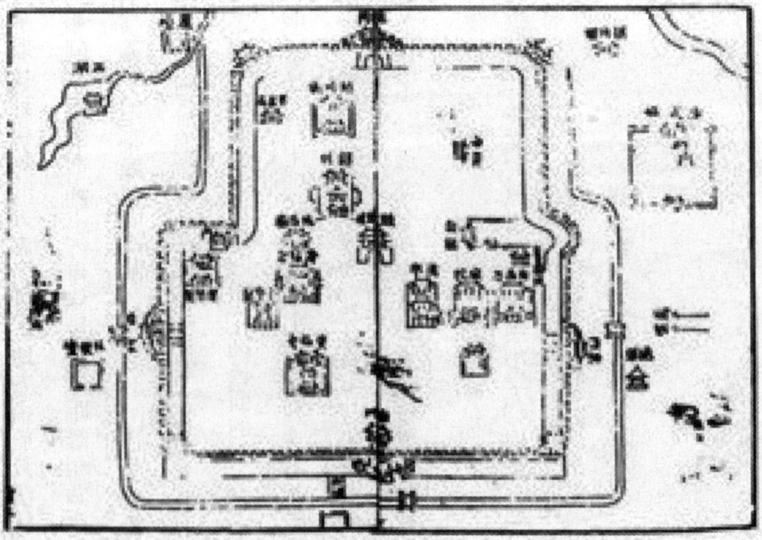

## 州圖

李宜春曰：余治潁暇，閲其《近志》①，勦而漓，蔓而雜，駁之不可爲訓也。迺芟繁舉要，元元舊乘，而酌以大夫士所見聞，爲《潁州志》凡十二篇。敘曰：

茫茫禹迹，膴膴豫州。裂爲郡邑，於潁之陽。綜稽世變，因革迺詳。翼彼畿服，顯茲鉅方。故先《州考》。

表厥山川，彪其形勢。代謝谷堙，氣通阜泄。都會稱雄，沃野饒麗。隱矣長城，江淮之衛。故次《輿勝》。

□之□□，□職是聯。《伐檀》興刺，《甘棠》有篇。崇□□□，□□□傳。賢否均列，勸懲寓焉。故次《秩官》。

官爲民極，署以表位。榦楨經營，禮教之至。詭儉詘呰，罡日如寄。可勞而勞，允維飾治。故次《建置》。

力役之征，視諸其賦。度土辯方，食貨攸寓。有饑傷勞，萇楚悲捕。節以愛之，民用迺裕。故次《賦産》。

土宜既辯，風俗可同。絲素染易，蘭薰化工。直樸漸靡，巧譎是訌。何以表正，於焉觀風。故次《風俗》。

《記》云成俗，其由學乎！②敦典敘彝，性靈錘鑪。焕章炳道，彌綸奥區。端厥師表，緊有蘇湖。故次《學校》。

學校之興，人才出焉。騰芬流藻，造俊生賢。抗翼霄漢，接蹟雲煙。際旹應運，增重山川。故次《選舉》。

人文鬱起，廼有珪璋。處爲龍蟄，出爲鳳翔。煒有令德，邦家之光。標其區類，揚其遺芳。故次《人物》。

羌維教養，典於官師。績效隆著，曰有遺思。文翁祠蜀，羊祜淚碑。庶幾廩廩，世豈無之。故次《宦業》。

《易》防「不虞」③，《書》末「八政」④。保障江淮，賴有兵炳。恃則易驕，翫則難勁。列其武弁，用與文并。故次《兵防》。

孔曰無徵，文獻不足。⑤亥豕之訛⑥，廼木之辱。夜稽史載，爰證其誤。事而存焉，其敢妄續。故次《傳疑》。

---

①此處所云《近志》，指潁州判官呂景蒙所編、刻於嘉靖十五年的《潁州志》，今存。

②《禮記·學記》：「君子如欲化民成俗，其必由學乎！」

③《周易》：「君子以除戎器，戒不虞。」

④《尚書·洪範》：「一曰食，二曰貨，三曰祀，四曰司空，五曰司徒，六曰司寇，七曰賓，八曰師。」

⑤《論語·八佾》：「子曰：『夏禮，吾能言之，杞不足徵。殷禮，吾能言之，宋不足徵也。文獻不足故也，足，則吾能徵之也。』」

⑥《呂氏春秋·察傳》：「子夏之晉過衛，有讀史記者曰：『晉師三豕涉河。』子夏曰：『非也。是己亥也。』夫己與三相近，豕與亥相似。至於晉而問之，則曰：『晉師己亥涉河也。』」

# 潁州志目録（上）

州考……一

建置



賦産

## 風俗

# 州考

夫古今，運也；因革，勢也。識勢者必通其宜，稽古者未有不綜其迹。作《州考》，敘歷代變易之端，及一方總轄之要，而鎮集村坡附焉。

## 潁州

古豫州域。①

心房之分野也。②

黄帝氏畫野分州，河之南爲豫，豫東北則潁地焉。③

歷唐、虞、三代不變。④

春秋則以潁爲胡子國。⑤

戰國屬楚。⑥

秦始分天下爲三十六郡，以潁爲潁川郡。⑦

①《尚書·禹貢》：「荆、河惟豫州。」《成化中都志·建置沿革·潁州》：「潁州……《禹貢》豫州之域。《書》云：『荊河惟豫州，西南至南條荊山，北距大河，皆其地也。』《文獻通考》云：『豫在九州之中，常安逸也。』又云：『豫者，舒也。言稟中和之氣，性理安舒也。』李巡云：『河南，其氣著密，厥性安舒，故曰豫。豫，舒也，又序也，言陰陽分布各得其序也。』」

②《周禮·春官·保章氏》：「以星土辨九州之地所封，封域皆有分星，以觀妖祥。」《漢書·天文志》：「房、心，豫州。」

③呂景蒙《嘉靖潁州志·郡紀》：「帝嚳受之顓頊，創制九州，統理萬國。河南曰豫州，東南爲潁。（《通志》。）」

④《成化中都志·建置沿革·潁州》：「周爲胡國，嬀姓，伯爵。」呂景蒙《嘉靖潁州志·郡紀》：「唐堯之時，因顓頊帝所建爲九州，其河之南爲豫州，豫之東南爲潁。」「虞舜肇十有二州，潁隸豫，如唐。（《書》。）」「夏禹復九州。」「商湯奄有九有，制如夏。」「周初，分天下爲九畿。至成王時，亦曰九州，潁皆隸豫。（《通志》。）」《成化中都志·建置沿革·潁州》：「周爲胡國，嬀姓，伯爵。」

⑤《春秋·昭公四年》：「夏，楚子、蔡侯、陳侯、鄭伯、許男、徐子、滕子、頓子、胡子、沈子、小邾子、宋世子佐、淮夷會於申。」杜预註：「胡國，汝陰縣西北有胡城。」《成化中都志·建置沿革·潁州》：「春秋魯定公十五年（前495），楚滅胡，其地屬楚。」《南畿志·鳳陽府屬沿革·潁州》：「潁州，春秋爲胡子國。」呂景蒙《嘉靖潁州志·郡紀》：「春秋時，潁爲胡子國。西一百二十里爲沈子國，東二百里爲州來。」

⑥《史記·越王勾踐世家》：「越王（無彊）曰：『……淮、泗之間不東，商、於、析、酈、宗胡之地。』」裴駰《集解》引徐廣之言曰：「胡國，今之汝陰。」司馬貞《索隱》：「四邑並屬南陽，楚之西南也。宗胡，邑名。胡姓之宗，因以名邑。杜預云：『汝陰縣北有故胡城。』是。」呂景蒙《嘉靖潁州志·郡紀》：「（敬王）二十五年（前495）二月辛丑，楚子滅胡，以胡子豹歸。」

⑦《史記·韓世家》：「韓王安九年（前230），秦虜王安，盡入其地，爲潁川郡。韓遂亡。」张守节《正義》：「亡在秦始皇帝十七年（前230）。」呂景蒙《嘉靖潁州志·郡紀》：「秦制天下郡四十，潁爲潁川郡地。」《成化中都志·建置沿革·潁州》：「秦滅楚，爲潁川郡地。」

兩漢析爲汝陰縣，隸汝南郡。①

魏改汝陰郡，領汝陰、宋、許昌三縣。②

晉復爲汝陰郡，領汝陰、慎、原鹿、固始、鮦陽、新蔡、宋、褒信八縣。③

宋、齊俱爲西汝陰郡。④

北魏孝昌三年（527），置潁州，取潁水爲名，州於是乎開矣。⑤

隋復爲汝陰郡，領汝陰、潁陽、清丘、潁上、下蔡五縣。⑥

唐初爲信州，武德四年（621）復置潁州，領汝陰、潁上、下蔡、沈丘四縣。⑦乾元元年（758），設各道節度使，以潁隸淮南西道。二年（759），廢淮南西道，隸陳鄭。後廢陳鄭，仍隸淮西。⑧寶應元年（762），隸河南。⑨大曆四年（769），隸澤潞。十四年（779）入永平軍。⑩建中元［二］年（781），特設宋亳潁節度，號宣武军，自是地專於宣武。⑪

五代俱爲潁州。⑫

宋初復爲汝陰郡。元豐二年（1079）設順昌軍節度，隸京西北路。政和六年（1116）改爲順昌府，領汝陰、萬壽、宣和中改萬壽曰泰和。潁上、沈丘四縣。⑬紹興後爲金所據，復爲潁州。⑭

元爲潁州。隸汝寧府，省四縣入焉。後領沈丘、潁上、泰和三縣。⑮延祐元年（1314），改爲萬戶府。⑯

①《後漢書·肅宗孝章帝紀》：「章和元年（87）九月壬子……己未，幸汝陰。」註云：「汝陰：縣名，屬汝南郡，今潁川縣。」《成化中都志·建

置沿革・潁州》：「兩漢爲汝南郡之汝陰縣。莽曰汝墳。」《南畿志・鳳陽府屬沿革・潁州》：「漢置汝陰郡。」呂景蒙《嘉靖潁州志・郡紀》：「兩漢。爲汝陰縣，屬汝南郡。」

②《三國志・魏志・明帝紀》：「（景初二年即公元238年四月）壬寅，分沛國蕭、相、竹邑、符離、蘄、銍、龍亢、山桑、洨、虹十縣爲汝陰郡。宋縣、陳郡苦縣皆屬譙郡。以沛、杼秋、公丘、彭城、豐國、廣戚，並五縣爲沛王國。」《成化中都志・建置沿革・潁州》：「魏置汝陰郡，後廢。」《南畿志・鳳陽府屬沿革・潁州》：「三國，魏置汝陰郡，後廢。」呂景蒙《嘉靖潁州志・郡紀》：「三國，魏置汝陰郡，後廢。」

③《晋书・地理志・豫州》：「及武帝受命，又分潁川立襄城郡，分汝南立汝陰郡，合陳郡於梁國。」「汝陰郡。魏置，後廢，泰始二年復置。統縣八，戶八千五百。汝陰、慎、原鹿、固始、鮦陽、新蔡、宋、褒信。」《成化中都志・建置沿革・潁州》：「晉武帝泰始三年（267）復置郡。」《南畿志・鳳陽府屬沿革・潁州》：「晉復置。」呂景蒙《嘉靖潁州志・郡紀》：「晉太和二年（367），復置汝陰郡。」

④《南齊書・州郡志・豫州》：「義熙十二年（416），劉義慶鎮壽春，後常爲州治。撫接遐荒，扞禦疆埸。領郡如左：南汝陰郡；晉熙郡；潁川郡：臨潁、邵陵、南許昌、曲陽。」《南畿志・鳳陽府屬沿革・潁州》：「南北朝，後魏置潁州，齊廢州置潁川郡。」呂景蒙《嘉靖潁州志・郡紀》：「宋置西汝陰郡。」「南齊仍置西汝陰郡。」

⑤《魏書・地形志・潁州》：「潁州：領郡二十，縣四十。」註云：「潁州：孝昌四年（528）置，武泰元年（528）陷，武定七年（549）復。」此處云「孝昌四年」，當誤。《成化中都志・建置沿革・潁州》：「後魏置潁川郡。」呂景蒙《嘉靖潁州志・郡紀》：「魏孝明帝孝昌三年置潁州。武泰元年陷。」

⑥《隋書・地理志・汝陰郡》：「汝陰。」註云：「舊置汝陰郡，開皇初郡廢。大業初復置。」《成化中都志・建置沿革・潁州》：「隋爲汝陰郡，開皇初廢郡，置潁州。大業初復爲郡。」《南畿志・鳳陽府屬沿革・潁州》：「隋仍爲汝陰郡，開皇初廢郡，置潁州。大業初復郡。」呂景蒙《嘉靖潁州志・郡紀》：「隋置汝陰郡，領縣五：汝陰、潁陽、清丘、潁上、下蔡。」

⑦《舊唐書・地理志・潁州》：「漢汝南郡。隋爲汝陰郡。武德四年，平王世充，於汝陰縣西北十里置信州，領汝陰、清丘、永安、高唐、永樂等六縣。六年改爲潁州。」此處云「武德四年復置潁州」，當誤。《成化中都志・建置沿革・潁州》：「唐初爲信州，後改汝陰郡，又改潁州，領汝州、上蔡、潁上、沈丘四縣，屬河南道。」《南畿志・鳳陽府屬沿革・潁州》：「唐初置信州，尋改潁州。天寶初改汝陰郡。」呂景蒙《嘉靖潁州志・郡紀》：「唐初置信州，武德四年置潁州，領縣四：汝陰、潁上、下蔡、沈丘。」

⑧《新唐書・方鎮表二》：「（至德元載）置淮南西道節度使，領義陽、弋陽、潁川、滎陽、汝南五郡，治潁川郡。」「（乾元元年）淮南西道節度徙治鄭州，增領陳、潁、亳三州，別置豫汝許節度使，治豫州。」「（乾元二年）廢淮南西道節度使，以陳、潁、亳隸陳鄭。置鄭陳節度使，領鄭、

陳、亳、潁四州，治鄭州。」《南畿志・鳳陽府屬沿革・潁州》：「乾元初復爲潁州，隸河南道。」呂景蒙《嘉靖潁州志・郡紀》：「肅宗乾元元年隸淮南西道。二年廢淮南西道，置陳鄭節度使，以潁、亳、陳、鄭隸；上元二年（761）廢陳鄭節度，以陳、鄭、潁、亳隸淮西。」

⑨《新唐書・方鎮表二》：「（寶應元年）復置河南節度使，治汴州，領州八：汴、宋、曹、徐、潁、兖、鄆、濮。」呂景蒙《嘉靖潁州志・郡紀》：「寶應元年，隸河南節度。」

⑩《新唐書・方鎮表二》：「（大曆四年）河南節度增領泗州，以潁州隸澤潞節度。」「（大曆十四年）永平節度增領汴、潁二州，徙治汴州。」呂景蒙《嘉靖潁州志・郡紀》：「是年（大曆四年），以潁州隸澤潞節度。十四年，以潁州隸永平節度。（《方鎮表》。）」

⑪《新唐書・方鎮表二》：「（建中二年）永平節度增領鄭州，析宋、亳、潁別置節度使，以泗州隸淮南。是年以鄭州隸河陽三城節度，既而復舊。置宋亳潁節度使，治宋州，尋號宣武軍節度使。」呂景蒙《嘉靖潁州志・郡紀》：「德宗建中元年（780），置宋亳潁節度，號宣武軍，自是地專於宣武。（《方鎮表》。）」

⑫呂景蒙《嘉靖潁州志・郡紀》：「五代相襲，皆爲潁州。」

⑬《宋史・地理志・順昌府》：「順昌府，上，汝陰郡，舊防禦，後爲團練。開寶六年（973），復爲防禦。元豐二年，陞順昌軍節度。舊潁州，政和六年，改爲府。……縣四：汝陰、泰和、潁上、沈丘。」《成化中都志・建置沿革・潁州》：「宋初爲潁州，屬京西路。熙寧五年（1072），分屬京西北路。陞汝陰縣百尺鎮爲萬壽縣。元豐二年陞順昌軍節度。六年改爲順昌府，領汝陰、萬壽、潁上、沈丘四縣。宣和中改萬壽曰泰和。」《南畿志・鳳陽府屬沿革・潁州》：「宋初爲州，屬西路，元豐間陞順昌軍，政和初改順昌府，治汝陰縣。」《正德潁州志・建置沿革》：「宋置順昌軍，政和中改潁昌府，治汝陰縣。」呂景蒙《嘉靖潁州志・郡紀》：「宋初置汝陰郡，舊防禦使，後爲團練。開寶六年復爲防禦。元豐二年，以順昌軍爲潁州節度，屬京西北路。政和六年改順昌府。」

⑭《金史・地理志・潁州》：「潁州，下，防禦。宋順昌府汝陰郡。嘗置榷場，正隆四年（1159）罷榷場。縣四：汝陰、潁上、泰和、沈丘。」《成化中都志・建置沿革・潁州》：「紹興後爲金所據，復爲潁州。」《南畿志・鳳陽府屬沿革・潁州》：「紹興末據於金，復爲潁州。」《正德潁州志・建置沿革》：「金復爲潁州。」呂景蒙《嘉靖潁州志・郡紀》：「金完顔襄率甲士二千人渡潁水，攻拔潁州。（以上俱《金史》。）」

⑮《元史・地理志・汝寧府（潁州）》：「潁州……元至元二年（1265），省四縣及錄事司入州。後復領三縣：太和、沈丘、潁上。」《成化中都志・建置沿革・潁州》：「元至元二年，省四縣入州，後復領泰和、潁上、沈丘三縣，隸河南汝寧府。」《南畿志・鳳陽府屬沿革・潁州》：「元因屬汝寧府。」《正德潁州志・建置沿革》：「元仍其舊。」呂景蒙《嘉靖潁州志・郡紀》：「元潁州屬汝寧府，至元二年省四縣及錄事司入州。後復領三縣：沈丘、潁上、太和。」

⑯《元史・仁宗本紀》：「（延祐元年）冬十月癸巳，陞潁州萬戶府爲中萬戶府。」呂景蒙《嘉靖潁州志・郡紀》：「仁宗延祐元年冬十月，陞潁州萬戶府爲中萬戶府。」

明興，復置潁州。隸鳳陽府，領潁上、泰和、亳三縣。① 弘治四年（1491）設兵備道，以河南按察司僉事鎮於壽州。十年（1497）迺移潁州。② 先是，六年（1373）裂亳而州，今所領惟潁上、太和二縣。③

廣四百一十里，袤三百里。④

東，壽州界正陽河。⑤

西，汝寧府界鮦陽城。⑥

---

①《成化中都志・建置沿革・潁州》：「洪武初，改隸本府，革汝陰、沈丘二縣，領潁上、太和、亳三縣。」《南畿志・鳳陽府屬沿革・潁州》：「皇明屬鳳陽府，領縣二。」《正德潁州志・建置沿革》：「國朝因之。」呂景蒙《嘉靖潁州志・郡紀》：「高皇帝洪武初改隸鳳陽府，省汝陰、沈丘二縣入焉。領潁上、太和、亳三縣。」《明史・地理志・鳳陽府（潁州）》：「潁州，洪武四年（1371）二月來屬，東距府四百四十里，領縣二：潁上、太和。」註云：「潁州：元屬汝寧府。」

②呂景蒙《嘉靖潁州志・郡紀》：「敬皇帝弘治四年，置兵備道於壽，十年移治於潁。」

③呂景蒙《嘉靖潁州志・郡紀》：「是時革亳，領潁、太二縣。」《明史・地理志・鳳陽府（潁州）》：「亳州。洪武初，以州治譙縣省入，尋降爲縣，屬歸德州。六年屬潁州。弘治九年（1496）十月復陞爲州。東南距府四百五十里。」

④呂景蒙《嘉靖潁州志・輿地》：「州地廣四百一十里，袤三百里。」

⑤《成化中都志・疆域・潁州》：「東至潁上縣界夷陵溝六十里。」《正德潁州志・里至》：「東至正陽界淮河二百里。」

⑥《成化中都志・疆域・潁州》：「西至汝寧界鮦陽城鋪二百一十里。」《正德潁州志・里至》：「西至鮦陽城西，盡州境二百四十里。」

南，固始界朱臯鎮。①

北，亳州界西淝河。②

東南至霍丘界淮河。③

西南至汝寧界艾亭集。④

東北至蒙城界小橋溝。⑤

西北至陳州，以界首界焉。⑥

距鳳陽府四百二十里，應天府七百里，承天府九百里，順天府二千四百里。

城周九里四十步，高一丈八尺。南即胡子國舊址，北阻河。洪武初，州連二城，南土垣，北磚垣。九年（1376），指揮李勝遵北城脩葺。正德甲戌（1514）兵備孫公磐復葺之，又計南城爲磚垣，因被事去。至丙子（1516），曾公大顯成之。門四，各置樓於上。東，宜陽；西，宜秋；小西門塞。南，迎薫；北，承恩；咸有月城。其北又分達淮、通汴爲二門。嘉靖壬寅（1542），蘇公志臯復開塹河，引潁水爲城之護。丙午（1546）、丁未（1547）歲，許公天倫築頹振壞，樓垣險固，表表然雄據一方。⑦

---

①《成化中都志·建置沿革·潁州》：「南至固始縣界朱臯鎮九十里。」《正德潁州志·里至》：「南至固始朱臯鎮界淮河一百二十里。」

②《成化中都志·疆域·潁州》：「北至亳縣界白魚港鋪一百里。」《正德潁州志·里至》：「北至亳縣北營廓集界三百五十里。」

③《成化中都志·疆域·潁州》：「東到潁上縣一百一十里。東南到霍丘縣二百里。」《正德潁州志·里至》：「東到潁上縣一百二十里，東南抵霍丘二百里。」

④《成化中都志·疆域·潁州》：「南到固始縣二百里。西南到新蔡縣一百六十里。」《正德潁州志·里至》：「南到固始縣二百里，西南抵汝寧府三百里。」

⑤《成化中都志·疆域·潁州》：「北到亳縣二百一十八里。東北到蒙城縣一百九十里。」《正德潁州志·里至》：「北到亳縣二百八十里，東北抵蒙城一百九十五里。」

⑥《成化中都志·疆域·潁州》：「西到汝寧府二百里。西北到太和縣八十里。」《正德潁州志·里至》：「西到新蔡縣一百八十里，西北抵陳州三百里。」

⑦呂景蒙《嘉靖潁州志·建置》：「潁州城。南城，即胡子國舊址。漢唐而下，修葺扳拓之功，舊史未載，固不可得而考矣。今城北阻河，其東西南方勢皆平曠，無有大山巨川。國朝洪武初，州連二城，南城土垣，北城磚垣。九年，指揮李勝循北城故址修葺，高一丈八尺，周四里二步。正德甲戌，兵備孫磐復葺之。南城計爲磚垣，其所燒采磚石既具，工作方興，磐因被論去官。丙子，兵備曾大顯繼終其事，城高一丈八尺，周循舊址，自此，南北城相連爲磚垣云。設門五：東曰宜陽，西曰宜秋，曰小西門，南曰迎薰，咸有月城一門。北曰承恩，其月城則二門焉。東曰達淮，西曰通汴，咸有樓。」

## 潁上縣

在州東一百二十里。①

漢爲慎縣，又爲汝陰地。②

梁屬下蔡郡。③

隋初始置爲潁上縣，仍屬汝陰郡。④

唐屬潁州。⑤

宋政和六年（1116），以州爲順昌府，縣仍屬焉。⑥

元省入州，隸汝寧府。後復置以縣，直隸於府。⑦

洪武初，以屬本州。⑧

廣一百三十里，袤一百五十里。⑨

東，壽州正陽鎮。⑩

西，州夷陵溝。⑪

①《成化中都志·建置沿革·潁上縣》：「潁上縣。在州治東一百二十里。」呂景蒙《嘉靖潁州志·輿地》：「潁上縣。在州之東。」

②《漢書·地理志·汝南郡》：「汝陰。故胡國。都尉治。莽曰汝墳。」「慎。莽曰慎治。」「新郪。莽曰新延。」《成化中都志·建置沿革·潁上縣》：「漢，汝陰縣地，隸汝南郡。」《順治潁上縣志·輿圖·疆域》：「西漢爲慎縣，又曰新郪。莽曰慎治。又汝陰地，隸汝南郡。」

③《魏書·地形志》：「下蔡郡。蕭衍潁川郡，武定六年（548）改置。」《成化中都志·建置沿革·潁上縣》：「梁置下蔡郡。」《順治潁上縣志·輿圖·疆域》：「梁置下蔡郡，後齊廢。」

④《隋書·地理志·汝陰郡》：「潁上，梁置下蔡郡，後齊廢郡。大業初縣改名焉。」《成化中都志·建置沿革·潁上縣》：「隋初置潁上縣，仍屬汝陰郡。」《南畿志·鳳陽府屬沿革·潁上縣》：「潁上本慎縣地，隋始置縣。改下蔡爲潁上，屬汝陰郡。」《順治潁上縣志·輿圖·疆域》：「隋文帝開皇三年（583）改置潁上縣，仍屬汝陰郡。」

⑤《舊唐書·地理志·河南道》：「潁上。隋置，治所於古鄭城。」《成化中都志·建置沿革·潁上縣》：「唐屬潁州，隸河南道。」《南畿志·鳳陽府屬沿革·潁上縣》：「唐因之屬潁州。」《順治潁上縣志·輿圖·疆域》：「唐武德三年（620），屬潁州，隸河南道。」

⑥《宋史·地理志·京西路》：「順昌府……縣四：汝陰，泰和，潁上，沈丘。」《成化中都志·建置沿革·潁上縣》：「宋政和六年，以州爲順昌府，縣仍屬焉。」《南畿志·鳳陽府屬沿革·潁上縣》：「宋屬順昌府，後沒於金。」《順治潁上縣志·輿圖·疆域》：「宋政和六年，以潁州爲順昌府，縣仍屬焉。」

⑦《元史·地理志·河南江北等處行中書省（汝寧府）》：「潁州。唐初爲信州，後改汝陰郡，又改潁州。宋陞順昌府。金復爲潁州。舊領汝陰、泰和、沈丘、潁上四縣。元至元二年，省四縣及錄事司入州。後復領三縣：太和、沈丘、潁上。」《成化中都志·建置沿革·潁上縣》：「元仍潁州，省縣入州，隸河南汝寧府，後復置以縣，直隸於府。」《南畿志·鳳陽府屬沿革·潁上縣》：「元初省入潁州，後復置。」《順治潁上縣志·輿圖·疆域》：「元至元十三年（1276），仍潁州，省縣入焉。二十八年（1291），隸河南道汝寧府。後復置縣，直隸於府。」

⑧《成化中都志·建置沿革·潁上縣》：「國朝仍屬潁州。」《南畿志·鳳陽府屬沿革·潁上縣》：「皇明因之，屬潁州。」《順治潁上縣志·輿圖·疆域》：「明仍屬潁州，隸直隸鳳陽府。」

⑨呂景蒙《嘉靖潁州志·輿地》：「潁上地廣一百三十里，袤一百五十里。」《順治潁上縣志·輿圖·疆域》：「縣地東西一百三十里，南北一百零五里，周五百里。」

⑩《成化中都志·鳳陽府（潁上縣）》：「東至壽州界東正陽八十里。」呂景蒙《嘉靖潁州志·輿地》：「東至壽州之正陽鎮八十里。」《順治潁上縣志·輿圖·疆域》：「東抵壽州，東北至蒙城縣。」

⑪《成化中都志·疆域·潁上縣》：「西至潁州界夷陵溝六十里。」呂景蒙《嘉靖潁州志·輿地》：「西至潁州之夷陵溝六十里。」《順治潁上縣志·輿圖·疆域》：「西接潁州，西南距固始縣。」

南，霍丘縣淮河。①

北，亳州城父店。②

舊土城。洪武初，千戶孫繼達葺爲磚垣，高二丈，周三里九十二步。門四，咸有樓，東曰通津，西曰潁陽，南曰壽春，北曰禾稔。③

## 太和縣

在州西北八十里。④

漢初爲汝陰地，即百尺鎮也。⑤

宋以爲萬壽縣，至宣和間改爲泰和，屬潁州。⑥

元省入州，後復置縣，隸汝寧府。⑦

洪武初，知縣高進招撫六百戶，分爲六鄉，間設縣治，改泰爲太，仍隸汝寧府。三年（1370），以屬本州。⑧

廣一百五十里，袤一百七十里。⑨

東，州七八溝。⑩

①《成化中都志·鳳陽府（潁上縣）》：「南至霍丘界淮河二十五里。」呂景蒙《嘉靖潁州志·輿地》：「南至霍丘之淮河二十五里。」《順治潁上縣志·輿圖·疆域》：「南鄰霍丘。」

②《成化中都志·疆域·潁上縣》：「北至亳州界城父店八十里。」呂景蒙《嘉靖潁州志·輿地》：「北至亳州之城父店八十里。」《順治潁上縣志·輿圖·疆域》：「北望亳州。」

③呂景蒙《嘉靖潁州志·建置》：「潁上縣。故有土城，國初，千戶孫繼達循故址修葺。磚垣，高二丈餘，周三里九十二步。門四：東曰通津，西曰潁陽，南曰壽春，北曰禾稔，咸有樓。」《順治潁上縣志·建置·城池》：「縣治。舊有土城，元末兵廢，明初設守禦所，千戶孫繼達始築磚垣，周一千一百四十二丈，計三里餘。雉堞一千八百六十七，高二丈五尺。城址闊三丈二尺，城面闊一丈六尺。扁四門，東曰通津，南曰壽春，西曰潁陽，北曰禾稔。」

④《成化中都志·建置沿革·太和縣》：「太和縣。在州治西北八十里。」呂景蒙《嘉靖潁州志·輿地》：「太和縣。在州之西北。」《萬曆太和縣志·輿勝·疆域》：「東南到潁州七十里。」

⑤《漢書·地理志·汝南郡》：「汝陰。故胡國。都尉治。莽曰汝墳。」「細陽。莽曰樂慶。」《成化中都志·建置沿革·太和縣》：「漢爲汝南郡汝陰縣地，本百尺鎮也。」《萬曆太和縣志·建置·肇邑》：「太和，古豫州之域。歷唐、虞三代，皆爲豫州地。（蔡寬曰：『豫州之域，南抵南條荊山，北距大河。』太和處荊、河之間，豫之中也。）春秋時屬胡子國。（初，周康王封陳滿之裔國於胡，今潁州南城，即其故址。太和，皆其屬地也。至敬王二十五年，楚子滅胡，其地併入於楚。）秦則屬潁川郡。（始皇既滅九國，分天下爲三十六郡。今潁州，即潁川郡地。）至漢時，始分置爲細陽縣。（漢分潁川郡爲三縣，一曰慎縣，即今潁上；二曰汝陰，即今潁州；三曰細陽，即今之太和也。俱屬汝南郡。東漢建武間，以虞延爲細陽令；又封彭岑之子遵爲細陽侯，即其地也。至五代間廢。）隋開皇十八年（598）改爲潁陽縣。（隋改汝陰縣爲汝陰郡，領縣五，潁陽與焉。至唐武德間，其縣尚存。）」

⑥《宋史·地理志·京西路》：「順昌府……縣四：汝陰，泰和，潁上，沈丘。」《成化中都志·建置沿革·太和縣》：「宋陞爲萬壽縣，宣和中改泰和縣，屬潁州。」《南畿志·鳳陽府屬沿革·太和縣）》：「太和。本細陽縣地，宋始置縣。宣和中改萬壽爲太和，屬潁州。」《萬曆太和縣志·建置·肇邑》：「唐貞觀元年（627）省其縣（潁陽縣），入於汝陰，置其地爲百尺鎮。宋熙寧五年（1072）陞爲萬壽縣，宣和中改還爲泰和縣。」

⑦《元史·地理志·河南江北等處行中書省·汝寧府》：「潁州。唐初爲信州，後改汝陰郡，又改潁州。宋升順昌府。金復爲潁州。舊領汝陰、泰和、沈丘、潁上四縣。元至元二年，省四縣及錄事司入州。後復領三縣：太和、沈丘、潁上。」《成化中都志·建置沿革·太和縣》：「元省入

州，後復置，隸河南汝寧府。」《南畿志・鳳陽府屬沿革・太和縣》：「元省入潁州，後復置。」《萬曆太和縣志・建置・肇邑》：「元初，省其縣（泰和縣），入於潁州。成宗大德八年（1304），復置縣爲泰和，屬潁州，俱隸河南汝寧府。（今汝寧府，即古之豫州也。）」

⑧《成化中都志・建置沿革・太和縣》：「國朝洪武初，知縣高進招撫遺民六百戶，爲六鄉，開設縣治，改泰爲太，仍隸汝寧府。洪武三年，改隸本府，仍屬於潁州。」《南畿志・鳳陽府屬沿革・太和縣》：「皇明因之屬潁州。」《萬曆太和縣志・建置・肇邑》：「大明開國，以潁州分屬鳳陽，以泰和分屬汝寧。洪武三年建都鳳陽，謂王畿不足千里，迺以泰和仍屬潁州，併隸鳳陽，改泰和爲太和，取太和元氣流行宇宙之義也。（見《中都志》。）」

⑨呂景蒙《嘉靖潁州志・輿地》：「太和地廣一百五十里，袤一百七十里。」

⑩《成化中都志・疆域・太和縣》：「東至潁州界七八溝八十里。」呂景蒙《嘉靖潁州志・輿地》：「東至潁州之七八溝八十里。」《萬曆太和縣志・輿勝・疆域》：「東至潁州七里溝八十里。」

西，項城縣界首溝。①

南，州雙溝。②

北，亳州淝河。③

舊有土城。正德甲戌（1514），知縣趙夔甃以磚石，高二丈三尺，周四里七十八步。門四，咸有樓，東曰順化，西曰太平，南曰添保，北曰大義。④

## 街一十一

大十字街。在州南城。四方相望。⑤

小隅頭街。在州南城偏西。北通迎祥觀。⑥

①《成化中都志·疆域·太和縣》：「西至項城縣界界溝七十里。」呂景蒙《嘉靖潁州志·輿地》：「西至項城縣之界首溝七十里。」《萬曆太和縣志·輿勝·疆域》：「西至沈丘界溝七十里。」

②《成化中都志·疆域·太和縣》：「南至潁州界雙溝三十里。」呂景蒙《嘉靖潁州志·輿地》：「南至潁州之雙溝三十里。」《萬曆太和縣志·輿勝·疆域》：「南至潁州雙溝二十五里。」

③《成化中都志·疆域·太和縣》：「北至亳縣界無槽溝八十里。」呂景蒙《嘉靖潁州志·輿地》：「北至亳州淝河一百四十里。」《萬曆太和縣志·輿勝·疆域》：「北至亳州吳漕溝八十里。」

④呂景蒙《嘉靖潁州志·建置》：「太和縣。故有城，甃以磚石，高一丈七尺，周四里七十八步。門四：東曰順化，西曰太平，南曰添保，北曰太義，咸有樓。」《萬曆太和縣志·建置·城池》：「太和故有城。周廣四里七十八步，設五門，城下環以池，牆惟土，埴委薄。正德七年培築，差厚。九年甲戌甃砌磚石，高二丈二尺，厚七尺，周一千八百七十九步，雉堞一千六百八十有七尺。開四門，以便守禦，東曰順化，西曰太平，南曰天保，北曰大義。」

⑤《正德潁州志·廓附》：「大十字街。在南城。四門相望。」

⑥《正德潁州志·廓附》：「小隅頭街。在南城偏西。北通迎祥觀，前入北城小西門。」《順治潁州志·建置》：「小隅頭街。在州南城偏西。北通迎祥觀，南抵觀音堂，東西通城門。」

儒學街。在州南城。通東。①
㟁雍街。在州治東。通南、北二城。②
承流街。在州治大門前。③
武備街。在州北城。潁川衛前。④
驛前街。在州東關。同知劉節措磚甃。⑤
新街。在州東關遞運所前。⑥
白龍橋街。在州北關白龍溝南。⑦
世科街。在州北關。磚甃。⑧
金鷄嘴街。在州東關。⑨

## 衕衚一十三

小察院衕衚。在州南城西。
大倉衕衚。在州南城十字街西。入廣積倉。⑩

小倉街衕。在州南城十字街東。入舊預備倉。⑪

小火街衕。在州廣積倉東西兩邊。兵憲蘇公志阜復。

寺街衕。在州南城十字街西。入資福寺。⑫

公舘街衕。在州南城東南。

小教場街衕。在州南城東。

達字營街衕。在州南城西。

---

①《順治潁州志·建置》僅存其名。

②《正德潁州志·廓附》：「大時雍街。在州治東。通南、北二城。」《順治潁州志·建置》：「時雍街。在州治東。通南北大街。」

③《正德潁州志·廓附》：「承流街。在北城。州治大門前。」《順治潁州志·建置》：「承流街。在州治東。」

④《正德潁州志·廓附》：「武備街。在北城。潁川衛前。」

⑤《順治潁州志·建置》：「驛前街。在州北門迤東。同知劉節用磚甃。」

⑥《正德潁州志·廓附》：「新街。在東關遞運所東邊。往來通衢。」

⑦《正德潁州志·廓附》：「白龍橋街。在北關白龍溝南。舊沿溝岸，崎嶇難行，僧濟拳募緣買地，闢街以便往來。」《順治潁州志·建置》：「白龍橋街。在州北關。白龍溝北。」

⑧《正德潁州志·廓附》：「世科街。在北關。磚甃，往來通衢。」《順治潁州志·建置》：「世科街。在北關，磚甃。」

⑨《順治潁州志·建置》：「金鷄嘴街。在東關。」

⑩《正德潁州志·廓附》：「大倉街衕。在南城十字街西。入廣積倉。」

⑪《正德潁州志·廓附》：「小倉街衕。在南城十字街東。入預備倉。」

⑫《正德潁州志·廓附》：「寺街衕。在南城大南門内十字街西。入資福寺，習儀。」

關王廟街衕。在州北城潁川衛東。

大教場街衕。在州東關。

馬神廟街衕。在州西關。

三忠祠街衕。在州東關北。

丁字街衕。在州東關南。

## 關四

東關。在州宜陽門外，潁川驛在焉。是隸渡馬頭，同知劉節所砌。①

西關。在州宜秋门外西。②

南關。在州迎薰门外南。軍人所住。③

北關。在州達淮、通汴二門外。商賈交集，一大都會也。④

## 馬路

在州城外，兵憲蘇公志皐所闢。御史張光祖《記畧》：「城外爲堤，爲河，爲馬路，自東門迤南至西門止，裏馬路俱闊十丈，河身闊十五丈；西門迤北，裏馬路闊六丈，河身闊十三丈；西北城角迤東至小西門迤北，裏⑤俱闊六丈；金鷄嘴迤南至東門，裏⑥闊七丈，迤南至西北城角，三面外⑦俱闊二丈五尺。東北城角迤南，裏⑧闊一丈五尺，河身闊五丈五尺，外無馬路，緣民居稠密也。」⑨

①《正德潁州志·關梁》：「東關。在北城之東，驛遞在焉。南北三街，俱通衢。」呂景蒙《嘉靖潁州志·輿地下》：「東關。宜陽門外。」

②《正德潁州志·關梁》：「西關。在南城之西。惟東西一街，軍民混居。」呂景蒙《嘉靖潁州志·輿地下》：「西關。宜秋門外。」

③《正德潁州志·關梁》：「南關。在南城之南，無民户。南北一街，十餘家軍。」呂景蒙《嘉靖潁州志·輿地下》：「南關。迎薰門外。」

④《正德潁州志·關梁》：「北關。在北城西北隅。商賈交集，軍民混居。」呂景蒙《嘉靖潁州志·輿地》：「北關。承恩門外，潁河之濱。」

⑤張光祖《重修潁州城池記》，此處原有「馬路」二字。

⑥張光祖《重修潁州城池記》，此處原有「馬路」二字。

⑦張光祖《重修潁州城池記》，此處原有「馬路」二字。

⑧張光祖《重修潁州城池記》，此處原有「馬路」二字。

⑨即張光祖《重修潁州城池記》，見《康熙潁州志·藝文志》。

## 鎮八

沈丘鎮。在州西一百八十里。巡檢司在焉。①

焦陂鎮。在州南六十里潤河上。宋寶元置鎮，有碑存焉。今廢。②

西正陽鎮。在潁上縣東南七十里淮水西。潁水東，即潁口也。

江口鎮。在潁上縣西北四十里，沙河東岸。

澧口鎮。在潁上縣西南六十里，南臨淮河，西通汝河、潤河，環於東北。今呼爲南照集，因寺更焉。

王野鎮。在潁上縣西北六十里，江子口東北。

留陵鎮。在潁上縣西北五十里，沙河東北岸。

舊縣鎮。在太和縣北一十里。③

## 集十五④

流湖集。在州西一百五十里。⑤

黄牛嶺集。在州西一百八十里。⑥

長官集。在州西一百二十里。⑦

①《正德潁州志·關梁》：「沈丘鎮。在州西一百二十里，廢沈丘縣東。鎮離州遠，故置巡檢司以察奸細。」

②《正德潁州志·關梁》：「椒陂鎮。在州南六十里潤河上。前代置鎮，有碑存。實宋仁宗寶元二年（1039）己卯正月立石，推知置鎮又在立碑之前。今鎮廢而規制尚存。」

③《萬曆太和縣志·輿勝·鎮市》：「舊縣集。在縣北八里，鄰沙河。宋時爲泰和縣治，戶居稠密，生理繁華，南北商賈舟車輳集之都。本土之人少，徽州、山陜之人多。太和之第一鎮市也。」

④據後所列，實爲十六。

⑤《正德潁州志·鄉井·集》：「流湖集。在沈丘一百五十五里。北五里即響張埠上船，故商遊貨集也。」呂景蒙《嘉靖潁州志·輿地·關廂鄉圖（集）》：「流湖。（州）西一百五十里。」

⑥《正德潁州志·鄉井·集》：「黄牛嶺。在沈丘一百八十里。主、客戶。田家市易。」呂景蒙《嘉靖潁州志·輿地·關廂鄉圖（集）》：「黄牛嶺。（州）西一百八十里。」

⑦《正德潁州志·鄉井·集》：「長官店集。在西鄉一百二十里。河遠，市集亦衆。客戶。」呂景蒙《嘉靖潁州志·輿地·關廂鄉圖（集）》：「長官店。（州）西一百二十里。」

驛口橋集。在州西一百里。①
楊橋集。在州西九十里。②
楊村集。在州西一百四十里。③
田村集。在州西四十里〔一百二十里〕。④
横橋集。在州北六十里。⑤
乾溝集。在州西四十里。⑥
雙塔集。在州北八十里。⑦
董家集。在州北一百里。⑧
中村集。在州南七十里。⑨
紅村〔林〕集。在州南八十里。⑩
功立橋集。在州南九十里。⑪
艾亭集。在州南一百七十里。⑫
方家集。在州南一百二十里。

①《正德潁州志·鄉井·集》：「驛口橋集。在西鄉一百里。主、客戶。田農交易亦盛。」呂景蒙《嘉靖潁州志·輿地·關廂鄉圖（集）》：「驛口橋。（州）西一百里。」

②《正德潁州志·鄉井·集》：「楊橋集。在西鄉九十里。潁濱貨物遊散他集，本集落落。」呂景蒙《嘉靖潁州志·輿地·關廂鄉圖（集）》：「楊橋。（州）西九十里。」

③《正德潁州志·鄉井·集》：「楊村集。在西鄉一百四十五里。潁泛舟通。集南有商無賈，市頗交易。主、客戶。」呂景蒙《嘉靖潁州志·輿地·關廂鄉圖（集）》：「楊村。（州）西一百四十里。」

④《正德潁州志·鄉井·集》：「田村集。在西鄉一百二十里，商賈俱集，市盛。」呂景蒙《嘉靖潁州志·輿地·關廂鄉圖（集）》：「田村。（州）西一百二十里。」

⑤《正德潁州志·鄉井·集》：「横橋集。在北鄉六十里預備倉傍。舊在倉南五里西城，因窪移隣倉。」呂景蒙《嘉靖潁州志·輿地·關廂鄉圖（集）》：「横橋。（州）北六十里。」《順治潁州志·建置·村鎮》：「黄橋集，北鄉六十里。」

⑥《正德潁州志·鄉井·集》：「乾溝集。在西鄉四十里。驛路傍午，商貨平平。」呂景蒙《嘉靖潁州志·輿地·關廂鄉圖（集）》：「乾溝。（州）西四十里。」

⑦《正德潁州志·鄉井·集》：「雙塔集。在北鄉八十里。有商無賈，市亦平平。主、客戶並。」呂景蒙《嘉靖潁州志·輿地·關廂鄉圖（集）》：「雙塔。（州）北八十里。」

⑧《正德潁州志·鄉井·集》：「董家集。在北鄉一百里蒙城縣界。客戶。田家市易。」呂景蒙《嘉靖潁州志·輿地·關廂鄉圖（集）》：「董家。（州）北一百里。」《順治潁州志·建置·村鎮》：「董家集，北鄉一百里，蒙城縣界。」

⑨《正德潁州志·鄉井·集》：「中村集。在南鄉七十里。前臨谷河，商賈輻輳，市日無虚。主、客戶雜處。」呂景蒙《嘉靖潁州志·輿地·關廂鄉圖（集）》：「中村。（州）南七十里。」《順治潁州志·建置·村鎮》：「中村集。南鄉八十里，前臨谷河。」

⑩《正德潁州志·鄉井·集》：「紅林集。在南鄉一百一十里，通蒙河入淮。市集亦小。客戶多。」呂景蒙《嘉靖潁州志·輿地·關廂鄉圖（集）》：「紅林。（州）南一百一十里。」《順治潁州志·建置·村鎮》：「紅林集。南鄉一百一十里，通蒙河入淮。」

⑪《正德潁州志·鄉井·集》：「功立橋集。在南鄉九十里。工商雜集，貨亦適中。」呂景蒙《嘉靖潁州志·輿地·關廂鄉圖（集）》：「功立橋。（州）南九十里。」《順治潁州志·建置·村鎮》：「功立橋集。南鄉九十里。」

⑫《正德潁州志·鄉井·集》：「艾亭集。在南鄉一百七十里。近汝河，商賈盛集。主、客戶並。」呂景蒙《嘉靖潁州志·輿地·關廂鄉圖（集）》：「艾亭。（州）南一百七十里。」《順治潁州志·建置·村鎮》：「艾亭集。南鄉一百七十里，近汝河。」

## 村五十六

百社村。在州東三十里。①

東陳村。在州東四十里，舊有倉，宋嘉定中，霍丘王鑒敗金虜於此。②

羊灣村。在州東三十里。③

東西侯村。在州東六十里，二村。④

青丘村。在州東五十里。⑤

爐熬村。在州東九十里。⑥

高村。在州南九十里。⑦

井村。在州南六十里。⑧

桃花村。在州南六十里。⑨

南陳村。在州南七十五里。⑩

紅林村。在州南一百里。⑪

墨阜村。在州南一百里。⑫

獅子村。在州南四十五里。⑬

---

①呂景蒙《嘉靖潁州志·輿地·關廂鄉圖（村）》：「百社。（州）東三十里。」《順治潁州志·建置·村鎮》：「百社村。東鄉三十里，潁水之北，張家湖東。前代有張龍公廟。」

②呂景蒙《嘉靖潁州志·輿地·關廂鄉圖（村）》：「東陳。（州）東四十里，舊有倉。宋嘉定中，霍丘人王鑒敗金虜於此。」《順治潁州志·建置·村鎮》：「東陳村。東鄉四十里，舊有預備倉。宋嘉定十五年（1222），霍丘人王鑒敗金虜於此。」

③呂景蒙《嘉靖潁州志·輿地·關廂鄉圖（村）》：「羊灣。（州）東三十里。」《順治潁州志·建置·村鎮》：「羊灣村。東鄉三十里，其村尾有盧家溝。」

④呂景蒙《嘉靖潁州志·輿地·關廂鄉圖（村）》：「東西侯。（州）東六十里，二村。」《順治潁州志·建置·村鎮》：「東西侯村。東鄉六十里，對留陵爲西侯村，近棗莊爲東侯村。」

⑤呂景蒙《嘉靖潁州志·輿地·關廂鄉圖（村）》：「青丘。（州）東五十里。」《順治潁州志·建置·村鎮》：「青丘村。東鄉五十里，首有朱家溝。」

⑥呂景蒙《嘉靖潁州志·輿地·關廂鄉圖（村）》：「爐熬。（州）東九十里。」《順治潁州志·建置·村鎮》：「爐熬村。東鄉九十里，南界潁上縣地，東界壽州地。」

⑦呂景蒙《嘉靖潁州志·輿地·關廂鄉圖（村）》：「高。（州）南九十里。」

⑧呂景蒙《嘉靖潁州志·輿地·關廂鄉圖（村）》：「井。（州）南六十里。」

⑨呂景蒙《嘉靖潁州志·輿地·關廂鄉圖（村）》：「桃花。（州）南六十里。」

⑩呂景蒙《嘉靖潁州志·輿地·關廂鄉圖（村）》：「南陳。（州）南七十五里。」

⑪呂景蒙《嘉靖潁州志·輿地·關廂鄉圖（村）》：「紅林。（州）南一百里。」

⑫呂景蒙《嘉靖潁州志·輿地·關廂鄉圖（村）》：「墨阜。（州）南一百里。」

⑬呂景蒙《嘉靖潁州志·輿地·關廂鄉圖（村）》：「獅子。（州）南四十五里。」

栗林村。在州西一百二十里。①

定香村。在州西一百一十里。②

長灣村。在州西六十里。③

五樟村。在州北八十里。④

百社村。在潁上縣，張龍公家於此。⑤

鹽村。在潁上縣。洪武初，淮北鹽屯於此河之南岸，有行鹽衙門。今革。⑥

茅城村。⑦

華村。⑧

陽臺後村。⑨

方姚林村。⑩

灰溝村。⑪

丁家村。⑫

底葛村。⑬

河村。俱在潁上縣甘羅鄉。⑭

王岡村。⑮

關洲村。⑯

同丘村。⑰

---

①呂景蒙《嘉靖潁州志·輿地·關廂鄉圖（村）》：「栗林。（州）西一百二十里。」

②呂景蒙《嘉靖潁州志·輿地·關廂鄉圖（村）》：「定香。（州）西一百一十里。」

③呂景蒙《嘉靖潁州志·輿地·關廂鄉圖（村）》：「長灣。（州）西六十里。」

④呂景蒙《嘉靖潁州志·輿地·關廂鄉圖（村）》：「五樟。（州）北八十里。」

⑤呂景蒙《嘉靖潁州志·輿地·關廂鄉圖（村）》：「百社。（潁上）張龍公家於此。」

⑥呂景蒙《嘉靖潁州志·輿地·關廂鄉圖（村）》：「（潁上）鹽。洪武初，淮北鹽屯於此河之南岸，有行鹽衙門。今革。」

⑦呂景蒙《嘉靖潁州志·輿地·關廂鄉圖（村）》：「（潁上）茅城。」

⑧呂景蒙《嘉靖潁州志·輿地·關廂鄉圖（村）》：「（潁上）華。」

⑨呂景蒙《嘉靖潁州志·輿地·關廂鄉圖（村）》：「（潁上）陽臺後。」

⑩呂景蒙《嘉靖潁州志·輿地·關廂鄉圖（村）》：「（潁上）方姚林。」

⑪呂景蒙《嘉靖潁州志·輿地·關廂鄉圖（村）》：「（潁上）灰溝。」

⑫呂景蒙《嘉靖潁州志·輿地·關廂鄉圖（村）》：「（潁上）丁家。」

⑬呂景蒙《嘉靖潁州志·輿地·關廂鄉圖（村）》：「（潁上）底葛。」

⑭呂景蒙《嘉靖潁州志·輿地·關廂鄉圖（村）》：「（潁上）河。俱在甘羅鄉。」

⑮呂景蒙《嘉靖潁州志·輿地·關廂鄉圖（村）》：「（潁上）王岡。」

⑯呂景蒙《嘉靖潁州志·輿地·關廂鄉圖（村）》：「（潁上）關洲。」

⑰呂景蒙《嘉靖潁州志·輿地·關廂鄉圖（村）》：「（潁上）同丘。」

長湖村。①
文化村。②
柳河村。③
標竹村。④
廟臺村。⑤
潤河村。⑥
潤頭村。⑦
百尺村。⑧
管谷村。管仲家於此。俱在潁上縣淮潤鄉。⑨
黄岡村。⑩
垂岡村。⑪
黑林村。⑫
洪城村。⑬
焦岡村。⑭

朱四灣村。⑮

陳預灣村。⑯

鄭家岡村。⑰

---

①呂景蒙《嘉靖潁州志·輿地·關廂鄉圖（村）》：「（潁上）長湖。」

②呂景蒙《嘉靖潁州志·輿地·關廂鄉圖（村）》：「（潁上）文化。」

③呂景蒙《嘉靖潁州志·輿地·關廂鄉圖（村）》：「（潁上）柳河。」

④呂景蒙《嘉靖潁州志·輿地·關廂鄉圖（村）》：「（潁上）標竹。」

⑤呂景蒙《嘉靖潁州志·輿地·關廂鄉圖（村）》：「（潁上）廟臺。」

⑥呂景蒙《嘉靖潁州志·輿地·關廂鄉圖（村）》：「（潁上）潤河。」

⑦呂景蒙《嘉靖潁州志·輿地·關廂鄉圖（村）》：「（潁上）潤頭。」

⑧呂景蒙《嘉靖潁州志·輿地·關廂鄉圖（村）》：「（潁上）百尺。」

⑨呂景蒙《嘉靖潁州志·輿地·關廂鄉圖（村）》：「（潁上）管谷。管仲家於此。俱在淮潤鄉。」

⑩呂景蒙《嘉靖潁州志·輿地·關廂鄉圖（村）》：「（潁上）黃岡。」

⑪呂景蒙《嘉靖潁州志·輿地·關廂鄉圖（村）》：「（潁上）垂岡。」

⑫呂景蒙《嘉靖潁州志·輿地·關廂鄉圖（村）》：「（潁上）黑林。」

⑬呂景蒙《嘉靖潁州志·輿地·關廂鄉圖（村）》：「（潁上）洪城。」

⑭呂景蒙《嘉靖潁州志·輿地·關廂鄉圖（村）》：「（潁上）焦岡。」

⑮呂景蒙《嘉靖潁州志·輿地·關廂鄉圖（村）》：「（潁上）朱四灣。」

⑯呂景蒙《嘉靖潁州志·輿地·關廂鄉圖（村）》：「（潁上）陳預灣。」

⑰呂景蒙《嘉靖潁州志·輿地·關廂鄉圖（村）》：「（潁上）鄭家岡。」

花水澗村。①

思犢灣村。俱在潁上縣正陽鄉。②

會恩村。③

胡簇村。④

映林村。⑤

千倉村。⑥

丘團村。⑦

江北村。俱在潁上縣潁陽鄉。⑧

## 坡九

王市坡。在州北九十里。⑨

梁莊坡。在州北六十里。⑩

郭城坡。在州北四十五里。⑪

栗頭坡。在州西六十里。⑫

三障坡。在州西一百六十里。⑬

---

①呂景蒙《嘉靖潁州志・輿地・關廂鄉圖（村）》：「（潁上）花水澗。」

②呂景蒙《嘉靖潁州志・輿地・關廂鄉圖（村）》：「（潁上）思犢灣。俱在正陽鄉。」

③呂景蒙《嘉靖潁州志・輿地・關廂鄉圖（村）》：「（潁上）會恩。」

④呂景蒙《嘉靖潁州志・輿地・關廂鄉圖（村）》：「（潁上）胡簇。」

⑤呂景蒙《嘉靖潁州志・輿地・關廂鄉圖（村）》：「（潁上）映林。」

⑥呂景蒙《嘉靖潁州志・輿地・關廂鄉圖（村）》：「（潁上）千倉。」

⑦呂景蒙《嘉靖潁州志・輿地・關廂鄉圖（村）》：「（潁上）丘團。」

⑧呂景蒙《嘉靖潁州志・輿地・關廂鄉圖（村）》：「（潁上）江北。潁陽鄉。」

⑨《正德潁州志・鄉井・坡》有缺頁，疑所存「□□坡。在北鄉八十里，西北向，地多下」，即指此坡。呂景蒙《嘉靖潁州志・輿地・關廂鄉圖（坡）》：「王市。（州）北九十里。」《順治潁州志・建置・村鎮》：「王市坡。北鄉九十里，近母猪港，有古店，有塔。」

⑩《正德潁州志・鄉井・坡》：「梁莊坡。在北鄉六十里，地平曠。民戶，東北二鄉並。」呂景蒙《嘉靖潁州志・輿地・關廂鄉圖（坡）》：「梁莊。（州）北六十里。」《順治潁州志・建置・村鎮》：「梁店坡。北鄉六十里。」

⑪《正德潁州志・鄉井・坡》：「郭城坡。在北鄉四十五里，地平。民戶，西北二鄉間。」呂景蒙《嘉靖潁州志・輿地・關廂鄉圖（坡）》：「郭城。（州）北四十五里。」《順治潁州志・建置・村鎮》：「郭城坡。北鄉四十五里。」

⑫《正德潁州志・鄉井・坡》：「栗頭坡。在西鄉六十里，地壚疏，不堪耕治。」呂景蒙《嘉靖潁州志・輿地・關廂鄉圖（坡）》：「栗頭。（州）西六十里。」

⑬《正德潁州志・鄉井・坡》：「三障坡。在沈丘一百八十里，東多下。相傳光武戰於此。」呂景蒙《嘉靖潁州志・輿地・關廂鄉圖（坡）》：「三障。（州）西一百六十里。」

鬧市［店］坡。在州西一百五十里。①

棠林坡。在州南七十里。②

黑塔坡。在州南一百六十里。③

黄花坡。在州南七十里。④

## 莊六

官莊。在州南九十里。⑤

秋家莊。在州南七十里。⑥

南劉莊。在州南九十里。⑦

西劉莊。在州西一百八十里。⑧

樂莊。在州西一百八十里。⑨

谷家莊。在州西一百八十五里。成化間，同知劉節請巡撫置縣，已遣官相地於此，未就而巡撫歿，事遂寢。⑩

## 店三十五

夷陵店。在州東六十里。⑪

①《正德潁州志·鄉井·坡》：「鬧店坡。在沈丘南一百五十里，地曠，西向。有新蔡客戶。」呂景蒙《嘉靖潁州志·輿地·關廂鄉圖（坡）》：「鬧店。（州）西一百五十里。」

②《正德潁州志·鄉井·坡》：「棠林坡。在南鄉中村崗南。舊多棠林，今悉耕治。」呂景蒙《嘉靖潁州志·輿地·關廂鄉圖（坡）》：「棠林。（州）南七十里。」

③《正德潁州志·鄉井·坡》：「黑塔坡。在南鄉一百六十里，土沃，西北。沈丘鄉戶。」呂景蒙《嘉靖潁州志·輿地·關廂鄉圖（坡）》：「黑塔。（州）南一百六十里。」

④《正德潁州志·鄉井·坡》：「黄花坡。在南鄉七十里，地下不治，惟黄花時發，故名。」呂景蒙《嘉靖潁州志·輿地·關廂鄉圖（坡）》：「黄花。（州）南七十里。」

⑤呂景蒙《嘉靖潁州志·輿地·關廂鄉圖（莊）》：「官。（州）南九十里。」

⑥呂景蒙《嘉靖潁州志·輿地·關廂鄉圖（莊）》：「秋家。（州）南七十里。」

⑦呂景蒙《嘉靖潁州志·輿地·關廂鄉圖（莊）》：「南劉。（州）南九十里。」

⑧呂景蒙《嘉靖潁州志·輿地·關廂鄉圖（莊）》：「西劉。（州）西一百八十里。」

⑨呂景蒙《嘉靖潁州志·輿地·關廂鄉圖（莊）》：「欒。（州）西一百八十里。」

⑩呂景蒙《嘉靖潁州志·輿地·關廂鄉圖（莊）》：「谷家。（州）西一百八十五里。」

⑪《正德潁州志·鄉井·店》：「夷陵店。在東鄉六十里鋪，過客逆旅。土主、客戶雜處。」呂景蒙《嘉靖潁州志·輿地·關廂鄉圖（店）》：「夷陵。（州）東六十里。」《順治潁州志·建置·村鎮》：「夷陵店。鄉六十里鋪。」

留陵店。在州東六十里。①
棗莊店。在州東六十里。②
岳廟店。在州北一百二十里。③
三塔店。在州北一百一十里。④
車家店。在州北四十里。⑤
伍名店。在州北三十里。⑥
柳河店。在州西四十里。⑦
㟷店。在州西四十里。⑧
界溝店。在州西一百四十里。⑨
南市店。在州西二百四十里。⑩
楊官店。在州西一百四十里。⑪
瓦店。在州西一百五十里。⑫
八十里店。在州西楊橋之東。⑬
高堂店。在州西九十里。⑭

①《正德潁州志・鄉井・店》：「留陵店。在東鄉六十里水站，土主、客戶雜處。」呂景蒙《嘉靖潁州志・輿地・關廂鄉圖（店）》：「留陵。（州）東六十里。」《順治潁州志・建置・村鎮》：「留陵店。東鄉六十里。」

②《正德潁州志・鄉井・店》：「棗莊店。在東鄉六十里，田家交易。主戶多。」呂景蒙《嘉靖潁州志・輿地・關廂鄉圖（店）》：「棗莊。（州）東六十里。」《順治潁州志・建置・村鎮》：「棗莊店。東鄉六十里。」

③《正德潁州志・鄉井・店》：「岳廟店。在北鄉一百二十里，田家交易。主戶多。」呂景蒙《嘉靖潁州志・輿地・關廂鄉圖（店）》：「岳廟。（州）北一百二十里。」《順治潁州志・建置・村鎮》：「岳廟店。北鄉一百二十里。」

④《正德潁州志・鄉井・店》：「三塔店。在北鄉一百一十里，雜太和戶住，小市集耳。」呂景蒙《嘉靖潁州志・輿地・關廂鄉圖（店）》：「三塔。（州）北一百一十里。」《順治潁州志・建置・村鎮》：「三塔店。北鄉一百二十里。」

⑤《正德潁州志・鄉井・店》：「車家店。在北鄉四十里，集而未成。客戶。」呂景蒙《嘉靖潁州志・輿地・關廂鄉圖（店）》：「車家。（州）北四十里。」《順治潁州志・建置・村鎮》：「車家店。北鄉四十里。」

⑥《正德潁州志・鄉井・店》：「伍名店。在北鄉三十里。客戶數家。」呂景蒙《嘉靖潁州志・輿地・關廂鄉圖（店）》：「伍名。（州）北三十里。」《順治潁州志・建置・村鎮》：「伍名店。北鄉四十里。」

⑦《正德潁州志・鄉井・店》：「柳河店。在西鄉四十里廢站傍。主、客戶並。」呂景蒙《嘉靖潁州志・輿地・關廂鄉圖（店）》：「柳河。（州）西四十里。」

⑧《正德潁州志・鄉井・店》：「時店。在西鄉四十里柳河西。客戶。田家交易。」呂景蒙《嘉靖潁州志・輿地・關廂鄉圖（店）》：「時。（州）西四十里。」

⑨《正德潁州志・鄉井・店》：「界溝店。在西鄉一百四十里。舊黄河通，商賈集，河徙市净。」呂景蒙《嘉靖潁州志・輿地・關廂鄉圖（店）》：「界溝。（州）西一百四十里。」

⑩《正德潁州志・鄉井・店》：「南市店。在沈丘西二百四十里。主、客戶雜。田家交易。」呂景蒙《嘉靖潁州志・輿地・關廂鄉圖（店）》：「南市。（州）西二百四十里。」

⑪《正德潁州志・鄉井・店》：「楊官店。在沈丘一百四十里。客戶。酒、醋、鹽、鐵市。」呂景蒙《嘉靖潁州志・輿地・關廂鄉圖（店）》：「楊官。（州）西一百四十里。」

⑫《正德潁州志・鄉井・店》：「瓦店。在沈丘一百五十里。主、客戶。商賈遊貨耳。」呂景蒙《嘉靖潁州志・輿地・關廂鄉圖（店）》：「瓦。（州）西一百五十里。」

⑬《正德潁州志・鄉井・店》：「八十里店。在西鄉楊橋東。客戶。過客逆旅耳。」呂景蒙《嘉靖潁州志・輿地・關廂鄉圖（店）》：「八十里。（州）西楊橋之東。」

⑭《正德潁州志・鄉井・店》：「高堂店。在西鄉九十里。客戶。田家交市。」呂景蒙《嘉靖潁州志・輿地・關廂鄉圖（店）》：「高堂。（州）西九十里。」

栗頭店。在州西六十里。①
黄丘店。在州南五十里。②
桃花店。在州南一百八十里。③
狼頭店。在州南九十里。④
永安店。在古縣南一百四十里。⑤
迎僊店。在州西一百四十里。⑥
桃團店。在州北九十里。⑦
陽臺店。⑧
古店。俱在潁上縣。⑨
盧家岡店。在太和縣西四十里。⑩
界溝店。在太和縣西北七十里。⑪
稅子鋪店。在太和縣西四十里。⑫
玄墻店。在太和縣東北四十里。⑬
雙浮屠鋪店。在太和縣北三十里。⑭

東西良善店。在太和縣東三十里。⑮

①《正德潁州志・鄉井・店》：「栗頭店。在西鄉六十里。主、客戶雜。鹽、鐵市耳。」呂景蒙《嘉靖潁州志・輿地・關廂鄉圖（店）》：「栗頭。（州）西六十里。」

②《正德潁州志・鄉井・店》：「黃丘店。在南鄉五十里。客戶。無市。」呂景蒙《嘉靖潁州志・輿地・關廂鄉圖（店）》：「黃丘。（州）南五十里。」

③《正德潁州志・鄉井・店》：「桃花店。在南鄉一百八十里，汝水東。商賈往來，店雜主、客戶。」呂景蒙《嘉靖潁州志・輿地・關廂鄉圖（店）》：「桃花。（州）南一百八十里。」

④《正德潁州志・鄉井・店》：「狼頭店。在南鄉九十里。客戶。」呂景蒙《嘉靖潁州志・輿地・關廂鄉圖（店）》：「狼頭。（州）南九十里。」

⑤《正德潁州志・鄉井・店》：「永安店。古縣街市存，在南鄉一百四十里汝水濱。舟楫上下，故交易廣。東又有小店。」呂景蒙《嘉靖潁州志・輿地・關廂鄉圖（店）》：「永安。（州）古縣南一百四十里。」

⑥《正德潁州志・鄉井・店》：「迎僊店。在沈丘一百四十里。主、客戶。田家交易。」呂景蒙《嘉靖潁州志・輿地・關廂鄉圖（店）》：「迎僊。（州）西一百四十里。」

⑦《正德潁州志・鄉井・店》：「桃園店。在北鄉九十里，近淝河，水泛通舟。主、客戶雜處。」呂景蒙《嘉靖潁州志・輿地・關廂鄉圖（店）》：「桃園。（州）北九十里。」《順治潁州志・建置・村鎮》：「桃園店。北鄉九十里，近淝河。」

⑧呂景蒙《嘉靖潁州志・輿地・關廂鄉圖（店）》：「（潁上）陽臺。」

⑨呂景蒙《嘉靖潁州志・輿地・關廂鄉圖（店）》：「（潁上）古。」

⑩呂景蒙《嘉靖潁州志・輿地・關廂鄉圖（店）》：「盧家岡。（太和）西四十里。」

⑪呂景蒙《嘉靖潁州志・輿地・關廂鄉圖（店）》：「界溝。（太和）西北七十里。」

⑫呂景蒙《嘉靖潁州志・輿地・關廂鄉圖（店）》：「稅子鋪。（太和）西四十里。」《萬曆太和縣志・輿勝・鋪舍》：「稅子鋪。在縣西北三十五里。」

⑬呂景蒙《嘉靖潁州志・輿地・關廂鄉圖（店）》：「玄墻。（太和）東北四十里。」

⑭呂景蒙《嘉靖潁州志・輿地・關廂鄉圖（店）》：「雙浮屠鋪。（太和）北三十里。」《萬曆太和縣志・輿勝・鋪舍》：「雙浮屠鋪。在縣北三十里。」

⑮呂景蒙《嘉靖潁州志・輿地・關廂鄉圖（店）》：「東西良善。（太和）東三十里。」《萬曆太和縣志・輿勝・鎮市》：「東良善店。在縣北三十里。西良善店，在縣北三十里。」

宋城店。在太和縣北七十里。①

張冊店。在太和縣北八十里。②

斤溝店。在太和縣東北六十里。③

柘店。在太和縣東南三十里。④

龍窩店。在太和縣南四十里。⑤

李宜春曰：嗟乎！而郡而縣，固此潁也。余嘗以事謁府省，渡正陽河，水瀰瀰然，風又阻之，獨後至取慢。矧驛書，能刻期會哉？且行村落百里許，民聚舍不數數，聞強悍者率多武斷，無敢伊何，矧敢走刺史庭控訴哉？竊嘗論其大勢，潁宜當一面者也。而楊橋、中村、艾亭諸集可裂爲縣，則權重無掣肘，勢分無隱奸。識治者得無慮之然哉？

①呂景蒙《嘉靖潁州志·輿地·關廂鄉圖（店）》：「宋城。（太和）北七十里。」

②呂景蒙《嘉靖潁州志·輿地·關廂鄉圖（店）》：「張冊。（太和）北八十里。」《萬曆太和縣志·輿勝·鎮市》：「張冊店。在縣西北七十里，臨沙河，原有社學、便民倉，故址俱存。」

③呂景蒙《嘉靖潁州志·輿地·關廂鄉圖（店）》：「斤溝。（太和）東北六十里。」

④呂景蒙《嘉靖潁州志·輿地·關廂鄉圖（店）》：「柘。（太和）東南三十里。」《萬曆太和縣志·輿勝·鎮市》：「柘店。在縣東二十里。」

⑤呂景蒙《嘉靖潁州志·輿地·關廂鄉圖（店）》：「龍窩。（太和）南四十里。」《萬曆太和縣志·輿勝·鎮市》：「龍窩店。」

# 輿勝

夫山嶽靈而秀毓，水土演而用利，斯《周易》表其成形，職方詔其覩事。作《輿勝》，叙天造之高卑，及人力之營設，而古蹟、墳墓附焉。

襟帶長淮，控扼陳蔡。《風土記》。①

東連三吳，南引荆汝。晉《王［正］淮論》。②

其水洄曲，其地平舒。《北史圖經》。③

①當出自晉周處《風土記》。該書已佚，然《江南通志·輿地·潁州府（形勢）》引二句時註作「《風土記》」，《大清一統志·潁州府·形勢》引二句時註作「周處《風土記》」，可以爲據。

②晉伏滔《正淮論》原作：「南引荆汝之利，東連三吳之富。」

③《北史圖經》，未知何書，已佚。今《北史》中無「圖經」。然《大明一統志·汝寧府·形勝》引此二句時註作：「《北史圖經》。」

梁宋吳楚之衝，齊魯汴洛之道。陶弘景《信州記》。①

淮南内屏，東南樞轄。唐李岵《德政碑》。②

富庶齊三服，山川禹九州。宋歐陽脩《謁廟詩》。③

汝陰西湖，天下勝絕。歐陽脩《寄韓琦書》。④

卜居幸樂國，負郭依良田。宋劉攽詩。⑤

## 崗十三

中村崗。在州南七十里，南臨谷河，環崗村落，故名。⑥

安舟崗。在州南九十里，淮水泛溢，舟楫多伏崗灣泊，故名。⑦

楓北崗。在州南九十里，近地里城。⑧

釤崗。在州南一百一十里，蒙河之北。⑨

仁勝崗。在州南一百四十里，近艾亭。⑩

敖鼎崗。在州西南一百四十五里，汝水之北。⑪

①南朝梁陶弘景《信州記》原文已佚。然《大清一統志·陳州府·形勢》《江南通志·輿地·潁州府（形勢）》引二句時均云出自陶弘景《信州記》，當可信。信州，即潁州故名。

②唐楊憑《廬州刺史本州團練使羅珦德政碑》：「淮海內屏，地雄人富；東南樞轄，有介馬數百，徒兵萬人。」「李岵」二字誤。

③出自宋歐陽修《謁廟馬上有感》。

④出自宋歐陽修《與韓忠獻書》。

⑤出自宋劉攽《初卜潁州城西新居》。

⑥此處之「崗」字與以下十二條之「崗」字，原文皆作「岡」，據前文與本條註改。《成化中都志·山川·潁州》：「中村崗。在南鄉，去城七十里，臨谷河。」《正德潁州志·山川·崗》：「中村崗。在南鄉七十里，南臨谷河，環崗村落，故名。」又呂景蒙《嘉靖潁州志·輿地·山（崗）》《順治潁州志·輿地·崗》同。

⑦《成化中都志·山川·潁州》：「安舟岡。在南鄉，去城九十里，淮水北岸。」《南畿志·鳳陽府·潁州（山川）》：「安舟岡。在南鄉，去城九十里，淮水北岸。」《正德潁州志·山川·崗》：「安舟崗。在南鄉，去城九十里，淮水北岸。淮泛無涯，往來舟楫，依崗灣泊，故名。」呂景蒙《嘉靖潁州志·輿地·山（崗）》同。《順治潁州志·輿地·崗》：「安舟崗。在南鄉九十里，淮水北岸。上傳禹治水安舟處，故名。」

⑧《成化中都志·山川·潁州》：「楓北崗。在南鄉，去城九十里，近地理城。」《正德潁州志·山川·崗》：「楓北崗。在南鄉九十里，近地理城。」呂景蒙《嘉靖潁州志·輿地·山（崗）》：「楓北崗。在（州）南鄉九十里，近地里城。」《順治潁州志·輿地·崗》同。

⑨《成化中都志·山川·潁州》：「釤崗。在南鄉，去城一百一十里，蒙河北。」《正德潁州志·山川·崗》：「釤崗。在南鄉一百一十里，蒙河北。」呂景蒙《嘉靖潁州志·輿地·山（崗）》：「釤崗。在（州）南鄉一百一十里，蒙河之北。」《順治潁州志·輿地·崗》：「釤崗。在南鄉一百里，蒙河之北。」

⑩《成化中都志·山川·潁州》：「仁勝崗。在南鄉，去城一百四十里，近艾亭。」《正德潁州志·山川·崗》：「仁勝崗。在南鄉一百四十里，近艾亭。」呂景蒙《嘉靖潁州志·輿地·山（崗）》《順治潁州志·輿地·崗》同。

⑪《成化中都志·山川·潁州》：「熬鼎崗。在州西南一百四十五里，汝水北。」《南畿志·鳳陽府·潁州（山川）》、《正德潁州志·山川·崗》、呂景蒙《嘉靖潁州志·輿地·山（崗）》、《順治潁州志·輿地·崗》同。

老梧崗。在潁上縣南十里，舊有梧樹叢生其上，故名。①

黃崗。在潁上縣西南二十里，臨淮河之濱。②

焦崗。在潁上縣東南七十里正陽鄉。③

垂崗。在潁上縣南四十里，淮河北岸。④

王崗。在潁上縣東南五十里，鋪名。⑤

鄭家崗。在潁上縣東四十里。俱正陽鄉。⑥

盧家崗。在太和縣東南四十里。⑦

## 嶺三

七旗嶺。在州南七十五里，北臨谷河。俗傳王保保嘗屯兵，樹七旗於此，故名。嶺頭有倉。⑧

金黃嶺。在州南一百二十里，淮水北岸，近朱皋鎮。⑨

黃牛嶺。在州西一百六十里，瓦店子北。⑩

①呂景蒙《嘉靖潁州志・輿地・山（崗）》：「老梧崗。在（潁上）縣南十里。舊有梧樹叢生其上，故名。」《順治潁上縣志・輿圖・山川（崗）》：「老梧崗。在縣東南十里。舊有梧樹叢生其上，故名。」

②呂景蒙《嘉靖潁州志・輿地・山（崗）》：「黃崗。在（潁上）縣西南二十里，臨淮河之濱。」《順治潁上縣志・輿圖・山川（崗）》：「黃崗。在縣西南二十里，臨淮河之濱。」

③呂景蒙《嘉靖潁州志・輿地・山（崗）》：「焦崗。在（潁上）縣東南七十里正陽鄉。」《順治潁上縣志・輿圖・山川（崗）》：「焦崗。在縣東南七十里正陽鄉。」

④呂景蒙《嘉靖潁州志・輿地・山（崗）》：「垂崗。在（潁上）縣南四十里，淮河北岸。」《順治潁上縣志・輿圖・山川（崗）》：「垂崗。在縣東南四十里，淮河北岸。」

⑤呂景蒙《嘉靖潁州志・輿地・山（崗）》：「王崗。在（潁上）縣東南五十里，鋪名。」《順治潁上縣志・輿圖・山川（崗）》：「王崗。在縣東五十里鋪。」

⑥呂景蒙《嘉靖潁州志・輿地・山（崗）》：「鄭家崗。在（潁上）縣東四十里。俱正陽鄉。」《順治潁上縣志・輿圖・山川（崗）》：「鄭家崗。在縣東四十里。俱正陽鄉。」

⑦《成化中都志・山川・潁州》：「盧家崗。在州西北九十里。」《正德潁州志・山川・嶺》同。呂景蒙《嘉靖潁州志・輿地・山（崗）》：「盧家崗。在（太和）縣東南四十里。」《萬曆太和縣志・輿勝・山川》：「盧家崗。在縣西南四十里。」

⑧《成化中都志・山川・潁州》：「七旗嶺。在南鄉，去城七十五里，北臨谷河。」《正德潁州志・山川・嶺》：「七旗嶺。在南鄉七十五里，北臨谷河。俗傳：王保保嘗屯兵於此，樹七旗，故名。嶺頭有倉。」呂景蒙《嘉靖潁州志・輿地・山（崗）》同。《順治潁州志・輿地・嶺》：「七旗嶺。在南鄉七十里，北臨谷河。王保保屯兵於此，樹七旗，故名。」

⑨《成化中都志・山川・潁州》：「金黃嶺。在南鄉，去城一百二十里，淮水北岸，近朱臯鎮。」《南畿志・鳳陽府・潁州（山川）》：「金黃嶺。在州南一百二十里，淮水北岸，近朱臯鎮。」《正德潁州志・山川・嶺》：「金黃嶺。在南鄉，去城一百二十里，淮水北岸，近朱臯鎮。」呂景蒙《嘉靖潁州志・輿地・山（嶺）》：「金黃嶺。在南鄉一百二十里，淮水北岸，近朱臯鎮。」《順治潁州志・輿地・嶺》：「金黃嶺。在南鄉百二十里，淮北岸，近朱臯鎮。」

⑩《成化中都志・山川・潁州》：「黃牛嶺。在州西一百六十里，流鞍河北。」《正德潁州志・山川・嶺》：「黃牛嶺。在州西一百六十里，流鞍河北。」呂景蒙《嘉靖潁州志・輿地・山（嶺）》《順治潁州志・輿地・嶺》同。

## 河三十一

潁河。在州北。發源自汝州山中，至小𥨪、西華始大，滙澤南頓。洪武初，黄河自通許之西支分陳州商水，入南頓混潁，東流項城趙家渡入潁州境，澎湃乳香臺。東過沈邱楊橋，遶西古城，折而東北爲長灣，又折而南爲私擺渡，經王莊鋪，遶北城門外，依黄霸堆而東入舊黄河，過留陵，出江口，經甘城，至正陽入淮河。宣德五年（1430），西北淤塞。呼爲小河，上達古汴，下通淮泗。①

宋蘇軾《泛潁》：

我性喜臨水，得潁意甚奇。到官十日來，九日河之湄。吏民笑相語，使君老而癡。使君寔不癡，流水有令姿。遶郡十餘里，不駛亦不遲。上流直而清，下流曲而漪。畫船俯明鏡，笑問汝爲誰？忽然生鱗甲，亂我鬚與眉。散为百東坡，頃刻復在茲。此豈水②薄相，與我相娱嬉。聲（色）與臭味，顛倒眩小兒。等是兒戲物，水中少磷緇。趙陳兩歐陽，同參天人師。觀妙皆有得，共賦泛潁詩。

汝河。在州（西南）百四十里。發源自汝州天息山，經臨潁、新蔡，過汝寧城東，入州界之桃花店。東南爲龍項灣，又東爲永安廢縣，環地理城，出䤸崗從淮。③

①《成化中都志·山川·潁州》：「潁河。在州西鄉，自南頓東來，至趙家渡入州境，至乳香臺，東過沈丘，遶州北門外，過留陵，出江口驛，經甘城驛，至正陽入淮。」《南畿志·鳳陽府·潁州（山川）》：「潁河。在州西，自南頓東來，至趙家渡入州境，東過沈丘，遶州北門外，過留陵，至正陽鎮入淮。」《正德潁州志·山川·河》：「潁河。在州西鄉入境。源自汝州山中，發至小窑、西華始大，匯澤南頓。洪武初，黄河自通許之西支，分陳州商水，入南頓混潁。東流項城趙家渡入潁州境，澎湃乳香臺。東過沈丘楊橋，遶西古城，折而東北爲長灣，又折而南爲私擺渡。經王莊鋪，遶北城門外，依黄霸堆而東入舊黄河，遙遙東下。過留陵，出江口，經甘城驛，至正陽入淮河。今土俗猶呼爲小河云。」呂景蒙《嘉靖潁州志·輿地·川（河）》：「潁河。舊自河南項城縣界流入太和、潁上等縣，經陳州西華境。宋劉敞《詩》有『世亂潁水濁，世治潁水清』之句。本朝洪武八年（1375），黄河分決合流，經潁州北門外。宣德五年，西北淤塞。俗稱小河，上達古汴，下通淮泗。」《順治潁州志·輿地·河》：「潁河。在州北。發源自乾陽山，至小窑、西華縣，東匯澤南頓。洪武初，黄河自通許之西支，分陳州商水，入南頓混潁。東流項城趙家渡，潁州境，澎湃乳香臺。東過沈丘楊橋，遶西古城，折而東北爲長灣，又折而南爲私擺渡。經王莊鋪，遶北城門外，依黄霸堆而東合舊黄河。過留陵，出港口，經甘城，至正陽入淮河。宣德五年，西北淤塞。俗呼爲小河，上達古汴，下通淮泗。霜後甘冽可烹，茗釀酒。」

②此處原衍「相」字，刪。

③《成化中都志·山川·潁州》：「汝河。在城南一百里，自汝寧東，北流至桃花店，入州界。又東過永安廢縣，環地理城，至朱皋鎮入淮。按《淮南地形訓》，汝出猛山。《博物志》云：『出燕泉山。』《水經註》：『出魯陽縣大盂山。』《地理志》：『出定陵縣高陵山。』魯陽，今魯山。定陵，今舞陽。《通志畧》云：『汝水出汝州魯山縣大盂山。』其地與弘農盧氏交界，故許慎謂：『出盧氏也。』其水東南過舞陽，溵水、昆水入焉，又有泜水、湛水入焉。南過上蔡，至襃信縣汝口，南入於淮。班云：『行千三百四十里。』按《汝州志》，汝河在州南十里，其源出自嵩縣分水嶺，經郟縣東注於淮。《詩傳》謂出汝州天息山，誤也。」《南畿志·鳳陽府·潁州（山川）》：「汝河。在州西南一百。源發汝州天息山，經汝寧東北，流至桃花店入州境，又東過永安廢縣，至朱皋鎮入淮。」《正德潁州志·山川·河》：「汝河。在州西南一百四十里。源自汝州天息山，經臨潁、新蔡，過汝寧城東，入州界之桃花店，東南爲龍項灣，又東爲永安廢縣，環地理城，出鈔崗從淮。」呂景蒙《嘉靖潁州志·輿地·川（河）》：「汝河。在潁州南一百二十里。源發汝州天息山，經新蔡、朱皋東流入淮。又有小汝水在沈丘廢縣北。」《順治潁州志·輿地·河》同。

小汝河。在州西一百三十里添子塚南，積乾柳樹集南溝溢之水成河，過雙溝，水四達處有古塚，相傳上古小國主陵。正統中，水涸，盜發塚，取有金玉。今形蹟尚在河中。水自北而南至沈丘，北入潁河。①

黄河。在州西，舊自太和縣界流入境，東南至正陽鎮注淮。正統十二年（1447），上流淤塞，惟西華境一支入潁，合流下達於淮泗。②

淮河。在州南一百二十里。發源自南陽胎簪，至桐柏東過汝寧；又東過潁州之褒信，汝水自西北來入焉；又東過下蔡，潁水從西北來入焉；又東過壽春，淝水從東南來入焉。③

流鞍河。在州西沈丘鄉。自三障坡積水，過水丘成河，東過黄牛嶺，又東過青楊館，折而直北，至沈丘鎮入潁。相傳：光武征王尋，坡戰失利，渡河，沒馬漂鞍，至青楊館收散兵追尋，因名。④

舒陽河。在州西鄉。發源自項城乾柳樹集，北入境，經鄭家湖下，東過觀音寺，又東折而南，過陶中湖，入柳河。⑤

柳河。在州西鄉。發源自白楊湖，黄河支流，會稅絲以南諸水，積流許家窩，成大河。東流十許里，且折而南，過魚營，西出夬臺，即南爲廢柳河驛，下流石羊鋪，右入舊黄河。⑥

西茨河。在州西鄉。舊因黄河横流，衝決成河，今太和縣新集以南五道溝諸水，經長營、五輛車營前後坡積水，從流至廢潁河驛，東入柳河。⑦

西三十里河。在州城西。自蠶方以北，畎澮之水積成寬河，至蔡村，南入潁河。⑧

七里河。在州城西，水自南十五里廟之東，積畎澮水成河。久雨則汪洋奔湍，折而北，達於潁河。⑨

①《成化中都志·山川·潁州》：「小汝河。在城西一百三十里，至沈丘，北入潁河。」《正德潁州志·山川·河》：「小汝河。在州西一百三十里添子塚南，積乾柳樹集南溝洫之水成河，過雙溝。水四達處有古塚，相傳上古小國主陵。正統中，水涸，盜發塚，取有金玉。今形蹟存河水中。水自北而南至沈丘，北入潁河。」又呂景蒙《嘉靖潁州志·輿地·川（河）》《順治潁州志·輿地·河》同。

②《成化中都志·山川·潁州》：「黃河。金之季年河決太康，自州西北陳州界入州境，東南流經州城北。元末，又自通許分派一支入渦河，一支自陳州商水入南頓，混潁水，東流項城趙家渡入州境。正統二年（1437）復徙於鹿邑，舊河黃流遂絕。成化末年，黃河一支復通於潁矣。」《南畿志·鳳陽府·潁州（山川）》同。《正德潁州志·山川·河》：「黃河。在州西。初自西北入境，東南流。按《禹貢》，故道自建紹後決，益淮、泗，猶僅半派。隋大業中，引而入汴，從渦合淮。自此汴梁以南，獨受河患。金之亡，河徙自太康，決齧入陳、潁。故地本下，而水道小，受河之衝，騰蹙渺茫，州境之淪河者十四五。又百餘年，却自通許又分派，回入渦河，然大勢自若。其始入境，決界溝成湖，出而匯白陽湖，過太和舊縣，支分爲西茨河、柳河，屈折百里。間復合於回窩，至黃霸堆，下合潁河。」呂景蒙《嘉靖潁州志·輿地·川（河）》：「黃河。舊自太和縣界流入，經潁州北門城下，東流至壽州正陽鎮注淮。正統十二年，上流淤塞，惟西華境一支入潁，合流下達於淮泗。」《順治潁州志·輿地·河》：「黃河。自周家口分界，經潁州三里灣，東流至壽州、正陽鎮，注淮。正統十二年，上流淤塞，惟西華境一支入潁，合流下達於淮泗。」

③《成化中都志·山川·潁州》：「淮河。在城南一百二十里，與汝水合，至正陽下流與潁水合。」《正德潁州志·山川·河》：「淮河。在州南一百二十里。源自南陽胎簪，發至桐栢，東南流汝寧。又東過潁州南鄉，與汝水合，盡州南境，馳入正陽，下流與潁河合。」呂景蒙《嘉靖潁州志·輿地·川（河）》：「淮河。出唐州桐栢縣大復山，東過信陽，又東過潁州之裦信，汝水自西北來入焉；又東過下蔡，潁水從西北來入焉；又東過壽春，有淝水從東南來入焉。去州一百二十里。」《順治潁州志·輿地·河》同。

④《成化中都志·山川·潁州》：「流鞍河。在城西二十里，源出自項城縣三丈陂，經沈丘入潁河。」《正德潁州志·山川·河》：「流鞍河。在州西沈丘鄉，無源。自三障坡積水，過水丘成河，混流不竭。東過黃牛嶺，又東過青楊舘，折而直北，至沈丘鎮，入潁河。相傳：光武征王尋，坡戰失利，渡河，沒馬漂鞍，至青楊舘收散兵追尋，因名。」呂景蒙《嘉靖潁州志·輿地·川（河）》《順治潁州志·輿地·河》同。

⑤《成化中都志·山川·潁州》：「輪［舒］陽河。在州西鄉，源自項城縣乾柳樹，經州境入柳河。」《正德潁州志·山川·河》：「舒陽河。在州西鄉。源自項城乾柳樹集，北入境，經鄭家湖下，東過觀音寺，又東折而南，逡巡陶中湖，相馳入柳河。」呂景蒙《嘉靖潁州志·輿地·川（河）》《順治潁州志·輿地·河》同。

⑥《成化中都志·山川·潁州》：「柳河。在州西鄉，源自白楊湖，黃河支流。會諸水積流，經廢柳河驛，至石羊鋪，入舊黃河。」《正德潁州志·

山川・河》：「柳河。在州西鄉。源自白楊湖，黃河支流。會税絲以南諸水，積流許家窩，成大河。東流十餘里，且折而南，過魚營，西出夬臺，即南爲廢柳河驛所，下流石羊鋪，右入舊黃河。」呂景蒙《嘉靖潁州志・輿地・川（河）》同。《順治潁州志・輿地・河》：「柳河。在州西鄉。源自白楊湖，黃河支流。會税絲以南諸水，積流許家窩，成大河。東流十餘里，且折而南，道魚營，西出夬臺，即南爲廢柳河驛，下流石羊鋪河。」

⑦《成化中都志・山川・潁州》：「西茨河。在州西鄉，舊因黃河衝決成河。合太和新集以南五道溝諸水，流至廢柳河驛，東入柳河。」《正德潁州志・山川・河》：「西茨河。在州西鄉，無源。舊因黃河橫流，衝決成河。今太和縣新集以南五道溝諸水，經長營、五輛車營前後坡積水，從流至廢柳河驛，東入柳河。」呂景蒙《嘉靖潁州志・輿地・河》同。

⑧《成化中都志・山川・潁州》：「西三十里河。在城西，自蠶方以北，畎澮之水積成河，至蔡村，南入潁河。」《正德潁州志・山川・河》：「西三十里河。在城西，無源。自蠶方以北，畎澮之水積成寬河，至蔡村，南入潁河。」呂景蒙《嘉靖潁州志・輿地・川（河）》《順治潁州志・輿地・河》同。

⑨《正德潁州志・山川・河》：「七里河。在城西，無源水。自南十五里廟之東，畎澮之水會積成河。久雨則汪洋奔湍，已而盈科不進。趨折北達於潁河。」呂景蒙《嘉靖潁州志・輿地・川（河）》：「七里河。在城西，無源水。自南十五里廟之東，畎澮之水會積成河。久雨則汪洋奔湍，折北達於潁河。」《順治潁州志・輿地・河》：「七里河。張大同題曰直溪。自十五里廟之東，畎澮之水會積成河。久雨則汪洋奔湍，折北達於潁河。」

延河。在州西沈丘鄉。自新蔡東流入境，至龍口屈折姜寨之南，又東過瓦店，又東背長官店，又東北過楊橋，入潁河。①

大潤河。在州南五十里。水由上［土］陂以出地泉，又栗林南諸坡積河［水］成河，過黃花陂下，東流愈大。東過磚橋，受小潤河之水，出椒陂，過板橋東，南入淮。②

小潤河。在州南四十里。自蠶方以東，溝澗積水成河。過黃丘，下七星橋，東流至磚橋，東入大潤河。③

谷河。在州南七十里。自新蔡而東入境，經黑塔坡，下油店橋，東南（過）老軍屯，又東過楊宅橋、介陳村，逶七旗崗，北爲崇灣，通於中村崗，南至水臺，西入淮。④

清河。在州城南。相傳：楚靈王自水臺西開通商渠，自淮而北，轉而西，又折而北，直抵胡子城，歷世變而堙。五代昔，

①《成化中都志·山川·潁州》：「延河。在州西沈丘鄉，自新蔡東流入州境，東北過楊橋，入潁河。」《正德潁州志·山川·河》：「延河。在州西沈丘鄉，上源莫詳。自新蔡東流入境，至龍口屈折姜寨之南，又東過瓦店，又東背長官店，又東北過楊橋，入潁河。」呂景蒙《嘉靖潁州志·輿地·川（河）》《順治潁州志·輿地·河》同。

②《成化中都志·山川·潁州》：「大潤河。在城南五十里，源出土陂以上地泉，又歷泉南諸陂，積流成河。東過磚橋，受小潤河，出椒陂，過板橋東，南入淮。」《南畿志·鳳陽府·潁州（山川）》：「大潤河。在州南五十里，源出土陂以上地泉，歷泉南諸陂。東過磚橋，受小潤河，出椒陂，過板橋東，南入淮。」《正德潁州志·山川·河》：「大潤河。在州南五十里。水由土陂以上地泉，又栗林南諸坡積流成河，過黃花陂下，東流愈大。東過磚橋，受小潤河之水，出椒陂，縈迴過板橋，東南入淮。」呂景蒙《嘉靖潁州志·輿地·川（河）》：「大潤河。在州南五十里。水由土陂以出地泉，又栗林南諸坡積流成河，過黃花陂下，東流愈大。東過磚橋，受小潤河之水，出椒陂，縈迴過板橋，東南入淮。」《順治潁州志·輿地·河》：「大潤河。在州南五十里。水由土陂以出地泉，又栗林南諸坡積流成河，過黃花陂下，東流愈大。東過磚橋，受小潤河之水，出椒陂，縈迴過板橋，東南入淮。」

③《成化中都志·山川·潁州》：「小潤河。在城南三十里，水源自西鄉三十里河，流入桃花店，接大潤河，入淮。」《正德潁州志·山川·河》：「小潤河。在州南四十里。水自蠶方以東，溝澗積水成河。過黃丘，下七星橋，東流至磚橋，東入大潤河。」呂景蒙《嘉靖潁州志·輿地·川（河）》《順治潁州志·輿地·河》同。

④《成化中都志·山川·潁州》：「谷河。在城南九十里，水源自潤河，經西鄉一虎橋至水臺，西入淮。」《南畿志·鳳陽府·潁州（山川）》：「谷河。在城南九十里，源自潤河，經西鄉一虎橋至水臺，西入淮。」《正德潁州志·山川·河》：「谷河。在州南七十里，上源莫詳。由新蔡而東入境，經黑塔坡，下油店橋，東南過老軍屯，又東過楊宅橋、介陳村，逶七旗崗，北爲崇灣，匯於中村崗，南至水臺，西入淮。」呂景蒙《嘉靖潁州志·輿地·川（河）》《順治潁州志·輿地·河》同。

王祚爲潁州刺史，復疏導之，更名曰清河，舟楫復通，南境無水患。後不詳何旹，復多湮塞。①

蒙河。在州南一百里。自紅林東坡積水成河，南背金黄嶺，西流會汝河。至釤崗南，會淮。②

桃子河。在州南六十里。自海家溝東注秋家莊，又東逸分水廟，流而爲河。東馳不十里，折北而過大屯環井村，包回龍注於大河。③

十八里河。在州東鄉。集撫軍廟南諸溝澮，浸淫不流。相傳：土人鑿渠以洩黄潦，南北延袤五十里，下流入張家湖，注於潁。④

東三十里河。在州東。由梁莊坡南流下成河，過倒塔坡，下達於潁，折西南注於張家湖。⑤

淝河。在州北一百一十里。自太和北源，東經宋塘河，過板橋，背金溝水，南抱岳廟，環張村鋪，又東經靳家渡，迂折而南，縈迴董家集，又南而馬家浅，入壽州境，至硤石山入淮。⑥

北茨河。在州北。自金溝水，南流漸大，依三塔，西過蔗店，出黑風溝口，趨龍窩寺傍下流，西南至石羊鋪，北入舊黄河。⑦

沙河。在潁上縣東門外，即潁水也，東南至清水鎮，入沙河。⑧

濟河。在潁上縣北五十里甘羅鄉。源出亳州，流百餘里，東入淝水，由金溝入淮。⑨

八里河。在潁上縣南八里，故名。即柳溝之水。⑩

史河。在潁上縣（東）一十里甘羅鄉，即沙河支流。⑪

①《成化中都志·山川·潁州》：「清河。在城南。相傳：楚靈王自水臺西開通商渠，自淮抵胡城。五代時，王祚爲潁州刺史，疏導古通商渠，更名曰清河。」《正德潁州志·山川·河》：「清河。在州南城之南。相傳：楚靈王自水臺西開通商渠，自淮而北，轉而西，又折而北，直抵胡子城。歷世變遷，陵谷易位。五代時，王祚爲潁州刺史，疏導古通商渠，更名曰清河。舟楫復通，南境無水患。後不詳何時，復多湮塞。」呂景蒙《嘉靖潁州志·輿地·川（河）》同。《順治潁州志·輿地·河》：「清河。在州南城之南。相傳：楚靈王自水臺西開通商渠，自淮而北，轉而西，又折而北，分二派，直抵胡子城。歷世變遷，陵谷易位。五代時，王祚爲潁州刺史，疏導古通商渠，更名曰清河。舟楫復通，南境無水患。今雖稍湮塞，尚分二派，抵城南堤，由隍入潁河。俗名三川灌潁。」

②《成化中都志·山川·潁州》：「蒙河。在城南一百里，自紅林東坡積水成河，過金黃嶺，西流會汝河，至鉍崗南，入淮。」《正德潁州志·山川·河》：「蒙河。在州南一百里，無源。自紅林東坡積水成河，南背金黃嶺，西流會汝河，至鉍崗南，會淮。」呂景蒙《嘉靖潁州志·輿地·川（河）》《順治潁州志·輿地·河》同。

③《成化中都志·山川·潁州》：「桃子河。在城南六十里，水源自海家溝，流至水臺，入淮。」《正德潁州志·山川·河》：「桃子河。在州南六十里。水自海家溝迤邐東注秋家莊，又東遶分水廟，被漫溝洫，集而爲河。東馳不十里，折北而過大屯環井村，包回龍注大河。」呂景蒙《嘉靖潁州志·輿地·川（河）》：「桃子河。在州南六十里。水自海家溝東注秋家莊，又經分水廟流而爲河。東馳不十里，折北而過大屯環井村，包回龍注大河。」《順治潁州志·輿地·河》同。

④《正德潁州志·山川·河》：「十八里河。在州東鄉，無源。水由撫軍廟以南諸坡溝澮所集，浸淫不流。相傳：土人鑿渠以洩黃潦，南北延袤五十里，下流入張家湖，注潁。」呂景蒙《嘉靖潁州志·輿地·川（河）》同。《順治潁州志·輿地·河》：「十八里河。在州東鄉，無源。水由撫軍廟南諸坡溝澮所集，浸淫下流。相傳：土人鑿渠以洩黃潦，南北延袤五十里，下流入張家湖。」

⑤《成化中都志·山川·潁州》：「東三十里河。在東鄉，水從梁莊坡南流成河，西南注張家湖。」《正德潁州志·山川·河》：「東三十里河。在東鄉，無源。水由梁莊坡南流，下成河，過倒塔坡，不能自達於潁，曲折西南，注於張家湖。」呂景蒙《嘉靖潁州志·輿地·川（河）》《順治潁州志·輿地·河》同。

⑥《正德潁州志·山川·河》：「淝河。在州北一百一十里，上源莫詳。自太和北源，東經宋塘河，過板橋，背金溝，東南抱岳廂，環張村鋪，又東經靳家渡，迂折而南，縈迴董家集，又南而馬家浅，入壽州境，至硤石山入淮。」呂景蒙《嘉靖潁州志·輿地·川（河）》：「淝河。在州北一百一十里，上源莫詳。自太和北源，東經宋塘河，過板橋，背金溝，東南抱岳廂，環張村鋪，又東經靳家渡，迂折而南，縈迴董家集，又南而馬

家浅，入壽州境，至硤石山入淮。按《一統志》：淝水一出宿州，至懷遠，入淮。又有東淝河在壽州東北，西流入淮。西淝河在下蔡廢城，東流入淮。此則西淝河也。」《順治潁州志・輿地・河》同。

⑦《成化中都志・山川・潁州》：「北茨河。在州北鄉，自金溝水，南流漸大，趋龍窩寺傍，西南至石羊鋪，北入舊黄河。」《正德潁州志・山川・河》：「北茨河。在州北鄉，無源。自金溝水，南流漸大，依三塔，西過蔗店，出黑風溝口，趨龍窩寺傍下流，西南至石羊鋪，北入舊黄河。」呂景蒙《嘉靖潁州志・輿地・川（河）》《順治潁州志・輿地・河》同。

⑧《成化中都志・山川・潁上縣》：「沙河。在城東門外，東南流入淮，即潁水也。按《唐會要》云：『元和十一年（816），置淮潁水運，楊子等諸院米自淮陰泝流至壽州，西四十里入潁口。有泝流至潁州沈丘界，五百里至於項城。又泝流五百里至於入於溵河，又三百里輸於郾城，得米五十萬石。』考之《臨潁志》云：『楮河在縣西十五里，即潁水也。源出登封縣潁谷，經流本縣，東南至清水鎮，入沙河，達於淮。』《郾城志》云：『溵江渡在縣西一里一百步，即沙河也。』是則沙河即潁水明矣。《山海經》云：『潁水出少室山。』黄氏云：『出河南登封縣陽乾山，東南流至潁州潁上縣，入淮。』《翰墨全書》云：『淮水東流，潁水西北來注之，謂之潁口，下蔡、淮潁之會也。』《詩地理考》云：『潁水出河南府陽城縣陽乾山，自汝州襄城縣，流入潁昌府長社縣，自長社流入臨潁縣，自順昌府汝陰縣流入潁上縣。至壽春府下蔡縣入淮。』《通志畧》云：『潁水出潁州陽城縣少室山。』今陽城省入登封矣。東南至陽州，洧水入焉。又東南過南頓，濦水入焉。又東南至下蔡入淮。班云：『行千五百里。』《河南志》云：『潁水在登封縣西四十里，水自石道，保神水里入干瀦水。』按《郡圖》，水出登封西南百砨山，有故潁陽縣遺址。按《河南志》，有少陽河、李莊河，俱出少室山，入潁。故《山海經》《通志畧》謂『出少室也』。《新志》謂『潁水上通古汴』，相去遠矣。蓋黄河決而入潁，非汴水也。」《南畿志・鳳陽府・潁上（山川）》：「沙河。在城東門外，即潁水，東南流入淮。」呂景蒙《嘉靖潁州志・輿地・川（河）》：「沙河。在（潁上）縣治東門外，即潁水也。東南至清水鎮，入沙河。」《順治潁上縣志・輿圖・山川（河）》：「沙河。縣治東門外，即潁水也。宋劉敞詩有『世亂潁水濁，世治潁水清』之句。源出登封縣乾陽山。《山海經》云潁水出少室山。《通治［志］畧》云：『潁水出潁州陽城縣少室。』今陽城省入登封矣。東南至陳州，洧水入焉。又東南過南頓，濦水入焉。又東南至下蔡入淮。班云：『行千五百里。』《河南郡圖》：『水出登封縣西南百砨山，有故潁陽縣遺址。』《唐會要》云：『元和十一年，置淮潁水運，陽［楊］子等諸院米自淮泝流至壽，入潁口……入自激［溵］河，輸於郾城。』洪武二十五年（1392），黄河決改，流經此河入於淮，遂通流汴梁。正統二年（1437），復徙於鹿邑舊河達淮。」

⑨《成化中都志・山川・潁上縣》：「濟河。在縣北五十里甘羅鄉，源出亳縣東北，流合淝水，入淮。」《南畿志・鳳陽府・潁上（山川）》：「濟河。在縣北五十里，源出亳州東北，流合淝水，入淮。」呂景蒙《嘉靖潁州志・輿地・川（河）》：「濟河。在（潁上）縣北五十里甘羅鄉。源出東北亳州，流百餘里，東入淝水，由金溝達入淮。」《順治潁上縣志・輿圖・山川（河）》：「濟河。縣治北五十里，源出亳州東北，其流百餘

里，東入淝水。由金溝達淮。」

⑩呂景蒙《嘉靖潁州志・輿地・川（河）》：「八里河。在（潁上）縣南八里，即柳溝之水。因道里之近，遂名河。」《順治潁上縣志・輿圖・山川（河）》：「八里河。在縣治南八里，即柳溝之水。因道里，遂名。」

⑪呂景蒙《嘉靖潁州志・輿地・川（河）》「史河。在（潁上）縣東一十里甘羅鄉，即沙河支流之水。」《順治潁上縣志・輿圖・山川（河）》：「史河。在縣治東十里甘羅鄉，即沙河支流。」

江口河。在潁上縣西北五十里潁陽鄉。源出潁州蘆嚳，其水縈紆浩蕩，有似於江，故名。南流入於沙河。①

沙河。在太和縣南二里，流入淮。②

八丈河。在太和縣北四十里，通谷河。③

---

①《成化中都志・山川・潁上縣》：「江子口。在縣西北六十里潁陽鄉。源出潁州，東南合潤河入淮。」呂景蒙《嘉靖潁州志・輿地・川（河）》：「江口河。在（潁上）縣西北五十里潁陽鄉。源出潁州蘆嚳，其水縈紆浩蕩，有似於江，故名。南流入於沙河。」《順治潁上縣志・輿圖・山川（河）》：「江口河。在縣西北五十里潁陽鄉，源出潁州蘆嚳。其水縈紆浩蕩，有似於江，故名。南流入於沙河。」

②《成化中都志・山川・太和縣》：「沙河。在縣南二里，上通項城縣，下達潁上縣，至正陽鎮入淮，即潁水也。」呂景蒙《嘉靖潁州志・輿地・川（河）》：「沙河。在（太和）縣南二里，流入淮。」《萬曆太和縣志・輿勝・山川》：「沙河。黄河之支流也。原黄河經開封府城北，東由濟寧而行。洪武二十四年（1391），河決原武縣東南，而至項城，故道遂淤。正統十三年（1448），又決滎陽縣，而東抵項城，前道又淤。由項城而達於太和縣境，經界溝、稅子等集地方，東至界牌，截其地而下之，湍激爲溜，澎湃之聲聞於數里，由此安流瀠迴，南至於潁州，東流壽州、正陽，流注於淮水。俗呼爲惠民河。蓋宋時之漕河也。所謂『上通古汴，下達淮泗』者是也。」

③《成化中都志・山川・太和縣》：「八丈河。在縣西四十里，通谷河。」呂景蒙《嘉靖潁州志・輿地・川（河）》：「八丈河。在（太和）縣北四十里，通谷河。」《萬曆太和縣志・輿勝・山川》：「八丈河。在縣北四十里，會聶家等湖之水積流成河。東流港溝，而通於谷河。」

宋塘河。在太和縣北六十里。通亳州淝河，流入茨河。①

聶家河。在太和縣西北一十二里，西臨界溝，東近舊縣。②

## 港三

母猪港。在州北八十里。淝河南闊幾四十，自三塔距③小橋溝，南北俱大坡，畎澮之水集焉。東連淝河，泛則可舟。④

白魚港。在州北九十里。母猪港北溝洫之水積成大渠，通淝河。故白魚自海濱沿淮入淝，至此港而止，其色白味甘。⑤

黄丘港。在州西南五十里。積後坡之水，南達潤河。⑥

## 潭三

張公潭。在潁上縣。廼龍公爭釣處。有祠立於岸上。⑦

白龍潭。在潁上縣北七里。《舊志》「白龍昇處」。古祠遭黄河，今廟在岸側。⑧

魚鱗潭。在潁上縣西北四十里淮潤鄉。⑨

①《成化中都志・山川・太和縣》：「宋塘河。在縣北六十里，上通亳縣淝河。至本縣入茨河。」呂景蒙《嘉靖潁州志・輿地・川（河）》：「宋塘河。在（太和）縣北六十里。通亳州淝河，流入茨河。」《萬曆太和縣志・輿勝・山川》：「宋塘河。在縣北六十里。北通亳州淝河，南流至於雙泉溝，入於谷河。」

②《成化中都志・山川・太和縣》：「聶家河。在縣西北十二里。」呂景蒙《嘉靖潁州志・輿地・川（河）》：「聶家河。在（太和）縣西北一十二里，西臨界溝，東近舊縣。」

③「距」字，呂景蒙《嘉靖潁州志》作「尾」。

④《正德潁州志・山川・港》：「母猪港。在州北八十里淝河之南，自西而東幾四十里。首三塔，尾小橋，溝港、南北大坡，畎澮之水悉集，東連淝河，泛則通舟。」呂景蒙《嘉靖潁州志・輿地・川（港）》《順治潁上縣志・輿圖・溝洫（港）》《順治潁州志・輿地・港》同。

⑤《成化中都志・山川・潁州》：「白魚港。在州北九十里。母猪港北溝洫之水積流爲大渠，通淝河。」《正德潁州志・山川・港》：「白魚港。在州北九十里，母猪港北。溝洫之水積流爲大渠，通淝河。故白魚自海濱沿淮入淝，至此溝而止，色白味甘，人常得之，用意取則不得。」呂景蒙《嘉靖潁州志・輿地・川（港）》《順治潁上縣志・輿圖・溝洫（港）》同。《順治潁州志・輿地・港》：「在州北九十里。母猪（港）北溝洫之水積流爲大渠，通淝河。故白魚自海濱沿淮入淝，至此港而止，人常得之，用意取則不得。」

⑥《成化中都志・山川・潁州》：「黄丘港。在城西南五十里，源自三丈陂，流出經大潤河口，入淮。」《正德潁州志・山川・港》：「黄丘港。在州西南五十里。積後坡之水，南達潤河。」呂景蒙《嘉靖潁州志・輿地・川（港）》《順治潁上縣志・輿圖・溝洫（港）》《順治潁州志・輿地・港》同。

⑦《順治潁上縣志・輿圖・溝洫（潭）》：「張公潭。廼龍公與鄭祥遠爭釣處，有祠立於岸上。」

⑧《順治潁上縣志・輿圖・溝洫（潭）》：「白龍潭。縣北七里沙河北。《舊志》：『白龍昇於斯。』古祠遭黄河水患，今立廟於岸側。」

⑨呂景蒙《嘉靖潁州志・輿地・川（潭）》：「魚鱗。在（潁上）縣西北四十里淮潤鄉。」《順治潁上縣志・輿圖・溝洫（潭）》：「魚鱗潭。在縣西北四十里淮潤鄉。」

## 池三

畢卓池。在州西鮦陽城内，廣十里。今已半湮。①

蓮花池。在潁上縣西八里。②

龍池。在潁上縣西南四十里淮潤鄉。張公九子化龍處。③

## 井三

琉璃井。在州治東南。其水清冽，井底有青石八片，瑩潤照人，故名。④

甜水井。在州南城中道觀前。城内外井泉多鹹苦，獨此水清甜，故名。⑤

十里井。在州城河北，騸馬廠之東。井水清甜，十里外有取汲者，大旱不竭，故名。⑥

## 溜十二

回窩溜。在州東三十五里。⑦

①《成化中都志·池沼井泉·潁州》：「畢卓池。在州西鮦陽城內，方十畝，今半湮。」《正德潁州志·古蹟·池》：「畢卓池。在州西鮦陽城內。池舊廣十畝，今半湮。」《順治潁州志·輿地·池》：「畢卓池。在州西鮦陽城內。池舊廣十里。」

②《成化中都志·池沼井泉·潁上縣》：「蓮花池。在縣西七里，周十里，種荷花。」呂景蒙《嘉靖潁州志·輿地·川（池）》：「蓮花。在（潁上）縣西八里。」《順治潁上縣志·輿圖·溝洫（池）》：「蓮花池。縣西八里。」

③《成化中都志·池沼井泉·潁上縣》：「龍池。在縣西南四十里淮潤鄉。濱沙河，即張公路斯蛻骨化龍之池，與霍丘接界，故並載之。」《順治潁上縣志·輿圖·溝洫（池）》：「龍池。縣西南四十里淮潤鄉。張公九子脫骨化龍處。」

④《成化中都志·池沼井泉·潁州》：「琉璃井。在城中州治東南。水清冽，井底有青石八片，光瑩，故名。」《南畿志·鳳陽府·潁州（山川）》：「琉璃井。在州治東南，井底有青石八片，光瑩，故名。」《正德潁州志·山川·井》：「琉璃井。在北城中，州治東南。其水清冽，井底有青石八片，瑩潤照人，故名。」《順治潁州志·輿地·井》：「琉璃井。在州東。中有青石八片，瑩潤照人，故名。」

⑤《成化中都志·池沼井泉·潁州》：「甜水井。在州治南迎祥觀前，水清而甘，故名。」《正德潁州志·山川·井》：「甜水井。在南城中道觀前。城內外井泉多鹹苦，獨此水清甜，故名。」呂景蒙《嘉靖潁州志·輿地·川（井）》同。《順治潁州志·輿地·井》：「甜水井。在南城中道觀前。今湮廢無考。」

⑥《正德潁州志·山川·井》：「十里井。在州城河北，騶馬廠之東。井水清甜，十里外有取汲者，故名。且古所甃，大而且深，大旱不竭。」呂景蒙《嘉靖潁州志·輿地·川（井）》：「十里。在州城河北，騶馬廠之東。井水清甜，十里外有取汲者，故名。且古所。」《順治潁州志·輿地·井》：「十里井。在州城河北，騶馬廠之東。井水清甜，十里外有取汲者，故名。」

⑦呂景蒙《嘉靖潁州志·輿地·川（溜）》：「回窩。在州東三十五里。」《順治潁州志·輿地·溜》：「洄窩溜。在州東三十五里。」

坎王溜。在州西北十五里。①
黄岡溜。在州西三十里。②
白廟溜。在州北十里。③
黄河新溜。在州北二十五里。④
賢壩溜。在［去］潁上縣二十五里。⑤
鹽村溜。在［去］潁上縣一十五［二］里。⑥
河東溜。在潁上縣附廓。⑦
刑旗溜。在潁上縣北五里許。⑧
桑園溜。在［去］潁上縣一十五里。⑨
草廟溜。在［去］潁上縣三十五里。⑩
曹家溜。在［去］潁上縣六十里。按：洪武壬申（1392）夏，黄河水溢入潁上。正統丁巳（1437），復出鹿邑。閱百餘年，已至潁州白龍溝，逆流而上，衝徙靡常。居民隨地取名，均謂之溜。正德甲戌（1514）來，其流漸平，潁上今無此（險）矣。⑪

①呂景蒙《嘉靖潁州志・輿地・川（溜）》：「坎王。在州西北十五里。」《順治潁州志・輿地・溜》同。

②呂景蒙《嘉靖潁州志・輿地・川（溜）》：「黄崗。在州西三十里。」《順治潁州志・輿地・溜》同。

③呂景蒙《嘉靖潁州志・輿地・川（溜）》：「白廟。在州北十里。」《順治潁州志・輿地・溜》：「白廟溜。在州北十五里。」

④呂景蒙《嘉靖潁州志・輿地・川（溜）》：「黄河新。在州北二十五里。」《順治潁州志・輿地・溜》：「黄河新溜。在州西北六十里外。黄河舊有溜，不知起自何年何地。水中突起土嶼，下成不測之淵，洊湃怒號，聲如雷霆。估舟至卸載，善没者駕空舟建瓴而下。數年忽易其處。太和南瀨河有小祠，俗呼截溜廟。今溜至此果平，叵測何異也？」

⑤呂景蒙《嘉靖潁州志・輿地・川（溜）》：「賢壩。去（潁上）縣二十五里。」《順治潁上縣志・輿圖・溝洫（溜）》：「賢壩溜。去縣四十里。」

⑥呂景蒙《嘉靖潁州志・輿地・川（溜）》：「鹽村。去（潁上）縣十二里。」《順治潁上縣志・輿圖・溝洫（溜）》：「鹽村溜。去縣十二里。」

⑦呂景蒙《嘉靖潁州志・輿地・川（溜）》：「河東。在（潁上）縣附廓。」《順治潁上縣志・輿圖・溝洫（溜）》：「河東溜。在縣附廓。」

⑧呂景蒙《嘉靖潁州志・輿地・川（溜）》：「刑旗。在（潁上）縣北五里許。」《順治潁上縣志・輿圖・溝洫（溜）》：「刑旗溜。在縣北五里許。」

⑨呂景蒙《嘉靖潁州志・輿地・川（溜）》：「桑園。去（潁上）縣治一十五里。」《順治潁上縣志・輿圖・溝洫（溜）》：「桑園溜。去縣治一十五里。」

⑩呂景蒙《嘉靖潁州志・輿地・川（溜）》：「草廟。去（潁上）縣三十五里。」《順治潁上縣志・輿圖・溝洫（溜）》：「草廟溜。去縣三十里。」

⑪呂景蒙《嘉靖潁州志・輿地・川（溜）》：「曹家。去（潁上）縣六十里。沙河自昔安流。洪武壬申夏，黄河決溢入潁。正統丁巳，復於鹿邑，潁水遂遺此險。自下流而上，遷移不常。居民隨地取名，均謂之溜。百餘年，至潁州白龍溝。正德甲戌，其流漸平，潁上今無此險矣。」《順治潁上縣志・輿圖・溝洫（溜）》：「曹家溜。去縣六十里。洪武壬申夏，黄河決溢入潁。正統丁巳，復大溢，遂遺此險。自下流而上，水中突起土嶼，遷移不常，奔騰（澎）湃，水之極險者。百餘年，至潁州白龍溝。正德甲戌，其流漸平，潁上遂無此險矣。」

## 古蹟五十六

胡子國城。即今南城。按《春秋》，本陳地。周康王封陳滿之裔國於胡，爵爲子。①其後入春秋一百二十四國，胡與焉。然蕞尒境土，介於華夷，不得與中國諸侯盟會。至魯昭公四年（前538）夏，楚子主盟，諸侯會申，始一見焉。②秋，從諸侯伐吴鍾離。③至昭公二十二［三］年（前519），吴人伐州來，胡子髡役屬於楚，自將從六國救州來。吴人曰：「胡、沈之君幼而狂，諸侯同役而不同心。」分師先犯，戰於鷄父，胡君死焉。④其後國雖楚輿，而侵以弱。三十年（前512），又爲楚所割乾溪之田，以益徐之來奔公子章羽。⑤定公四年（前506），吴人入楚，敗之。⑥胡子豹怨楚，盡俘楚邑近胡之民以自多。楚既定，豹又不受命，廼曰：「存亡有命，事楚何爲？徒多取費！」十五年（前495）二月，楚遂滅胡，執胡子豹歸，城遂爲楚。⑦秦滅楚，漢滅秦，遂置縣焉。⑧

沈子國城。在州西一百二十里。按《史記·世家》，周文王第十一子聃季食邑於沈。⑨傳至春秋一百二十四國，沈與焉。魯文公三年（前624）春，諸侯以沈未嘗與十國會盟，而南服於楚，率師伐之，入境而民潰。⑩魯昭公四年（前538）夏，始從諸侯會申。⑪秋七月，從諸（侯）伐吴鍾離。⑫昭公五年（前537），從陳、蔡八國伐吴。⑬二十三年（前519）秋七月戊辰，吴伐州來。沈子逞自將，從楚救州來。吴人分師，戰於鷄父，沈子敗，死焉。⑭其後中國無伯，遂臣服於楚。至葉公沈諸梁爲楚葉尹，國遂以滅。秦滅楚，漢滅秦，置縣治於沈國城，歷代廢置，沿革莫詳。宋、元尚爲沈丘縣，有城隍廟碑在故城中。元將王保保鎮陳潁，開府沈城，掘城東南西三面爲湖，以拒外兵。至正末，竭城中軍民北遁，城空，遂廢。今遺址俱存。⑮

①《春秋》中未見相關記載，當誤。《左傳·昭公八年》：「及胡公不淫，故周賜之姓，使祀虞帝。」杜預註：「胡公滿，遂之後也，事周武王，賜姓曰嬀，封諸陳，紹舜後。」又《史記·陳杞世家》：「陳胡公滿者，虞帝舜之後也。昔舜爲庶人時，堯妻之二女，居於嬀汭，其後因爲氏姓，姓嬀氏。舜已崩，傳禹天下，而舜子商均爲封國。夏后之時，或失或續。至於周武王克殷紂，迺復求舜後，得嬀滿，封之於陳，以奉帝舜祀，是爲胡公。」

②《春秋·昭公四年》：「夏，楚子、蔡侯、陳侯、鄭伯、許男、徐子、滕子、頓子、胡子、沈子、小邾子、宋世子佐、淮夷會於申。」杜預註：「楚靈王始會諸侯。」

③《春秋·昭公四年》：「秋七月，楚子、蔡侯、陳侯、許男、頓子、胡子、沈子、淮夷伐吳。」杜預註：「胡國，汝陰縣西北有胡城。」

④《春秋·昭公二十三年》：「（秋七月）戊辰，吳敗頓、胡、沈、蔡、陳、許之師於鷄父。胡子髡、沈子逞滅。」杜預註：「國雖存，君死曰滅。」《左傳·昭公二十三年》：「吳人伐州來，楚薳越帥師及諸侯之師奔命救州來。吳人禦諸鍾離。子瑕卒，楚師熸。吳公子光曰：『諸侯從於楚者衆，而皆小國也，畏楚而不獲已，是以來。吾聞之曰：「作事威克其愛，雖小，必濟。」胡、沈之君幼而狂，陳大夫齧壯而頑，頓與許、蔡疾楚政。楚令尹死，其師熸。帥賤、多寵，政令不壹。七國同役而不同心，帥賤而不能整，無大威命，楚可敗也。若分師先以犯胡、沈與陳，必先奔。三國敗，諸侯之師迺搖心矣。諸侯乖亂，楚必大奔。請先者去備薄威，後者敦陳整旅。』吳子從之。戊辰朔，戰於鷄父。吳子以罪人三千先犯胡、沈與陳，三國爭之。吳爲三軍以擊於後，中軍從王，光帥右，掩餘帥左。吳之罪人或奔或止，三國亂，吳師擊之，三國敗，獲胡、沈之君及陳大夫。舍胡、沈之囚，使奔許與蔡、頓，曰：『吾君死矣！』師譟而從之，三國奔，楚師大奔。書曰『胡子髡、沈子逞滅，獲陳夏齧』，君臣之辭也。不言戰，楚未陳也。」

⑤《春秋·昭公三十年》：「冬十有二月，吳滅徐，徐子章羽奔楚。」《左傳·昭公三十年》：「吳子使徐人執掩餘，使鍾吾人執燭庸，二公子奔楚。楚子大封，而定其徙……取於城父與胡田以與之。」杜預註云：「胡田，故胡子之地。」

⑥《春秋·定公四年》：「三月，公會劉子、晉侯、宋公、蔡侯、衛侯、陳子、鄭伯、許男、曹伯、莒子、邾子、胡子、滕子、薛伯、杞伯、小邾子、齊國夏於召陵，侵楚……冬十有一月庚午，蔡侯以吳子及楚人戰於柏舉，楚師敗績。」

⑦《春秋·定公十五年》：「二月辛丑，楚子滅胡，以胡子豹歸。」《左傳·定公十五年》：「吳之入楚也，胡子盡俘楚邑之近胡者。楚既定，胡子豹

又不事楚，曰：『存亡有命，事楚何爲？多取費焉。』二月，楚滅胡。」

⑧《成化中都志・國都・潁州》：「胡國。潁州古胡國。周康王封陳滿之裔，國於胡，嬀姓，伯爵。春秋定公十五年（前495），楚子滅胡，以胡子豹歸。《左傳》云：『吳之入楚，胡子盡俘楚邑之近胡者。既定，又不事楚，曰：「存亡有命，事楚何爲？多取費焉。」爲是楚滅之。』《文獻通考》云『胡，姬姓子爵』，誤也。」《南畿志・鳳陽府・潁州（古蹟）》：「胡城。在城西二里，即春秋胡子國。」《正德潁州志・古蹟・城》：「胡子國城。即今南城。按《春秋》，本陳地。周康王封陳滿之裔國於胡，爵爲子。其後入春秋，見於經、傳一百二十四國，胡與焉。然蕞尔境土，介於華夷，不得與中土諸侯盟會。至魯昭公四年（前528）夏，楚子主盟，諸侯會申，始一見焉。秋，從諸侯伐吳鍾離。至昭公二十三年，吳人伐州來。胡子髡不能以理守小國，役屬於楚，自將從六國奔命救州來。吳人曰：『胡、沈之君幼而狂，諸侯同役而不同心。』分師先犯，戰於鷄父，胡君死焉。其後，國雖楚與，而侵以弱。昭公三十年，又爲楚所割乾溪之田，以益徐之來奔公子章羽。定公四年，吳人入楚，敗之。胡子豹忿楚，盡俘楚邑近胡之民以自多。楚既定，豹又不受命，廼曰：『存亡有命，事楚何爲？徒多取費。』定公十五年二月，楚遂滅胡，執胡子豹歸，城遂爲楚。秦滅楚，漢滅秦，遂置縣焉。」呂景蒙《嘉靖潁州志・輿地・故蹟》：「胡子國城。即州之南城，本姬姓，莫詳封世。昭公二十三年，吳人伐州來。胡子髡不能以理守小國，役屬於楚，自將從六國奔命救州來。吳人曰：『胡、沈之君幼而狂，諸侯同役而不同心。』分師先犯，戰於鷄父，胡君死焉。後定公十五年二月，楚遂滅胡，執胡子豹歸，城遂爲楚。秦滅楚，漢滅秦，遂置汝陰縣焉。」《順治潁州志・輿地・城址》：「胡子國城。今城址是。」

⑨《史記・管蔡世家》：「武王同母兄弟十人……其長子曰伯邑考，次曰武王發……次曰冉季載……武王既崩，成王少，周公旦專王室……封季載於冉。」司馬貞《索隱》：「冉，國也。載，名也。季，字也。冉，或作郱。」按，《春秋》《左傳》皆未載冉季以沈爲食邑，待考。

⑩《春秋・文公三年》：「三年春，王正月，叔孫得臣會晉人、宋人、陳人、衛人、鄭人伐沈。沈潰。」杜預註：「沈，國名也。汝南平輿縣北有沈亭。」

⑪見前「胡子國城」之註。

⑫見前「胡子國城」之註。

⑬《春秋・昭公五年》：「冬，楚子、蔡侯、陳侯、許男、頓子、沈子、徐人、越人伐吳。」

⑭見前「胡子國城」之註。

⑮《成化中都志・城郭・國》：「沈國。在州西一百二十里廢沈丘縣，古沈子國，姬姓。《史記・世家》：『周文王第十一子聃季食邑於沈。』春秋定公四年（前506），蔡公孫姓帥師滅沈，以沈子嘉歸，殺之。《左傳》云：沈人不會於召陵，晉人使蔡伐而滅之。《文獻通考》云嬀姓，誤。」《正德

潁州志・古蹟・城》：「沈子國城。在州西一百二十里。按《史記・世家》，周文王第十一子聃季食邑於沈。傳至春秋，見於經、傳一百二十四國，沈與焉。魯文公三年春，諸侯以沈未嘗與中國會盟，而南服於楚，率師伐之，入境而民潰。魯昭公四年夏，始從諸侯會申。秋七月，從諸侯伐吳鍾離。昭公五年，從陳、蔡八國伐吳。昭公二十三年秋七月戊辰，吳伐州來，沈子逞自將，從楚救州來。吳人分師，戰於雞父。沈子敗，死焉。其後中國無伯，遂臣服於楚。至葉公沈諸梁爲楚葉尹，國遂以滅。秦滅楚，漢滅秦，置縣治於沈國城。歷代廢置，沿革莫詳。宋、元尚爲沈丘縣，有城隍廟碑在故城中。元將王保保鎮陳潁，開府沈城，掘城東、南、西三面爲湖，以拒外兵。至正末，揭城中軍民北遁，城空，遂廢。今遺址具存。」呂景蒙《嘉靖潁州志・輿地・故蹟》：「沈子國城。在州西一百二十里。文公三年春，諸侯以沈未嘗與中國會盟，而南服於楚，率師伐之，入境而民潰。自此見於《春秋》，其後爲蔡所滅，今存遺址。」《順治潁州志・輿地・城址》：「沈子國城。在州西一百二十里沈丘集西。」

州來城。在州東二百里。本春秋陳附庸國，其後爲楚輿國。魯成公八年（前583），吳入州來，楚救之。①昭公十二年（前530），楚子狩於州來，師次潁尾。②至十二［三］年（前529）年，楚城州來。定公三年（前507），吳滅州來，據之。③哀公三年（前492），蔡背楚歸吳，遷於州來，改名下蔡。④後爲楚滅，城復爲楚。⑤秦滅楚，漢滅秦，置縣，屬沛郡。⑥隋改屬汝陰。⑦唐因之。五季之末，周世宗脩復故城，屯守以逼南唐。⑧宋建隆中始移壽陽，軍於下蔡。⑨開寶七年（974），置壽春府於壽山之陽，下蔡地遂入壽春。⑩

---

①《春秋・成公七年》：「吳入州來。」《左傳・成公七年》：「吳始伐楚、伐巢、伐徐，子重奔命。馬陵之會，吳入州來，子重自鄭奔命。」

②《左傳・昭公十二年》：「楚子狩於州來，次於潁尾。」

③按《左傳》，定公三年（前507）未有吳滅州來事。

④《左傳・哀公元年》：「元年春……蔡於是乎請遷於吳。」杜預註：「楚既還，蔡人更叛楚就吳。爲明年蔡遷州來傳。」《春秋・哀公二年》：「十有一月，蔡遷於州來。」

⑤《春秋·昭公十一年》：「夏四月丁巳，楚子虔誘蔡侯般，殺之於申。」
⑥《漢書·地理志·沛郡》：「沛郡，戶四十萬九千七十九，口二百三萬四百八十。縣三十七：相……下蔡……祁鄉。」
⑦《隋書·地理志·汝陰郡》：「汝陰郡，統縣五：汝陰、潁陽、清丘、潁上、下蔡。」
⑧《新五代史·南唐世家》：「（景）十五年（957）二月，世宗復南征，徙下蔡浮橋於渦口，爲鎮淮軍，築二城以夾淮。」
⑨《宋史·楊承信列傳》：「周廣順初（951），加同平章事。諸將西討劉崇，承信表求預行。以郊祀恩加開府階，封杞國公。世宗即位，進韓國公。顯德初（954），征淮南，爲濠州攻城副都部署，改壽州北砦都部署兼知行府事。壽州平，累戰功，擢忠正軍節度、同平章事。時徙州治下蔡。承信既增廣其城，又遣監軍薛友柔敗淮人六百餘於盧州北。」
⑩《宋史·地理志·壽春府》：「壽春府。壽春郡，緊，忠正軍節度。本壽州。開寶中，廢霍山、盛唐二縣。政和六年（1116），陞爲府。八年（1118），以府之六安縣爲六安軍。紹興十二年（1142），陞安豐爲軍，以六安、霍邱、壽春三縣來隸。三十二年（1162），陞壽春爲府，以安豐軍隸焉。隆興二年（1164），軍使兼知安豐縣事。乾道三年（1167），罷壽春，復爲安豐軍……縣四：下蔡、安豐、霍丘、壽春。」《正德潁州志·古蹟·城》：「州來城。在州東二百里。本春秋陳附庸國，其後爲楚與國。魯成公八年，吳入州來，楚救之。昭公十二年，楚子狩於州來，師次潁尾。至十二［三］年，楚城州來。定公二年，吳滅州來，據之。哀公二年，蔡背楚歸吳，遷於州來，改名下蔡。後卒爲楚滅，城復爲楚。秦滅楚，漢滅秦，置縣，屬沛郡。隋改屬汝陰，唐因之。五季之末，周世宗修復故城，屯守以逼南唐。宋建隆中，始移壽陽，軍於下蔡。開寶七年，置壽春府於壽山之陽，下蔡地遂入壽春。」呂景蒙《嘉靖潁州志·輿地·故蹟》：「州來城。在州東二百里。春秋陳附庸國。自成公八年，吳入州來，見於經，後爲楚所滅。漢初置縣屬沛郡。隋改屬汝陰。宋開寶中併爲壽春之地。」《順治潁州志·輿地·城址》：「州來城。在州東二百里。」

任城。在州北潁水之陽三里。南朝陳將任蠻奴於水邊築城以圍汝陰，今俗呼蠻樓寨，址存。①

地里［理］城。在州南一百一十里。元至順置縣，後因劉福通作亂，遂廢。②

才城。在州南一百一十里。東西有二城。③

黃城。在州西一百二十五里。④

古城。在州南椒陂鎮，有二城。⑤

①《成化中都志·城郭·城》：「任城。在州城北。陳將任蠻奴於潁水北岸三里築此城，以圍汝陰，今爲河水蕩夷，俗猶呼蠻奴寨。按《南史》，任忠，字奉誠，小子蠻奴，汝陰人。仕陳，累官員外散騎常侍，封安復縣侯，都督壽陽、新蔡、霍州緣淮諸軍，霍州刺史。後主嗣位，入爲領軍將軍，加侍中，改封梁信郡公，爲吳興内史。」《南畿志·鳳陽府·潁州（古蹟）》：「任城。在（潁州）城北。陳將任蠻奴於潁水北三里築此城，以圍汝陰。」《正德潁州志·古蹟·城》：「任城。在城北潁水之陽三里。南朝陳將任蠻奴於水濱築城，以圍汝陰。今城爲河水蕩夷，土俗尤呼蠻楼寨。」呂景蒙《嘉靖潁州志·輿地·故蹟》：「任城。在州北潁水之陽三里。南朝陳將任蠻奴於水邊築城，以圍汝陰。今俗呼蠻楼寨，址存。」《順治潁州志·輿地·城址》：「任城。在州北潁水之陽三里。陳將任蠻奴於水邊築城。今爲河水蕩夷，土俗呼蠻楼寨，址存。」

②《成化中都志·城郭·城》：「地理城。在州南一百一十里，汝水之陽。相傳：元至順壬申（1332），同知歸暘請添置縣，名潁水。今寺基，故城隍廟也。至正辛卯（1351），劉福通作亂，兵廢。按劉應李《翰墨全書》作於大德間，已載潁水縣，疑非始於至順也。」《正德潁州志·古蹟·城》：「地理城。在州南一百一十里，汝水陽。相傳：元至順壬申，同知歸暘請添置縣，名潁水。今寺基，故城隍廟也。至正辛卯，劉福通作亂，流劫鄉村，破燒縣治，遂廢。」呂景蒙《嘉靖潁州志·輿地·故蹟》：「地理城。在州南一百一十里。元至順置縣，後因劉福通作亂，遂廢。」《順治潁州志·輿地·城址》：「地理城。在州南一百一十里汝水北。元至順壬辰［申］，同知歸暘請添置縣。今寺基，故城隍廟也。至正辛卯，劉福通作亂，流劫鄉村，破燒縣治，遂廢。」

③《成化中都志·城郭·城》：「才城。在州南一百一十里。有二土城，東西相去二三里，土人呼東才城、西才城。按《隋志》，東魏置財州，後齊廢，以置包信縣。開皇初縣廢。」《正德潁州志·古蹟·城》：「才城。在州南一百一十里。東西相去二三里，有小土城二，莫考所築。土人呼東才城、西才城。」呂景蒙《嘉靖潁州志·輿地·故蹟》：「才城。在州南一百一十里，東西有二城。」《順治潁州志·輿地·城址》：「才城。在州南一百一十里。東西相去二三里，有小土城二，土人呼爲東才城、西才城。」

④《成化中都志·城郭·城》：「黃城。在州西一百三十五里，舒陽河之南。」《正德潁州志·古蹟·城》：「黃城。在州西一百二十五里，舒陽河之南。相傳前代屯兵，土人見黃旗，故呼黃城。」呂景蒙《嘉靖潁州志·輿地·故蹟》：「黃城。在州西一百二十五里。」《順治潁州志·輿地·城址》：「黃城。在州西一百三十五里，舒陽河南。相傳前代屯兵，土人見黃旗現，故呼爲黃城也。」

⑤《成化中都志·城郭·城》：「古城二。一在州東南椒陂鎮，一在州西楊橋下流。」《正德潁州志·古蹟·城》：「古城二。一在州東南，椒陂鎮東二里。疑與鎮同建置，小衙門也。一在州西楊橋，下流黃河決齧，城已半淪落，不詳所築。」呂景蒙《嘉靖潁州志·輿地·故蹟》：「古城。在州南椒陂鎮，有二城。」

唐屯城。在州南一百七十里。唐劉仁贍築。①

東城、西城。俱在州北七十里。舊傳：唐置府兵，築城屯營。②

省城。在州西一百八十里。③

阜陽城。在州西一百五十里。莫詳所築。④

關王城。在州東二百里，淮水西正陽。舊傳：三國先主結關羽、張飛討亂，備城淮東，關城淮西。河流［淮］衝蕩，唯東向一帶尚存。今祀羽於故城基。⑤

武陰城。在潁上縣東南七十里正陽鄉。或爲周武王所築，或爲張飛所築。⑥

段家城。在潁上縣西北六十里。相傳段靈君所築。外環九里，内周三里，重城巍然，鄉人呼爲段家營。⑦

洪城。在潁上縣東三十里。不知何代所築，遺址瓦礫存焉。⑧

舊縣城。在潁上縣北十二里。臨沙河，基址猶存。⑨

潁陽城。在太和縣北，周二里。⑩

信陽城。在太和縣西北八十里，周圍四里許。⑪

宋王城。在太和縣北七十里，周二里。⑫

玄墻城。在太和縣東北四十里，周二里。⑬

①《成化中都志·城郭·城》：「唐屯城。在州西南一百七十里龍項灣東。相傳：南唐劉仁贍於此築城屯兵，以禦周師。」《南畿志·鳳陽府·潁州（古蹟）》：「唐屯城。在州西南一百七十里。相傳：南唐劉仁贍築此以禦周師。」《正德潁州志·古蹟·城》：「唐屯城。在州西南一百七十里龍項灣東。相傳：南唐時劉仁贍築城屯軍，以拒劉知遠。」呂景蒙《嘉靖潁州志·輿地·故蹟》：「唐屯城。在州南一百七十里。唐劉仁贍築。」《順治潁州志·輿地·城址》：「唐屯城。在州西南一百七十里龍項灣東。相傳唐劉仁贍築。」

②《成化中都志·城郭·城》：「東城、西城。俱在州北七十里。」《南畿志·鳳陽府·潁州（古蹟）》：「東城、西城。俱在州北七十里，兩城相去三十里。相傳：府兵分戍於此，築城屯營。」《正德潁州志·古蹟·城》：「東城、西城。俱在州北七十里五樟林近。兩城，相去三十里。相傳：唐置府兵，分戍於此，築城屯營，遂名。」呂景蒙《嘉靖潁州志·輿地·故蹟》：「東城、西城。俱在州北七十里。舊傳：唐置府兵，築城屯營。」《順治潁州志·輿地·城址》：「東城、西城。俱在州北七十里五樟林，兩城相去三十里。舊傳：唐置府兵，築城屯兵。」

③《成化中都志·城郭·城》：「省城。在州西一百八十里。」《正德潁州志·古蹟·城》：「省城。在州西一百八十里。俗傳荒唐，不載。」呂景蒙《嘉靖潁州志·輿地·故蹟》：「省城。在州西一百八十里。」《順治潁州志·輿地·城址》同。

④《成化中都志·城郭·城》：「阜陽城。在州西一百五十里，廢沈丘縣南。今置郵舍在其中。」《正德潁州志·古蹟·城》：「阜陽城。在州西一百五十里，沈丘廢縣南。今置郵舍其中，城不詳所築。」呂景蒙《嘉靖潁州志·輿地·故蹟》：「阜陽城。在州西一百五十里。莫詳所築。」《順治潁州志·輿地·城址》：「阜陽城。在州西一百五十里，廢沈丘縣南。今置郵舍其中，莫詳所築。」

⑤《成化中都志·城郭·城》：「關王城。在州東二百里，淮水西正陽。漢末，先主依袁氏於壽春，先主城淮東，關羽城淮西，以屯兵。其城蕩折於淮，所存惟半耳。」《正德潁州志·古蹟·城》：「關王城。在州東二百里，淮水西正陽。漢末，先主結關羽、張飛討亂。初依孫氏於壽春，備城淮東，關城淮西。後鼎分入蜀，而故城不毁。世變運移，千五百年，河淮衝蕩，城之不淪没陵夷者，惟東向一帶耳。成化初，山陰僧正喜遊方至是，結菴祀武安王於故城基上。今土俗呼關王寺云。」呂景蒙《嘉靖潁州志·輿地·故蹟》：「關王城。在州東二百里，淮水西正陽。舊傳：三國先主結關羽、張飛討亂，備城淮東，關城淮西。」《順治潁州志·輿地·城址》：「在潁上界。」

⑥即土城。《成化中都志·城郭·城》：「土城。在（潁上）縣東南八十里正陽鄉兩河口，周三里。基存，俗稱張飛城。《縣志》云蜀代吳時築，傳會之説也。」《南畿志·鳳陽府·潁上（古蹟）》：「土城。在縣東正陽鄉。俗稱張飛城。」呂景蒙《嘉靖潁州志·輿地·故蹟》：「武陰城。在潁上東南七十里正陽鄉。或爲周武王所築，或爲張飛所築。」《順治潁上縣志·輿圖·古蹟》：「武陰城。即《中都志》『土城』是也。《記里書》云周武王所築，《舊志》又云張飛所築。按先主初依孫氏於壽春，正陽有先主、關土城，疑此必張飛城。俗傳八里垛，皆其遺蹟。」

⑦呂景蒙《嘉靖潁州志·輿地·故蹟》：「段家城。在潁上西北六十里。段靈君所築。外環九里，內周三里，重城巍然。鄉人呼爲段家營，恐誤也。」《順治潁上縣志·輿圖·古蹟》：「段家城。縣西北六十里。段靈君所築，外環九里，內周三里。里人呼爲段家塋，恐誤。」

⑧《南畿志·鳳陽府·潁上（古蹟）》：「洪城。在縣東三十里。」呂景蒙《嘉靖潁州志·輿地·故蹟》：「洪城。在縣上東三十里。不知何代何人所築，遺址瓦礫存焉。」《順治潁上縣志·輿圖·古蹟》：「洪城。縣東三十里。不知何代築，基址瓦礫存焉。」

⑨《成化中都志·城郭·城》：「舊縣城。在（潁上）縣北十二里，臨沙河。基址猶存。」《南畿志·鳳陽府·潁上（古蹟）》：「舊縣城。在縣北十二里。」呂景蒙《嘉靖潁州志·輿地·故蹟》：「舊縣城。在潁上北十二里，臨沙河。基址猶存。」《順治潁上縣志·輿圖·古蹟》：「舊縣城。《中都志》：『縣北十二里沙河兩岸。』」

⑩《成化中都志·城郭·城》：「潁陽城。在縣（太和）西北四十五里，南原和鄉。周二里。遺址尚存。」《南畿志·鳳陽府·太和（古蹟）》：「潁陽城。在縣西北四十五里。遺址尚存。」呂景蒙《嘉靖潁州志·輿地·故蹟》：「潁陽城。在太和北，周二里。」《萬曆太和縣志·輿勝·古蹟》：「潁陽城。在縣東北三里。周廣四里許。隋時縣治故址。」

⑪《成化中都志·城郭·城》：「信陽城。在縣（太和）西北，周四里。」《南畿志·鳳陽府·太和（古蹟）》：「信陽城。在縣西北。」呂景蒙《嘉靖潁州志·輿地·故蹟》：「信陽城。在太和西北八十里，周圍四里許。」《萬曆太和縣志·輿勝·古蹟》：「信陽城。在縣西北六十里，周廣四里許。」

⑫《成化中都志·城郭·城》：「宋王城。在（太和）縣北七十里，周二里。」呂景蒙《嘉靖潁州志·關廂鄉圖·故蹟》：「宋王城。在太和北七十里，周二里。」《萬曆太和縣志·輿勝·古蹟》：「宋王城。在縣北七十里。重城盤迴，門堂基址隱隱可見。漢光武建武十三年（37），封殷後孔安爲宋王，都於此。附近有塚幾堆，岡陵巃突峙，呼爲宋王塚。」

⑬《成化中都志·城郭·城》：「玄墻城。在（太和）縣東北四十里，周二里。」《南畿志·鳳陽府·太和（古蹟）》：「玄墻城。在縣東北四十里。」呂景蒙《嘉靖潁州志·輿地·故蹟》：「玄墻城。在太和東北四十里，周二里。」

鮦陽廢郡。在州西二百一十里，有故郵亭遺址。①

細陽廢縣。在州西二十里。漢置。② 五季廢。③

青丘廢縣。在州東六十五里。隋大業置。④唐武德中廢。⑤即北照寺基。⑥

①《成化中都志・城郭・潁州》：「廢鮦陽縣。在州西二百一十里。《西漢志》：鮦陽屬汝南郡。應劭曰：『在鮦水之陽。』東漢爲侯國。晉爲縣，屬汝陰郡。後齊廢。開皇十一年（591）復置，屬汝南郡。唐初廢。今地屬潁州。」《正德潁州志・古蹟・郡》：「鮦陽廢郡。在州西二百一十里。按《輿地志》，沈子國西有古鮦陽郡，漢光武封戚里陰慶爲鮦陽侯。故郵亭，慶府第也。百餘年前，猶有剝落字石一拳，今無之。」呂景蒙《嘉靖潁州志・輿地・故蹟》：「鮦陽廢郡。在州西二百一十里。有故郵亭遺址。」《順治潁州志・輿地・廢郡》：「鮦陽廢郡。在州西二百一十里。按《輿地志》，沈子國西有古鮦陽郡，漢光武封戚里陰慶爲鮦陽侯。故郵亭，慶府第也。百餘年前，猶有剝落字石一拳，今無。」

②《漢書・地理志・汝南郡》：「汝南郡，戶四十六萬一千五百八十七，口二百五十九萬六千一百四十八。縣三十七：平輿、陽安……細陽……定陵。」

③《成化中都志・城郭・潁州》：「細陽城。在州西北四十里。漢縣屬汝南郡，莽曰樂慶。光武封岑彭子遵爲細陽侯。故城在茨河鋪西三里。」《南畿志・鳳陽府・潁州（古蹟）》：「細陽城。在州西北四十里。漢置縣。」《正德潁州志・古蹟・縣》：「細陽廢縣。在州西二十里。漢置縣，屬汝南郡。五季廢。今古城尚在茨河鋪西三里，城甚狹小，疑當時縣治子城也。」呂景蒙《嘉靖潁州志・輿地・故蹟》：「細陽廢縣。在州西二十里。漢置，五季廢。」《順治潁州志・輿地・廢郡》：「細陽廢縣。在州西二十里。漢置縣，屬汝南郡。五季廢。今古城尚在茨河鋪西三里，城甚狹小，疑當時縣治子城也。」

④《隋書・地理志・汝陰郡》：「統縣五，戶六萬五千九百二十六。汝陰、潁陽、清丘、潁上、下蔡。」

⑤《舊唐書・地理志・潁州中》：「漢汝南郡。隋爲汝陰郡。武德四年（621），平王世充，於汝陰縣西北十里置信州，領汝陰、清丘、永安、高唐、永樂等六縣。六年（623），改爲潁州。移於今治，省高唐、永樂、永安三縣。貞觀元年（627），省清丘縣。」

⑥《成化中都志・城郭・潁州》：「清丘城。在州東五十六里，潁河北岸。梁曰許昌，及置潁川郡。隋開皇初郡廢，十八年（598）改縣名，屬汝陰郡。唐貞觀元年（627）省入汝陰。即今北趙寺基，地名清丘村。」《南畿志・鳳陽府・潁州（古蹟）》：「清丘城。在州東五十六里，潁河北岸。隋置縣，唐廢。」《正德潁州志・古蹟・縣》：「青丘廢縣。在州東五十六里，潁河北岸。隋大業間置縣，屬汝陰郡。唐武德中廢，縣治即今北照寺基，俗呼青丘村。」呂景蒙《嘉靖潁州志・輿地・故蹟》：「青丘廢縣。在州東六十五里。隋大業置，唐武德中廢。即今北照寺基。」《順治潁州志・輿地・廢郡》：「青丘廢縣。在州東五十六里，潁河北岸。隋大業間置縣，屬汝陰郡。唐武德中廢縣。治即今北照寺基，俗呼青丘村。」

郪丘廢縣。《舊志》以州東五里婆婆塚爲郪丘址。①

平輿廢縣。在州南一百里。漢置縣。②五季毀於兵。③

永安廢縣。在州南一百四十里。唐會昌中置縣。④五季廢。⑤

廢慎縣。在州東南七十里。漢初置縣。⑥

去思堂。宋晏殊以使相出知潁州，作屋北渚之北，臨西溪，名清漣閣。既代去，民更爲去思堂，以思殊也。殊手植雙柳於堂之前。至歐陽脩爲守，雙柳成陰，建亭於其上，曰雙柳亭。⑦詩：

曲闌高柳佛層簷，却憶初栽映碧潭。人昔共游今孰在，樹猶如此我何堪。壯心無復身從老，世事都銷酒半酣。後日更來知有幾，攀條莫惜駐征驂。⑧

脩爲殊門生，故有「何堪」之句。又《答杜相公寵示去思堂詩》：

當年丞相倦洪鈞，弭節初來潁水濱。惟以琴樽樂嘉客，能將富貴比浮雲。西溪水色春長綠，北渚花光暖自薰。得載公詩播人口，去思從此四夷聞。

---

①《史記·魏世家》：「安釐王十一年（前266），秦拔我郪丘。」裴駰《集解》引徐廣之言曰：「郪丘，一作『廩丘』，又作『邢丘』。郪丘今爲宋公孫。」又《漢書·地理志·汝南郡》：「汝南郡，戶四十六萬一千五百八十七，口二百五十九萬六千一百四十八。縣三十七：平輿、陽安……新郪……定陵。」又

《後漢書·郡國志·豫州》：「汝南郡，三十七城……宋公國，周名郪丘，漢改爲新郪，章帝建初四年（79）徙宋公於此。」又《舊唐書·地理志·河南道》：「潁陽，載初元年（690），析河南、伊闕、嵩陽三縣置武臨縣。開元十五年（728）改爲潁陽。」《成化中都志·城郭·潁州》：「郪丘城。《潁州志》云：『州東五里有土阜，屹然高大，疑古郪丘也。』《新志》云：『去州治八里。』《漢志》：新郪縣屬汝南郡。應劭曰：『秦伐魏，取郪丘。』即此。莽曰新延。光武封殷後於宋，章帝建初四年（79）徙宋公於此，俗呼潁陽城。今按郪丘去汝陰五里，置縣不應如此之近，亦非魏地也。《通鑑綱目》：『秦拔魏邢丘。』《括地志》云：『在懷州武陟東南。』」《南畿志·鳳陽府·潁州（古蹟）》：「郪丘城。在州東五里。」《正德潁州志·古蹟·縣》：「郪丘廢縣。在州東。《元志》云：『去城八里。魏安釐王時，秦拔郪丘。漢置新郪縣，屬汝南郡。章帝時，徙宋公於此，今呼爲潁陽城。』按，今州城近郭八里無古城基，惟東五里有土阜，屹然高大，土人呼爲婆婆塚，疑古郪丘也，而地則在潁水之南。水北曰陽，潁陽全無可考。況今婆婆塚四面夷曠，其爲新郪廢縣無疑也。」呂景蒙《嘉靖潁州志·輿地·故蹟》：「郪丘廢縣。《舊志》以州東五里婆婆塚爲郪丘址。」《順治潁州志·輿地·廢郡》：「郪丘廢縣。在州東。《元志》云：『去城八里，郪丘傍。魏安釐時，秦拔郪丘。漢置新郪縣，屬汝南郡。即章帝徙宋公於此，今呼爲潁陽城。』」按，胡天生《郪丘、新郪考辨》一文認爲「郪丘在今太和縣倪邱鎮」。（《阜陽考古錄》，中華書局2011年版。）

②《漢書·地理志·汝南郡》：「汝南郡，戶四十六萬一千五百八十七，口二百五十九萬六千一百四十八。縣三十七：平輿……定陵。」

③《成化中都志·城郭·潁州》：「廢平輿縣。在州南一百里。隋大業初改新蔡置。王世充置輿州。唐武德七年（624）州廢，貞觀元年（627）省平輿入新蔡，天授二年（691）復置，屬蔡州。宋因之。元末兵廢。今土城尚存四門，人居不改。北枕谷河，城東南隅有斷碑，剝落莫辨，俗呼遠城。今地屬潁州，界於新蔡。」《南畿志·鳳陽府·潁州（古蹟）》：「廢平輿縣。在州南一百里。界於新蔡。」《正德潁州志·古蹟·縣》：「平輿廢縣。在州南一百里。漢置縣，屬汝南郡。至五季末，兵亂殘廢。今土城尚完。周圍五六里，四門。土人居宅不改。北枕谷河，城東南隅舊有斷碑，剝落莫辨。俗呼爲遠城云。」呂景蒙《嘉靖潁州志·輿地·故蹟》：「平輿廢縣。在州南一百里。漢置縣。五季兵亂殘廢。」《順治潁州志·輿地·廢郡》：「平輿廢縣。在州南一百里。漢置縣，屬汝南郡。至五季末，兵亂殘廢。今土城尚完。周圍五六里，四門。土人居宅不改。北枕谷河，城東南隅舊有斷碑，剝落莫辨。俗呼爲遠城云。」

④此處誤。永安縣非會昌中置，迺武德間置。《舊唐書·地理志·潁州》：「武德四年（621），平王世充，於汝陰縣西北十里置信州，領汝陰、清丘、永安、高唐、永樂等六縣。」

⑤《成化中都志·城郭·潁州》：「廢永安縣。在州南一百四十里，汝水北岸。《唐志》武德初有永安縣，六年（623）省。今市井具存，北三里有縣治子城。」《南畿志·鳳陽府·潁州（古蹟）》：「廢永安縣。在州南一百四里，汝水岸北。唐會昌中置縣。今市井尚存。」《正德潁州志·古蹟·縣》：「永安廢縣。在州南一百四十里，汝水北岸。唐會昌中置縣，屬信州。五季廢。今市井具存。北行三里有縣治子城。」呂景蒙《嘉靖

潁州志·輿地·故蹟》：「永安廢縣。在州南一百四十里。唐會昌中置縣。五季殘廢。」《順治潁州志·輿地·廢郡》：「永安廢縣。在州南一百四十里，汝水北岸。唐會昌中置縣，屬信州。五季廢。今市井具存。北行三里有縣治子城。」

⑥《漢書·地理志·汝南郡》：「汝南郡，戶四十六萬一千五百八十七，口二百五十九萬六千一百四十八。縣三十七：平輿……慎……定陵。」《成化中都志·城郭·潁州》：「慎縣城。在（潁上）縣西北。漢縣，屬汝南郡。莽曰慎治。東漢何進封慎侯，即此。晉屬汝陰郡。《志》云：『故黎邑也。』隋唐並屬廬江郡。」《南畿志·鳳陽府·潁州（古蹟）》：「慎縣城。在（潁上）縣西北，本漢縣。」《正德潁州志·古蹟·縣》：「慎縣廢城。在州東南七十里。漢初置縣，屬汝南郡。晉屬汝陰郡。後不詳何代廢。今潤河板橋東南岸，土城基址尚在。」呂景蒙《嘉靖潁州志·輿地·故蹟》：「廢慎縣。在州東南七十里。漢初置縣，不詳何代廢。」《順治潁州志·輿地·廢郡》：「慎縣廢城。在州東南七十里。漢初置縣，屬汝南郡。晉屬汝陰郡。後不詳何代廢。今潤河板橋東南岸，土城基址尚在。」

⑦《成化中都志·宮室堂亭樓閣臺榭·潁州》：「去思堂。宋晏元獻公守潁日作室北渚之北，臨西溪，以爲出祖之所。初名清漣閣，既代，民不能忘，更名去思。公嘗手植雙柳於閣前，至歐陽修爲守，雙柳成陰，遂重建亭，更名雙柳。作《詩》有『樹猶如此我何堪』之句。」《南畿志·鳳陽府·潁州（古蹟）》：「去思堂。宋晏元獻公守潁日作室，臨清溪，爲出祖之所，名清漣閣。公既去，民不能忘，更名去思。公嘗手植雙柳於閣前，至歐陽公爲守，雙柳成陰，遂重建亭，復更名雙柳。」《正德潁州志·宮室·堂》：「去思堂。宋晏元獻公殊以使相出知潁州日，作屋北渚之北，臨西溪，以爲出祖所。初名清漣閣，嘗手植雙柳閣前。既代名，民不能忘，更題曰去思。後又更曰雙柳亭。按《歐公文集》，有北渚、西溪，今皆不詳其地。四百餘年，世移地改如此夫！」呂景蒙《嘉靖潁州志·輿地·故蹟》：「去思堂。宋晏殊以使相出知潁州日，作屋北渚之北，臨西溪，以爲出祖所。初名清漣閣，既代，民不能忘，更題曰去思堂。前有雙柳亭遺址，莫詳所在。歐陽修《答杜相公寵示去思堂詩》：『當年丞相倦洪鈞，弭節初來潁水濆。惟以琴樽樂嘉客，能將富貴比浮雲。西溪水色春長綠，北渚花光暖自薰。得載公詩播人口，去思從此四夷聞。』」《順治潁州志·輿地·堂》：「去思堂。宋晏殊以使相出知潁州，作屋北渚之北，臨西溪，以爲出祖所。初名清漣閣，既代，民不能忘，更題曰去思堂。」

⑧此詩，《歐陽修全集》題作《去思堂手植雙柳今已成陰因而有感》。

《去思堂會飲得春字》：

世事紛然百態新，西岡一醉十三春。自慚白髮隨年少，猶把金鍾勸主人。黃鳥亂飛深夏木，紅榴初發艷清晨。佳旹易失閒難得，有酒重來莫厭𩔖［頻］。

聚星堂。宋歐陽脩守潁，以倅吕公著、前守晏殊、蔡齊、曾肇皆名公，故建堂治內，曰聚星。①脩《燕集詩》：

池汙以其下，衆流之所鍾。尺水無長瀾，蛟龍豈其容。顧予誠鄙薄，群俊在高蹤。得一不爲少，雖多肯辭豐。譬如登負壇，眾［羅］列璧與琮。又若享鈞天，左右閘笙鏞。文章爛照耀，應和相撞舂。而予處其間，眩晃不知從。退之亦嘗云，青蒿倚長松。新陽發群枯，生意漸丰茸。薄莫雪方積，醁醅寒更濃。毋言輕此樂，此樂難屡逢。②

又《雪中會客禁體》：

①《成化中都志·宫室堂亭樓閣臺榭·潁州》：「聚星堂。在舊州治內。歐陽公守潁時，吕正獻公爲倅，歐公與爲講學之友，而一時游從者如劉攽、王回輩皆名流，故歐公以聚星名堂。《潁州志》云：『其先政如晏殊、蔡齊、曾肇、韓琦皆名公，故歐公以聚星名堂。』按《史》，曾肇元祐四年（1089）知潁州，距歐公之没已十八年；韓公平生未嘗仕潁，謂之先政誤也。考之《程氏遺書》，與程子泛舟潁昌西湖者韓維也，《性理大全》誤以爲琦，故修《志》者傳訛耳。」《南畿志·鳳陽府·潁州（古蹟）》：「聚星堂。在舊州治內。歐陽公守潁，吕正獻公爲倅。二公相與講學，一時從游者如劉攽、王回輩皆名流，故歐公以聚星名堂。」《正德潁州志·宫室·堂》：「聚星堂。宋歐陽文忠公守潁，倅佐吕正獻。而其先政如晏殊、蔡齊、曾肇、韓琦，皆名公，故歐公建堂治內，題曰聚星。有《聚星堂詩集》。」吕景蒙《嘉靖潁州志·輿地·故蹟》：「聚星堂。宋歐陽修守潁，倅佐吕公著，而其先政如晏殊、蔡齊、曾肇皆名公。故修建堂治內，題曰聚星。有《聚星堂詩集》。」《順治潁州志·輿地·堂》：「聚星堂。宋歐陽修守潁，以倅吕公著，前守晏殊、蔡齊、曾肇，皆名公，故建堂治內，曰聚星。」

②此詩，《歐陽修全集》題作《人日聚星堂燕集探韻得豐字》。

新陽力微初破萼，客陰用壯猶相薄。朝寒稜稜風莫犯，暮雪緌緌止還作。驅馳風雲初慘淡，炫晃山川漸開廓。光芒可愛初日照，潤澤終爲和氣爍。美人高堂晨起驚，幽士虛窗靜聞落。酒壚成徑集瓶罌，獵騎尋蹤得狐貉。龍蛇掃處斷復續，猊虎團成呀且攫。共貪終歲飽麰麥，豈恤空林饑鳥雀。沙堤朝賀迷象笏，桑野行歌沒芒屩。迺知一雪萬人喜，顧我不飲胡爲樂。坐看天地絕紛埃，使我胸襟如洗瀹。脫遺前言笑塵雜，搜索萬象窺冥漠。潁雖陋邦文士衆，巨筆人人把矛槊。自非我爲發其端，凍口何由開一噱。①

**蘇軾**《聚星堂會客遇雪□□禁體》：

窗前暗響鳴枯葉，龍公試手初行雪。映空先集疑有無，作態斜飛正愁絕。衆賓起舞風竹亂，老守先醉霜松折。恨無翠袖點橫斜，只有微燈照明滅。歸來尚喜更鼓暗，晨起不待鈴索掣。未嫌長夜作衣稜，却怕初陽生暗[眼]纈。欲浮太白追餘賞，幸有回飆驚落屑。模糊檜頂獨多旹，歷亂瓦溝纔[裁]一瞥。汝南先賢有故事，醉翁詩話誰續傳。當旹號令君聽取，百戰不許持寸鐵。②

**劉季孫**《寄蘇詩》：

倦厭鰲頭請左魚，笑尋潁尾爲西湖。二三賢守去非遠，六一清風今不孤。四海共知霜鬢滿，重陽曾插菊花無。聚星堂上誰先到，欲傍金樽倒玉壺。③

會老堂。歐陽脩與趙槩同在政府，相得甚歡。後熙寧中，相繼謝事。槩單騎訪脩汝陰，旹年幾八十。郡守呂公著因作堂於西湖書院之傍，留踰月而去。④ 脩詩：

①此詩，《歐陽修全集》題作《雪（時在潁州作。玉月梨梅練絮白舞鷺鶴銀等事皆請勿用）》。

②此詩，《蘇軾詩集》題作《聚星堂雪》。

③此詩，《宋文鑒》題作《寄蘇内翰》。

④《成化中都志·宮室堂亭樓閣臺榭·潁州》：「會老堂。在西湖書院之傍。《蔡寬夫詩話》云：『歐陽文忠公與趙康靖公槩同在政府，相得歡甚。康靖先告老歸睢陽，文忠相繼謝事歸汝陰。康靖一日單車特往過之，時年幾八十矣。留劇飲踰月，日於汝陰縱游而後返。前輩掛冠後，能從容自適，未有若此者。文忠因賦詩，榜其游從之地爲會老堂。明年，文忠欲往睢陽報之，未果行而薨。兩公名節固師表天下，而風流襟義又如此，誠可以激薄俗也。歐公並蘇東坡俱有詩。』」《南畿志·鳳陽府·潁州（古蹟）》：「會老堂。宋歐陽公與趙康靖公同在政府，相得歡甚。及相繼謝事，趙單騎訪歐公汝陰，時年幾八十。呂申公守郡，爲作會老堂於西湖書院之傍。趙優游堂中，月餘而別。明年，文忠欲往睢陽報之，未果行而薨。」《正德潁州志·宮室·堂》：「會老堂。宋歐陽公以熙寧四年辛亥（1071）致政歸潁。初，公在兩制及樞院、政府，前後與趙康靖同官，遷拜不殊，故相得歡甚。及相繼謝事，趙单騎訪公汝陰，時年幾八十。呂申公守郡，爲作會老堂於西湖書院之傍。趙優游堂中，月餘而別。再踰時，歐公薨。」呂景蒙《嘉靖潁州志·輿地·故蹟》：「會老堂。宋蔡寬夫《詩話》：『歐陽修與趙槩同在政府，相得歡甚，後於熙寧中相繼謝事歸。槩單騎過修於汝陰，時年幾八十，留踰月，日游汝水之陰。呂公著時守郡，因名其堂。』修《詩》：『古來交道愧難終，此會今時豈易逢。出處三朝俱白首，凋零萬木見青松。公能不遠來千里，我病猶能爵一鍾。已勝山陰空興盡，且留歸駕爲從容。』其二：『欲知盛事繼荀陳，請看當筵主與賓。金馬玉堂三學士，清風明月兩閒人。紅芳已盡鶯猶囀，青杏初嘗酒正醇。美景難並良會少，乘歡舉白莫辭頻。』蘇軾《和前韻》：『一時冠蓋盡嚴終，舊德年來豈易逢。聞道堂中延蓋叟，定應牀下拜梁松。蠹魚自曬開箱篋，科斗長收古鼎鍾。我欲棄官重問道，寸筳何以得從容。』其二：『三朝出處共從容，歲晚交情見二公。乘興不辭千里遠，放懷還喜一樽同。嘉謀定國垂青史，盛事傳家有素風。自顧纓塵猶未濯，九霄終日羨冥鴻。』」《順治潁州志·輿地·堂》：「會老堂。宋蔡寬夫《詩話》：『歐陽修與趙槩同在政府，相得歡甚，後熙寧中相繼謝事歸。槩單騎過修於汝陰，時年幾八十，留踰月，日遨游西湖上。呂公著守郡，因名其堂。』」按，會老堂非爲趙槩來訪而新建，本是歐陽修六一堂之西堂，改稱會老堂。考證見肖漢澤《會老堂是六一堂西堂》一文。（肖漢澤《潁湄漫錄》，中國文聯出版社，2009 年版。）

欲知盛事繼荀陳，請看當筵主與賓。金馬玉堂三學士，清風明月兩閒人。紅芳已盡鶯猶转［囀］，青杏初嘗酒正醇。美景難並良會少，乘歡舉白莫辭頻。①

其二：

古來交道愧難終，此會今㫖豈易逢。出處三朝俱白首，凋零萬木見青松。公能不遠來千里，我病猶能爵一鍾。已勝山陰空興盡，且留歸駕爲從容。②

蘇軾《和詩》：

一㫖冠蓋盡嚴終，舊德年來豈易逢。聞道堂中延蓋叟，定應床下拜粱松。蠹魚自躍［曬］開箱篋，科斗長收古鼎鍾。我欲棄官重問道，寸筵何以得從容。③

其二：

三朝出處共從容，歲晚交情見二公。乘興不辭千里遠，放懷還喜一樽同。嘉謀定國垂青史，盛事傳家有素風。自顧纓塵猶未濯，九霄終日羨冥鴻。④

六一堂。宋歐陽脩守潁，愛西湖之勝，建書院於湖之南。及致政，家潁，廼建堂於書院之傍。⑤《六一居士傳》：

六一居士初謫滁山，自號醉翁。既老而衰且病，將退休於潁水之濱，則又更號六一居士。客有問曰：「六一，何謂也？」居士曰：「吾家藏書一萬卷，集錄三代以來金石遺文一千卷，有琴一張，有棋一局，而常置酒一壺。」曰：「是爲五一尔，奈何？」居士曰：「以吾一翁，老於此五物之間，是豈不爲六一乎？」客笑曰：「子欲逃名者乎？而屢易其說，此莊生所誚畏影而走乎日中者也。余將見子疾走大喘渴死，而名不得逃者也。」居士曰：「吾固知名之不可逃，然亦知夫不必逃也。吾爲此名，聊以志吾之樂耳。」客曰：「其樂如何？」居士曰：「吾之樂可勝道哉！方其得意於五物也，太山在前而不見，疾雷破柱而不驚。雖響九奏於洞庭之間，閱大戰於涿鹿之原，未足喻其樂且適也。然常患不得極吾樂於其間者，世事之爲吾累者衆也。其大者有二焉，軒裳珪組勞吾形於外，憂患思慮勞吾心於內，使吾形不病而已悴，心未老而先衰，尚何暇於五物哉？

①此詩，《歐陽修全集》題作《會老堂致語》。
②「其二」，《歐陽修全集》題作《會老堂》。
③此詩，《蘇軾詩集》題作《和歐陽少師會老堂次韻》。
④「其二」，《蘇軾詩集》題作《題永叔會老堂》。
⑤《順治潁州志·輿地·堂》：「六一堂。宋熙寧中，歐陽修致政歸潁，作六一堂於書院旁。卜居焉，卒老於潁。」

雖然，吾自乞其身於朝者三年矣。一日天子惻然哀之，賜其骸骨，使得與此五物皆返於田廬，庶幾償其夙願焉。此吾之所以志也。」客復笑曰：「子知軒裳珪組之累其形，而不知五物之累其心乎？」居士曰：「不然。累於彼者已勞矣，又多憂；累於此者既佚矣，幸無患。吾其何擇哉？」於是與客俱起，握手大笑曰：「置之，區區不足較也。」已而歎曰：「夫士少而仕，老而休，蓋有不待七十者矣。吾素慕之，宜去一也。吾嘗用於旹矣，而訖無稱焉，宜去二也。壯猶如此，今既老且病矣，廼以難強之筋骸貪過分之榮祿，是將違其素志而自食其言，宜去三也。吾負三宜去，雖無五物，其去宜矣，復何道哉？」熙寧三年九月七日，六一居士自傳。

沈亭。在州西一百二十里，廢沈子國城東五里。秦高士沈郢建爲游釣之所。今預備倉基。①

清潁亭。宋晏殊守潁，作亭於城陰，俯瞰潁水，故名清潁。劉敞詩：「世亂潁水濁，世治潁水清。」蘇軾《別弟轍詩》：「別淚滴清潁。」②

葵亭。宋呂公著悴潁日，作亭後圃，題曰葵亭。有《葵亭集》。③

駐蹕亭。在潁上縣。《舊志》：洪武④，翠華經此，少憩。建亭以昭勝蹟。⑤

潁亭。在潁上縣潁水濱。⑥宋元結「金元好问」詩：

潁上風烟天地迴，潁亭孤賞亦悠哉。春風碧水雙鷗靜，落日青山萬馬來。勝槩消沉幾今昔，中年登覽足悲哀。遠遊擬續騷人賦，所惜匆匆無酒杯。⑦

宋梅聖俞《潁水詩》：

①《成化中都志·宮室堂亭樓閣臺榭·潁州》：「沈亭。在廢沈丘縣東五里。《東漢志》：『平輿有沈亭，秦高士沈郢建爲游息之所。』今爲預備倉基。」《正德潁州志·宮室·堂》：「沈亭。在州西一百二十里，廢沈子國城東五里。秦時高士沈郢建，爲遊釣之所。今爲預備倉基。」又呂景蒙《嘉靖潁州志·輿地·故蹟》同。《順治潁州志·輿地·亭》：「沈亭。在州西一百二十里，廢沈子國城東五里。秦時高士沈郢建，爲遊釣之所。」

②《成化中都志·宮室堂亭樓閣臺榭·潁州》：「清潁亭。晏公守潁，作亭城陰，俯瞰潁水，故名。劉敞云：『世亂潁水濁，世治潁水清。』」《南畿志·鳳陽府·潁州（古蹟）》：「清潁亭。晏公守潁，作亭城陰，俯瞰潁水，故名。」《正德潁州志·宮室·亭》：「清潁亭。宋晏元獻罷相，出守潁郡。嘗優游西湖之上，舒徐潁水之濱，作亭城陰以自頤息，俯瞰潁水，故名曰清潁亭。劉敞詩云：『世亂潁水濁，世治潁水清。』蘇東坡與弟轍別於此，亦有詩云：『別淚滴清潁。』」呂景蒙《嘉靖潁州志·輿地·故蹟》：「清潁亭。在州西湖上。宋晏殊建。蘇軾嘗與弟轍別於此，有『別淚滴清潁』之句。」《順治潁州志·輿地·亭》：「清潁亭。在州西湖上。宋晏殊建。」

③《成化中都志·宮室堂亭樓閣臺榭·潁州》：「葵亭。呂正獻公倅潁日，作亭後圃。及爲守時，休於倅圃。有《葵亭集》。」《南畿志·鳳陽府·潁州（古蹟）》：「葵亭。呂正獻公倅潁日，作亭後圃，題曰葵亭。及爲守時，休於倅圃。有《葵亭集》。」《正德潁州志·宮室·亭》：「葵亭。宋呂正獻倅潁日，作亭後圃，題曰葵亭。及爲太守時，休倅圃亭。有《葵亭集》。」呂景蒙《嘉靖潁州志·輿地·故蹟》：「葵亭。宋呂公著倅潁日，作亭後圃，題曰葵亭。有《葵亭集》。」《順治潁州志·輿地·亭》：「葵亭。呂公著倅潁日，作亭後圃。有《葵亭集》。」

④此處原缺二字。

⑤呂景蒙《嘉靖潁州志·輿地·故蹟》：「駐蹕亭。在潁上水岸。《舊志》：洪武，翠華經此少憩。建亭以昭勝蹟。」《順治潁上縣志·建置·亭閣樓坊（亭）》：「駐蹕亭。洪武經此少憩，因建焉。在河東岸。」

⑥呂景蒙《嘉靖潁州志·輿地·故蹟》：「潁亭。在潁上潁水之濱。元結詩：『潁上風烟天地迥，潁亭孤賞亦悠哉。春風碧水雙鷗靜，落日青山萬馬來。勝槩消沉幾今昔，中年登覽足悲哀。遠遊擬續騷人賦，所惜匆匆無酒杯。』」《順治潁上縣志·建置·亭閣樓坊（亭）》：「潁亭。潁水之濱，元遺山有題。今廢。」

⑦此詩，元好問《遺山集》題作《潁亭》。

潁水苦流瀑，淺平秋與冬。崖深開地勢，底碧瀉天容。道枉隨灣去，村遥盡日逢。迷魚是潭湍，寧見窟蛟龍。

又《早至潁上詩》：

夜發曉未止，獨行淮水西。明知寒草露，暗濕驄馬蹄。半滅竹林火，數聞茅屋鷄。秋天畏殘暑，不爲月光迷。①

金鷄樓。洪武初，指揮僉事李勝作樓北城東南角。城中多蜈蚣，長七八寸，殺人。廼以金鑄鷄埋於城下壓之，因建樓於上。今廢。②

青楊館。在州西一百四十里。相傳：光武討王尋，駐兵於此。③

焦館。在州南城。吕希純守潁日建，宿焦千之，故名。④歐陽脩《送焦千之秀才詩》：

焦生獨立士，勢利不可恐。誰言一身窮，自待九鼎重。有能揭之行，可謂仁者勇。吕侯相家子，德義勝華寵。焦生得與隨，道合若膠鞏。始生及吾門，徐子喜驚踊。曰此雖至寶，一失何由踵。自吾得二生，粲粲獲雙珙。奈何奪其一，使我意紛氄。吾嘗愛生才［材］，抽擢方鬱蓊。猶須老霜雪，然後見森聳。況從主人賢，高行可傾竦。讀書趣［趨］簡要，害［言］説去雜冗。新文旹我寄，庶可蠲煩壅。

徐生純明白玉璞，焦子皎絜寒泉冰。⑤

又：

---

①此詩，梅堯臣《宛陵集》題作《早至潁上縣》。

②《成化中都志·宮室堂亭樓閣臺榭·潁州》：「金鷄樓。在北城東南角上。相傳：城中蜈蚣傷人，古時用金鑄鷄首埋此以壓之。洪武中，指揮僉事李勝建樓於此，因名。」《正德潁州志·宮室·樓》：「金鷄樓。大明洪武中，指揮僉事李勝作楼北城東南角上。相傳：土境中舊有蜈蚣，長七八寸，殺人。古時以金鑄鷄首埋於此，以鎮壓之，患遂息。因於金鷄堆建楼，故名。」呂景蒙《嘉靖潁州志·輿地·故蹟》：「金鷄樓。舊於北城東南角建樓。俗傳城多蜈蚣之患，作金鷄於城下鎮壓之。因以名樓。今廢。」

③《成化中都志·宮室堂亭樓閣臺榭·潁州》：「青楊舘。在州西一百四十五里。漢光武討王尋，嘗駐兵於此。」《南畿志·鳳陽府·潁州（古蹟）》：「青楊舘。在州西一百四十五里，沈丘之南。相傳：漢光武討王尋，嘗駐兵於此。」《正德潁州志·臺舘·舘》：「青楊舘。在州西一百四十五里，沈丘之南。相傳：光武討王尋，駐兵於此。後追至溮水，破之。」呂景蒙《嘉靖潁州志·輿地·故蹟》：「青楊舘。在州西一百四十里。相傳：光武討王尋，駐兵於此。」《順治潁州志·輿地·舘》同。

④《成化中都志·宮室堂亭樓閣臺榭·潁州》：「焦舘。在州治西南隅水池上。宋呂希純守郡日建此，以舘焦千之。故名。」《南畿志·鳳陽府·潁州（古蹟）》：「焦舘。在州治西南隅。宋呂希純守郡日建此，以舘焦千之。故名。」《正德潁州志·臺舘·舘》：「焦舘。在南城。按古《志》，州治西南城隅，水池上有焦舘。宋呂希純守郡日，建以宿焦千之，故名。」呂景蒙《嘉靖潁州志·輿地·故蹟》：「焦舘。在州南城。呂希純守潁日建，宿焦千之，故名。歐陽修《送焦千之秀才》詩：『焦生獨立士，勢利不可恐。誰言一身窮，自待九鼎重。有能揭之行，可謂仁者勇。呂侯相家子，德義勝華寵。焦生得與隨，道合若膠鞏。始生及吾門，徐子喜驚踊。曰此雖至寶，一失何由踵。自吾得二生，粲粲獲雙珙。奈何奪其一，使我意紛氄。吾嘗愛生材，抽擢方鬱蓊。猶須老霜雪，然後見森聳。況從主人賢，高行可傾竦。讀書趨簡要，言說去雜冗。新文時我寄，庶可蠲煩壅。』」《順治潁州志·輿地·舘》：「焦舘。在州南城。呂希純守潁日建，宿焦千之，故名。」

⑤此詩，《歐陽修全集》題作《伏日贈徐焦二生》，一作《徐焦二子伏日遊西湖，余以病不能往，因以贈之》。

相讓臺。在州東二里。《楚史拾遺》載：莊王欲築層臺於寢丘，延石千里，延壤百里，大臣諫而死者七十二人。寢人諸御已諫而動王之心，又不色加王，已而逃去。王追而納其言，解層臺，罷民役，因名臺曰相讓。今爲東嶽行祠。①

主人臺。在州東三里夾洲堆。元季，每旦彩雲騰於上。我大［太］祖起兵，集豪傑於此。天下大定，彩雲遂空，故民呼其臺云。②

乳香臺。在州西一百八十里，舊産乳香，故云。③

水臺。在州南一百里。相傳：楚平王所築以觀淮水，爲競渡之戲。④

夬臺。在州西四十五里。莫詳所築，（《舊志》）誤以爲宋岳雲駐兵於此，援順昌。今考爲潁昌，非是。⑤

展家臺。在州南七十里。元至正中，南山賊流劫鄉村。有展氏聚義民保鄉井，築臺誓衆，故名。⑥釣魚臺。在州南⑦七十里潁水北岸。漢末袁宏避亂汝陰，游釣河濱，故名。⑧

賀勝臺。在州西北十里潁水南。宋東京副留守劉錡敗兀朮於順昌，追奔出境。知府陳規犒軍此臺，故名。⑨

靈臺。在潁上縣北二十里。有前令使臺，相距五里許，莫知所始。上層寺在焉。⑩

焦氏臺。在潁上縣東沙河之側，張路斯游釣於此。⑪

管谷。在潁上縣北二十五里淮潤鄉，《舊志》云：管子家此。⑫

潁尾。在下蔡西。《左傳》：「楚子狩於州來，次於潁尾。」⑬

①《成化中都志·宮室堂亭樓閣臺榭·潁州》：「相讓臺。在城東二里。《楚史拾遺》：『莊王欲立層臺於寢丘，大臣諫而死者七十二人。最後寢人諸御諫，而王納其言，解層臺，罷民役，名其臺曰相讓。今東嶽廟基是也。』」《正德潁州志·臺舘·臺》：「相讓臺。在州城東一里。按《楚史拾遺》，莊王欲築層臺於寢丘，延石千里，延壤百里。大臣諫而死者七十二人，寢人諸御已諫，而動王之心，又不色加王。已而逃去，王追而納其言。解層臺，罷民役，因名臺曰相讓。即今東嶽行祠基。」呂景蒙《嘉靖潁州志·輿地·故蹟》：「相讓臺。在州東二里。《舊志》以爲楚莊王所築。今爲東嶽行祠。」《順治潁州志·輿地·臺》同。

②《成化中都志·宮室堂亭樓閣臺榭·潁州》：「主人臺。在州東三里。世傳有王者嘗坐於此臺，故名。」《正德潁州志·臺舘·臺》：「主人臺。在州東三里灣，黄霸孤堆洲頭。元季時，每旦有彩雲騰遶。及大明兵興，我太祖高皇帝在布衣，集豪傑其上，天下大定，彩雲散空。故居民呼其臺云。」呂景蒙《嘉靖潁州志·輿地·故蹟》：「主人臺。在州東三里夾洲堆。元季時，每旦有彩雲騰於上。及大明兵起，我太祖高皇帝在布衣，集豪傑其上，天下大定，彩雲散空。故居民呼其臺云。」《順治潁州志·輿地·臺》：「主人臺。在州東二里嶽廟前。元季時，每旦有彩雲騰於上。及大明兵起，明太祖高皇帝在布衣，集豪傑其上，天下大定，彩雲散空。故居人呼其臺云。」

③《成化中都志·宮室堂亭樓閣臺榭·潁州》：「乳香臺。在州西鄉二圖，去城一百八十里，有遺址存。」《正德潁州志·臺舘·臺》：「乳香臺。在州西一百八十里。舊産乳香，故名。遶臺皆潁水，沿流上至趙家埠，則項城界。成化中，同知劉節言於巡撫，將分置一縣於臺水之陽，以拯邊疆之民被漁獵於鄰封者。遣官相地，卜治所於谷家莊，未就，而巡撫物故，劉亦去，事遂閣。後之仁人，憫遠民之塗炭，其究心焉。」呂景蒙《嘉靖潁州志·輿地·故蹟》：「乳香臺。在州西一百八十里。舊産乳香，因以名臺。」《順治潁州志·輿地·臺》：「乳香臺。在州西一百八十里。舊産乳香，因此名臺。」

④《成化中都志·宮室堂亭樓閣臺榭·潁州》：「水臺。在州南一百里，地名水臺灣，淮河至此漸闊。相傳：楚平王築臺於此，觀競渡之勝。」《南畿志·鳳陽府·潁州（古蹟）》：「水臺。在州南一百里水臺灣。淮河至此漸闊。相傳：楚莊王築臺於此。」《正德潁州志·臺舘·臺》：「水臺。在州南一百里，瀕淮。相傳：楚平王荒遊，築臺以爲遊觀之計。」呂景蒙《嘉靖潁州志·輿地·故蹟》：「水臺。在州南一百里。相傳：楚平王所築以觀淮水，爲競渡之戲。」《順治潁州志·輿地·臺》同。

⑤《正德潁州志·臺舘·臺》：「夬臺。在州西四十五里，柳河上。宋裨將岳雲援順昌，追奔兀朮，兵至此臺駐師。」呂景蒙《嘉靖潁州志·輿地·故蹟》：「夬臺。在州西四十五里。莫詳所築。《舊志》以爲宋岳雲駐兵於此，援順昌。今考爲潁昌，非是。」《順治潁州志·輿地·臺》：「夬臺。在州西四十五里。莫詳所築。《舊志》載：『宋岳雲駐兵於此，援順昌。』」

⑥《正德潁州志・臺舘・臺》：「展家臺。在州南七十里，中村崗之東。元至正甲午（1354），南山長鎗賊流劫鄉村，展氏聚義民保鄉井，築臺誓衆，因名。」呂景蒙《嘉靖潁州志・輿地・故蹟》：「展家臺。在州南七十里。元至正中，南山賊流劫鄉村。有展氏聚義民保鄉井，築臺誓衆，因以名焉。」《順治潁州志・輿地・臺》同。

⑦「南」字，疑誤，《成化中都志》《南畿志》《正德潁州志》均作「東」。

⑧《成化中都志・宮室堂亭樓閣臺榭・潁州》：「釣魚臺。在州東七十里，潁水北岸。《潁州志》云：『漢末袁閎避地汝陰，講學之暇游釣河濱。後人賢之，因名其處。』按《東漢・列傳》，延熹末，黨事將作，閎散發絕世，居土室十八年，自牖納飲食，妻子莫得見，卒於土室，何暇遊樂？又云『父安仕至司徒翰墨』，《全書》亦云『閎，安之子』。皆誤也。閎迺安五世孫。」《南畿志・鳳陽府・潁州（古蹟）》：「釣魚臺。在州東七十里，潁水北岸。漢末袁閎避地汝陰，講學之暇游釣河濱。後人賢之，因名其處。」《正德潁州志・臺舘・臺》：「釣魚臺。在州東七十里，潁水北岸。漢末，袁閎以家世名宦，崇守節義，見紹、述諸袁跋扈，迺避地汝陰。講學之暇，游釣河濱。後人賢之，因名其處。」呂景蒙《嘉靖潁州志・輿地・故蹟》：「釣魚臺。在州南七十里，潁水北岸。漢末袁閎避亂汝陰，游釣河濱。後人名其處。」《順治潁州志・輿地・臺》同。

⑨《成化中都志・宮室堂亭樓閣臺榭・潁州》：「賀勝臺。在州北十里，潁水南岸。宋東京副留守劉錡敗兀朮於順昌，守臣陳規犒軍於此，故名。」《南畿志・鳳陽府・潁州（古蹟）》：「賀勝臺。在州北十里，潁水南岸。宋劉錡敗兀朮於順昌，守臣陳規犒軍於此，因名。」《正德潁州志・臺舘・臺》：「賀勝臺。在州西北十里，潁水南岸。宋東京副留守劉錡敗兀朮順昌城北，追奔出境。師還，守臣陳規犒軍此臺，故名。」呂景蒙《嘉靖潁州志・輿地・故蹟》：「賀勝臺。在州西北十里，潁水南。宋東京副留守劉錡敗兀朮於順昌，追奔出境。知府陳規迎勞犒軍此臺，故名。」《順治潁州志・輿地・臺》同。

⑩《成化中都志・宮室堂亭樓閣臺榭・潁上縣》：「靈臺。在縣西南四十五里。」《南畿志・鳳陽府・潁州（古蹟）》：「靈臺。在縣西南四十五里。」《順治潁上縣志・輿圖・山川》：「靈臺。在縣西南五十里淮潤之間，兩臺相連，上建以寺，風景郁秀。」

⑪《成化中都志・宮室堂亭樓閣臺榭・潁上縣》：「焦氏臺。在縣東十里。元人焦氏所築。」呂景蒙《嘉靖潁州志・輿地・故蹟》：「焦氏臺。在潁上東沙河之側，張路斯游釣於此。」《順治潁上縣志・輿圖・山川》：「焦氏臺。在縣東十里史河口，即今張龍公釣處。」

⑫呂景蒙《嘉靖潁州志・輿地・故蹟》：「管谷。在潁上北二十五里淮潤鄉。《舊志》云：『管仲家於此。』」《順治潁上縣志・輿圖・山川》：「管谷。縣北三十五里。《志》：『管仲家於此。』」

⑬呂景蒙《嘉靖潁州志・輿地・故蹟》：「潁尾。《左傳》：『楚子狩於州來，次於潁尾。』在下蔡西。」

姜寨。在州西二百里，光武屯處。①

包家寨。在州西六十五里，民聚應劉錡。②

## 墳墓三十九

夷陵。在州東六十里。《春秋·宣公十一年》：「楚子、陳侯、鄭伯盟於辰陵。」③《穀梁傳》註：「辰陵，夷陵也。」④ 今地

---

①《正德潁州志·關梁·寨》：「姜寨。在州西沈丘鄉，去城一百里。漢光武帝討巨寇王尋，自蔡州追奔至是，賊屯於寨。及戰於坡，漢兵不支，尋亦北走。後人因呼強寨，今訛爲姜寨云。」呂景蒙《嘉靖潁州志·輿地·關廂鄉圖》：「姜寨。（州）西二百里。舊傳：光武討賊不克，後人呼爲強寨。今訛云姜。」《順治潁州志·輿地·寨》：「姜寨。在州西一百八十里。舊傳：光武討賊不克，後人呼爲強寨。今訛云姜。」

②《正德潁州志·關梁·寨》：「包家寨。在州西六十五里小河北岸，孤崗坦夷。相傳：宋將劉錡募敢死士，負藥毒潁上流，以困金虜兀朮。民結義聚於寨，以俟策應。後人因呼爲寨云。」呂景蒙《嘉靖潁州志·輿地·關廂鄉圖》：「包家寨。（州）西六十五里。宋劉錡破兀朮，民聚此以應錡。」《順治潁州志·輿地·寨》：「包家寨。在州西六十五里。宋劉錡破兀朮，鄉民聚此以應。」

③《春秋·宣公十一年》：「（宣公）十有一年（前598）……夏，楚子、陳侯、鄭伯盟於辰陵。」杜預註云：「辰陵，《穀梁》作『夷陵』。」

④《穀梁傳·宣公十一年》：「（宣公）十有一年（前598）……夏，楚子、陳侯、鄭伯盟於夷陵。」楊士勛註云：「夷陵，《左氏》作『辰陵』。」

丘埡連亘。《舊志》以疑列國之君丘壟，皆未詳。①

留陵。在州東六十里。②

艮陵。莫詳所在。③

丘陵。在潁上縣西五十里。④

沈丘。在州西一百二十五里。疑即沈子之丘。⑤

水丘。在州西一百八十里。《舊志》：光武與王尋戰於此。及即位，詔令瘞戰死士骨於此。⑥

黄丘。在州南四十里，屹然土中。⑦

金丘。在州南八十里。《舊志》謂楚王埋金於此，以鎮水災。未詳。⑧

青丘。在州東五十里。古有青丘縣，今尚名青丘村。⑨

澮丘。在州東八十里。⑩

鄵丘。在州東五里，俗呼爲婆婆塚。⑪

破丘。在州西一百六十里。⑫

鐵丘。在潁上縣西北五十里潁陽鄉，即段靈君墓。⑬

同丘。在潁上縣南四十里，在淮潤鄉。⑭

①《成化中都志·山川·潁州》：「夷陵。在州東六十里。按《春秋·宣公十一年》：『楚子、陳侯、鄭伯盟於辰陵。』《穀梁傳》作夷陵。杜氏曰：『辰陵，陳地，潁川長平縣東南。』」《正德潁州志·陵墓·陵》：「夷陵。在州東六十里。按《春秋·宣公十一年》：『夏，楚子、陳侯、鄭伯盟於辰陵。』《穀梁傳》註：『辰陵，夷陵也。』其地，今西南丘垤連亘，如崗如阜。疑皆古者列國之君丘壟也。」呂景蒙《嘉靖潁州志·輿地·陵墓》：「夷陵。（州）東六十里。《春秋·宣公十一年》：『楚子、陳侯、鄭伯盟於辰陵。』《穀梁傳》註：『辰陵，夷陵也。』今地丘垤連亘。《舊志》以爲列國之君丘壟，皆未詳。」《順治潁州志·輿地·陵墓》：「夷陵。在州東六十里。《春秋·宣公十一年》：『楚子、陳侯、鄭伯盟於辰陵。』《穀梁傳》註：『辰陵，夷陵也。』今地丘垤連亘。《舊志》以爲列國之君丘壟，土傳古夷陵縣，皆未詳。掘地得磚，作硯堅潤，呼爲夷陵硯。」

②《成化中都志·山川·潁州》：「留陵。在州東六十里。又東三里曰下留陵。俱潁水之南。」《正德潁州志·陵墓·陵》：「留陵。在州東六十里。又東二里曰下留陵。俱潁水之南。兩地之間，塚阜纍纍。疑皆古列國之君陵墓也。」呂景蒙《嘉靖潁州志·輿地·陵墓》：「留陵。（州）東六十里。」《順治潁州志·輿地·陵墓》：「留陵。在州東六十里。俗名留陵口。北四里許有釣魚臺，莫考。」

③《成化中都志·山川·潁州》：「艮陵。未詳所在。」《正德潁州志·陵墓·陵》同。呂景蒙《嘉靖潁州志·輿地·陵墓》：「艮陵。莫詳所在。」《順治潁州志·輿地·陵墓》：「艮陵。莫詳所在。」

④呂景蒙《嘉靖潁州志·輿地·陵墓》：「丘陵。（潁上）西五十里。」《順治潁上縣志·輿圖·山川》：「丘陵。縣西五十里馬步壟。」

⑤《成化中都志·山川·潁州》：「沈丘。在城西一百二十里，沈丘縣城西南。」《正德潁州志·陵墓·丘》：「沈丘。在州西一百二十里，廢沈丘縣城外。西南土阜，截然高大，周迴幾一里。城，故沈子國；丘，則沈子丘墓也。」呂景蒙《嘉靖潁州志·輿地·陵墓》：「沈丘。（州）西一百二十里，疑即沈子之丘。」《順治潁州志·輿地·陵墓》：「沈丘。在州西一百二十里。疑即沈子之丘。」

⑥《成化中都志·山川·潁州》：「水丘。在城西一百八十里三障坡。相傳：光武帝與王尋戰敗於此坡，及即位，詔撿遺骼成丘。」《正德潁州志·陵墓·丘》：「水丘。在州西一百八十里三障坡東。相傳：光武與王尋戰，敗於坡。及即位，詔令瘞死士骨於此，故名。今丘亦甚高大。」呂景蒙《嘉靖潁州志·輿地·陵墓》：「水丘。（州）西一百八十里。《舊志》：光武與王尋戰於此。及即位，詔令瘞戰死士骨於此。」《順治潁州志·輿地·陵墓》：「水丘。在州西一百八十里。《舊志》：光武與王尋戰於此。及即位，詔令瘞戰士骨於此。」

⑦《成化中都志·山川·潁州》：「黄丘。在城南四十里。」《正德潁州志·陵墓·丘》：「黄丘。在州南四十里，屹然土中。無所傳考。」呂景蒙《嘉靖潁州志·輿地·陵墓》：「黄丘。（州）南四十里，屹然土中。」

⑧《成化中都志·山川·潁州》：「金丘。在城南八十里淮河邊。相傳淮水衝決，楚王埋金以鎮之。」《正德潁州志·陵墓·丘》：「金丘。在州南八十里淮河灣上。相傳淮水衝決堤岸，楚王埋金以鎮之，故名。」呂景蒙《嘉靖潁州志·輿地·陵墓》：「金丘。（州）南八十里。《舊志》謂楚王埋金於此，以鎮水災。未詳。」

⑨《成化中都志·山川·潁州》：「清丘。在城東五十五里。瀕潁古清丘縣，今名清丘村。」《正德潁州志·陵墓·丘》：「青丘。在州東五十五里，瀕潁。古有青丘縣，今尚名青丘村。丘存，無所傳考。」呂景蒙《嘉靖潁州志·輿地·陵墓》：「青丘。（州）東五十里。古有青丘縣，今尚名青丘村。」

⑩《成化中都志·山川·潁州》：「澮丘。在城東南八十里，通商渠北岸。」《正德潁州志·陵墓·丘》：「澮丘。在州東南八十里通商渠東岸。丘無傳考。」呂景蒙《嘉靖潁州志·輿地·陵墓》：「澮丘。（州）東八十里。」

⑪《成化中都志·山川·潁州》：「鄗丘。在城東五里。」《正德潁州志·陵墓·丘》：「鄗丘。在州東五里，巍然高大，俗呼婆婆塚。故老又傳爲廉頗塚。頗，戰國趙將。又壽州八公山亦有廉頗塚。」呂景蒙《嘉靖潁州志·輿地·陵墓》：「鄗丘。（州）東五里。俗呼爲婆婆塚。」

⑫《成化中都志·山川·潁州》：「破丘。在城西一百六十五里，乳香臺下流。古名貨丘，後被黄河衝決堤岸，人呼破丘。」《正德潁州志·陵墓·丘》：「破丘。在州西一百六十五里，乳香臺下流。古名貨丘，蓋丘之四傍，地稍高而平，賈人聚此交易。元初，黄河分派入潁，決齧堤岸，丘亦衝陷半之。土人呼破丘。別無考。」呂景蒙《嘉靖潁州志·輿地·陵墓》：「破丘。（州）西一百六十里。」

⑬呂景蒙《嘉靖潁州志·輿地·陵墓》：「鐵丘。（潁上）西北五十里潁陽鄉。即段靈君墓。」《順治潁上縣志·輿圖·山川》：「鐵丘。縣西北五十里潁陽鄉。」

⑭呂景蒙《嘉靖潁州志·輿地·陵墓》：「同丘。（潁上）南四十里，在淮潤鄉。」《順治潁上縣志·輿圖·山川》：「同丘。縣南四十里淮潤鄉。」

運丘。在太和縣東北三十里。①

彭丘。在太和縣北三十里。②

倪丘。在太和縣北六十里。③

宣家塚。在州南九十里。④

添子塚。在州西一百五十里。⑤

伍奢塚。在州東二里東嶽廟後，一在北鄉母猪巷［港］。⑥

①呂景蒙《嘉靖潁州志·輿地·陵墓》：「運丘。（太和）東北三十里。」《萬曆太和縣志·輿勝·古蹟》：「運丘。在縣東北三十五里。突起茨河之中，其形若龜，逆流而上。建寺於背，名運丘寺。河水周流環遶，臺殿若玉玦，誠亦上方之勝槩也。」

②呂景蒙《嘉靖潁州志·輿地·陵墓》：「彭丘。（太和）北三十里。」《萬曆太和縣志·輿勝·古蹟》：「彭丘。在縣北三十里，茨河之陽。高三丈許，林木蓊鬱。世傳爲彭祖之墓。」

③呂景蒙《嘉靖潁州志·輿地·陵墓》：「倪丘。（太和）北六十里。」《萬曆太和縣志·輿勝·古蹟》：「倪坵。在縣北六十里。半壁如削，西枕茨河中，迥然突起數仞許，河水衝沒其半，時呼爲半坡古堆。世傳爲漢倪寬之墓。隆慶四年（1570），潁州太守王公之士以倪公當秦火之餘，帶經而鋤，表章遺經，有功道統，欲建祠祀之，不果。萬曆二年（1574），知縣劉公岭迺建祠於丘上，以祭祀之。耆民張璽董成其事焉。」

④《正德潁州志·陵墓·塚》：「宣家塚。在州南九十里平輿廢縣東。凡三四塚相連，如山如阜。故老傳：宣氏前代頗盛，今子孫雖微弱，猶居塚南。」呂景蒙《嘉靖潁州志·輿地·陵墓》：「宣家塚。（州）南九十里。」《順治潁州志·輿地·陵墓》：「宣家塚。在州南九十里。」

⑤《正德潁州志·陵墓·塚》：「添子塚。在州西一百五十里沈丘河北。塚在小汝河交流雙溝水中。雨多水泛，常沒頂；水落，出其半。正統中，有盜掘塚，得玉環、玉簪、金銀、器甎。取之，合室病死。所遺一二人，復以所掘一二納塚中，封之如故，遂亡去。今塚破碎水中，然無復敢掘伐者。雖磚石散露，亦自常存。疑古列國之君陵墓，土俗浪呼，今更爲添子云。」呂景蒙《嘉靖潁州志·輿地·陵墓》：「添子塚。（州）西一百五十里。」《順治潁州志·輿地·陵墓》：「添子塚。在州西一百五十里沈丘河北，小汝河交流雙溝水中。正統中，有盜掘塚，得玉環珮、金珠、器甎，合室病死。土人相警以神，無後故伐者。」

⑥《正德潁州志·陵墓·塚》：「伍奢塚。一在州城東嶽廟後。嘗有伐而竊磚石者，輒災，遂復送寘故處。相傳埋劒塚中。傍有水池，間年出一怪魚。冒而觸之，則殺人。以是，塚雖陷露，無敢犯者。一在北鄉母猪港南，去古城六十里。土人惟呼爲子胥墓。蓋子胥以父命奔吳，後相吳，入楚而鞭平王之屍。故其名顯而遠傳。按西晋《地理志》載，楚平王處太子建於城父，伍奢傅之。其後奢被讒，平王殺之，並其子尚亦誅。二塚皆奢及祖墳云。」呂景蒙《嘉靖潁州志·輿地·陵墓》：「伍奢塚。（州）東二里東嶽廟後，一在北鄉母猪港。」《順治潁州志·輿地·陵墓》：「伍奢塚。在州東二里東嶽廟。相傳塚中有埋劒。有伐磚石者，輒災，仍置故處迺已。傍有水池，間出一怪魚，觸之，殺人。一在北鄉母猪港，去五门二十餘里。土人呼爲子胥墓。按《左傳》，楚平王使太子建守城父，伍奢傅之。後奢被讒殺，並其子尚亦誅。疑即尚塚，或其先塋，土人誤傳爲子胥墓也。」

楸塚。在潁上縣東北三十里。①

望高塚。在太和縣東北五里。②

回心塚。在太和縣北三里。③

畢卓墓。在州西二百一十里。④

呂將軍墓。在州南一百里。洪武初，從征有功，戰歿，諭葬。⑤

安御史大夫然墓。在州西關外，洪武中諭葬。⑥

李尚書敏墓。在州西一百四十里瓦店，洪武中諭葬。⑦

張光祿泌墓。在州西一百里楊橋，永樂中諭葬。⑧

韓參政璽墓。在州城東棗園。⑨

郭參政［議］昇墓。在州東七里鋪右。⑩

李僉事葵墓。在州東七里崗。⑪

儲僉事珊墓。在州西湖東南。嘉靖中，判官呂景蒙表其墓曰：「嗚呼！有明安樂先生儲公之墓。」⑫

張知縣守亨墓。在州西七里河東岸。⑬

管仲墓。在潁上縣北關外，俗呼管仲墩。⑭

①呂景蒙《嘉靖潁州志·輿地·陵墓》：「楸塚。（潁上）東北三十里。」《順治潁上縣志·輿圖·古蹟（陵墓）》：「楸塚。縣東北三十里。相傳唐時王基，未知是否。」

②呂景蒙《嘉靖潁州志·輿地·陵墓》：「望高塚。（太和）東北五里。」《萬曆太和縣志·輿勝·古蹟》：「望高塚。在縣東北五里。」

③呂景蒙《嘉靖潁州志·輿地·陵墓》：「回心塚。（太和）北三里。」《萬曆太和縣志·輿勝·古蹟》：「回心塚。在縣北三里。劉琦順昌之捷，兀朮太子敗績而北駐此，以收散兵。平日自恃之強，至此廼有悔心矣。故時人因呼其塚爲回心云。」

④《晉書·畢卓列傳》：「畢卓。字茂世，新蔡鮦陽人也。」畢卓既爲鮦陽人，則葬於鮦陽較爲可信。又開封亦有畢卓墓。《正德潁州志·陵墓·墓》：「畢卓墓。在州西二百一十里鮦陽城。」呂景蒙《嘉靖潁州志·輿地·陵墓》：「畢卓墓。（州）西二百一十里。」《順治潁州志·輿地·陵墓》：「畢卓墓。在州西二百一十里。」

⑤《成化中都志·塚墓·潁州》：「呂將軍墓。在州南一百里安舟岡西。國初從征，戰歿，賜葬。」《南畿志·鳳陽府·潁州（祠墓）》：「呂將軍墓。在州南安舟岡西。國初賜葬。」《正德潁州志·陵墓·墓》：「呂將軍墓。在州南一百里安舟崗西。洪武初，從征有功，戰歿，賜葬。」呂景蒙《嘉靖潁州志·輿地·陵墓》：「呂將軍墓。（州）南一百里。洪武初，從征有功，戰歿，諭葬。」《順治潁州志·輿地·陵墓》：「呂將軍墓。在州南一百里。明洪武初，從征有功，戰歿，諭葬。」

⑥《成化中都志·塚墓·潁州》：「安然墓。在城西關外。然官至御史大夫，洪武中賜葬。」《南畿志·鳳陽府·潁州（祠墓）》：「御史大夫安然墓。在城西關外。洪武中賜葬。」《正德潁州志·陵墓·墓》：「安然墓。在南城西關外。洪武中賜葬。」呂景蒙《嘉靖潁州志·輿地·陵墓》：「安御史大夫然墓。（州）西關外，洪武中諭葬。」《順治潁州志·輿地·陵墓》：「安四輔然墓。在西關外。明洪武中諭葬。」

⑦《成化中都志·塚墓·潁州》：「李敏墓。在州西一百四十里瓦店。敏工部尚書，洪武中賜葬。」《南畿志·鳳陽府·潁州（祠墓）》：「尚書李敏墓。在州西瓦店。洪武中賜葬。」《正德潁州志·陵墓·墓》：「李敏墓。在州西一百四十里瓦店。洪武中賜葬。」呂景蒙《嘉靖潁州志·輿地·陵墓》：「李尚書敏墓。（州）西一百四十里瓦店。洪武中諭葬。」

⑧《成化中都志·塚墓·潁州》：「張泌墓。在州西一百里楊橋。泌光祿卿，永樂中賜葬。」《南畿志·鳳陽府·潁州（祠墓）》：「光祿卿張泌墓。在州西百里。永樂中賜葬。」《正德潁州志·陵墓·墓》：「張泌墓。在州西一百里楊橋。永樂中賜葬。」呂景蒙《嘉靖潁州志·輿地·陵墓》：「張光祿泌墓。（州）西一百里楊橋。永樂初賜葬。」《順治潁州志·輿地·陵墓》：「張光祿泌墓。在州西九十里楊橋集南。明永樂中諭葬。」

⑨呂景蒙《嘉靖潁州志·輿地·陵墓》：「韓參政璽墓。（州）城東棗園。」《順治潁州志·輿地·陵墓》：「韓參政璽墓。在東門外郝家窪大教

場前。」

⑩呂景蒙《嘉靖潁州志・輿地・陵墓》：「郭參議昇墓。（州）東七里鋪右。」《順治潁州志・輿地・陵墓》：「郭參議昇墓。在州東七里鋪右。」

⑪呂景蒙《嘉靖潁州志・輿地・陵墓》：「李僉事葵墓。（州）東七里崗。」《順治潁州志・輿地・陵墓》：「李僉事葵墓。在州東七里崗。」

⑫呂景蒙《嘉靖潁州志・輿地・陵墓》：「儲僉事珊墓。西湖境東南。珊爲人溫厚有德。判官呂景蒙聞而敬慕之，爲大書碑刻，表其墓曰：『嗚呼！有明安樂先生儲公之墓。』」《順治潁州志・輿地・陵墓》：「儲僉事珊墓。在州西湖東南。嘉靖間，判官呂景蒙表其墓曰：『嗚呼！有明安樂先生儲公之墓。』」

⑬《順治潁州志・輿地・陵墓》：「張知縣守亨墓。在州西七里河東岸。」

⑭《成化中都志・塚墓・潁上縣》：「管仲墓。在縣北關。今高塚存。《青州志》云在臨淄牛山之阿，仲相齊，薨齊是也。此蓋其先世之墓歟？」呂景蒙《嘉靖潁州志・輿地・陵墓》：「管仲墓。（潁上）北關外。俗呼管仲墩。」《順治潁上縣志・輿圖・古蹟（陵墓）》：「管仲墓。即管仲墩，北關大寺後。兵憲楊公芳立石，晉江知縣王公三陽建亭。祠前東海屠公隆碑文在焉。」

甘羅墓。在潁上縣東五十里正陽鄉。①

柔應夫人墓。在潁上縣西南五十里。係張龍公夫人。②

周總管墓。元黃州路總管，殘碑斷碣猶存。③

王尚書質墓。在太和縣東門外，正統中諭塋。④

紀檢討鏞墓。在太和縣北倪丘集迤南一里。⑤

李宜春曰：《詩》有之：「高岸爲谷，深谷爲陵。」⑥余觀潁之山川，變遷何可常也？况人心險於山川者乎？其能古之若哉！

---

①《成化中都志·塚墓·潁上縣》：「甘羅墓。在縣東五十里甘羅鄉。《新志》又載在江西泰和縣西三十里，云：『甘羅旅寓歿，葬此。』非是。」《南畿志·鳳陽府·潁上（祠墓）》：「甘羅墓。在甘羅鄉。」呂景蒙《嘉靖潁州志·輿地·陵墓》：「甘羅墓。（潁上）東五十里正陽鄉。」《順治潁上縣志·輿圖·古蹟（陵墓）》：「甘羅墓。甘羅瘞此，城東五十里潁河北岸。順德何公豸立石記之。」

②《成化中都志·塚墓·潁上縣》：「柔應夫人墓。在縣西南三十五里淮潤鄉。廼張龍公夫人石氏墓也。」呂景蒙《嘉靖潁州志·輿地·陵墓》：「柔應夫人墓。（潁上）西南五十里。廼張龍公夫人也。」《順治潁上縣志·輿圖·古蹟（陵墓）》：「柔應夫人墓。西南五十里關洲，廼張龍公夫人石氏也。公與九子皆化龍去，惟遺夫人孤塚在焉。」

③呂景蒙《嘉靖潁州志·輿地·陵墓》：「周總管墓。元黄州路總管，殘碑斷碣猶存。」《順治潁上縣志·輿圖·古蹟（陵墓）》：「周總管墓。元黄州路總管，家此。」

④《成化中都志·塚墓·太和縣》：「王質墓。在縣東南。質，本朝戸部右侍郎，卒官，賜葬。」《南畿志·鳳陽府·太和（祠墓）》：「侍郎王質墓。賜葬，縣東南。」呂景蒙《嘉靖潁州志·輿地·陵墓》：「王尚書質墓。東門外。正統中諭葬。」《萬曆太和縣志·輿勝·古蹟》：「王司寇墓。在崇文門外。尚書王公質墓也。正統九年（1444）諭葬。遣行人方嶰諭祭，文曰：『卿以儒術發身，敬慎廉勤，才猷偉著。由耳目之官出掌方面，嘉譽陞聞，進佐地官，益修厥職。方隆委任，遽聞訃音。幾惟賢能，良用悼念。特命有司營葬，用表始終之義。卿其有知，服兹諭祭。』」

⑤呂景蒙《嘉靖潁州志·輿地·陵墓》：「紀檢討鏞墓。（太和）北倪丘集迤南一里。」

⑥出自《詩經·十月之交》。

# 秩官

夫往，其來之鏡乎？名，其實之符乎？故德侈其位者傳，行爽其名者損。作《秩官》，上述史傳，下稽旹代。間而不知，亦不必知也。

## 封爵①

### 漢

制爵二等，曰王曰侯。惟食租稅，不與政事。後多因之。八人：

夏侯嬰。漢高祖初，定元勳十八人位次，嬰第八，封汝陰侯。②

郭竟。東漢旹，以驃騎都尉從征有功，封新郪侯。③

劉賜。建武二年（26）封慎侯。④

劉信。賜之姪也。始爲更始討平汝南，封汝陰侯。⑤

岑遵。彭之子也。以蔭封細陽侯。⑥

---

①按，此類名原無。爲與後面職官類區別，根據需要補。

②夏侯嬰（？—前172），沛（今江蘇沛縣）人。西漢開國元勳之一。跟隨劉邦起義，立下戰功，後封爲汝陰侯。《史記》本傳：「汝陰侯夏侯嬰，沛人也……漢王賜嬰爵列侯……更食汝陰。」呂景蒙《嘉靖潁州志・封爵表・（漢）侯》：「汝陰侯夏侯嬰。開國功臣。初定元勳十八人位次，嬰第八，受封於此。」《順治潁州志・封爵表・（漢）侯》同。

③《後漢書・（光武）郭皇后紀》：「后從兄竟，以騎都尉從征伐有功，封爲新郪侯，官至東海相。」《嘉靖藁城縣志・恩例志・封贈》：「郭竟。昌之次子。封新郪侯。」呂景蒙《嘉靖潁州志・封爵表・（東漢）侯》：「新郪侯郭竟。以驃騎都尉從征伐有功，受封。」《順治潁州志・封爵表・（漢）侯》同。

④劉賜（？—52），字子琴，南陽蔡陽（今湖北棗陽）人。劉秀族兄，少孤。更始元年（23）二月爲光祿勳，封廣漢侯。六月代爲大司徒，十月改爲丞相。次年二月賜爲宛王。後降於劉秀。建武二年封慎侯。十三年（37）改封安成侯。《後漢書》本傳：「聞光武即位，廼西之武關，迎更始妻子將詣洛陽。帝嘉賜忠，建武二年，封爲慎侯。」呂景蒙《嘉靖潁州志・封爵表・（東漢）侯》：「慎侯劉賜。建武二年受封。」《順治潁州志・封爵表・（東漢）侯》：「慎侯劉賜。建武二年封。」

⑤《後漢書・安城孝侯賜傳》：「光武即位，桂陽太守張隆擊破之，信廼詣洛陽降，以爲汝陰侯。永平十三年（70），亦坐楚事國除。」呂景蒙《嘉靖潁州志・封爵表・（東漢）侯》：「汝陰侯劉信，賜之姪也。始爲更始討平汝南，故受封。」《順治潁州志・封爵表・（東漢）侯》：「細陽侯劉信，蔭。」

⑥《後漢書・岑彭傳》：「子遵嗣，徙封細陽侯……遵永平中爲屯騎校尉。」呂景蒙《嘉靖潁州志・封爵表・（東漢）侯》：「細陽侯岑遵。彭之子也。以蔭受封。」《順治潁州志・封爵表・（東漢）侯》：「細陽侯岑遵。蔭。」

岑祀［杞］。遵之孫也。以蔭封細陽侯。①

銚丹。期之子也。以蔭封葛陵侯。②

陰慶。興之子也。以蔭封鮦陽侯。③

晉

王一人：

劉胤。彭城人。建元元年（479）封汝陰王。④

宋

王二人：

劉渾。文帝第十子。元嘉十二年（435）封汝陰王。⑤

劉休仁。文帝幼子。元嘉二十九年（452）封汝陰王。⑥

①《後漢書·岑彭傳》：「遵卒，子伉嗣。伉卒，子杞嗣，元初三年（116），坐事失國。建光元年（121），安帝復封杞細陽侯，順帝時爲光祿勳。」呂景蒙《嘉靖潁州志·封爵表·（東漢）侯》：「細陽侯岑杞［杞］。遵之孫也。以祖蔭受封。」《順治潁州志·封爵表·（東漢）侯》：「細陽侯岑杞［杞］。蔭。」

②《後漢書·銚期傳》：「（期）十年卒，帝親臨禭斂，贈以衛尉、安成侯印綬，謚曰忠侯。子丹嗣。復封丹弟統爲建平侯。後徙封丹葛陵侯。」呂景蒙《嘉靖潁州志·封爵表·（東漢）侯》：「葛陵侯銚丹。期之子也。以父蔭受封。」《順治潁州志·封爵表·（東漢）侯》：「葛陵侯銚丹。蔭。」

③《後漢書·陰識傳》：「永平元年（58）詔曰：『故侍中衛尉關内侯興，典領禁兵，從平天下，當以軍功顯受封爵，又諸舅比例，應蒙恩澤，興皆固讓，安乎里巷。輔導朕躬，有周昌之直，在家仁孝，有曾、閔之行，不幸早卒，朕甚傷之。賢者子孫，宜加優異。其以汝南之鮦陽封興子慶爲鮦陽侯。』」《乾隆新野縣志·人物》：「（興）子慶封鮦陽侯，博濦強侯。負、丹並爲郎，慶讓田宅與負、丹。帝義之，擢爲黄門侍郎。」呂景蒙《嘉靖潁州志·封爵表·（東漢）侯》：「鮦陽侯陰慶。興之子也。以父蔭受封。」《順治潁州志·封爵表·（東漢）侯》：「鮦陽侯陰慶。蔭。」

④此條有誤。劉胤作爲劉宋之後被封汝陰王在南朝齊高帝建元元年（479）。

⑤劉渾（439—455），字休深。宋文帝劉義隆第十子。初封汝陰王，改封武昌王。孝建元年（454）爲雍州刺史。《南史》本傳：「武昌王渾字休深，文帝第十子也。元嘉二十四年（447），年九歲，封汝陰王。」呂景蒙《嘉靖潁州志·封爵表·（宋）王》：「汝陰王渾。文帝第十子。元嘉十二年受封。」《順治潁州志·封爵表·（宋）王》同。

⑥劉休仁（443—471），宋文帝劉義隆第十二子。年十歲，立爲建安王。景和元年（465），累遷護軍將軍。《南史》有傳，然未載其封汝陰王。呂景蒙《嘉靖潁州志·封爵表·（宋）王》：「汝陰王休仁。文帝幼子。元嘉二十九年受封。」《順治潁州志·封爵表·（宋）王》同。

## 梁

王一人：

劉叡。前壽昌令。太平元年（556）封汝陰王。①

## 魏

王一人：

景和。天賜孫。太和二（十）年（496）復封汝陰王。②

公一人：

長孫道生。封汝陰公。③

侯一人：

孔昭。以宓皇后親，封汝陰侯。④

## 唐

王二人：

李墩［璥］。明皇子。封潁王。⑤

李禔。昭宗子。天祐二年（905）封潁王。⑥

---

①《梁書・敬帝紀》：「（太平元年十二月）甲午，以前壽昌令劉叡爲汝陰王。」呂景蒙《嘉靖潁州志・封爵表・（梁）王》：「汝陰王劉叡。前壽昌令，太平元年受封。」《順治潁州志・封爵表・（梁）王》：「汝陰王劉叡。前壽昌令，太平元年受封。」

②《魏書・高祖紀》：「（太和二十年）十有一月乙酉，復封前汝陰王天賜孫景和爲汝陰王。」呂景蒙《嘉靖潁州志・封爵表・（魏）王》：「汝陰王景和。天賜孫，太和二十年復封。」《順治潁州志・封爵表・（魏）王》同。

③長孫道生（370—451），代郡人。長孫嵩之姪。太宗即位，除南統將軍、冀州刺史。世祖即位，進爵汝陰公，遷廷尉卿。官至司空、侍中，封上黨王。年八十二薨，贈太尉，謚曰靖。《魏書》本傳：「長孫道生，嵩從子也……世祖即位，進爵汝陰公。」呂景蒙《嘉靖潁州志・封爵表・（魏）公》：「汝陰公長孫道生。」又《順治潁州志・封爵表・（魏）公》同。

④《魏書・孔伯恭傳》：「孔伯恭，魏郡鄴人也。父昭，始光初以宓皇后親，賜爵汝陰侯。」呂景蒙《嘉靖潁州志・封爵表・（魏）侯》：「汝陰侯孔昭。以宓皇后親受封。」《順治潁州志・封爵表・（魏）侯》同。

⑤李璥（718—783），初名澐，唐玄宗李隆基第十三子。開元十三年（725），封爲潁王。十五年（727），遙領安東都護。《新唐書》有傳。呂景蒙《嘉靖潁州志・封爵表・（唐）王》：「潁王璥。明皇子也。」《順治潁州志・封爵表・（唐）王》：「潁王璥。明皇子也。」

⑥《新唐書・德王裕》：「潁王禔，天佑二年始王，與蔡王祐同封。」呂景蒙《嘉靖潁州志・封爵表・（唐）王》：「潁王禔。昭宗子。天祐二年封。」《順治潁州志・封爵表・（唐）王》同。

## 宋

王一人：

趙頊。英宗長子。治平元年（1064）封潁王。後即位，是爲神宗。①

侯一人：

趙宗育。楚王元佐後。以右屯衛將軍封汝陰侯。②

# 職官③

## 漢

令二人：

宋登。永和間爲汝陰令。見《宦業》。

徐弘。爲汝陰令。見《宦業》。

## 秩　官

掾一人：

何比干。征和初爲汝陰掾。見《人物》。

魏

守一人：

陳琮。下邳淮浦人。太尉球次子，爲汝陰太守，有名於旹。④

---

①趙頊（1048—1085），即宋神宗。宋英宗子。嘉祐八年（1063），封淮陽郡王。治平元年，進封潁王。三年（1066），立爲皇太子。四年（1067）正月，即皇帝位。《宋史》有傳。呂景蒙《嘉靖潁州志·封爵表·（宋）王》：「潁王頊。英宗長子，治平元年封，後爲皇子，即位是爲神宗。」《順治潁州志·封爵表·（宋）王》同。

②《宋史·漢王元佐》：「宗育，終右屯衛將軍，贈潁州防禦使、汝陰侯。」呂景蒙《嘉靖潁州志·封爵表·（宋）侯》：「汝陰侯宗育。楚王元佐後，終右屯衛將軍封此。」《順治潁州志·封爵表·（宋）侯》同。

③按，此類名原無。爲與前面封爵類區別，根據需要補。

④《後漢書·陳球傳》：「子瑀，吳郡太守；瑀弟琮，汝陰太守；弟子珪，沛相；珪子登，廣陵太守。並知名。」《成化中都志·名宦·潁州（漢）》：「陳琮。下邳淮浦人。太尉陳球次子，爲汝陰太守。有名於時。」《南畿志·鳳陽府·宦蹟》：「陳琮。下邳淮浦人。爲汝陰守，有名於時。」呂景蒙《嘉靖潁州志·職官表·（魏）守》：「陳琮。下邳人。出《陳球傳》。漢末置郡，當是任魏。」《順治潁州志·職官表·（魏）太守》：「陳琮。下邳人。汝陰太守，有名於時。」

## 晋

守三人：

嵇绍。字延祖。武帝詔徵爲秘書丞，累遷汝陰太守。①

顔默。瑯邪莘人。咸康間爲汝陰太守。出《晉書》子含傳。②

鄧殷。襄陵人。《晉書》云：「殷爲淮南太守，夢行水邊，見一女，虎自後齗其盤囊。占者以爲：水邊女是汝字；斷盤囊者，是新虎頭代舊虎頭也，不作汝南，當作汝陰。果遷汝陰守。」③

## 宋

守六人：

向靖。山陽人。義熙間爲汝陰太守。見本傳。④

王玄謨。字彦德。太原祁人。元嘉中，補鎮軍中兵參軍，領汝陰太守。每陳北伐規，帝曰：「聞玄謨言，使人有封狼居胥意。」⑤

①《晉書》本傳：「嵇紹字延祖，魏中散大夫康之子也……累遷汝陰太守，尚書左僕射……尋而朝廷復有北征之役，徵紹，復其爵位（侍中）。紹以天子蒙塵，承詔馳詣行在所。值王師敗績於蕩陰，百官及侍衛莫不散潰，唯紹儼然端冕，以身捍衛，兵交御輦，飛箭雨集，紹遂被害於帝側，血濺御服，天子深哀歎之。」《成化中都志・名宦・潁州（晉）》：「嵇紹。字延祖。晉武帝詔徵爲秘書丞，累遷汝陰太守，拜徐州刺史，後爲侍中。詳見《人才》類。」呂景蒙《嘉靖潁州志・職官表・（晉）守》：「（武帝威寧）嵇紹。詳本傳。」《順治潁州志・職官表・（晉）太守》：「嵇紹。汝陰太守。詳本傳。」

②《晉書・顏含傳》：「顏含字弘都，琅邪莘人也。祖欽，給事中。父默，汝陰太守。」呂景蒙《嘉靖潁州志・職官表・（東晉）守》：「（成帝咸康）顏默。瑯邪莘人。出厥子《含傳》。」《順治潁州志・職官表・（晉）太守》：「顏默。瑯琊莘人。咸康間汝陰太守。」

③《晉書・鄧攸傳》：「鄧攸字伯道，平陽襄陵人也。祖殷，亮直強正。鍾會伐蜀，奇其才，自黽池令召爲主簿。賈充伐吳，請殷爲長史。後授皇太子詩，爲汝南太守。夢行水邊，見一女子，猛獸自後斷其盤囊。占者以爲：水邊有女，汝字也；斷盤囊者，新獸頭代故獸頭也，不作汝陰，當汝南也。果還汝陰太守。後爲中庶子。」《成化中都志・名宦・潁州（晉）》：「鄧殷。平陽襄陵人，攸之祖也。亮直強正。鍾會伐蜀，召爲主簿。後授皇太子詩，爲汝南太守。王隱《晉書》云：『殷爲汝南太守，夢行水邊，見一女，虎自後斷其盤囊。占者以爲，水邊女，是汝字；斷盤囊者，是新虎頭代舊虎頭也，不作汝南，當作汝陰。果遷汝陰太守。後爲中庶子。』」呂景蒙《嘉靖潁州志・職官表・（東晉）守》：「鄧殷。汝陰太守。先是夢行水邊，見一女子，猛獸從其後。占曰：『水邊女，汝字；或當迁汝陰太守。果然。』」《順治潁州志・職官表・（晉）太守》：「鄧殷。襄陵人。汝陰太守。」

④向靖（363—421），字奉仁，小字彌，河內山陽人。與宋高祖劉裕少舊，參建武軍事。累官至太子左衛率，加散騎常侍。《宋書》本傳：「向靖字奉仁，小字彌，河內山陽人也……（義熙）八年（412），轉游擊將軍，尋都馬頭淮西諸郡軍事、龍驤將軍、鎮蠻護軍、安豐汝陰二郡太守、梁國內史，戍壽陽。」呂景蒙《嘉靖潁州志・職官表・（東晉）守》：「（安帝義熙）向靖。山陽人。詳本傳。」《順治潁州志・職官表・（宋）太守》：「向靖。山陽人。義熙間爲汝陰太守。」

⑤王玄謨（388—468），字彥德，太原祁縣（今山西祁縣）人。南朝宋將領。官至車騎將軍、南豫州刺史，封曲江縣侯。終年八十一歲，謚曰莊公。《宋書》本傳：「王玄謨字彥德，太原祁人也……元嘉中，補長沙王義欣鎮軍中兵參軍，領汝陰太守。」《成化中都志・名宦・潁州（南朝）》：「王玄謨。字彥德，太原祁人。劉宋元嘉中補鎮軍中兵參軍，領汝陰太守。每陳北伐之規，帝曰：『聞玄謨言，使人有封狼居胥意。』累官寧朔將軍、南豫州刺史，加都督。卒謚莊。」《南畿志・鳳陽府・宦蹟》：「王玄謨。太原祁人。宋元嘉中領汝陰太守。每陳征伐之規，帝曰：『聞玄謨言，使人有封狼居胥意。』」呂景蒙《嘉靖潁州志・職官表・（南宋）太守》：「（文帝元嘉）王玄謨。太原祁人。詳本傳。」《順治潁州志・職官表・（宋）太守》：「王玄謨。太原人。元嘉中汝陰太守。」

龐道隆。泰始間爲汝陰太守。①

張景遠。②

張超。泰始間爲汝陰太守。見《宦業》。

楊文長。出《鄭義傳》。③

南〔宋〕

一人：

李熙國。元嘉初爲鮦陽令。王歆之上言：李熙國任事有方，人思其政，應加褒賚，以勸於後。④

南齊

守一人：

崔文仲。武城人。永明間爲太守。附祖《思傳》。⑤

梁

守二人：

裴之高。字如山。壽陽人，邃兄。隨邃，所在立功，甚爲器重，戎事咸委焉。除梁郡太守，魏汝陰來附於梁，敕之高接應，

①《宋書·殷琰傳》：「太宗泰始元年（465）……以琰督豫司二州南豫州之梁郡諸軍事、建武將軍、豫州刺史，以西汝陰太守龐道隆爲琰長史……」呂景蒙《嘉靖潁州志·職官表·（南宋）太守》：「（明帝泰始）龐道隆。出《宋書·傳》。」《順治潁州志·職官表·（宋）太守》：「龐道隆。泰始間爲汝陰太守。」

②張超字景遠。此處誤將一人分作兩人。

③《宋書·劉勔傳》：「景遠與軍主楊文長拒擊，大破之……以文長代爲汝陰太守。」《北史·鄭義傳》：「宋汝陰太守張超城守不下……歷年，超死，楊文長代戍，食盡城潰，迺克之，竟如義策。」呂景蒙《嘉靖潁州志·職官表·（南宋）太守》：「（明帝泰始）楊文長。出《鄭義傳》。」《順治潁州志·職官表·（宋）太守》：「楊文長。泰始間爲汝陰太守。」

④《宋書·王歆之傳》：「元嘉初，太祖遣大使巡行四方，兼散騎常侍孔默之、王歆之等上言：『……前鮦陽令李熙國，在事有方，民思其政……浦、熙國、道各賜絹三十匹，穀二百斛。』」《成化中都志·名宦·潁州（南朝）》：「李熙國。宋鮦陽令。元嘉初，文帝遣大使巡行四方，兼散騎常侍王歆之等上言：『鮦陽令李熙國，在事有方，民思其政。應加褒賚，以勸於後。』鮦陽，晉縣。在州西鄉。」呂景蒙《嘉靖潁州志·職官表·（南宋）令》：「（文帝元嘉）李熙國。鮦陽令。出《中都志》。」《順治潁州志·職官表·（宋）令》：「李熙國。元嘉初爲鮦陽令。王歆之上言：李熙國任事有方，人思其政，應加賚賞，以勸於後。」

⑤《南齊書·崔祖思傳》附傳：「祖思宗人文仲，初辟州從事……永明元年（483），爲太子左率，累至征虜將軍、冠軍司馬、汝陰太守。」《成化中都志·名宦·潁州（南朝）》：「崔文仲。清河東武城人。南齊徐州刺史，封建陽縣子，累遷黃門侍郎，領越騎校尉。徙封隨縣，爲汝陰太守。卒官，謚襄子。」呂景蒙《嘉靖潁州志·職官表·（南齊）太守》：「（武帝永明）崔文仲。武城人。詳《祖思傳》。」《順治潁州志·職官表·（齊）太守》：「崔文仲。永明間爲汝陰太守。」

仍除潁州刺史。侯景之亂，之高爲西豫州刺史，率衆入援。①

李元護。襄平人。②

## 北魏

刺史三人：

劉模。信都人。太和中爲刺史。見《宦業》。

秦白。洛川人。出《秦族傳》。③

楊儉。淮［華］陰人。建明間以寧遠將軍、潁州刺史。④

守三人：

刁融。字奉業。饒安人。元和間爲汝陰太守。⑤

傅永。清河人。景明間以揚武將軍帶汝陰太守。⑥

裴［柳］玄瑜。聞喜人。景明間以鎮南大將軍開府從事中郎，帶汝陰太守。⑦

①《梁書·裴邃傳》附傳：「之高字如山，邃兄中散大夫髦之子也……常隨叔父邃征討，所在立功，甚爲邃所器重，戎政咸以委焉……仍除平北豫章長史、梁郡太守……時魏汝陰來附，敕之高應接，仍除假節、飈勇將軍、潁州刺史……侯景亂，之高率衆入援。」《成化中都志·名宦·潁州（南朝）》：「裴之高。字如山，壽陽人。邃兄中散大夫髦之子也。隨邃所在立功，甚爲邃所器重，戎政咸委焉。除梁郡太守，封都城縣男。魏汝陰來附於梁，敕之高接應，仍除潁州刺史。侯景之亂，之高爲西豫州刺史，率衆入援。元帝承制，除特進金紫光禄大夫。卒謚恭。」呂景蒙《嘉靖潁州志·職官表·（梁）太守》：「（武帝普通）裴之高。山陽人。詳本傳。」《順治潁州志·職官表·（梁）太守》：「裴之高。壽陽人。詳本傳。」

②《魏書》本傳：「李元護，遼東襄平人……後爲裴叔業司馬，帶汝陰太守。」呂景蒙《嘉靖潁州志·職官表·（梁）太守》：「（武帝普通）李元護。襄平人。詳本傳。」《順治潁州志·職官表·（梁）太守》：「李元護。襄平人。詳本傳。」

③《周書·秦族傳》：「秦族，上郡洛川人也。祖白、父雚，竝有至性，聞於閭里。魏太和中，板白潁州刺史。」呂景蒙《嘉靖潁州志·職官表·（北魏）刺史》：「（孝文帝太和）秦白。洛川人。出《秦族傳》。」《順治潁州志·職官表·（魏）刺史》：「秦白。洛川人。太和間刺史。」

④《魏書·楊播傳》附傳：「穆弟儉，寧遠將軍、頓丘太守……後以本將軍潁州刺史，尋加散騎常侍、平南將軍，州罷不行。」呂景蒙《嘉靖潁州志·職官表·（北魏）刺史》：「（建明）楊儉。華陰人。寧遠將軍、潁州刺史。詳本傳。」《順治潁州志·職官表·（魏）刺史》：「楊儉。華陰人。建明間刺史。政尚寬惠，從破齊神武於少苑。」

⑤《魏書·刁雍傳》附傳：「獻弟融，字奉業。汝陰太守。」呂景蒙《嘉靖潁州志·職官表·（北魏）守》：「（孝文帝太和）刁融。饒安人。出《魏書·傳》。」《順治潁州志·職官表·（魏）太守》：「刁融。饒安人。元和間爲汝陰太守。」

⑥傅永（434—516），字修期，清河（今屬河北）人。幼隨叔父入國，尋復南奔。後拜爲安遠將軍、鎮南府長史、汝南太守、貝丘縣開國男，食邑二百戶。卒贈安東將軍、齊州刺史。《魏書》本傳：「傅永，字修期，清河人也……不經旬日，詔曰：『修期在後少有擒殺，可揚武將軍、汝陰鎮將，帶汝陰太守。』」呂景蒙《嘉靖潁州志·職官表·（北魏）守》：「（宣武帝景明）傅永。清河人。以揚武將軍帶汝陰太守。詳本傳。」《順治潁州志·職官表·（魏）太守》：「傅永。清河人。景明間以揚武將軍帶汝陰太守。高祖曰：『上馬擊賊，下馬草露布，惟傅修期耳。』」

⑦柳玄瑜（459—513），河東南解（今山西永濟）人。《魏書·裴叔業傳》附傳：「時河東南解人柳玄達，頗涉經史……玄達弟玄瑜，景明初，除正員郎，轉鎮南大將軍開府從事中郎，帶汝陰太守。延昌二年（513）卒，年五十五。」呂景蒙《嘉靖潁州志·職官表·（北魏）守》：「（宣武帝景明）裴［柳］玄瑜。聞喜人。鎮南大將軍開府從事中郎，帶汝陰太守。」《順治潁州志·職官表·（魏）太守》：「裴［柳］玄瑜。聞喜人。景明間以鎮南大將軍帶汝陰太守。」

## 西魏

刺史一人：

婁起。《梁書》載：「大通二年（530），陳慶之破魏，潁州刺史婁起□□。」①

守二人：

趙剛。洛陽人。②

王神念。太原祁人。③

## 東魏

刺史五人：

陸子彰。字明遠。代人。天平中拜衛將軍、潁州刺史，後遷齊、徐、瀛、青、冀州刺史，有聲譽。④

梁回。元象元年（538），城陷。侯景討潁州，梁回等棄城遁。⑤

司馬世雲。武定五年（547），侯景反，潁州刺史司馬世雲以城應之，景入據潁。⑥

皇甫僧顯。七年（549）春⑦，齊文襄王率衆攻潁，擒潁州刺史皇甫僧顯⑧

---

①此條有誤。陳慶之破潁在梁中大通二年（530），時西魏尚未建立，故婁起當爲北魏潁州刺史。

②《周書》本傳：「趙剛字僧慶，河南洛陽人也……除剛潁川郡守，加通直散騎常侍、衛大將軍。」呂景蒙《嘉靖潁州志·職官表·（西魏）守》：「（文帝大統）趙剛。洛陽人。詳本傳。」《順治潁州志·職官表·（西魏）太守》：「趙剛。洛陽人。大通間爲太守。會伐侯景，見重於魏文。」

③王神念（451—525），太原祁（今陝西祁縣）人。仕魏，起家州主簿，稍遷潁川太守。卒贈本官、衡州刺史。謚曰壯。《梁書》本傳：「王神念，太原祁人也。少好儒術，尤明内典。仕魏，起家州主簿，稍遷潁川太守，遂據郡歸款。」呂景蒙《嘉靖潁州志·職官表·（西魏）守》：「（文帝大統）王神念。太原祁人。出《梁書·傳》。」《順治潁州志·職官表·（西魏）太守》：「王神念。太原祁人。大通間爲太守，據郡歸款。少好儒術，猶明内典，善騎射。」

④陸子彰（497—550），字明遠，本名士沈，代（今山西代縣）人。正光中襲爵東郡公，尋除散騎侍郎，官至中書監。卒贈都督青光齊三州諸軍事、驃騎大將軍、開府儀同三司、青州刺史。謚曰文宣。《魏書·陸俟傳》附傳：「子彰，字明遠，本名士沈……天平中，拜衛將軍、潁州刺史。」《成化中都志·名宦·潁州（北朝）》：「陸子彰。字明遠，代人。魏東平王俟玄孫。正光中襲爵東郡公，遷給事黄門侍郎。天平中拜衛將軍、潁州刺史。後歷行滄瀛青冀州事，甚有時譽，拜中書監。卒贈開府儀同三司，謚文宣。」呂景蒙《嘉靖潁州志·職官表·（東魏）刺史》：「（靜帝天平）陸子彰。代人。拜衛將軍、潁州刺史。出祖《侯傳》。」《順治潁州志·職官表·（東魏）刺史》：「陸子彰。代人。天平中拜衛將軍、潁州刺史，有時譽。」

⑤此條有誤。梁回爲西魏潁州刺史，故東魏孝靜帝命侯景等人討之。《魏書·孝靜帝紀》：「元象元年春正月……此是说东魏军队讨伐颍州，梁回弃城，所以此梁回必不是东魏所置颍州刺史。原文似有误，应在注释中说明。查《魏书》，梁回为无宝炬，即西魏文帝所封都督，因此其应为西魏官员。」呂景蒙《嘉靖潁州志·職官表·（東魏）刺史》：「（靜帝元象）梁回。棄城遁走。」

⑥《北齊書·司馬子如傳》：「纂長子世雲，輕險無行，累遷衛將軍、潁州刺史。」呂景蒙《嘉靖潁州志·職官表·（東魏）刺史》：「（靜帝武定）司馬世雲。以城應侯景。」《順治潁州志·職官表·（東魏）刺史》：「司馬世雲。刺史。詳《總紀》。」

⑦據《魏書·孝靜帝紀》，此事發生在六月，故當作「夏」。

⑧《魏書·孝靜帝紀》：「（武定七年）六月丙申，克潁州，擒寶炬大將軍、尚書左僕射、東道大行臺、太原郡開國公王思政，潁州刺史皇甫僧顯等。」《順治潁州志·職官表·（東魏）刺史》：「皇甫僧顯。刺史。詳《總紀》。」

田迅。潁州長史賀若統執刺史田迅，據州降後周。①

左丞一人：

杜弼。字輔玄。曲陽人。西魏遣王思政據潁州東迎，以弼行潁州（事），攝行臺左丞。②

長史一人：

韋元叡。杜陵人。出《魏書》。③

## 北齊

令一人：

樊子蓋。字宗華［華宗］。廬江人。爲慎縣令。④

## 唐

刺史九人：

李顯達。武德初爲信州刺史。⑤

陸子才。吳人。爲信州刺史，有幹畧。⑥

①此條有誤。皇甫僧顯爲西魏潁州刺史，故東魏侯景討之。《魏書·孝靜帝紀》：「（天平四年即公元567年十月）潁州長史賀若徽執刺史田迅西叛，引寶炬都督梁回據城。」呂景蒙《嘉靖潁州志·職官表·（東魏）刺史》：「（靜帝武定）田迅。出《後周書·傳》。」《順治潁州志·職官表·（東魏）長史》：「田迅。潁州長史。見《總紀》。」

②杜弼（490—559），字輔玄，中山曲陽（今河北曲陽）人。以軍功起家，歷任中軍將軍、長史、中書令、驃騎將軍、膠州刺史、定州縣侯等職。《北齊書》本傳：「杜弼，字輔玄，中山曲陽人也，小字輔國……關中遣儀同王思政據潁州，太尉高岳等攻之。弼行潁州事，攝行臺左丞。」《成化中都志·名宦·（北朝）潁州》：「杜弼。字輔玄，中山陽曲人。祖彥衡，淮南太守。弼仕東魏，累遷廷尉卿，賜爵定陽縣男。西魏遣王思政據潁州，東魏以弼行潁州，攝行臺左丞。齊文宣時進爵爲侯，遷衛尉卿，歷行鄭、海二州事，除膠州刺史。所在清靜廉潔，吏人懷之。」呂景蒙《嘉靖潁州志·職官表·（東魏）刺史》：「（靜帝武定）杜弼。曲陽人。行潁州，攝行臺左丞。出《中都志》。」《順治潁州志·職官表·（東魏）刺史》：「杜弼。曲陽人。西魏遷王思政據潁，東魏以弼行潁州，攝行臺。」

③《魏書·韋闐傳》：「子元叡，武定中，潁州驃騎府長史。」呂景蒙《嘉靖潁州志·職官表·（東魏）長史》：「（靜帝武定）韋元叡。杜陵人。出《魏書》。」《順治潁州志·職官表·（東魏）長史》：「韋元叡。杜陵人。爲潁長史。」

④樊子蓋（545—616），字華宗，廬江人。祖道則，梁越州刺史。父儒，侯景之亂奔於齊，官至仁州刺史。解褐武興王行參軍，後因平叛有功，封爵建安侯。《隋書》本傳：「樊子蓋字華宗，廬江人也……子蓋解褐武興王行參軍，出爲慎縣令。」《成化中都志·名宦·潁上縣（北朝）》：「樊子蓋。字華宗，廬江人。仕北齊，爲慎縣令。入隋，累封濟公。卒贈開府儀同三司，謚景。」《順治潁州志·職官表·（北齊）令》：「樊子蓋。廬江人。慎縣令。」

⑤李顯達，實爲隋時潁州刺史，此處以爲唐信州刺史，誤。《新唐書·宰相世系表》：「（趙郡李氏）顯達，隋潁州刺史。」呂景蒙《嘉靖潁州志·職官表·（唐）刺史》：「（高祖武德）李顯達。出唐《宰相表》。」《順治潁州志·職官表·（唐）刺史》：「李顯達。武德初爲信州刺史。《魏書》載達陽翟人，性至孝。」

⑥陸子才，實爲陳信州刺史，此處以爲唐信州刺史，誤。《陳書·陸子隆》附傳：「子隆弟子才，亦有幹畧……除中衛始興王諮議參軍，遷飆猛將軍、信州刺史。」《成化中都志·名宦·潁州（唐）》：「陸子才。吳人。信州刺史。有幹畧。」呂景蒙《嘉靖潁州志·職官表·（唐）刺史》：「（高祖武德）陸子才。吳人。有幹畧。出《中都志》。」《順治潁州志·職官表·（唐）刺史》：「陸子才。吳人。爲信州刺史，有幹畧。」

柳寶積。永徽中爲潁州刺史。見《官業》。

王昜。天授中任。見殺於則天。出《公主傳》。①

論惟貞。吐蕃人。開元中任。②

李岵。大曆中，在州興利除害，得百姓心。旹令狐彰爲滑、亳、魏節度使，性猜阻忌忍，忤者惶死。(怒)潁州刺史李岵，遣姚奭代之，戒曰：「不旹殺之。」岵知其謀，因殺奭，死者百餘人。奔汴州，上書自言。彰亦劾之。河南尹張延賞畏彰，留岵使不遣，故彰書先聞，斥岵夷州，殺之。③

王敬蕘［蕘］。本州人。旹朱全忠專潁，敬撓屬役。出《楊行密傳》及《五代》本傳。④

鄭誠。乾寧中任。⑤

李廓。乾寧中任。有捕盗功。⑥

司馬一人：

段珂。汧陽人。廣明中拜司馬。見《人物》。

①《新唐書·高安公主傳》：「高安公主，義陽母弟也。始封宣城。下嫁潁州刺史王勗。天授中，勗爲武后所誅。」呂景蒙《嘉靖潁州志·職官表·（唐）刺史》：「王勗。天授中任。見殺於則天。出《公主傳》。」《順治潁州志·職官表·（唐）刺史》：「王勗。尚高宗蕭妃女，爲武氏所殺。」

②《新唐書·論弓仁傳》：「惟貞名瑀，以字行……賊將謝欽讓據陳，廼假惟貞潁州刺史，斬賊將，降者萬人。」呂景蒙《嘉靖潁州志·職官表·（唐）刺史》：「（玄宗開元）論惟貞。吐蕃人。」《順治潁州志·職官表·（唐）刺史》：「論惟貞。吐蕃人。開元中任。」

③《新唐書·令狐彰傳》：「（令狐彰）然猜阻忮忍，忤者輒死。怒潁州刺史李岵，遣姚奭代之，戒曰：『不時代，殺之。』岵知其謀，因殺奭，死者百餘人，奔汴州，上書自言，彰亦劾之。河南尹張延賞畏彰，留岵使，故彰書先聞，斥岵夷州，殺之。」《成化中都志·名宦·潁州（唐）》：「李岵。潁州刺史。在部興利除害，得百姓歡心。」《南畿志·鳳陽府·宦蹟》：「李岵。潁州刺史。在郡興利除害，得百姓歡心。」呂景蒙《嘉靖潁州志·職官表·（唐）刺史》：「（代宗大曆）李岵。詳見《郡紀》。」《順治潁州志·職官表·（唐）刺史》：「李岵。詳《總紀》。」

④《新唐書·楊行密傳》：「會大雪，士多凍死。潁州刺史王敬蕘燎薪屬道，汴軍免者數千人。」《舊五代史》本傳：「王敬蕘，潁州汝陰人……（乾寧）四年（897）冬，龐師古敗於清口，敗軍逃歸者甚衆，路出於潁。時雨雪連旬，軍士凍餒，敬蕘自淮燎薪，相屬於道。」《新五代史》本傳：「王敬蕘，潁州汝陰人也。唐末，王僊芝等攻刼汝、潁間，刺史不能拒，敬蕘遂代之，即拜刺史。」呂景蒙《嘉靖潁州志·職官表·（唐）刺史》：「（昭宗乾寧）王敬蕘。本州人財。朱全忠專潁，敬蕘屬役。出《楊行密傳》及《五代》本傳。」《順治潁州志·職官表·（唐）刺史》：「王敬蕘。見《宦業》。」《順治潁州志·宦業傳·（唐）守》：「王敬蕘。汝陰人。唐末王僊芝等攻刼汝，潁州刺史不能拒。敬蕘遂代之，即拜刺史，況勇有力，善用鐵鎗，重三十斤。潁州與淮西爲鄰境，數爲秦宗權所攻，力戰拒之。潁旁諸州民皆依敬蕘避賊。梁朱溫攻淮南道，過潁州，敬蕘供饋，梁兵甚厚，溫大喜，表爲沿淮指揮使。梁兵攻吳，敗歸，過潁，大雪，士卒凍餒。敬蕘沿淮積薪作粥哺之，多賴全活。溫表敬蕘武寧軍節度使。」

⑤《成化中都志·名宦·潁州（唐）》：「鄭誠。潁州刺史，甚有名。」呂景蒙《嘉靖潁州志·職官表·（唐）刺史》：「（昭宗乾寧）鄭誠。見《中都志》。」《順治潁州志·職官表·（唐）刺史》：「鄭誠。居官有聲。」

⑥《舊唐書·李程傳》：「廓進士登第，以詩名聞於時。大中末，累官至潁州刺史，再爲觀察使。」呂景蒙《嘉靖潁州志·職官表·（唐）刺史》：「（昭宗乾寧）李廓。出《舊志》。有捕盜功。」《順治潁州志·職官表·（唐）刺史》：「李廓。乾寧中任。見《宦業》。」《順治潁州志·宦業·（唐）守》：「李廓。潁州刺史。督獲光火賊七人，自言：『前人［後］殺人，必食其肉。』獄具，廓問食人故。其首言：『某等受教於巨盜，食人肉者夜入人家，必使之昏沉，或有魘不寤者，故不得不食。』兩京逆旅中，多進鸜鵒及茶碗，賊謂之鸜鵒辣者，記其嘴所向；碗子辣者，亦示其緩急也。廓廼榜於通衢以破計。」

參軍二人：

鄭令譚。司功參軍。①

李文則。司倉參軍。②

五代梁

刺史二人：

王重師。長社人。出本傳。③

李彥威。壽州人。出本傳。④

後唐

團練使三人：

萇從簡。陳州人。出本傳。⑤

李承約。薊州人。出本傳。⑥

高行周。嬀州人。出本傳。⑦

①呂景蒙《嘉靖潁州志·職官表·（唐）司馬》：「（昭宗乾寧）鄭令諲。司功參軍。」《順治潁州志·職官表·（唐）參軍》：「鄭令諲。司功參軍。」

②呂景蒙《嘉靖潁州志·職官表·（唐）司馬》：「（昭宗乾寧）李文則。司倉參軍。史俱失其年。」《順治潁州志·職官表·（唐）參軍》：「李文則。司倉參軍。」

③《舊五代史》本傳：「王重師，潁州長社人也……尋授檢校司空，爲潁州刺史。」《新五代史》本傳：「王重師，許州長社人也……重師苦戰齊、魯間，威震鄰敵。遷潁州刺史。」呂景蒙《嘉靖潁州志·職官表·（五代梁）刺史》：「（太祖開平）王重師。許州長社人。出《梁書》本傳。」《順治潁州志·職官表·（五代梁）刺史》：「王重師。許州長社人。開平中任。」

④《新唐書》本傳：「友恭者，本李彦威也。壽州人，客汴州……遷潁州刺史、感化軍節度留後。」呂景蒙《嘉靖潁州志·職官表·（五代梁）刺史》：「（太祖開平）李彦威。壽州人。出《梁書》本傳。」《順治潁州志·職官表·（五代梁）刺史》：「李彦威。壽州人。開平中任。出《梁書》本傳。朱溫所使殺昭宗者，萬代罪人也。」

⑤《舊五代史》本傳：「萇從簡，陳州人……清泰二年（935），授潁州團練使。」《新五代史》本傳：「萇從簡，陳州人……廢帝釋之，拜潁州團練使。」呂景蒙《嘉靖潁州志·職官表·（後唐）團練使》：「（明宗天成）萇從簡。陳州人。詳本傳。」《順治潁州志·職官表·（唐）團練使》：「萇宗簡。陳州人。」

⑥《舊五代史》本傳：「李承約，字德儉，薊州人也……莊宗即位，授檢校司空、慈州刺史，爲治平直，移授潁州團練使。」《新五代史》本傳：「李承約字德儉，薊門人也……從破夾寨，戰臨清，以功累遷洺汾二州刺史、潁州團練使。」呂景蒙《嘉靖潁州志·職官表·（後唐）團練使》：「（明宗長興）李承約。薊州人。詳本傳。」《順治潁州志·職官表·（唐）團練使》：「李承約。薊州人。」

⑦高行周（885—952），字尚質，嬀州人。五代名將高思繼之子。世爲懷戎戍將。年少任職劉仁恭麾下，後因功擔任端州刺史。累封齊王。卒贈尚書令，追封秦王。《新五代史》本傳：「高行周字尚質，嬀州人也……明宗時，從平朱守殷，克王都，遷潁州團練使、振武軍節度使。」呂景蒙《嘉靖潁州志·職官表·（後唐）團練使》：「（明宗長興）高行周。嬀州人。詳本傳。」《順治潁州志·職官表·（唐）團練使》：「高行周。嬀州人。」

## 後晉

團練使一人：

馮玉。定州人。出本傳。①

## 後漢

刺史一人：

王祚。祁人。見《宦業》。

團練使一人：

郭瓊。盧龍人。初，平盧節度使劉銖貪虐，使主欲征之，恐其拒命，遣瓊將兵屯青州。銖置酒召瓊，伏兵幕下，欲害之。瓊知其謀，悉屏左右，從容如會，了無懼色，銖不敢發。瓊因諭以禍福，銖感服，詔至即行。故有是命，宋初以右領（軍）衛上將軍致仕，瓊尊禮儒士，孜孜樂善，武臣之賢者也。②

## 後周

都指揮使一人：

司超。元城人。見《宦業》。

## 宋

防禦使三人：

孔守正。浚儀人。端拱初爲防禦使，太宗以其練習戎務，特置龍衛、神衛四廂都指揮使以授之，改領振州防禦使。③

---

①《新五代史》本傳：「馮玉字璟臣，定州人也……頃之，玉出爲潁州團練使，拜端明殿學士、戶部侍郎……」呂景蒙《嘉靖潁州志・職官表・（後晉）團練使》：「馮玉。定州人。詳本傳。」《順治潁州志・職官表・（晉）團練使》：「馮玉。定州人。潁州團練使。」

②郭瓊（893—964），平州盧龍（今屬河北）人。祖海，本州兩冶使。父令奇，盧臺軍使。少以勇力聞。《宋史》本傳：「郭瓊，平州平盧人……（漢乾祐中）瓊改潁州團練使，又加防禦使。」《成化中都志・名宦・潁州（五代）》：「郭瓊。盧龍人。漢潁州團練使。初，平盧節度使劉銖貪虐，漢王欲徵之，恐其拒命，遣瓊將兵屯青州。銖置酒召瓊，伏兵幕下，欲害之。瓊知其謀，悉屏左右，從容如會，了無懼色。銖不敢發，瓊因諭以禍福，銖感服。詔至即行，故有是命。宋初以右領軍衛上將軍致仕。瓊尊禮儒士，孜孜樂善，武臣之賢者也。」呂景蒙《嘉靖潁州志・職官表・（後漢）團練使》：「郭瓊。盧龍人。詳《綱目》及本傳。」

③《宋史》本傳：「孔守正，開封浚儀人……（端拱初）是年秋，出爲潁州防禦使。」呂景蒙《嘉靖潁州志・職官表・（宋）防禦使》：「（太宗端拱）孔守正。浚儀人。防禦使。詳本傳。」《順治潁州志・職官表・（宋）防禦使》：「（端拱）孔守正。浚儀人。爲潁州防禦使。」

馬知節。字子元。薊人。大中祥符七年（1014）爲樞密副使，旹王欽若爲樞密使，知節薄其爲人，遇事敢言，未嘗少屈，出爲潁州防禦使。①

杜彦鈞。安喜人。②

團練使二人：

慕容德豐。太原人，景德中爲團練使。詳本傳。③

竇貞固。同州白水人。元祐中以刑部尚書出爲潁州團練使。詳本傳。④

知州三十四人：

張茂直。瑕丘人。端拱年任。⑤

畢士安。淳化三年（992）以右諫議大夫知潁州。見《宦業》。

周起。淄州鄒平人。咸平年爲禮部侍郎，以疾請知潁州。詳本傳。⑥

①馬知節（955—1019），字子元，幽州薊人。馬全義之子。《宋史·馬全義傳》附傳：「知節字子元，幼孤。太宗時，以蔭補供奉官，賜今名……大中祥符七年，出爲潁州防禦使、知潞州。」宋太宗時，以蔭補爲供奉官，賜名知節。官至彰德軍留後，知貝州兼部署。卒贈侍中，謚號正惠。《成化中都志·名宦·潁州（宋）》：「馬知節。字子元，幽州人，徙祥符。七歲，太祖召見禁中，補西頭供奉官，而賜以名，年十八監彭州兵馬，以嚴飭見憚如老將。真宗朝除潁州防禦使，累官宣徽南院使，知樞密院事，檢校太尉。卒贈侍中，謚正惠。其在朝廷蹇蹇無所憚，嘗言『天下雖安，不可忘戰去兵。』帝以其言爲是。有《集》二十卷，王荊公爲撰《神道碑》。」呂景蒙《嘉靖潁州志·職官表·（宋）防禦使》：「（真宗大中祥符）馬知節。幽州薊人。樞密副使，出爲防禦使。詳本傳。」《順治潁州志·職官表·（宋）防禦使》：「（大中祥符）馬知節。幽州薊人。樞密副使，出爲防禦使。」

②《宋史·杜審琦傳》附傳：「彦鈞由戚里進，保位而已……馬知節爲潁州防禦使，彦鈞換秦州。」呂景蒙《嘉靖潁州志·職官表·（宋）防禦使》：「（真宗大中祥符）杜彦鈞。定州安喜人。防禦使。」《順治潁州志·職官表·（宋）防禦使》：「（大中祥符）杜彦鈞。定州安喜人。防禦使。」

③慕容德豐（948—1002），字日新，太原人。河南郡王慕容延釗次子。歷任山南東道衙內指揮使、如京使、蔚州刺史、鎮州知州等職。《宋史·慕容延釗傳》附傳：「德豐字日新，幼聰悟，延釗愛之……踰年，進潁州團練使，知貝、瀛二州。」呂景蒙《嘉靖潁州志·職官表·（宋）團練使》：「（真宗景德）慕容德豐。太原人。團練使。詳本傳。」《順治潁州志·職官表·（宋）團練使》：「（景德）慕容德豐。太原人。爲團練使。」

④竇貞固（892—969），字體仁，同州白水（今屬陝西）人。同光中舉進士。後晉開運三年（946）前任潁州團練推官。《舊五代史·晉書·少帝紀》：「（開運三年九月）丙午，以太子少保楊凝式爲太子少傅，以刑部尚書王延爲太子少保，前潁州團練使竇貞固爲刑部尚書。」《宋史》本傳：「竇貞固字體仁，同州白水人……少帝即位，拜工部尚書。還禮部尚書，知貢舉。舊制，進士夜試，繼以三燭。長興二年（931）改令晝試，貞固以晝晷短，難盡士材，奏復夜試。擇士平允，時論稱之。改刑部尚書，出爲潁州團練使。歲餘，復拜刑部尚書……開寶二年病困，自爲墓志，卒，年七十八。」呂景蒙《嘉靖潁州志·職官表·（後漢）團練使》：「（哲宗元祐）竇貞固。同州白水人。以刑部尚書，出爲潁州團練使。詳本傳。」《順治潁州志·職官表·（宋）團練使》：「（元祐）竇貞固。同州人。以刑部尚書，出爲潁州團練使。」

⑤張茂直（927—1001），字林宗，兗州瑕丘（今山東滋陽）人。進士。仕至秘書少監。《宋史》本傳：「張茂直字林宗，兗州瑕丘人……改秘書少監，出知潁州。」呂景蒙《嘉靖潁州志·職官表·（宋）知州》：「（端拱）張茂直。兗州瑕丘人。知潁州。詳本傳。」《順治潁州志·職官表·（宋）知州》：「（端拱）張茂直。兗州瑕丘人。知潁州。」

⑥《宋史》本傳：「周起字萬卿，淄州鄒平人……以疾請知潁州，徙陳州、汝州。」《成化中都志·名宦·潁州（宋）》：「周起。淄州鄒平人。登進士甲科，除匠作監丞。以樞密直學士知開封府。聽斷明審，無留事。累官禮部侍郎樞密副使。丁謂用事，以公爲寇萊公黨，逐之，以戶部侍郎知青州。仁宗朝還爲禮部侍郎，留守南京，將復用，以病知潁州，徙汝州。卒贈禮部尚書，謚安惠。王荊公撰《神道碑》。公工書，善爲文，有《集》二十卷。」呂景蒙《嘉靖潁州志·職官表·（宋）知州》：「（真宗咸平）周起。淄州鄒平人。知潁州。詳本傳。」《順治潁州志·職官表·（宋）知州》：「（咸平）周起。淄州鄒平人。知潁州。」

張師德。開封襄人。天僖年以刑部尚書出知潁州。①

柳植。乾興年以給事中移潁州。見《宦業》。

李士衡。成紀人。天聖中任。②

劉筠。大名人。天聖中以樞密學士知潁州。③

晏殊。明道中任。見《宦業》。

楊察。景祐中任。見《宦業》。

程琳。景祐中任。博野縣人。④

夏竦。德安人。景祐中罷禮部尚書知潁州，以不苛爲政，革去前弊，人甚德之。⑤

蔡齊。景祐中任。見《宦業》。

歐陽脩。皇祐中任。見《宦業》。

李垂。字舜工。聊城人。咸平中登進士第。遷館閣校理。上《導河形勝書》三卷，欲復九河故道，旹論重之。皇祐中爲丁謂所惡，罷知亳州，遷潁、晉、絳三州。⑥

蘇頌。至和中任。見《宦業》。

①《宋史·張去華傳》附傳：「師德，字尚賢……（天禧初）頃之，出知潁州……」呂景蒙《嘉靖潁州志·職官表·（宋）知州》：「（真宗天禧）張師德。開封襄人。刑部尚書出知潁州。詳本傳。」《順治潁州志·職官表·（宋）知州》：「（天禧）張師德。開封襄人。刑部尚書知潁。」

②《宋史》本傳：「李士衡字天均，秦州成紀人……（仁宗）徙潁州，復知陳州。」呂景蒙《嘉靖潁州志·職官表·（宋）知州》：「（仁宗天聖）李士衡。蔡州成紀人。知潁州。詳本傳。」《順治潁州志·職官表·（宋）知州》：「（天聖）李士衡。蔡州成紀人。知潁州。」

③劉筠（971—1031），字子儀，大名（今屬河北）人。進士。仕至禮部侍郎。《宋史》本傳：「劉筠字子儀，大名人……知天聖二年（1024）貢舉，數以疾苦，進尚書禮部侍郎、樞密直學士、知潁州。」《成化中都志·名宦·潁州（宋）》：「劉筠。字子儀，大名人。咸平元年（998）進士，爲翰林學士。嘗草丁謂、李迪罷相制，繼而又命草制留謂，筠不從，遂出知廬州。再召爲學士，月餘以疾出知潁州。復召入翰林加丞旨，龍圖閣直學士，再知廣州。爲人不苟含，學問閎博，文章以理爲宗，詞尚緻密，尤工篇詠，能摸揣情狀，音調凄麗。自景德以來，文章與楊億齊名，號楊劉，天下宗之。」《南畿志·鳳陽府·宦蹟》：「劉筠。以樞密直學士知潁州，治尚嚴簡。」呂景蒙《嘉靖潁州志·職官表·（宋）知州》：「（仁宗天聖）劉筠。大名人。禮部侍郎樞密制學士知潁州。詳本傳。」《順治潁州志·職官表·（宋）知州》：「（天聖）劉筠。禮部侍郎樞密副學士知潁。見《宦業》。」《順治潁州志·宦業·（宋）守》：「劉筠。大名人。天聖中以禮部侍郎樞密制學士知潁州。李迪、丁謂同罷，已而謂獨留，別草制，筠不奉詔。晏殊草之，出院門遇殊，殊側面而過。工詩文，與楊億齊名，時號楊劉。三入禁林，三典貢舉，以策論陞降天下士，自筠始。著《冊府應言》《汝陰》《玉堂》等七集。」

④程琳（985—1054），字天球，博野縣（今屬河北）人。舉服勤辭學科。仕至同中書門下平章事。卒贈中書令兼尚書令、定國公，謚文簡。《宋史》本傳：「程琳字天球，永寧軍博野人……已而吏以贓敗，御史按劾得狀，降光祿卿、知潁州。」《成化中都志·名宦·潁州（宋）》：「程琳。景祐中以吏部侍郎參知政事。剛直無所回避，小人僥倖多不得志，中以事，貶光祿卿，知潁州。累官鎮安軍節度使、檢校太師、同中書門下平章事、廣平郡公。卒贈中書令兼尚書令、定國公，謚文簡。」呂景蒙《嘉靖潁州志·職官表·（宋）知州》：「（仁宗景祐）程琳。傳見《名宦》。」呂景蒙《嘉靖潁州志·名宦·宋》：「程琳。景祐中以吏部侍郎參知政事，剛直無所回避，小人僥倖中以事，貶光祿卿，知潁州。累官鎮安軍節度使、檢校太師、同中書門下平章事、廣平郡公。卒贈中書令兼尚書令、定國公，謚文簡。」《順治潁州志·職官表·（宋）知州》：「（景祐）程琳。見《宦業》。」《順治潁州志·宦業·（宋）守》：「程琳。景祐中以吏部侍郎參知政事。剛直無所回避，被中以事，貶光祿卿，知潁州。累官中書門下平章事、廣平郡公。謚文簡。」

⑤夏竦（985—1051），字子喬，江州德安（今屬江西）人。仕至宰相。卒贈太師、中書令，謚文莊。《宋史》本傳：「夏竦字子喬，江州德安

人……太后崩，罷爲禮部尚書、知襄州，改潁州。」《成化中都志・名宦・潁州（宋）》：「夏竦。字子喬，江州德安人。天聖七年（1029）參知政事，明道二年（1033），罷爲禮部尚書，知襄州，尋改知潁州。以不苛爲政，革去前弊，人甚德之。又知亳州，立保五法，有政聲，賊盜不發，田里晏然。累官樞密使、同平章事，封鄭國公。慶曆八年（1048），罷爲武寧節度使兼侍中。卒贈太師中書令，謚文莊。」《南畿志・鳳陽府・宦蹟》：「夏竦。德安人。知潁州，以不苛爲政，革去前弊。又知亳州，立保伍法，盜賊不作，田里晏然。」呂景蒙《嘉靖潁州志・職官表・（宋）知州》：「（仁宗景祐）夏竦。德安人。罷禮部尚書知潁州。詳本傳。」《順治潁州志・職官表・（宋）知州》：「（景祐）夏竦。德安人。罷禮部尚書知潁州。」

⑥李垂（965—1033），字舜工，聊城（今屬山東）人。咸平中登進士第。仕至著作郎、館閣校理。《宋史》本傳：「李垂字舜工，聊城人。咸平中，登進士第……謂聞而惡之，罷知亳州，遷潁、晉、絳三州。」呂景蒙《嘉靖潁州志・職官表・（宋）知州》：「（仁宗皇祐）李垂。傳見《名宦》。」呂景蒙《嘉靖潁州志・名宦・宋》：「李垂。字舜工，聊城人。咸平中登進士第。自湖州錄事參軍，召爲崇文校勘，累遷著作郎、館閣校理，累修起居註。丁謂執政，垂未嘗往謁。或問其故，垂曰：『謂爲宰相，不以公道副天下望，而恃權怙勢，觀其所爲，必游朱崖，吾不欲在其黨中。』謂聞而惡之，貶知亳州，遷潁、晉、絳三州。明道中還朝，不附執政，出知均州，卒。」《順治潁州志・職官表・（宋）知州》：「（皇祐）李垂。見《宦業》。」《順治潁州志・宦業・（宋）守》：「李垂。字舜工，聊城人。咸平中登進士第。遷館閣校理，上《導河形勝書》三卷，欲復九河故道，時論重之。皇祐中，丁謂執政，垂未嘗往謁。或問其故，曰：『謂爲宰相，不以公道副天下望，而恃權怙勢，觀其所爲，必游朱崖，吾不欲在其黨中。』謂聞而惡之，貶知亳州，遷潁、晉、絳三州。」

陸經。寶元中以學士知潁州。① 歐陽脩《奉寄與通判楊褒詩》：「一自蘇梅閉九泉，始聞東潁播新篇。金尊留客史［使］君醉，玉麈高談別乘賢。十里秋風紅菡萏，一溪春水碧漪漣。政成事簡何爲樂，終日吟哦雜管弦。」②

蘇軾。康定中任。見《宦業》。

薛向。萬泉人。慶曆中任。③

曾肇。慶曆中任。見《宦業》。

章衡。蒲［浦］城人。嘉祐中任。④

徐宗況。嘉祐二年（1057）任。⑤

王旭。治平中任。見《宦業》。

呂公著。熙寧中任。見《宦業》。

燕肅。元豐中任。見《宦業》。

---

①歐陽修有《聞潁州通判國博與知郡學士唱和頗多因以奉寄知郡陸經通判楊褒〈治平二年〉》一詩。呂景蒙《嘉靖潁州志·職官表·（宋）知州》：「（仁宗寶元）陸經。出《歐詩集》。」《順治潁州志·職官表·（宋）知州》：「（寶元）陸經。以學士知潁州。出《歐詩集》。」

②此詩，《歐陽修全集》題作《聞潁州通判國博與知郡學士唱和頗多因以奉寄知郡陸經通判楊褒〈治平二年〉》。

③薛向（1016—1081），字師正，河中萬泉（今山西萬榮南）人。以蔭補官，仕至工部侍郎。謚恭敏。《宋史》本傳：「薛向字師正……於是舒亶論向反復無大臣體，斥知潁州……」呂景蒙《嘉靖潁州志·職官表·（宋）知州》：「（仁宗慶曆）薛向。河中萬泉人。詳本傳。」《順治潁州志·職官表·（宋）知州》：「（慶曆）薛向。河中萬全人。知州。」

④章衡（1025—1099），字子平，浦城（今屬福建浦城）人。嘉祐二年（1057），進士第一。仕至寶文閣待制。《宋史》本傳：「章衡字子平，浦城人……三司使忌其能，出知汝州、潁州。」呂景蒙《嘉靖潁州志·職官表·（宋）知州》：「（仁宗嘉祐）章衡。浦城人。詳《宋史》。」《順治潁州志·職官表·（宋）知州》：「（嘉祐）章衡。浦城人，知州。」

⑤歐陽修有《賜知潁州徐宗況進奉賀兗國公主出降銀絹馬等敕書》一文。《成化中都志·名宦·潁州（宋）》：「徐宗況。嘉祐二年知潁州。」呂景蒙《嘉靖潁州志·職官表·（宋）知州》：「（仁宗嘉祐）徐宗況。出《中都志》。」《順治潁州志·職官表·（宋）知州》：「（嘉祐）徐宗況。知州。」

陸佃。字農師。山陰人。哲宗初以龍圖閣待制知潁州。佃以歐陽脩守潁有遺愛，爲建祠宇。後執政，每欲參用元祐人才，尤惡奔競。①

趙令時［時］。燕王德昭之後。元祐中簽書潁州公事。②

豐稷。元祐中任。見《宦業》。

李評。元祐中以滎州刺史知潁州。③

陳師錫。建陽人。徽宗朝拜殿中侍御史，疏陳耑務，出知潁州，又知盧、滑二州。常與陳瓘同論蔡京、蔡卞，耑號二陳。④

呂希績。公著次子。字紀常。有堅操，由少府少監權遣潁州。⑤誥詞曰：「今之郡守，廼唐刺史，郎官出入之資也。爾以選擇入省，故出得善州。夫愷悌之政，非文深吏所能成也，惟爾懋哉，務稱吾意。」⑥

林攄。福州人。建中靖國中，以翰林學士出知。⑦

錢象先。建中靖國間，由許州別駕任。見《宦業》。

呂希純。建中靖國間任。見《宦業》。

鄭居中。開封人。［崇］寧中任。⑧

王襄。南陽人。崇寧中，以兵部尚書出知。⑨

①陸佃（1042—1102），字農師，號陶山，越州山陰（今浙江紹興）人。熙寧三年（1070）進士。曾任禮部侍郎、尚書左丞、潁州知州等職。卒贈太師，追封楚國公。《宋史》本傳：「陸佃字農師，越州山陰人……鄭雍論其穿鑿附會，改龍圖閣待制、知潁州。」呂景蒙《嘉靖潁州志·職官表·（宋）知州》：「（哲宗元祐）陸佃。傳見《名宦》。」呂景蒙《嘉靖潁州志·名宦·宋》：「陸佃。字農師，越州山陰人。哲宗初，以龍圖閣待制知潁州。佃以歐陽修守潁有遺，愛爲建祠宇。後執政每欲參用元祐人才，尤惡奔競。卒年六十一，追復資政殿學士。」《順治潁州志·職官表·（宋）知州》：「（元祐）陸佃。見《宦業》。」《順治潁州志·宦業·（宋）守》：「陸佃。字農師，越州山陰人。哲宗初，以龍圖閣待制知潁州。佃以歐陽修守潁有遺愛，爲建祠祀之。」

②趙令畤（1061—1134），字德麟，自號聊復翁。曾任右朝請大夫、榮州防禦使、寧遠軍承宣使等職。卒贈開府儀同三司。《宋史·燕王德昭傳》附傳：「令畤字德麟，燕懿王玄孫也……元祐六年（1091），簽書潁州公事。」呂景蒙《嘉靖潁州志·職官表·（宋）知州》：「（哲宗元祐）趙令時［畤］。燕王德昭之後，簽書潁州公事。出《宋史》。」《順治潁州志·職官表·（宋）知州》：「（元祐）趙令時［畤］。燕王德昭之後，簽書潁州。」

③《宋史·李遵勗傳》附傳：「評字持正……以榮州刺史出知潁州，還，幹當三班院。」呂景蒙《嘉靖潁州志·職官表·（宋）知州》：「（哲宗元祐）李評。以榮州刺史知潁州。詳本傳。」《順治潁州志·職官表·（宋）知州》：「（元祐）李評。知州。」

④陳師錫（1057—1125），字伯修，時稱閒樂先生，建州建陽（今屬福建）人。熙寧九年（1076）進士。曾任秘書省校書郎、殿中侍御史、潁州知州等職。卒贈直龍圖閣。《宋史》本傳：「陳師錫字伯修，建州建陽人……於是出知潁、廬、滑三州。」《成化中都志·名宦·潁州（宋）》：「陳師錫。建陽人。熙寧中游太學有聲，擢進士第。徽宗朝拜殿中侍御史，疏陳時務，出知潁州，又知廬、滑二州。嘗［常］與陳瓘同論蔡京、蔡卞，時號二陳。」呂景蒙《嘉靖潁州志·職官表·（宋）知州》：「（哲宗紹聖）陳師錫。建陽人。知潁州。詳本傳。」《順治潁州志·職官表·（宋）知州》：「（元祐）陳師錫。知州。」

⑤呂希績（1042—1099），字紀常，壽州（今安徽鳳臺）人。元豐七年（1084）進士。曾任吏部員外郎、朝議大夫、紫金光祿大夫等職。《宋文鑒》載王震《朝奉大夫少府少監呂希績可權發遣潁州》一文。《成化中都志·名宦·潁州（宋）》：「呂希績。字紀常，公著次子。有堅操，由少府少監權發遣潁州。誥詞曰：『今之郡守，迺唐刺史，郎官出入之資也。爾以選擇入省，故出得善州。夫愷悌之政，非文深吏所能成也。惟爾懋哉，務稱吾意。』遷淮南運副。」按：此處所引誥文，即出自《宋文鑒》所載王震之文。呂景蒙《嘉靖潁州志·職官表·（宋）知州》：「（哲宗紹聖）呂希績。公著次子。傳見《名宦》。」《嘉靖潁州志·名宦·宋》：「呂希績。字紀嘗［常］，公著次子。有堅操，由少府少監權發遣潁州。」《順治潁州志·職官表·（宋）知州》：「（建中靖國）呂希績。《宦業》。」《順治潁州志·宦業·（宋）守》：「呂希績。公著次子，字紀常。

有堅操，由少府少監權遣潁州。誥詞曰『今之郡守，迺唐刺史，郎官出入之資也。爾以選擇入省，故出得善州。夫愷悌之政，非文深吏所能成也，惟爾懋哉，務稱吾意。』」

⑥《宋文鑒》卷三十九載王震《朝奉大夫少府少監呂希績可權發遣潁州》。

⑦《宋史》本傳：「林攄字彥振，福州人……既而遼人以失禮言，出知潁州。」呂景蒙《嘉靖潁州志·職官表·（宋）知州》：「（徽宗建中靖國）林攄。福州人。以翰林學士出知潁州。詳本傳。」《順治潁州志·職官表·（宋）知州》：「（建中靖國）林攄。福州人。以翰林學士出知潁。」

⑧鄭居中（1059—1123），字達夫，開封（今河南開封）人。進士。曾任翰林學士、潁州知州、樞密院事等職。卒贈太師、華原郡王，謚文正。《宋史》本傳：「鄭居中字達夫，開封人……罷知和州，徙潁州。」呂景蒙《嘉靖潁州志·職官表·（宋）知州》：「（徽宗崇寧）鄭居中。開封人。知潁州。詳本傳。」《順治潁州志·職官表·（宋）知州》：「（崇寧）鄭居中。開封人。」

⑨《宋史》本傳：「王襄初名寧，鄧州南陽人……召爲禮部尚書，移兵部，出知潁州，改永興軍。」呂景蒙《嘉靖潁州志·職官表·（宋）知州》：「（徽宗崇寧）王襄。南陽人。以兵部尚書出知潁州。詳本傳。」《順治潁州志·職官表·（宋）知州》：「（崇寧）王襄。南陽人。以兵部尚書出知潁。」

知府三人：

彭訴［訢］。字樂道。盧陵人。政和中知順昌府。有惠政，民思之。①

陳規。紹興中任。見《宦業》。

盛陶。鄭州人。紹興中以龍圖閣學士知順昌府。嘗劾李復圭輕敵敗國，程昉開河無功，二人寔王安石所主，陶不少屈，史稱其大節可取。②

通判一十人：

曹翰。大名人。開寶二年（969）錄功，遷桂州觀察使，判潁州。興國五年（980），從幸大名，拜威③塞軍節度使，仍判潁州。④

鄭文賓。字仲賢。太平興國中獻所著文，召試翰林，改著作佐郎，通判潁州。丁外艱。⑤

---

①《成化中都志・名宦・潁州（宋）》：「彭訴［訢］。字樂道，廬陵人。政和中知順昌府。有惠政，民思之。」《南畿志・鳳陽府・潁州（宦蹟）》：「彭訢。廬陵人。政和中知順昌府。有惠政，民思之。」《正德潁州志・名宦・宋》：「彭訢［訴］。字樂道，廬陵人，宋政和中任順昌知府。有惠政，民懷去思。」呂景蒙《嘉靖潁州志・職官表・（宋）知府》：「（徽宗政和）彭訴［訢］。廬陵人。出《中都志》。」《順治潁州志・職官表・（宋）知州》：「（政和）彭訴［訢］。廬陵人。知順昌府。有惠政，民思之。」

②《宋史》本傳：「盛陶字仲叔，鄭州人……進權禮部侍郎、中書舍人，以龍圖閣待制知應天府、順昌府、瀛洲。」《成化中都志・名宦・潁州（宋）》：「盛陶。鄭州人。第進士，爲監察御史，累官權禮部侍郎，以龍圖閣學士知順昌府。嘗劾李復圭輕敵敗國，程昉開河無功，二人實王安石所主。陶不少屈，史稱其大節可取。」呂景蒙《嘉靖潁州志・職官表・（宋）知府》：「（高宗紹興）盛陶。鄭州人。以龍圖閣學士出知順昌府。詳本傳。」《順治潁州志・職官表・（宋）知州》：「（紹興）盛陶。鄭州人。以龍圖閣學士知順昌府。詳本傳。」

③此處原衍「武」字，據《宋史・曹翰傳》刪。

④曹翰（924—992），大名（今河北大名東）人。曾任桂州觀察使、潁州通判、威塞軍節度等職。卒謚武毅。《宋史》本傳：「曹翰，大名人……錄功遷桂州觀察使、判潁州……（太平興國）五年，從幸大名，拜威塞軍節度，仍判潁州，復命爲幽州行營都部署。」呂景蒙《嘉靖潁州志・職官表・（宋）通判》：「（太祖開寶）曹翰。大名人。詳本傳。」《順治潁州志・職官表・（宋）通判》：「（開寶）曹翰。大名人。以節度使判潁州。」

⑤鄭文賓（953—1013），字仲賢，汀州寧化（今屬福建）人。太平興國八年（983）登進士第。曾任陝西轉運使、潁州判官、兵部員外郎。《宋史》本傳：「鄭文賓字仲賢，右千牛衛大將軍彥華之子……獻所著文，召試翰林，改著作佐郎，通判潁州。」呂景蒙《嘉靖潁州志・職官表・（宋）通判》：「（太宗太平興國）鄭文賓。詳《宋史・列傳》。」《順治潁州志・職官表・（宋）通判》：「（太平興國）鄭文賓。字仲賢。通判潁州。」

魏廷式。大名宗城人。端拱年任。①
呂公著。皇祐中任。見《宦業》。
趙至忠。至和中任。②
楊褒。寶元中任。③
王定國。④蘇軾《贈倅潁詩》：「僊風入骨已淩雲，秋水爲文不受塵。一噫固應號地籟，餘波猶足掛天紳。買牛但自捐三尺，射鼠何勞挽六鈞。莫向百花潭上去，醉翁不見與誰春。」⑤
勾諶。乙太丞通判潁州。⑥梅聖俞《贈詩》：「潁川倒灣流，欄船曲轉鈎。吏迎如太守，民望亞諸侯。芳圃深通野，寒湖半抱州。前賢多舊蹟，佳詠聽君留。」⑦
朱彥博。萍鄉人。嘉祐八年（1063）登許將榜進士。任通判。⑧
汪若海。紹興間任。見《宦業》。

長史一人：
陳漸。閬中人。淳化間任。⑨

①魏廷式（951—999），字君憲，大名宗城（今屬河北）人。太平興國五年（980）登進士第。曾任潁州通判、利州知州、益州路轉運使等職。《宋史》本傳：「魏廷式字君憲，大名宗城人……端拱初，改著作佐郎、通判潁州。」呂景蒙《嘉靖潁州志·職官表·（宋）通判》：「（太宗端拱）魏廷式。大名宗城人。通判。詳本傳。」《順治潁州志·職官表·（宋）通判》：「（端拱）魏廷式。大名宗城人。通判。」

②《宋史·蘇頌傳》：「……（蘇頌）以知潁州。通判趙至忠本邊徼降者……」呂景蒙《嘉靖潁州志·職官表·（宋）通判》：「（仁宗至和）趙至忠。出《蘇頌傳》。」《順治潁州志·職官表·（宋）通判》：「（至和）趙志忠。同知。出《蘇頌傳》。」

③歐陽修有《聞潁州通判國博與知郡學士唱和頗多因以奉寄知郡陸經通判楊褒》一詩。蘇軾熙寧四年（1071）九月過潁作《次韻楊褒早春》一詩，《施註蘇詩》云：「楊褒字之美，嘉祐末爲國子監直講，治平間出通判潁州。好牧法書，蔡君謨多從借搨，歐陽公見其女奴彈琵琶，有詩云：『嬌兒兩幅青布裙，三腳木牀坐調曲。奇書古畫不論價，盛以錦囊裝玉軸。』亦可見其人也。」呂景蒙《嘉靖潁州志·職官表·（宋）通判》：「（仁宗寶元）楊褒。出《歐詩集》。」《順治潁州志·職官表·（宋）通判》：「（寶元）楊褒。」

④王定國，即王鞏，字定國。王旦孫，王素子。慶曆間任潁州通判。《東都事畧·王旦傳》附傳：「（素）諸子中鞏知名。鞏字定國，從蘇軾問學，能爲文章，爲祕書省正字。嘗坐軾累貶賔州。元祐中用軾薦，除太常博士。其後坐元祐黨貶官云。」蘇軾有《次韻王定國得潁倅二首》。《順治潁州志·職官表·（宋）通判》：「（慶曆）王定國。」

⑤此詩，即蘇軾《次韻王定國得潁倅二首》其一。

⑥梅堯臣有《送勾諶太丞通判潁州》，沈遘有《送勾諶通判潁州》，韓維有《送勾諶太博通判潁州》，皆可爲證。《順治潁州志·職官表·（宋）通判》：「（皇祐）勾諶。通判。」

⑦此詩，即梅堯臣《送勾諶太丞通判潁州》。

⑧《大明一統志·袁州·人物》：「朱彦博。萍鄉人。嘉祐間進士，通判順［潁］州，上神宗書，極言當時利害。歷知虔、虢、解三州，所至有聲。嚴而不苛，明而不察，官吏畏之如神。」呂景蒙《嘉靖潁州志·職官表·（宋）通判》：「（仁宗嘉祐）朱彦博。萍鄉人。八年登許將榜進士，任通判。」《順治潁州志·職官表·（宋）通判》：「（嘉祐）朱彦博。萍鄉人。通判。」

⑨《宋史·陳堯佐傳》附傳：「從子漸字鴻漸……即召漸至京師，授潁州長史。」呂景蒙《嘉靖潁州志·職官表·（宋）長史》：「（太宗淳化）陳漸。閬中人。長史。詳本傳。」《順治潁州志·職官表·（宋）長史》：「（淳化）陳漸。閬中人。長史。」

參軍二人：

穆脩。咸平間任。見《宦業》。

王代恕。景祐間任。見《宦業》。

推官三人：

邵亢。明道間任。見《宦業》。

張洞。皇祐間任。見《宦業》。

江楫。慶曆初爲團練推官。有稱於㫖。①

教授二人：

陳師道。康定中任。見《宦業》。

常秩。嘉祐中任。②

知縣四人：

劉渙。天聖中任潁上知縣。見《宦業》。

謝絳。陳郡人。皇祐間任汝陰縣。③

---

①歐陽修有《潁州推官江楫可大理寺丞制》一文。《成化中都志·名宦·潁州（宋）》：「江楫。慶曆初潁州團練推官。有稱於時，遷大理寺丞。」呂景蒙《嘉靖潁州志·職官表·（宋）推官》：「（仁宗慶曆）江楫。團練推官。傳見《名宦》。」呂景蒙《嘉靖潁州志·名宦·宋》：「江楫。慶曆初潁州團練推官。有稱於時，遷大理寺丞。」《順治潁州志·職官表·（宋）推官》：「（慶曆）江楫。團練推官。見《宦業》。」然其後《宦業》實未載其人。

②常秩（1019—1077），字夷甫，潁州汝陰（今安徽阜陽）人。曾任潁州教授、天章閣侍講、寶文閣待制等職。卒贈右諫議大夫。《宋史》本傳：「常秩字夷甫，潁州汝陰人……嘉祐中，賜束帛，爲潁州教授……」《南畿志·鳳陽府·人物》：「常秩，汝陰人。以經術著稱，屢除官不就。熙寧初，詔郡以禮敦遣，始詣闕，神宗問：『先朝累命，何爲不起？』對曰：『先帝亮臣之愚，故得安閭巷。今陛下嚴詔趣迫，不敢不來。』數求去，不許。累官寶文閣待制兼侍讀。」呂景蒙《嘉靖潁州志·職官表·（宋）教授》：「（仁宗嘉祐）常秩。教授。傳見《鄉賢》。」呂景蒙《嘉靖潁州志·鄉賢·宋》：「常秩。字夷甫，汝陰人。舉進士不中，隱居里巷，以經術著稱。嘉祐治平中，屢薦不起。神宗即位，三使往聘，辭。熙寧三年（1070），詔郡以禮敦遣，毋聽秩辭。明年詣闕，帝曰：『先朝累命，何爲不起？』對曰：『先帝亮臣之愚，故得安閭巷；今陛下嚴詔趣迫，是以不敢不來。非有所抉擇去就也。』帝悅，徐問之：『今何道免民於凍餒？』對曰：『法制不立，庶民食侯食，服侯服，此今日大患也。』辭歸，不許，累官寶文閣待制兼讀命。秩平居爲學求自得。王回，里中名士也，每見秩與語，輒欿然自以爲不及。歐陽修、胡宿、呂公著、王陶、沈遘、王安石皆稱薦之，翕然名重一時。初，秩既隱居不仕，世以爲必退者也。後安石爲相更法，天下以爲不便。秩在閭閻，見所下令，獨以爲是。一召遂起，在朝廷任諫諍侍從，低首抑氣，無所建明，爲時譏笑云。」《順治潁州志·職官表·（宋）教授》：「（嘉祐）常秩。潁州人。教授。」

③謝絳（994—1039），字希深，浙江富陽人。大中祥符八年（1015）登進士甲科。曾任汝陰知縣、太常寺奉禮郎、兵部員外郎等職。《宋史》本傳：「謝絳字希深……絳以父任試秘書省校書郎，舉進士中甲科，授太常寺奉禮郎、知汝陰縣。」《南畿志·鳳陽府·宦蹟（宋）》：「謝絳。知汝陰縣。喜談時事，嘗論四民失業，累數千言。」呂景蒙《嘉靖潁州志·職官表·（宋）知縣》：「（仁宗皇祐）謝絳。陳郡人。知汝陰縣。出《歐文集》。」《順治潁州志·職官表·（宋）知縣》：「（皇祐）謝絳。陳郡人。知汝陰縣。」

王渙之。宋［字］彥舟。浙江常山人。未冠擢高第，有司疑年未及銓格，特補武勝軍節度推官。方新置學官，以爲杭州教授，知潁上縣。元祐中爲太學博士。徽宗立，以日食求言。渙之用大臣薦召對，因言：「求言非難，聽之難；聽之非難，察而用之難。今國家每下求言之詔，而下報上，廼或不然，以指陳闕失爲訕上，以阿諛佞諂爲尊君，以論議趨旹爲國是，以可否相濟爲邪說。志士仁人知言之無益也，不復有言，而小人肆爲詭譎可駭之論，苟容偷合。願陛下虛心公聽，言無逆避，唯是之從；事無今古，唯當爲貴；人無同異，唯正是用。則人心悅，而天意得矣。」渙之性澹泊，恬於仕進，每云：「乘車常以顛墜處之，乘舟常以覆溺處之，仕宦常以不遇處之，則無事矣。」①

滿執中。揚州人。治平中知萬壽縣。②

簿一人：

萬適。宛丘人。喜問學，所著書百餘卷。以韓丕薦，召爲潁上主簿。③

尉一人：

李直方。康定中任汝陰尉，有捕盜功。見《蘇軾傳》。④

①王渙之（1060—1124），字彥舟，常山人。元豐二年（1079）進士。曾任潁上知縣、中書舍人、吏部侍郎等職。《宋史·王漢之傳》附傳：「渙之字彥舟……方新置學官，以爲杭州教授，知潁上縣。」《順治潁上縣志·秩官·宦業（宋）》：「王渙之。浙江常山人。未冠擢高第，有司疑年未及欠銓格，特補武勝軍節度推官。方新置學官，以爲杭州教授，知潁上縣。元祐中爲太學博士，校對黃本秘書。通判衛州，入編修《兩國［朝］魯衛信錄》。徽宗立，以日食求言。渙之對曰：『國家每下求言之詔，而下之報上，迺或不然。以指陳闕失爲訕上，以阿諛佞諂爲尊君，以論議趨時爲國是，以可否相濟爲邪說。志士仁人知言之無益也，不復有言。而小人肆爲詭譎可駭之論，苟容偷合。愿陛下虛心公聽，言無迎遻，唯是之從；事無今古，唯是之從；人無同異，唯正是用。則人心悅，天意得矣。』官至寶文閣直學士。朝廷議北伐，渙之以疾提學明道宮，卒年四十五。渙之性澹泊，恬於進，每云：『乘車常以顛墜處之，處舟常以覆溺處之，仕宦常以不遇處之，則無事矣。』其歸趣如此。今祀名宦。」

②王安石《揚州進士滿夫人楊氏墓志銘》：「揚州進士滿涇之夫人楊氏者，著作元賓之女也，年六十有一，以治平四年（1067）十月庚戌卒，而以熙寧二年八月庚申葬，其墓在江都縣馬坊里之南原。有子七人：建中、居中、執中、存中、方中、閎中、求中，皆嚮學。建中壽州壽春縣令，執中潁州萬壽縣令，居中舉進士……」《成化中都志·名宦·太和縣（宋）》：「滿執中。楊州人。治平中爲萬壽縣令。」

③萬適（？—992前後），字縱之，自號通玄子，陳州宛丘（今河南淮陽）人。《宋史》有傳，但未載其爲潁上主簿。《成化中都志·名宦·潁上縣（宋）》：「萬適。陳州宛丘人，自號通玄子。喜學問，精《老子》，所著書百餘卷。以韓丕薦，召爲愼縣主簿。」《順治潁上縣志·秩官·宦業（宋）》：「萬適。東州宛丘人，自號通玄子。喜學問，精於《老子》，所著書百餘卷。端拱中，韓丕知濠州，薦之，召至，爲潁上簿，有惠政在人。今祀名宦。」

④《宋史·蘇軾傳》：「軾召汝陰尉李直方曰：『君能擒此，當力言於朝，乞行優賞；不獲，亦以不職奏免君矣。』直方有母且老，與母訣而後行。迺緝知盜所，分捕其黨與，手戟刺遇，獲之。」《成化中都志·名宦·潁州（宋）》：「李直方。以進士及第，授汝陰縣尉。潁有劇賊尹遇等爲一方患，蘇文忠公守潁，命直方擒之。直方多設方畧，悉獲其黨與。公移奏，合轉官以賞之，不報。」《南畿志·鳳陽府·宦蹟》：「李直方。汝陰縣尉。潁有劇賊尹遇爲一方患，蘇文忠公守潁，命直方擒之。直方多設方畧，悉獲其黨。」呂景蒙《嘉靖潁州志·職官表·（宋）尉》：「（仁宗康定）李直方。汝陰尉。有捕盜功，太守蘇軾奏賞之，不報。會郊恩，軾當轉官，即奏移以賞之。詳《軾傳》。」《順治潁州志·職官表·（宋）尉》：「（康定）李直方。汝陰尉。見蘇軾《宦業》中。」《順治潁州志·宦業·（宋）守》：「……軾言於朝，從之郡有宿賊尹遇等爲一方患。公召汝陰尉李直方曰：『君能擒此，當力言於朝，乞行優賞，不獲且罪。』直方有母且老，與母訣而後行。緝知盜所，分捕其黨與，手戟刺而獲之。公奏移合賞，官不報……」

掾一人：

范祖述。百祿子。治平中任。監潁州酒稅，攝獄掾，閱獄，活兩死囚。人以爲神。①

元

達魯花赤九人：

別的因。中統四年（1263）任。②

朱蔚。③

贍思丁。④

李謙。⑤

許好義。俱至大中任。⑥

喻大丁。泰定中爲武畧將軍，兼本州諸軍奥魯勸農事。⑦

①《宋史・范鎮傳》附傳：「子祖述，監潁州酒稅，攝獄掾，閲具獄，活兩死囚，州人以爲神。」呂景蒙《嘉靖潁州志・職官表・（宋）掾》：「（英宗治平）范祖述。傳見《名宦》。」呂景蒙《嘉靖潁州志・名宦・宋》：「范祖述。百祿子也。監潁州酒稅，攝獄掾，閲獄，活兩死囚，人以爲神。」《順治潁州志・職官表・（宋）掾》：「（治平）范祖述。」

②《元史・抄思傳》附傳：「世祖即位，委任尤專。癸亥（1263）正月，召赴行在所。冬十一月，謁見世祖於行在所，世祖賜金符，以別的因爲壽潁二州屯田府達魯花赤。時二州地多荒蕪，有虎食民妻，其夫來告，別的因默然良久，曰：『此易治耳。』迺立檻設機，縛羔羊檻中以誘虎。夜半，虎果至，機發，虎墮檻中，因取射之，虎遂死。自是虎害頓息。」呂景蒙《嘉靖潁州志・職官表・（元）達魯花赤》：「（世祖中統）別的因。四年（1263）任達魯花赤。」《順治潁州志・職官表・（元）達魯花赤》：「（中統）別的因。達魯花赤。」《康熙潁州志・職官・（元）萬戶》：「別的因。即抄思子。初襲萬戶。中統四年任達魯花赤。詳《名宦》。」《康熙潁州志・名宦・元》：「別的因。抄思子也。世祖以宗王鎮黑水令，襲職爲萬戶。復諭征鎮，軍士悉聽號令，士卒咸畏服之。世祖即位，謁見於行在，賜金符以爲壽、潁二州屯田府達魯花赤。時二州地多荒蕪，有虎食人。別的因迺立檻設機，縛羔羊檻中誘虎。夜半，虎至機發，墮檻中，因射死之。虎害頓息。久之，進懷遠大將軍，遷池州路達魯花赤。之官道經潁上。潁近荊山，野豕時出害禾稼，民莫能制。聞別的因至，迎拜境上，告以故。曰：『毋慮也。』遂至荊山，以狼牙箭射之，豕走數里。後晉昭勇大將軍、臺州路達魯花赤。」

③呂景蒙《嘉靖潁州志・職官表・（元）達魯花赤》：「（武宗至大）朱蔚。」《順治潁州志・職官表・（元）達魯花赤》：「（至大）朱蔚。」《康熙潁州志・職官・（元）知州》：「朱蔚。武宗至大中任。」

④呂景蒙《嘉靖潁州志・職官表・（元）達魯花赤》：「（武宗至大）瞻思丁。」《順治潁州志・職官表・（元）達魯花赤》：「（至大）瞻思丁。」《康熙潁州志・職官・（元）知州》：「瞻思丁。至大中任。」

⑤李謙（1234—1312），字受益，號齋野先生，東平（今屬山東）人。曾任東平府教授、萬戶府經歷、集賢大學士等職。《元史》有傳，但未言及其在潁事。呂景蒙《嘉靖潁州志・職官表・（元）達魯花赤》：「（武宗至大）李謙。」《順治潁州志・職官表・（元）達魯花赤》：「（至大）李謙。」《康熙潁州志・職官・（元）知州》：「李謙。至大中任。」

⑥呂景蒙《嘉靖潁州志・職官表・（元）達魯花赤》：「（武宗至大）許好義。」《順治潁州志・職官表・（元）達魯花赤》：「（至大）許好義。」《康熙潁州志・職官・（元）知州》：「許好義。至大中任。」

⑦呂景蒙《嘉靖潁州志・職官表・（元）達魯花赤》：「（泰定帝泰定）喻大丁。武畧將軍，兼本州諸軍奥魯勸農事。」《順治潁州志・職官表・（元）達魯花赤》：「（泰定）喻大丁。武畧將軍，兼本州諸軍奥魯勸農事。」《康熙潁州志・職官・（元）達魯花赤》：「喻大丁。泰定帝泰定中以武畧將軍兼本州諸軍奥魯勸農事。」

尋敬。泰定中，爲奉議大夫，兼管本州諸軍奧魯勸農事。①
亦馬矢里。泰定中爲承務郎，兼管本州諸軍奧魯勸農事。②
張克讓。至正中任。③

知州一人：
王公孺。中統中任。有文學，撰《比干廟碑銘》。④

同知三人：
帖里。泰定中任。⑤
歸暘。至順中任。見《宦業》。
張鵬。至正中任。⑥

判官五人：
蘇伯顏。⑦

蘇敦武。俱至大中任。⑧

---

①呂景蒙《嘉靖潁州志·職官表·（元）達魯花赤》：「（泰定帝泰定）尋敬。奉議大夫，兼管本州諸軍奧魯勸農事。」《順治潁州志·職官表·（元）達魯花赤》：「（泰定）尋敬。奉議大夫，兼管本州諸軍奧魯勸農事。」《康熙潁州志·職官·（元）達魯花赤》：「尋敬。泰定中以奉議大夫兼管本州諸軍奧魯勸農事。」

②呂景蒙《嘉靖潁州志·職官表·（元）達魯花赤》：「（泰定帝泰定）亦馬矢里。承務郎，兼管本州諸軍奧魯勸農事。」「亦馬矢里」字，《順治潁州志》《康熙潁州志》均作「赤馬失里」。《順治潁州志·職官表·（元）達魯花赤》：「（泰定）赤馬失里。承務郎，兼管本州諸軍奧魯勸農事。」《康熙潁州志·職官·（元）達魯花赤》：「赤馬失里。泰定中以承務郎兼管本州諸軍奧魯勸農事。」

③呂景蒙《嘉靖潁州志·職官表·（元）達魯花赤》：「（順帝至正）張克讓。」《順治潁州志·職官表·（元）達魯花赤》：「（至正）張克讓。」《康熙潁州志·職官·（元）知州》：「張克讓。順帝至正間任。」

④《元史·王惲傳》：「王惲，大德元年（1297），進中奉大夫。二年（1298），賜鈔萬貫。乞致仕，不許。五年（1301），再上章求退，遂授其子公孺爲衛州推官，以便養。」《成化中都志·名宦·潁州（元）》：「王公孺。奉議大夫，潁州知州。前應奉翰林文字，有文學。撰《比干廟碑銘》。」呂景蒙《嘉靖潁州志·職官表·（元）知州》：「（世祖中統）王公孺。奉議大夫知潁州。出《中都志》。」《順治潁州志·職官表·（元）知州》：「（中統）王公孺。奉議大夫知潁州。有文學，撰《比干廟碑銘》。」《康熙潁州志·職官·（元）知州》：「王公孺。以奉議大夫任。詳見《名宦》。」《康熙潁州志·名宦·元》：「王公孺。汲縣人。太原郡公惲子也。有文學，應奉翰林文字。成宗大德五年，惲致事，授衛州推官，以便養。後以奉議大夫知潁州事。安靜廉潔，嘗撰《何比干廟碑銘》。」

⑤呂景蒙《嘉靖潁州志·職官表·（元）同知》：「（泰定帝泰定）帖里。」《順治潁州志·職官表·（元）同知》：「（泰定）帖里。」《康熙潁州志·職官·（元）同知》：「帖里。泰定帝泰定中任。」

⑥呂景蒙《嘉靖潁州志·職官表·（元）同知》：「（順帝至正）張鵬。」《順治潁州志·職官表·（元）同知》：「（至正）張鵬。」《康熙潁州志·職官·（元）同知》：「張鵬。順帝至正中任。」

⑦呂景蒙《嘉靖潁州志·職官表·（元）判官》：「（武宗至大）蘇伯顔。」《順治潁州志·職官表·（元）判官》：「（至大）蘇伯顔。」《康熙潁州志·職官·（元）判官》：「蘇伯顔。武宗至大中任。」

⑧呂景蒙《嘉靖潁州志·職官表·（元）判官》：「（武宗至大）蘇敦武。」《順治潁州志·職官表·（元）判官》：「（至大）蘇敦武。」《康熙潁州志·職官·（元）判官》：「蘇敦武。至大中任。」

翟珣。泰定中任。①
孫明善。②
劉信。俱至正中。③

副萬戶一人：
劉淵。齊河人。中統中任。④

吏目四人：
王從善。至大中任。⑤
王振。泰定中任。⑥
孟彧。⑦
解峻德。俱至正中。⑧

學正三人：
孫儀。⑨

①呂景蒙《嘉靖潁州志·職官表·（元）判官》：「（泰定帝泰定）翟珣。」《順治潁州志·職官表·（元）判官》：「（泰定）翟珣。」《康熙潁州志·職官·（元）判官》：「翟珣。泰定帝泰定中任。」

②呂景蒙《嘉靖潁州志·職官表·（元）判官》：「（順帝至正）孫明善。」《順治潁州志·職官表·（元）判官》：「（至正）孫明善。」《康熙潁州志·職官·（元）判官》：「孫明善。順帝至正中任。」

③呂景蒙《嘉靖潁州志·職官表·（元）判官》：「（順帝至正）劉信。」《順治潁州志·職官表·（元）判官》：「（至正）劉信。」《康熙潁州志·職官·（元）判官》：「劉信。至正中任。」

④《元史·劉通傳》附傳：「淵，至元十一年（1274），佩金符……二十一年（1284），遷潁州副萬戶。」《成化中都志·名宦·潁州（元）》：「劉淵。東平齊河人。父通，仕元爲淮西道宣慰司都元帥。淵從攻崖山有功，累官潁州副萬戶。」呂景蒙《嘉靖潁州志·職官表·（元）同知》：「（世祖中統）劉淵。東平齊河人。攻崖山有功，累官潁州副萬戶。出《中都志》。」《順治潁州志·職官表·（元）同知》：「（中統）劉淵。東平齊河人。攻崖山有功，累官潁州副萬戶。出《中都志》。」《康熙潁州志·職官·（元）萬戶》：「劉淵。中統間任潁州副萬戶。詳《名宦》。」《康熙潁州志·名宦·元》未載其人。《民國齊河縣志·選舉·贈廕》：「劉淵。復亨四子。累官安遠大將軍、副招討，潁州副萬戶。」

⑤呂景蒙《嘉靖潁州志·職官表·（元）吏目》：「（武宗至大）王從善。」《順治潁州志·職官表·（元）吏目》：「（至大）王從善。」《康熙潁州志·職官·（元）吏目》：「王從善。武宗至大中任。」

⑥呂景蒙《嘉靖潁州志·職官表·（元）吏目》：「（泰定帝泰定）王振。」《順治潁州志·職官表·（元）吏目》：「（泰定）王振。」《康熙潁州志·職官·（元）吏目》：「王振。泰定帝泰定中任。」

⑦呂景蒙《嘉靖潁州志·職官表·（元）吏目》：「（順帝至正）孟彧。」《順治潁州志·職官表·（元）吏目》：「（至正）孟彧。」《康熙潁州志·職官·（元）吏目》：「孟彧。順帝至正中任。」

⑧呂景蒙《嘉靖潁州志·職官表·（元）吏目》：「（順帝至正）解峻德。」《順治潁州志·職官表·（元）吏目》：「（至正）解峻德。」《康熙潁州志·職官·（元）吏目》：「解峻德。至正中任。」

⑨呂景蒙《嘉靖潁州志·職官表·（元）學正》：「（泰定帝泰定）孫儀。」《順治潁州志·職官表·（元）學正》：「（泰定）孫儀。」《康熙潁州志·職官·（元）學正》：「孫儀。泰定帝泰定中任。」

李汝楫。俱泰定中。①
洪天麟。至正中任。②

訓導二人：
吴從政。③
武德。俱泰定中。④

知縣二人：
劉居敬。元統二年（1334）知潁上縣。⑤
李瑛。大德中知太和縣。⑥

## 明職官⑦

李宜春曰：前代建官定制，咸載之史。余惟：有其人，載焉；備官，贅爾。明弘治四年，知州劉讓以潁、壽爲南北要衝，州衛犬牙相制，迺奏請移兵備道鎮焉。欽命河南按察司僉事提督廬、鳳、淮、揚四府，安慶二十八衛所屯田兼理刑就壽州住劄，旹則有史公俊、申公磐。十年移本州，則自閻公。後嘉靖六年，裂淮、揚二府，隸徐州兵備。

①呂景蒙《嘉靖潁州志・職官表・（元）學正》：「（泰定帝泰定）李汝楫。泰定十官，俱見本州《明離宮記》。」《順治潁州志・職官表・（元）學正》：「（泰定）李汝楫。見州《明離宮記》。」《康熙潁州志・職官・（元）學正》：「李汝楫。泰定中任。」

②呂景蒙《嘉靖潁州志・職官表・（元）學正》：「（順帝至正）洪天麟。」《順治潁州志・職官表・（元）學正》：「（至正）洪天麟。」《康熙潁州志・職官・（元）學正》：「洪天麟。順帝至正中任。」

③呂景蒙《嘉靖潁州志・職官表・（元）訓導》：「（泰定帝泰定）吳從政。」《順治潁州志・職官表・（元）訓導》：「（泰定）吳從政。」《康熙潁州志・職官・（元）訓導》：「吳從政。泰定帝泰定中任。」

④呂景蒙《嘉靖潁州志・職官表・（元）訓導》：「（泰定帝泰定）武德。」《順治潁州志・職官表・（元）訓導》：「（泰定）武德。」《康熙潁州志・職官・（元）訓導》：「武德。泰定中任。泰定諸官，俱見本州《明離宮記》。」

⑤《同治潁上縣志・建置・壇廟》：「文廟，元元統二年縣尹劉居敬建。」《同治潁上縣志・職官・歷代職官姓氏表》：「元劉居敬。見《建置增》。」

⑥呂景蒙《嘉靖潁州志・職官表・（元）知縣》：「（成宗大德）李瑛。」《萬曆太和縣志・歷官・知縣題名（元）》：「李瑛。大德八年（1304）爲泰和達魯花赤。」

⑦按，此類名原無。因下文專設一大類，且與前面歷代職官相區別，根據需要補。

兵備二十人：

閻璽。字廷璽。山西壽陽人。成化甲辰（1484）進士。弘治十年（1497）以僉事任，後陞副使。其鎮潁一十二年。①

王純。浙江慈谿人。弘治癸丑（1493）進士。正德三年（1508）以副使任，尋奉例革兵備道，回河南省。②

席書。字文同。四川遂寧人。弘治戊戌（1502）進士。正德六年（1511）以僉事。未任，丁內艱歸。後官至禮部尚書。③

李天衢。山西樂平人。正德六年（1511），由刑部員外任僉事。見《宦業》。

孫磐。遼東儀州人。正德七年（1512）起，落職任僉事。見《宦業》。

曾大顯。湖廣麻城人。弘治壬戌（1502）進士。正德九年（1514）以僉事任。乘孫公營造之基，重加措置，期年而城完。尋以憂去。④

李鉞。山西高平人。貢士。正德十三年（1518）以僉事任。歷二年，力請致仕，進陞按察司副使。⑤

郭震。山西蒲州人。正德十五年（1520）任僉事。見《宦業》。

①呂景蒙《嘉靖潁州志·命使》：「閻璽，字廷璽，山西壽陽人。進士。任河南按察司僉事，奉勑提督廬、鳳、淮、揚四府，安慶二十八衛所屯田兼理刑。弘治十年至後陞副使，仍鎮潁，共一十二年，致仕。」《順治潁州志·職官表·（明）兵備道》：「（弘治）閻璽。山西壽陽人。由進士，十年以按察司僉事鎮潁凡十有二年。」《康熙潁州志·職官·（明）兵備道》：「閻璽。孝宗弘治十年任。詳《名宦》。」《康熙潁州志·名宦·明》：「閻璽，字廷璽。壽陽人。進士。弘治十年任河南按察使司僉事，奉命備兵駐潁州，爲移鎮之始。尋遷副使，仍鎮潁，前後一十二年。廉靜不擾，軍民胥安。奏請軍生赴豫鄉試，自是登賢書捷禮闈者相繼鵲起。後官南昌府學教授。」《光緒壽陽縣志·選舉·進士（明）》：「閻璽。成化甲辰科。詳《文苑》。入太原府《鄉賢志》。」《光緒壽陽縣志·人物·文苑（明）》：「閻璽。性凝重，幼讀書輒能默會其意。爲文不事雕琢，而矩度秩然。成化甲午登賢書，益肆力於學。甲辰登進士，與王虎、谷喬、白巖、王晉溪諸人齊名。授戶部主事，兼理鈔關南稅，羨餘秋毫不取。陞河南潁州兵備副使，守正不阿。爲奄瑾所陷，免官，杜門不出。瑾誅，甄拔淹滯，言者交章薦之，不赴。以疾卒於家，士論惜之。祀鄉賢祠。」

②呂景蒙《嘉靖潁州志·命使》：「王純。浙江慈谿人。進士。任副使。正德三年至，未久，奉例裁革取回。」《順治潁州志·職官表·（明）兵備道》：「（正德）王純。浙江慈谿進士。三年以副使任。」《雍正慈谿縣志·選舉·進士（明）》：「（弘治六年癸丑）王純。都御史。」《雍正慈谿縣志·人物·名臣（明）》：「王純。字希文。弘治六年進士，授大理評事，歷寺正，陞江西僉事。時逆瑾憾純無所結納，罰米幾千石，間關稱貸於邊。陞大理寺少卿，山東歸善王犯法，奉詔往鞫。同事者欲張大其事，純執不可，惟坐首惡數人，稱上意。擢巡撫宣府，密邇京師，視諸鎮最爲要衝，至則請壯赤城之兵，增龍門之戍。上皆嘉納之。在邊多斬獲功，嘗一賜寶香，再賜豸服，三賜麒麟服，實異數也。挺拔勁直，出於天畀，後卒於家。訃聞，上悼惜之，特遣官諭祭。」

③呂景蒙《嘉靖潁州志·命使》：「席書，字同文，四川遂寧人。進士。任僉事，復奉勑提督如前。正德六年，未至，丁憂。仕至禮部尚書。」《順治潁州志·職官表·（明）兵備道》：「（正德）席書，四川遂寧人。由進士，六年以僉事。未任，丁內艱。後官至禮部尚書。」

④呂景蒙《嘉靖潁州志·命使》：「曾大顯，湖廣麻城人。進士，任僉事。正德九年至，公乘孫公營造之基，重加措置，期年而城完。會以丁憂去。」《順治潁州志·職官表（明）》：「曾大顯。湖廣麻城人。由進士，九年以僉事任。」《順治潁州志·宦業·明》：「曾大顯。湖廣麻城人。進士，任僉事。正德九年至，時乘孫公營造之基，重加措置，期年而城完。」《康熙潁州志·名宦·明》：「曾大顯。麻城人。進士，正德九年任僉事。繼孫公興築之功，重加繕治，期年而城工告竣。」《民國麻城縣志·選舉·科貢表（明進士）》：「（弘治十五年壬戌）曾大顯。參議。」《民國麻城縣志·名賢（明）》：「曾大顯。字世榮。宏［弘］治壬戌進士，累官禮科給事中。忤劉瑾，謫江西布政使司照磨，晉參議。所至有風裁，以疾乞歸。」《光緒慈谿縣志·職官·（明）縣令》：「曾大顯。湖廣人麻城。宏［弘］治壬戌進士，見題名碑錄。正德四年任。按周旋《正德志跋》，字世榮。按《天啟志》，正德五年，曾大顯重建縣署廊房，則五年已在任，《嘉靖府志》繫於六年，誤。」

⑤呂景蒙《嘉靖潁州志·命使》：「李鉞。山西高平人。貢士。任僉事。正德十三年至，歷三年力請得允，進階副使致仕。」《順治潁州志·職官表·（明）兵備道》：「李鉞。山西高平人。由貢士，十三年以僉事任。」

袁經。河間青縣人。弘治乙丑（1505）進士。嘉靖二年（1523）任僉事。尋致仕。①

伍希周。江西安福人。正德甲戌（1514）進士。嘉靖三年（1524）以僉事任。旹當道喜干謁，公以往來廢務，不事進趨，與不合，棄去。②

周允中。字宗堯。山東金鄉人。貢士。嘉靖四年（1525）以僉事任，尋以憂去。③

史道。直隸涿州人。嘉靖五年（1526）以僉事任。見《宦業》。

張綗。字美中。江西吉水人。嘉靖癸未（1523）進士。七年（1528）任僉事，陞參議。④

李宗樞。陝西富平人。嘉靖十一年（1532）任僉事。見《宦業》。

陳洙。字道源。浙江上虞人。嘉靖己丑（1529）進士。十五年（1536）春任僉事，夏五月，丁外艱去。⑤

孔天胤。山西汾州人。嘉靖十五年（1536）任僉事。見《宦業》。

林雲同。福建莆田人。嘉靖十七年（1538）任僉事。見《宦業》。

蘇志皐。順天固安人。嘉靖十九年（1540）任僉事。見《宦業》。

顧翀。浙江慈谿人。嘉靖二十二年（1543）任僉事。見《宦業》。

許天倫。字汝明。山西代州人。嘉靖乙未（1535）進士。二十四年（1545），由兵科給事中任僉事。⑥

李宜春曰：表潁者，其兵司乎？夫曠野千里，游寇易猝，人多任俠，告訐易興。況州屬畿郡，而衛屬河南，

①呂景蒙《嘉靖潁州志·命使》：「袁經，山東清縣人。進士，任僉事，嘉靖二年至。尋致仕。」《順治潁州志·職官表·（明）兵備道》：「袁經，河間青縣人，由進士，二年以僉事任。」《民國青縣志·科名表·舉人（明）》：「（弘治甲子，1504）袁經。」《民國青縣志·科名表·進士（明）》：「（弘治乙丑）袁經。」

②呂景蒙《嘉靖潁州志·命使》：「伍希周。江西安福人。進士，任僉事，嘉靖三年至。時與當道不合，棄官而去。」《順治潁州志·職官表·明》：「伍希周。江西安福人。由進士，三年以僉事任。」《順治潁州志·宦業·明》：「伍希周。江西安福人。進士，任僉事，嘉靖三年至。時與當道不合，棄官而去。」《乾隆安福縣志·選舉·進士》：「（正德九年甲戌）伍希周。福建僉事。」

③呂景蒙《嘉靖潁州志·命使》：「周允中。字宗堯，山東金鄉人。貢士。任僉事，嘉靖四年至。會以丁憂去。」《順治潁州志·職官表·明》：「周允中，山東金鄉縣人。由貢士，四年以僉事任。」《同治金鄉縣志·選舉·舉人（明）》：「（正德二年，1507）周允中。陝西參議。」

④呂景蒙《嘉靖潁州志·命使》：「張綱。字美中，江西吉水人。進士，任僉事，嘉靖七年至。陞參議。」《順治潁州志·職官表·（明）兵備道》：「張綱。字美中，江西吉水人。由進士，七年以僉事任。」《乾隆吉水縣志·選舉·進士（明）》：「（嘉靖二年癸未姚淶榜）張綱。有傳。」《道光吉水縣志·宦業·明》：「張綱。字美中，田心人。嘉靖進士，備兵潁州、襄陽。興屯田，殲巨寇，兩地皆立遺愛碑。擢都御史，巡撫河南，按紅蓮妖獄，釋其脅從，裁冗費，甦民困。視爰書，每至夜分。嘗曰：『生靈繫吾一念，敢自佚乎？』尋卒。墓在廬陵坊廊鄉。」

⑤呂景蒙《嘉靖潁州志·命使》：「陳洙。字道源，浙江上虞人。進士，任僉事，嘉靖十五年春至，夏五月，以丁外艱去。」《順治潁州志·職官·（明）兵備道》：「陳洙。字道源，浙江上虞人。由進士，十五年以僉事任。」《康熙潁州志·職官·（明）兵備道》：「陳洙。字道源，上虞人。進士，嘉靖十五年以僉事任。」《光緒上虞縣志·選舉表·（明）進士》：「（八年己丑）陳洙。登羅洪先榜。」《光緒上虞縣志·人物·明》：「陳洙。字道源，號五山。嘉靖己丑進士，初選即授南臺御史。由臺中出爲江西按察司僉事，赫著風譽。旋歷藩臬，遂拜開府，巡撫應天、江西等處。未幾，晉陟南京兵部右侍郎。蓋一歲而三遷，可謂宦達矣！適倭寇薄留都，遣將禦，弗克，科道交章論大司馬張時徹，波及洙，與張偕罷。是時，洙尚未任，罷非其罪也。洙內精密，而外寬和，以非任落職，仕宦猶幅尺，非人力與。居鄉雍雍有禮，惠接賢士大夫，至其篤與昆弟，視猶子如子，逮其支庶，亦必卵翼而周護之，親親之恩，有足多焉。」

⑥《順治潁州志·職官·（明）兵備道》：「許天倫。字汝明，山西代州人。由進士，二十四年以僉事任。」《康熙潁州志·職官·（明）兵備道》：「許天倫。字汝明，代州人。進士，嘉靖二十四年以僉事任。」《雍正山西通志·科目·明》：「（嘉靖七年戊子，1528。鄉試）許天倫。代州人。千戶印子。進士。」「（嘉靖十四年乙未）許天倫。代州人。參政。」

省例諸鎮獨棘棘焉，故重之，以風憲權之，以兵刑屏翰京畿，控制西北，謂之內輔外境，其非邪？

知州三十二人：

王敬。洪武三年（1370）任。見《宦業》。

方玉。合肥人。洪武六年（1373）任。有才幹，凡遷置公宇，多其規度。①

杜暹。雲南昆明人。洪武十五年（1382）任，因寓本州關廂三橋。②

吳圭。江西靖［清］江人。貢士。永樂三年（1405）任。③

王希初。正統元年（1436）任。④

孫景名。浙江富陽人。正統六年（1441）任。見《宦業》。

高明。閩人。正統間任。⑤

宋徽。正統十三年（1448）任。⑥

張克讓。由貢士，正統間任。⑦

孫景明。由貢士，成化初任。⑧

李溥。直隸長垣人。由景泰甲戌（1454）進士，成化五年（1469）任。⑨

劉質。⑩

①《成化中都志·名宦·潁州（國朝）》：「方玉。合肥人。洪武六年知州。有才幹，凡遷移公宇，多其規度。」《正德潁州志·名宦（明）》：「方玉。合肥人。洪武六年知潁州，有才幹。凡遷移治所，多其規度。」呂景蒙《嘉靖潁州志·職官表·（明）知州》：「（高皇帝洪武）方玉。傳見《名宦》。」呂景蒙《嘉靖潁州志·名宦》僅存其名，未錄其事。《順治潁州志·宦業·（明）知州》：「方玉。合肥人。洪武六年知州事。有才幹，凡遷置公宇，多其規度。」《康熙潁州志·職官·（明）知州》：「方玉。洪武六年任。詳《名宦》。」《康熙潁州志·名宦》：「方玉。合肥人。洪武六年知州事。有幹才，兵火之餘，營建一切官舍，皆其規度。」《康熙四川通志·名宦·明》：「方玉。瀘州人。洪武間知成都府。性儉約，一介不取。蒞政嚴明，士民懷畏。」

②呂景蒙《嘉靖潁州志·職官表·（明）知州》：「（高皇帝洪武）杜暹。雲南昆明人。洪武十五年任。因寓本州關廂三橋。」《康熙潁州志·職官·（明）知州》：「杜暹。洪武十五年任。詳《名宦》。」《康熙潁州志·名宦（明）》：「杜暹。昆明人。洪武十五年爲州牧，政簡刑清，遇事明決，宦十八載告休。將歸，百姓感留，遂家於潁。」

③呂景蒙《嘉靖潁州志·職官表·（明）知州》：「（文皇帝永樂）吴圭。江西清江人。貢士。三年任。」《康熙潁州志·職官·（明）知州》：「吴圭。清江人。貢士。成祖永樂三年任。」

④呂景蒙《嘉靖潁州志·職官表·（明）知州》：「（睿皇帝正統）王希初。元年任。」《康熙潁州志·職官·（明）知州》：「王希初。英宗正統元年任。」《湖廣通志·選舉志·明貢生（洪武）》：「王希初。知州。以上荆門人。」

⑤呂景蒙《嘉靖潁州志·職官表·（明）知州》：「（睿皇帝正統）高明。閩人。」《康熙潁州志·職官·（明）知州》：「高明。閩縣人。正統五年（1440）任。」

⑥呂景蒙《嘉靖潁州志·職官表·（明）知州》：「（睿皇帝正統）宋徽。十三年任。」《康熙潁州志·職官·（明）知州》：「宋徽。正統十三年任。」

⑦呂景蒙《嘉靖潁州志·職官表·（明）知州》：「（純皇帝成化）張克讓。」《康熙潁州志·職官·（明）知州》：「張克讓。貢士。正統間任。」

⑧呂景蒙《嘉靖潁州志·職官表·（明）知州》：「（純皇帝成化）孫景明。」《康熙潁州志·職官·（明）知州》：「孫景明。貢士。憲宗成化初任。」

⑨呂景蒙《嘉靖潁州志·職官表·（明）知州》：「（純皇帝成化）李溥。直隸長垣人。五年任。」《嘉靖長垣縣志·選舉·進士》：「李溥。字大濟。景泰甲戌科，任潁州知州。」《康熙潁州志·職官·（明）知州》：「李溥。長垣人。進士。成化五年任，修城隍廟有碑。」

⑩呂景蒙《嘉靖潁州志·職官表·（明）知州》：「（純皇帝成化）劉質。」《康熙潁州志·職官·（明）知州》：「劉質。成化間任。」

张㝝輔。俱成化中任。①
劉讓。江西人。弘治初任。見《宦業》。
劉林。廣東人。②
丁瑄。山西奇［岢］嵐人。俱弘治間任。③
翁文奎。浙江蘭谿人。由弘治庚戌（1490）進士任。④
張愛。雲南人。弘治間任。見《宦業》。
陸琛。浙江烏程人。弘治間自滁州調任。⑤
崔璽。弘治間任。⑥
黃嘉愛。浙江餘姚人。正德戊辰（1508）進士。是年任。⑦
曾鼐。湖廣祁陽人。貢士。遷長史。⑧
張鎰。平谷人。有才幹，每爲當道褒奬。遷同知。⑨
劉鳳鳴。山西襄垣人。俱正德間任。⑩
周祖堯。山東東平人。嘉靖三年（1524）任。見《宦業》。
胡偉。湖廣京山人。嘉靖辛巳進士。七年（1528）任。⑪

①《大明一統志・彰德府・名宦》：「張夢輔。由貢士。初除直隸碭山知縣，秩滿陞知潁州，以憂去。成化十五年（1479）復除知磁州。隨任輒有治績，所在民咸懷之。（《省志》。）」呂景蒙《嘉靖潁州志・職官表・（明）知州》：「（純皇帝成化）張夢輔。」《康熙潁州志・職官・（明）知州》：「張夢輔。成化間任。」

②呂景蒙《嘉靖潁州志・職官表・（明）知州》：「（敬皇帝弘治）劉林。廣東人。」《康熙潁州志・職官・（明）知州》：「劉林。廣東人。弘治間任。」

③呂景蒙《嘉靖潁州志・職官表・（明）知州》：「（敬皇帝弘治）丁瑄。山西岢嵐人。」《康熙潁州志・職官・（明）知州》：「丁瑄。岢嵐人。弘治間任。」《雍正陝西通志・名宦・令長（明）》：「丁瑄。山西岢嵐人。舉人。弘治間知寶鷄，鞫訊如神，獄無繫囚。公署圮壞，無不營建。後擢知潁州。（《馬志》。）」

④翁文奎之「奎」字，《光緒蘭谿縣志》作「魁」。呂景蒙《嘉靖潁州志・職官表・（明）知州》：「翁文奎。浙江蘭谿人，進士。」《康熙潁州志・職官・（明）知州》：「翁文奎。蘭谿人，進士，弘治間任。」《光緒蘭谿縣志・科第表・（明）舉人》：「（憲宗成化十九年癸卯，1483）翁文魁。」《光緒蘭谿縣志・科第表・（明）進士》：「（孝宗宏［弘］治三年庚戌錢福榜）翁文魁。字希會，競秀坊人。歷仕浮梁知縣，潁［潁］、鄭二州知州，南京刑部員外郎。」

⑤呂景蒙《嘉靖潁州志・職官表・（明）知州》：「（敬皇帝弘治）陸。失其名。浙江人。」《康熙潁州志・職官・（明）知州》：「陸琛。烏程人。弘治間任。」《崇禎烏程縣志・科第・（明）舉人》：「（成化庚子，1480）陸琛。字懷獻。任江西僉事。」《乾隆烏程縣志・選舉・（明）舉人》：「陸琛。字懷獻。江西僉事。」

⑥呂景蒙《嘉靖潁州志・職官表・（明）知州》：「（敬皇帝弘治）崔璽。」《康熙潁州志・職官・（明）知州》：「崔璽。弘治間任。」

⑦呂景蒙《嘉靖潁州志・職官表・（明）知州》：「（毅皇帝正德）黃嘉愛。浙江餘姚人。進士。三年（1508）任。調欽州，卒於官。」《康熙潁州志・職官・（明）知州》：「黃嘉愛。餘姚人。進士。武宗正德三年任。」《光緒餘姚縣志・選舉表・（明）進士》：「（正德三年戊辰）黃嘉愛。有《傳》。」《光緒餘姚縣志・列傳・明》：「黃嘉愛。字懋仁。正德三年進士。官至欽州守。從王守仁講學，嘗有詩云：『文章自荷逢明主，道學還期覺後人。』其自負如此。同時黃文煥、吳南宮，開州學正，守仁使其子受業。有《東閣私鈔》，記其所聞。黃元釜號丁山，黃夔字子韶，號一川，皆篤實光明，墨守師說。」

⑧呂景蒙《嘉靖潁州志・職官表・（明）知州》同。《康熙潁州志・職官・（明）知州》：「曾鼐。祁陽人。貢士。正德間任。」《湖廣通志・選舉志・明舉人》：「（成化十六年庚子鄉試榜）曾鼐。祁陽人。」

⑨呂景蒙《嘉靖潁州志・職官表・（明）知州》：「張鎰。平谷人。有才幹，每爲當道褒獎，遷南昌府同知。」《康熙潁州志・職官・（明）知州》：「張鎰。平谷人。正德間任。有才幹，每爲當道褒獎。」《乾隆畿輔通志・舉人・明》：「（宏［弘］治戊午，1498）張鎰。平谷人。」《民国平谷縣志・选举・（明）举人》：「（弘治）戊午科一人，張鎰，。同知鋳之弟。」

⑩呂景蒙《嘉靖潁州志・職官表・（明）知州》同。《康熙潁州志・職官・（明）知州》：「劉鳳鳴。襄垣人。正德間任。」《雍正山西通志・科目・明》：「（正德二年丁卯科鄉試）劉鳳鳴。襄垣人。潔次子。穎［潁］州知州。」《民國襄垣縣志・選舉・（明）舉人》：「（正德）劉鳳鳴。潔次子。丁卯（1507），任潁州知州。」

⑪呂景蒙《嘉靖潁州志・職官表・（明）知州》：「（今皇帝嘉靖）胡偉。湖廣京山人。進士。七年任。以被論去。」《康熙潁州志・職官・（明）知州》：「胡偉。京山人。進士。嘉靖七年任。」《雍正江西通志・名宦・吉安府》：「胡偉。字邦奇。京山人。嘉靖元年（1522）知永新縣事，興學勸農，儲粟賑飢，百廢咸舉。邑歲賦苦，虛賠民以鬻輸，多流亡。偉疏奏量田更籍，均其賦役。命下，豪右咸稱不便，上官多沮其議，偉力持之，遂定計，分都制籍，因賦著役。不浹歲告成，轉徙者復業。民咸頌之。（《安志》。）」

宋璉。直隷永平人。嘉靖丙戌（1526）進士。十年（1531）任。俱以被論去。①

朱同蓁。浙江餘姚人。貢士。嘉靖十一年（1532）任。陞同知。②

黃九霄。字騰昂。福建莆田人。貢士。嘉靖十四年（1535）任。③

范金。河南武涉［陟］人。貢士。嘉靖十七年（1538）任。④

劉養仕。四川內江人。嘉靖二十年（1541）任。見《宦業》。

李宜春。字應元。福建莆田人。嘉靖甲辰（1544）進士。二十四年（1545）任。

同知二十四人：

李添祐。洪武元年（1368）任。見《宦業》。

黃亨。江西豐城人。貢士。正統中任。守官有聲。⑤

馮奎。成化中任。⑥

劉節。江西盧陵人。成化十三年（1477）任。見《宦業》。

---

①呂景蒙《嘉靖潁州志·職官表·（明）知州》：「（今皇帝嘉靖）宋璉。直隸永平人。進士。十年任，以被論去。」《康熙潁州志·職官·（明）知州》：「宋璉。永平人。進士。嘉靖十年任。」《光緒永年縣志·選舉·進士》：「（嘉靖五年丙戌科）宋璉。東平知州。」

②呂景蒙《嘉靖潁州志·職官表·（明）知州》：「朱同蓁。浙江餘姚人。貢士。十一年任。遷廉州府同知去。」《康熙潁州志·職官·（明）知州》：「朱同蓁。餘姚人。貢士。嘉靖十一年任。博學，精通五經。」《光緒餘姚縣志·選舉表·（明）鄉貢》：「（正德十一年丙子）朱同蓁。同芳弟。《乾隆通志》作餘杭人。任潁州知州。」

③呂景蒙《嘉靖潁州志·職官表·（明）知州》：「（今皇帝嘉靖）黃九霄。福建莆田人。貢士。十四年任。」《康熙潁州志·職官·（明）知州》：「黃九霄。莆田人。貢士。嘉靖十四年任。」《乾隆福建通志·選舉·明舉人》：「（嘉靖元年壬午，1522。莆田縣）黃九霄。華子。順天中式。潁州知州。」《光緒莆田縣志·選舉·（明）鄉舉》：「（嘉靖元年壬午）黃九霄。字騰昂。華子。順天中式。潁州知州。」

④呂景蒙《嘉靖潁州志·職官表·（明）知州》：「（今皇帝嘉靖）范金。河南武陟人。貢士。十七年任。」《康熙潁州志·職官·（明）知州》：「范金。武陟人。貢士。嘉靖十七年任。」《道光武陟縣志·選舉表·（明）舉人》：「（宏［弘］治乙卯，1495）范金。葭州知州。」

⑤《正德潁州志·名宦·本朝》：「黃亨。江西豊城人。由舉人，正統中司知潁州。守官有聲。」呂景蒙《嘉靖潁州志·職官表·（明）同知》：「（睿皇帝正統）黃亨。江西豐城人。五年任。」《康熙潁州志·職官·（明）同知》：「黃亨。豐城人。英宗正統五年任。」《道光豐城縣志·人物·科目·（明）文科》：「（鄉試。宣德七年壬子，1432）黃亨。槎熌人。潁州同知。」

⑥呂景蒙《嘉靖潁州志·職官表·（明）同知》：「（純皇帝成化）馮奎。」《康熙潁州志·職官·（明）同知》：「馮奎。憲宗成化初任。」

龔覬。成化中任。①

吳鸞。弘治初任。②

葉清。浙江蕭山人。成化丁未（1487）進士。弘治間，由寺丞左遷。③

蒙永思。④

劉泰。湖廣人。貢士。⑤

徐復禮。俱弘治間任。⑥

左崇。江西人。貢士。⑦

趙鼎。山西人。⑧

宋相。山西潞州人。⑨

潘仁。江西九江人。俱正德間任。⑩

傅楫。湖廣應山人。嘉靖元年（1522）任。⑪

黄國光。山東臨清人。正德辛巳（1521）進士。嘉靖七年（1528），由主事左遷，尋轉河南僉事。⑫

張綰。浙江永嘉人。嘉靖九年（1530）任，遷都事。⑬

李珙。江西玉山人。吏員。嘉靖十一年（1532）任，卒於官。⑭

①呂景蒙《嘉靖潁州志·職官表·（明）同知》：「（純皇帝成化）龔覬。」《康熙潁州志·職官·（明）同知》：「龔覬。成化間任。」

②呂景蒙《嘉靖潁州志·職官表·（明）同知》：「（敬皇帝弘治）吳鶚。」《康熙潁州志·職官·（明）同知》：「吳鶚。孝宗弘治初任。」

③呂景蒙《嘉靖潁州志·職官表·（明）同知》：「（敬皇帝弘治）葉清。進士。由寺丞左遷。」《康熙潁州志·職官·（明）同知》：「葉清。蕭山人。進士。」《民國蕭山縣志稿·選舉表·（明）舉人》：「（成化十六年庚子）葉清。」《民國蕭山縣志稿·選舉表·（明）進士》：「（成化二十三年丁未）葉清。通州知縣。」

④呂景蒙《嘉靖潁州志·職官表·（明）同知》：「（敬皇帝弘治）蒙永思。」《康熙潁州志·職官·（明）同知》僅存其名。

⑤呂景蒙《嘉靖潁州志·職官表·（明）同知》同。《康熙潁州志·職官·（明）同知》：「劉泰。湖廣人。貢士。」

⑥呂景蒙《嘉靖潁州志·職官表·（明）同知》：「（敬皇帝弘治）徐復禮。」《康熙潁州志·職官·（明）同知》：「徐復禮。四人俱弘治間任。」《乾隆福建通志·選舉·明貢生（沙縣）》：「（宏［弘］治間貢）徐復禮。潁州同知。」

⑦呂景蒙《嘉靖潁州志·職官表·（明）同知》：「（毅皇帝正德）左崇。貢士。江西人。」《康熙潁州志·職官·（明）同知》：「左崇。江西人。貢士。」《雍正江西通志·選舉·明》：「（弘治八年乙卯鄉試）左崇。安福人。同知。」

⑧呂景蒙《嘉靖潁州志·職官表·（明）同知》同。《康熙潁州志·職官·（明）同知》：「趙鼎。山西人。」

⑨呂景蒙《嘉靖潁州志·職官表·（明）同知》：「（毅皇帝正德）宋相。山西潞州人。」《康熙潁州志·職官·（明）同知》：「宋相。潞州人。」

⑩呂景蒙《嘉靖潁州志·職官表·（明）同知》同。《康熙潁州志·職官·（明）同知》：「潘仁。九江人。四人俱武宗正德間任。」《嘉靖九江府志·選舉·（明）賓貢》：「潘仁。州同知。」

⑪呂景蒙《嘉靖潁州志·職官表·（明）同知》：「（今皇帝嘉靖）傅楫。湖廣應山人。元年任。」《嘉靖應山縣志·（明）歲貢》：「傅楫。公濟。任陝西行都司斷事，陞潁州同知。」《康熙潁州志·職官·（明）同知》：「傅楫。應山人。世宗嘉靖元年任。」

⑫呂景蒙《嘉靖潁州志·職官表·（明）同知》：「（今皇帝嘉靖）黃國光。山東臨清人。進士。七年主事左遷，尋轉河南僉事。卒。」《康熙潁州志·職官·（明）同知》：「黃國光。臨清人。進士。嘉靖七年任。」《乾隆山東通志·選舉志·制科（進士）》：「（辛巳科正德十六年）黃國光。臨清州人。參事。」《民國臨清縣志·選舉·（明）進士》：「（正德）黃國光。辛巳科。任河南僉事。」

⑬呂景蒙《嘉靖潁州志·職官表·（明）同知》：「（今皇帝嘉靖）張綰。浙江永嘉人。九年任，遷都事去。」《康熙潁州志·職官·（明）同知》：「張綰。永嘉人。嘉靖九年任。」

⑭呂景蒙《嘉靖潁州志·職官表·（明）同知》：「（今皇帝嘉靖）李珙。江西玉山人。吏負。十一年任，卒於官。」《康熙潁州志·職官·（明）同知》：「李珙。玉山人。嘉靖十一年任。」《康熙玉山縣志·選舉·（明）才胥》：「李珙。市人。任潁州同知。」

賀朝聘。山西蒲縣人。監生。嘉靖十四年（1535）任。①

茅宰。浙江山陰人。嘉靖十六年（1537）任。見《宦業》。

黄惟寶。江西南城人。監生。嘉靖十七年（1538）任。②

任崙。浙江慈谿人。吏員。嘉靖二十年（1541）任。③

李偉。字良器。江西瑞安人。選貢。嘉靖二十三年（1544）任。遇事明練，獄無滯冤。其都粮監稅，節縮冗費，商民多稱便云。遷趙府審理。④

吳人忠。字刻誠。浙江餘姚人。吏員。二十六年（1547）任。⑤

判官三十四人：

游兆。福建人。洪武二十五年（1392）任。見《宦業》。

李韶。山西潞州人。進士。永樂中任，有治事才。⑥

潘守禮。河南扶溝人。洪熙間以兵部主事調。⑦

楊暹。宣德間任。⑧

邵建初。⑨

董梁。保定人。正統四年（1439）任。⑩

黃永忠。湖廣巴陵人。正統五年（1440）任。⑪

---

①呂景蒙《嘉靖潁州志・職官表・（明）同知》：「（今皇帝嘉靖）賀朝聘。山西蒲縣人。監生。十四年任。」《康熙潁州志・職官・（明）同知》：「賀朝聘。蒲州人。嘉靖十四年任。」《乾隆蒲縣志・選舉・（明）例貢》：「賀朝聘。潁州同知。」

②呂景蒙《嘉靖潁州志・職官表・（明）同知》：「（今皇帝嘉靖）黃惟賓。江西南城人。監生。十七年任。」《康熙潁州志・職官・（明）同知》：「黃維賓。南城人。嘉靖十七年任。」《康熙南城縣志・選舉・（明）應例太學生》：「（天順六年四十五歲例）黃惟賓。清第二子。潁州同知。」

③呂景蒙《嘉靖潁州志・職官表・（明）同知》：「（今皇帝嘉靖）任崙。浙江慈谿人。吏員。二十年任。」《康熙潁州志・職官・（明）同知》：「任崙。慈谿人。嘉靖二十年任。」

④《康熙潁州志・職官・（明）同知》：「李偉。瑞安人。」《崇禎瑞州府志・選舉・歲貢》：「李偉。制科選貢。」

⑤《康熙潁州志・職官・（明）同知》：「吳人忠。餘姚人。」

⑥呂景蒙《嘉靖潁州志・職官表・（明）判官》：「（文皇帝永樂）李韶。山西潞州人。」《康熙潁州志・職官・（明）判官》：「李韶。潞州人。進士。成祖永樂間任。」

⑦呂景蒙《嘉靖潁州志・職官表・（明）判官》：「（昭皇帝洪熙）潘守禮。河南扶溝人。兵部主事調潁。」《康熙潁州志・職官・（明）判官》：「潘守禮。扶溝人。仁宗洪熙間任。」

⑧呂景蒙《嘉靖潁州志・職官表・（明）判官》：「（章皇帝宣德）楊暹。」《康熙潁州志・職官・（明）判官》：「楊暹。宣宗宣德間任。」

⑨呂景蒙《嘉靖潁州志・職官表・（明）判官》：「（睿皇帝正統）邵建初。」《康熙潁州志・職官・（明）判官》：「邵建初。英宗正統初任。」《民國政和縣志・選舉・（明）歲貢》：「邵建初。州判。」

⑩《弘治保定郡志・明・束鹿縣歲貢》：「董梁。州判。」呂景蒙《嘉靖潁州志・職官表・（明）判官》：「（睿皇帝正統）董梁。保定人。四年任。」《康熙潁州志・職官・（明）判官》：「董梁。保定人。正統四年任。」

⑪呂景蒙《嘉靖潁州志・職官表・（明）判官》：「（睿皇帝正統）黃永忠。湖廣巴陵人。五年任。」《康熙潁州志・職官・（明）判官》：「黃永忠。巴陵人。正統五年任。」

黄立。成化四年（1468）任。①

吴玹。成化五年（1469）任。②

李憲。山西汾州人。③

馬利。臨清人。④

王全。山西陽曲人。⑤

廖暉。⑥

曹宗讓。俱成化間任。⑦

錢繡。浙江人。⑧

馬景。⑨

雷頤。廣東人。⑩

段□。北直隸人。逸其名。俱弘治間任。⑪

官文輝。浙江人。⑫

朱傑。北直隸人。⑬

周文冕。山東高唐人。⑭

王尚忠。河南人。俱正德間任。⑮

---

①呂景蒙《嘉靖潁州志·職官表·（明）判官》：「（純皇帝成化）黃立。四年任。」《康熙潁州志·職官·（明）判官》：「黃立。憲宗成化四年任。」

②呂景蒙《嘉靖潁州志·職官表·（明）判官》：「（純皇帝成化）吳玹。五年任。」《康熙潁州志·職官·（明）判官》：「吳玹。成化五年任。」

③呂景蒙《嘉靖潁州志·職官表·（明）判官》：「（純皇帝成化）李憲。山西汾州人。」《康熙潁州志·職官·（明）判官》：「李憲。汾州人。」

④呂景蒙《嘉靖潁州志·職官表·（明）判官》：「（純皇帝成化）馬利。臨清人。」《康熙潁州志·職官·（明）判官》：「馬利。臨清人。」《民國臨清縣志·選舉·明例貢表》：「（天順）馬利。州同知。」

⑤呂景蒙《嘉靖潁州志·職官表·（明）判官》：「（純皇帝成化）王全。山西陽曲人。」《康熙潁州志·職官·（明）判官》：「王全。陽曲人。」

⑥呂景蒙《嘉靖潁州志·職官表·（明）判官》：「（純皇帝成化）廖暉。」《康熙潁州志·職官·（明）判官》僅存其名。

⑦呂景蒙《嘉靖潁州志·職官表·（明）判官》：「（純皇帝成化）曹宗讓。」《康熙潁州志·職官·（明）判官》僅存其名。

⑧《雍正廣東通志·職官·（明）惠州府推官》：「錢繡。浙江鄞縣人。監生。（正德）十年（1515）任。」《嘉靖惠州府志·秩官·（國朝）推官》：「錢繡。鄞縣人。監生。（正德）十年任。卒於官。」呂景蒙《嘉靖潁州志·職官表·（明）判官》：「（敬皇帝弘治）錢繡。浙江人。」《康熙潁州志·職官·（明）判官》：「錢繡。浙江人。六人俱成化間任。」

⑨呂景蒙《嘉靖潁州志·職官表·（明）判官》：「（敬皇帝弘治）馬景。」《康熙潁州志·職官·（明）判官》僅存其名。

⑩呂景蒙《嘉靖潁州志·職官表·（明）判官》：「（敬皇帝弘治）雷頤。廣東人。」《康熙潁州志·職官·（明）判官》：「雷頤。廣東人。二人俱孝宗弘治間任。」

⑪呂景蒙《嘉靖潁州志·職官表·（明）判官》：「（敬皇帝弘治）段。失其名。北直隸人。」

⑫呂景蒙《嘉靖潁州志·職官表·（明）同知》：「（毅皇帝正德）官文輝。浙江人。」《康熙潁州志·職官·（明）同知》：「官文輝。浙江人。」

⑬呂景蒙《嘉靖潁州志·職官表·（明）同知》：「（毅皇帝正德）朱傑。北直隸人。」《康熙潁州志·職官·（明）同知》：「朱傑。北直人。」

⑭呂景蒙《嘉靖潁州志·職官表·（明）同知》：「（毅皇帝正德）周文冕。山東高唐人。」《康熙潁州志·職官·（明）同知》：「周文冕。高唐人。」

⑮呂景蒙《嘉靖潁州志·職官表·（明）同知》：「（毅皇帝正德）王尚忠。河南人。」《康熙潁州志·職官·（明）同知》：「王尚忠。河南人。四人俱武宗正德間任。」

陳瑾。廣西武宣人。十三年（1518）任。①
鄭俊［駿］。浙江諸暨人。嘉靖元年（1522）任。②
任賢。河南溫縣人。二年（1523）任。③
張振。陝西人。④
陳鳳儀。湖廣襄陽人。⑤
何坤。江西峽江人。九年（1530）任。見《宦業》。
呂景蒙。廣西象州人。十二年（1533）任。見《宦業》。
劉芳。陝西郚陽人。監生。十四年（1535）任。⑥
羅文質。湖廣桂陽人。監生。十六年（1537）任。⑦
梁金。廣西永淳人。監生。十九年（1540）任。⑧
申純。山東楊［陽］穀人。吏員。二十年（1541）任。⑨
張謙。字德光。江西樂平人。監生。二十四年（1545）任。⑩

吏目十五人：
劉忠。河南光州人。正統四年（1439）任。⑪

①呂景蒙《嘉靖潁州志·職官表·（明）同知》：「（毅皇帝正德）陳瑾。廣西武宣人。十三年任。」《康熙潁州志·職官·（明）同知》：「陳瑾。武宣人。正德十三年任。」

②呂景蒙《嘉靖潁州志·職官表·（明）同知》：「（今皇帝嘉靖）鄭駿。浙江諸暨人。元年任。」《康熙潁州志·職官·（明）同知》：「鄭駿。諸暨人。世宗嘉靖元年任。」《乾隆諸暨縣志·選舉·（明）例貢》：「鄭駿。潁州判官。」

③呂景蒙《嘉靖潁州志·職官表·（明）同知》：「（今皇帝嘉靖）任賢。河南溫縣人。二年任。」《康熙潁州志·職官·（明）同知》：「任賢。溫縣人。嘉靖二年任。」

④呂景蒙《嘉靖潁州志·職官表·（明）同知》：「（今皇帝嘉靖）張振。陝西人。」《康熙潁州志·職官·（明）同知》：「張振。陝西人。嘉靖間任。」

⑤呂景蒙《嘉靖潁州志·職官表·（明）同知》：「（今皇帝嘉靖）陳鳳儀。湖廣襄陽人。」《康熙潁州志·職官·（明）同知》：「陳鳳儀。襄陽人。嘉靖間任。」

⑥呂景蒙《嘉靖潁州志·職官表·（明）同知》：「（今皇帝嘉靖）劉芳。陝西署陽人。監生。十四年任。」《康熙潁州志·職官·（明）同知》：「劉芳。署陽人，嘉靖十四年任。」《光緒署陽縣志·人才·（明）貢生》：「劉芳。州知。」

⑦呂景蒙《嘉靖潁州志·職官表·（明）同知》：「（今皇帝嘉靖）羅文質。湖廣桂陽人。監生。十六年任。」《康熙潁州志·職官·（明）同知》：「羅文質。桂陽人。嘉靖十六年任。」

⑧呂景蒙《嘉靖潁州志·職官表·（明）同知》：「（今皇帝嘉靖）梁金。廣西永淳人。監生。十九年任。」《康熙潁州志·職官·（明）同知》：「梁金。永淳人。嘉靖十九年任。」

⑨呂景蒙《嘉靖潁州志·職官表·（明）同知》：「（今皇帝嘉靖）申純。山東陽穀人。吏員。二十年任。」《康熙潁州志·職官·（明）同知》：「申純。陽穀人。嘉靖二十年任。」

⑩《康熙潁州志·職官·（明）同知》：「張謙。樂平人。」《同治樂平縣志·選舉·應例》：「張謙。潁州州判。」

⑪呂景蒙《嘉靖潁州志·職官表·（明）吏目》：「（睿皇帝正統）劉忠。河南光州人。四年任。」《康熙潁州志·職官·（明）吏目》：「劉忠。光州人。英宗正統四年任。」《光緒光州志·選舉·五貢生》：「劉忠。任潁州吏目。」

賈贊。十一［二］年（1446）任。①

劉璡。②

董德。③

藍□。逸其名。④

馮文。俱成化間任。⑤

貊廷用。⑥

辛俊。俱弘治間任。⑦

劉濟。⑧

李矩。山西人。俱正德間任。⑨

徐富。浙江湖州人。⑩

张邦俊。直隸蠡縣人。官生。嘉靖十一年（1532）任。⑪

鄭惟寧。山東東平州人。監生。二十一年（1542）任。⑫

張脩齡。山東東阿人。歲貢。二十二年（1543）任，卒於官。⑬

楊沔。字天絜。山西忻州人。二十四年（1545）任。⑭

李宜春《題名記》：

我國家混一區宇，稽古建官。州制：知州，有同，有判，有吏目，官不爲不備。且潁介南北衝，隸鳳陽，

---

①呂景蒙《嘉靖潁州志·職官表·（明）吏目》：「（睿皇帝正統）賈贇。十二年任。」《康熙潁州志·職官·（明）吏目》：「賈贇。正統十二年任。」

②呂景蒙《嘉靖潁州志·職官表·（明）吏目》：「（純皇帝成化）劉璡。」《康熙潁州志·職官·（明）吏目》僅存其名。

③呂景蒙《嘉靖潁州志·職官表·（明）吏目》：「（純皇帝成化）董德。」《康熙潁州志·職官·（明）吏目》僅存其名。

④呂景蒙《嘉靖潁州志·職官表·（明）吏目》：「（純皇帝成化）藍。失其名。」

⑤呂景蒙《嘉靖潁州志·職官表·（明）吏目》：「（純皇帝成化）馮文。」《康熙潁州志·職官·（明）吏目》：「馮文。三人俱憲宗成化間任。」

⑥呂景蒙《嘉靖潁州志·職官表·（明）吏目》：「（敬皇帝弘治）貊廷用。」《萬姓統譜·入聲·貊》：「貊廷用。岢嵐人。弘治中任穎［潁］州判官。」《康熙潁州志·職官·（明）吏目》僅存其名。

⑦呂景蒙《嘉靖潁州志·職官表·（明）吏目》：「（敬皇帝弘治）辜俊。」《康熙潁州志·職官·（明）吏目》：「辜俊。二人俱孝宗弘治間任。」

⑧呂景蒙《嘉靖潁州志·職官表·（明）吏目》：「（毅皇帝正德）劉濟。」《康熙潁州志·職官·（明）吏目》僅存其名。

⑨呂景蒙《嘉靖潁州志·職官表·（明）吏目》：「（毅皇帝正德）李矩。山西人。」《康熙潁州志·職官·（明）吏目》：「李矩。山西人。二人俱武宗正德間任。」

⑩呂景蒙《嘉靖潁州志·職官表·（明）吏目》：「（今皇帝嘉靖）徐富。浙江湖州人。」《康熙潁州志·職官·（明）吏目》：「徐富。湖州人。世宗嘉靖初任。」

⑪呂景蒙《嘉靖潁州志·職官表·（明）吏目》：「（今皇帝嘉靖）張邦俊。直隸蠡縣人。官生。十一年任。」《康熙潁州志·職官·（明）吏目》：「張邦俊。蠡縣人。官生。嘉靖十一年任。」

⑫《康熙潁州志·職官·（明）吏目》：「鄭惟寧。東平人。」

⑬《康熙潁州志·職官·（明）吏目》：「張修齡。東阿人。」《道光東阿縣志·選舉·（明）貢生》：「張修齡。由例貢任直隸潁州吏目。」

⑭《康熙潁州志·職官·（明）吏目》：「楊沔，沂州人。」

領潁上、太和二縣，責不爲不重。起洪武，迄之今嘉靖丁未，百七十餘年，歷不爲不多。獨題名未樹，觀省罔依，謂非典之闕也乎哉？迺閲舊乘，知州得王敬而下若干人，同知得李添祐而下若干人，判官得游兆而下若干人，吏目得劉忠而下若干人。秩列於先，名錄於後，鐫諸君以垂久遜云爾，因而歎曰：嗟哉乎！此古九州域也。其舜之所咨，有十二牧乎？然牧無名焉，史但載其「濟濟相讓」，豈無人之可題者乎？且今之所題，果有如舜之所謂牧者乎？夫牧而無名，牧之盛也，名其昉於襄乎？雖然，名，公是非者也；論，久而定者也。今之題名，名矣。每有指之曰：「某人也，某人也，是循吏也，是良牧也。」是政平而訟理者也，名斯重之矣。不然，必有疵之者曰：「某人也，某人也，不良於牧也，非吏之循也。其有某事某事失。」名斯辱之矣。夫名而重焉，猶之可也，名而辱焉，奚以題名爲哉？噫嘻！兹名題，感與懼係之矣。後之嗣是職，策是名，庸詎知不感且懼，進而爲循吏，爲古之牧乎？謹書於上方以爲記。

學正十七人：

雷塏。福建建安人。正統中任。①

李悦。浙江永嘉人。正統中任。見《宦業》。

張賢。浙江臨海人。見《宦業》。

孫晟。山東人。②

劉珮。河南鄢陵人。見《宦業》。

應廣平。③

曾大賢。麻城人。俱成化間任。④

林初。福建寧德人。弘治十三年（1500）任。⑤

王渙。浙江臨海人。十七年（1504）任。有學行，一旹人才，多所成就。遷池州教授。⑥

何南。正德八年（1513）任。⑦

①呂景蒙《嘉靖潁州志·職官表·（明）學正》：「（睿皇帝正統）雷塏。福建建安人。」《康熙潁州志·職官·（明）學正》：「雷塏。建安人。英宗正統間任。」《民國建甌縣志·選舉·（明）鄉舉》：「雷愷。俱永樂十八年（1420）庚子吳觀榜。」

②呂景蒙《嘉靖潁州志·職官表·（明）學正》：「（純皇帝成化）孫晟。山東人。」《康熙潁州志·職官·（明）學正》：「孫晟。山東人。」

③呂景蒙《嘉靖潁州志·職官表·（明）學正》：「（純皇帝成化）應廣平。」《康熙潁州志·職官·（明）學正》僅存其名。《雍正浙江通志·選舉·（明）舉人》：「（景泰四年癸酉科，1453）應廣平。黃岩人。教授。」《光緒黃岩縣志·選舉·鄉科》：「（景泰四年癸酉科）應廣平。字志道。謂之子。大名教授。」疑即其人。

④呂景蒙《嘉靖潁州志·職官表·（明）學正》：「（純皇帝成化）曾大賢。麻城人。」《康熙潁州志·職官·（明）學正》：「曾大賢。麻城人。五人俱憲宗成化間任。」《民國麻城縣志前編·選舉·（明）舉人》：「（成化十年甲午，1474）曾大賢。學正。」

⑤呂景蒙《嘉靖潁州志·職官表·（明）學正》：「（敬皇帝弘治）林初。福建寧德人。十三年任。」《康熙潁州志·職官·（明）學正》：「林初。寧德人。孝宗弘治十三年任。」《福建通志·選舉·（明）舉人》：「（成化十六年庚子，1480）寧德縣林初。潁州學正。」

⑥呂景蒙《嘉靖潁州志·職官表·（明）學正》同。《康熙潁州志·職官·（明）學正》：「王渙，臨海人。弘治十七年任。有學行，一時人才，多所成就。」《雍正浙江通志·選舉·（明）舉人》：「（宏「弘」治十七年甲子）王渙，臨海人。池州教授。」

⑦呂景蒙《嘉靖潁州志·職官表·（明）學正》：「（毅皇帝正德）何南。八年任。」《康熙潁州志·職官·（明）學正》：「何南。武宗正德八年任。」

劉琮。廣西蒼梧人。貢士。九年（1514）任。遷河南府學教授。①
黄椿。福建羅源人。十五年（1520）任。②
廖雲從。福建懷安人。嘉靖五年（1526）任。見《宦業》。
胡志儒。雲南蒙化人。貢士。十一年（1532）任，卒於官。③
胡衮。江西鄱陽人。十二年（1533）任。見《宦業》。
郭世相。字君佐。河南閿鄉人。歲貢。二十年（1541）任。④
李鑾。字朝用。湖廣善化人。選貢。二十六年（1547）任。⑤

訓導三十五人：
陳俊。河南杞縣人。⑥
陳鋐。廣東徐聞人。⑦
危安。福建武平人。俱正統間任。⑧
蕭進。山東莒州人。景泰間任。⑨
王頤。⑩

張滿。⑪

鮑寵。俱成化間任。⑫

---

①呂景蒙《嘉靖潁州志·職官表·（明）學正》同。《康熙潁州志·職官·（明）學正》：「劉琮。蒼梧人。正德九年任。」《同治梧州府志·選舉·（明）鄉舉》：「（弘治二年己酉，1489）劉琮。蒼梧人。教諭。」

②呂景蒙《嘉靖潁州志·職官表·（明）學正》：「（毅皇帝正德）黄椿。羅源人。十五年任。」《康熙潁州志·職官·（明）學正》：「黄椿。羅源人。正德十五年任。」《福建通志·選舉·明貢生》：「黄椿。潁川［州］學正。」

③呂景蒙《嘉靖潁州志·職官表·（明）學正》同。《康熙潁州志·職官·（明）學正》：「胡志儒。蒙化人。舉人。嘉靖十一年任。」《民國蒙化縣志稿·選舉·（明）舉人》：「胡志儒。嘉靖戊子（1528）。」《民國蒙化縣志稿·選舉·文職》：「胡志儒。嘉靖戊子舉人。任南直潁州學正。」

④《順治閿鄉縣志·選舉·（明）貢士》：「郭世相，任潁州學正。」

⑤《康熙潁州志·職官·（明）學正》：「李鸞［鑾］。善化人。」《乾隆長沙府志·選舉·（明）貢生》：「（善化縣）李鑾。」

⑥呂景蒙《嘉靖潁州志·職官表·（明）訓導》：「（睿皇帝正統）陳俊。河南杞縣人。」《康熙潁州志·職官·（明）訓導》：「陳俊。杞縣人。」《乾隆杞縣志·選舉·（明）貢士》：「（宣德年）陳俊。字彦傑。四年（1429）貢。授潁州訓導。」

⑦呂景蒙《嘉靖潁州志·職官表·（明）訓導》：「（睿皇帝正統）陳鋐。廣東徐聞人。」《康熙潁州志·職官·（明）訓導》：「陳鋐。徐聞人。」《宣統徐聞縣志·選舉·（明）登仕》：「陳鋐。山西道御史。」《宣統徐聞縣志·選舉·（明）歲貢》：「陳鋐。山西道御史。」

⑧呂景蒙《嘉靖潁州志·職官表·（明）訓導》：「（睿皇帝正統）危安。福建武平人。」《康熙潁州志·職官·（明）訓導》：「危安。武平人。三人俱英宗正統間任。」《乾隆福建通志·選舉·明貢生》：「（武平縣學）危安。梁山訓導。」

⑨呂景蒙《嘉靖潁州志·職官表·（明）訓導》：「（景皇帝景泰）蕭進。山東莒州人。」《康熙潁州志·職官·（明）訓導》：「蕭進。莒州人。景泰間任。」

⑩呂景蒙《嘉靖潁州志·職官表·（明）訓導》：「（純皇帝成化）王頤。」《康熙潁州志·職官·（明）訓導》僅存其名。

⑪呂景蒙《嘉靖潁州志·職官表·（明）訓導》：「（純皇帝成化）張滿。」《康熙潁州志·職官·（明）訓導》僅存其名。《乾隆福建通志·選舉·明舉人》：「（成化七年辛卯，1471）羅源縣張滿。祐子。海寧訓導。」疑即其人。

⑫呂景蒙《嘉靖潁州志·職官表·（明）訓導》：「（純皇帝成化）鮑寵。」《康熙潁州志·職官·（明）訓導》：「鮑寵。三人俱憲宗成化間任。」

張義。二十二年（1486）任。①
常經。成化末任。②
袁紀。弘治十年（1497）任。③
陳秉。浙江樂清人。十一年（1498）任。④
潘縉。武昌人。十三年（1500）任。⑤
雷昔。江西鄱陽人。十五年（1502）任。⑥
李仕進。寧縣人。弘治末任。⑦
羅襄。江西人。正德六年（1511）任。⑧
劉賓。河南輝縣人。七年（1512）任。⑨
廖冕。四川人。七年（1512）任。⑩
胡哲。浙江人。⑪
孫表。涿州人。八年（1513）任。⑫
鬱驤。山東人。八年（1513）任。⑬
張思明。新泰人。⑭

①呂景蒙《嘉靖潁州志・職官表・（明）訓導》：「（純皇帝成化）張義。一十二年（1476）任。」《康熙潁州志・職官・（明）訓導》：「張義。成化十年（1474）任。」

②呂景蒙《嘉靖潁州志・職官表・（明）訓導》：「（純皇帝成化）常經。」《康熙潁州志・職官・（明）訓導》：「常經。成化間任。」《雍正山西通志・科目・明（鄉試）》：「（成化十年，1474）常經。顯子。榆社人。」疑即其人。《光緒榆社縣志・選舉・鄉科（明）》：「常經。西廂人。成化甲午（1474）科舉人。單縣知縣。」

③呂景蒙《嘉靖潁州志・職官表・（明）訓導》：「（敬皇帝弘治）袁紀。十年任。」《康熙潁州志・職官・（明）訓導》：「袁紀。孝宗弘治十年任。」《雍正山西通志・科目・明（鄉試）》：「（成化十三年丁酉，1477）袁紀。潞州人。沛縣知縣。」疑即其人。《光緒長治縣志・選舉表・（明）舉人》：「（成化）袁紀。南直沛縣知縣。丁酉科。」《民國沛縣志・秩官表・（明）知縣》：「袁紀。山西路州人。監生。弘治七年任，卒於官。」

④呂景蒙《嘉靖潁州志・職官表・（明）訓導》：「（敬皇帝弘治）陳秉。浙江樂清人。十一年任。」《康熙潁州志・職官・（明）訓導》：「陳秉。樂清人。弘治十一年任。」《光緒樂清縣志・選舉・（明）貢生》：「（宏［弘］治年）陳秉。訓導。」

⑤呂景蒙《嘉靖潁州志・職官表・（明）訓導》：「（敬皇帝弘治）潘縉。武昌人。十三年任。」《康熙潁州志・職官・（明）訓導》：「潘進［縉］，武昌人。」《雍正湖廣通志・選舉志・明舉人》：「（成化十三年丁酉鄉試榜）潘縉。江夏人。通判。」疑即其人。

⑥呂景蒙《嘉靖潁州志・職官表・（明）訓導》：「（敬皇帝弘治）雷時。江西鄱陽人。十五年任。」《康熙潁州志・職官・（明）訓導》：「雷時。鄱陽人。弘治十五年任。」《康熙鄱陽縣志・選舉・（明）貢士》：「雷時。字應元，舊《府志》字時濟。六十九，都人。官潁州訓導。」

⑦呂景蒙《嘉靖潁州志・職官表・（明）訓導》：「（敬皇帝弘治）李仕進。寧縣人。」《康熙潁州志・職官・（明）訓導》：「李仕進。寧縣人。弘治間任。」

⑧呂景蒙《嘉靖潁州志・職官表・（明）訓導》：「（毅皇帝正德）羅襄。江西人。六年任。」《康熙潁州志・職官・（明）訓導》：「羅襄。江西人。武宗正德六年任。」

⑨呂景蒙《嘉靖潁州志・職官表・（明）訓導》：「（毅皇帝正德）劉賓。河南輝縣人。七年任。」《康熙潁州志・職官・（明）訓導》：「劉賓。輝縣人。正德七年任。」

⑩呂景蒙《嘉靖潁州志・職官表・（明）訓導》：「（毅皇帝正德）廖冕。四川人。七年任。」《康熙潁州志・職官・（明）訓導》：「廖冕。四川人。正德七年任。」

毛袓。陽武人。十六年（1521）任。①

何琰。浙江淳安人。十六年（1521）任。②

熊謙。湖廣石首人。嘉靖元年（1522）任。③

秦邦彥。陝西三原人。二年（1523）任。④

馬文玘。陝西三原人。三年（1524）任。⑤

韋孚。浙江長興人。八年（1529）任。⑥

鄭堂。浙江嵊縣人。八年（1529）任。⑦

姚理。浙江鄞縣人。十年（1531）任。⑧

史璋。浙江處州衛人。十六年（1537）任。⑨

⑪呂景蒙《嘉靖潁州志・職官表・（明）訓導》：「（毅皇帝正德）胡哲。浙江人。」《康熙潁州志・職官・（明）訓導》：「胡哲。浙江人。正德間任。」

⑫呂景蒙《嘉靖潁州志・職官表・（明）訓導》：「（毅皇帝正德）孫表。涿州人。八年任。」《康熙潁州志・職官・（明）訓導》：「孫表。涿州人。正德八年任。」《民國涿縣志・選舉・貢士（明）》：「（嘉靖間）孫表。官訓導。」此處云「嘉靖間」雖誤，但與《潁州志》所載無疑屬於一人。

⑬呂景蒙《嘉靖潁州志・職官表・（明）訓導》：「（毅皇帝正德）鬱驤。山東人。八年任。」《康熙潁州志・職官・（明）訓導》：「鬱驤。山東人。正德八年任。」

⑭呂景蒙《嘉靖潁州志・職官表・（明）訓導》：「（毅皇帝正德）張思明。新泰人。」《康熙潁州志・職官・（明）訓導》：「張思明。新泰人。正德間任。」

①呂景蒙《嘉靖潁州志·職官表·（明）訓導》：「（毅皇帝正德）毛昶。陽武人。十六年任。」《康熙潁州志·職官·（明）訓導》：「毛昶。陽武人。正德十六年任。」《民國陽武縣志·選舉·（明）貢生》：「（正德中貢十人）毛昶。九年（1514）貢。任江南隸［潁］州學正。」

②呂景蒙《嘉靖潁州志·職官表·（明）訓導》：「（毅皇帝正德）何琰。浙江淳安人。十六年任。」《康熙潁州志·職官·（明）訓導》：「何琰。淳安人。正德十六年任。」《光緒淳安縣志·選舉·（明）貢士》：「（正德年）何琰。庚辰（1520）貢。潁州訓導。」

③呂景蒙《嘉靖潁州志·職官表·（明）訓導》：「（今皇帝嘉靖）熊謙。湖廣石首人。元年任。」《康熙潁州志·職官·（明）訓導》：「熊謙。石首人。世宗嘉靖元年任。」

④呂景蒙《嘉靖潁州志·職官表·（明）訓導》：「（今皇帝嘉靖）秦邦彥。陝西三原人。二年任。」《康熙潁州志·職官·（明）訓導》：「秦邦彥。三原人。嘉靖二年任。」《光緒三原縣志·選舉·（明）貢生》：「秦邦彥。有傳。」《光緒三原縣志·人物·（明）賢能》：「秦邦彥。《谿田通志》字國美。由貢生，訓導潁州。教諭原武，嘗迎父柩於淮上，遇盜，捐金與之，護柩痛哭。感動，舍之而去。姪恆少孤，鞠而誨之，學弗成，爲治生產焉。所在以經授徒，門人成名者衆。」

⑤呂景蒙《嘉靖潁州志·職官表·（明）訓導》：「（今皇帝嘉靖）馬文玘。陝西三原人。三年任。」《康熙潁州志·職官·（明）訓導》：「馬文玘。三原人。嘉靖三年任。」《光緒三原縣志·選舉·（明）貢生》：「馬文玘。有傳。」《光緒三原縣志·人物·（明）賢能》：「馬文玘。《谿田通志》字玉之。文雅莊謹。任潁州訓導，每黎明坐齋中課諸生業，日入而退，寒暑弗輟。潁士興起多成名。歐陽永叔裔之在潁，聞其貧，訪而周之。還寧晉教諭，寧有二生久病，或謂宜申御史黜名。文玘弗聽，惟調護之，後瘳，咸通籍。故其卒於官也，弟子悉哀奠悲思焉。」

⑥呂景蒙《嘉靖潁州志·職官表·（明）訓導》：「（今皇帝嘉靖）韋孚。浙江長興人。八年任。」《康熙潁州志·職官·（明）訓導》：「韋孚。長興人。嘉靖八年任。」《嘉慶長興縣志·選舉·（明）貢生》：「韋孚。鳳京潁州訓導。」

⑦呂景蒙《嘉靖潁州志·職官表·（明）訓導》：「（今皇帝嘉靖）鄭堂。浙江嵊縣人。八年任。」《康熙潁州志·職官·（明）訓導》：「鄭堂。嵊縣人。嘉靖八年任。」《同治嵊縣志·選舉·（明）歲貢》：「（嘉靖）鄭堂。五年（1526）貢。字汝陞。居德政鄉。金谿教諭。」

⑧呂景蒙《嘉靖潁州志·職官表·（明）訓導》：「（今皇帝嘉靖）姚理。浙江鄞縣人。十年任。」《康熙潁州志·職官·（明）訓導》：「姚理。鄞縣人。嘉靖十年任。」《嘉靖寧波府志·選舉·歲貢（國朝）》：「（嘉靖九年庚寅，1530）姚理。」

⑨呂景蒙《嘉靖潁州志·職官表·（明）訓導》：「（今皇帝嘉靖）史璋。浙江處州衛人。監生。十六年任。」《康熙潁州志·職官·（明）訓導》：「史璋。麗水人。嘉靖十六年任。」《雍正處州府志·選舉·（明）明經》：「（嘉靖）史璋。南安教諭。」

孫仁俊。直隸新河人。十六年（1537）任。①
徐進。字南甫。河南汝陽人。歲貢。二十一年（1542）任。②
金鰲。字鎮卿。浙安［江］瑞安人。歲貢。二十一年（1542）任。③
方涵。字德容。湖廣巴陵人。歲貢。二十二年（1543）任。④
張崇簡。字君賢。河南陝州人。歲貢。二十三年（1544）任。⑤

沈丘鎮巡檢六人：

孫祿。⑥
趙柰。定興人。⑦
蘇綿。涇陽人。
黄友志。桂陽人。
宋文達。太谷人。
呂鷹。直隸撫寧人。嘉靖二十五年（1546）任。

驛丞十五人：

何安。番禺人。柳河驛。今革。⑧

張迪。劉龍驛。今革。⑨

段禛。潁川驛。⑩

趙玉。栢鄉人。⑪

石謂。肥鄉人。⑫

---

①呂景蒙《嘉靖潁州志・職官表・（明）訓導》：「（今皇帝嘉靖）孫仁俊。直隸新河人。監生。十六年任。」《康熙潁州志・職官・（明）訓導》：「孫仁俊。新河人。嘉靖十六年任。」

②《康熙潁州志・職官・（明）訓導》：「徐進。汝陽人。」《康熙汝陽縣志・選舉・（明）貢生》：「徐進。直隸潁州訓導。」

③《康熙潁州志・職官・（明）訓導》：「金鰲。瑞安人。」

④《康熙潁州志・職官・（明）訓導》：「方涵。巴陵人。」

⑤《康熙潁州志・職官・（明）訓導》：「張崇簡。陝州人。」《民國陝縣志・選舉・（明）貢生》：「張崇簡。天津教諭。」

⑥呂景蒙《嘉靖潁州志・職官表・（皇明潁州）巡檢驛丞》：「孫祿。巡檢。」

⑦呂景蒙《嘉靖潁州志・職官表・（皇明潁州）巡檢驛丞》：「趙柰。定興人。巡檢。」

⑧呂景蒙《嘉靖潁州志・職官表・（皇明潁州）巡檢驛丞》：「何安。番禺人。柳河驛。」

⑨呂景蒙《嘉靖潁州志・職官表・（皇明潁州）巡檢驛丞》：「張迪。劉龍驛。」

⑩呂景蒙《嘉靖潁州志・職官表・（皇明潁州）巡檢驛丞》：「段禛。」

⑪呂景蒙《嘉靖潁州志・職官表・（皇明潁州）巡檢驛丞》：「趙玉。栢鄉人。」《民國栢鄉縣志・歷仕表・仕表》：「趙玉。驛丞。」

⑫呂景蒙《嘉靖潁州志・職官表・（皇明潁州）巡檢驛丞》：「石謂。肥鄉人。俱潁川驛。」

劉紀。鄧州人。①
李宧。濟南人。②
荊春。平度人。③
趙廷輔。平陰人。④
楊秀純。貴州施秉人。承差。嘉靖十一年（1532）任。⑤
邵元亨。浙江餘姚人。承差。十六年（1537）任。
單紡。山西襄陵人。承差。十八年（1539）任。
張瑀。山東丘縣人。吏員。二十年（1541）任。
李志通。山西盂縣人。吏員。二十二年（1543）任。
宋鄉。趙州高邑人。承差。二十四年（1545）任。已上俱潁川水驛。

所大使二人：
李斌。⑥
陸弘。⑦今革。

倉大使十四人：

李旻。⑧

郭良輔。⑨

翟錦。⑩

范正。⑪

王伯昇。莒州人。⑫

①呂景蒙《嘉靖潁州志·職官表·（皇明潁州）巡檢驛丞》：「劉紀。鄧州人。」
②呂景蒙《嘉靖潁州志·職官表·（皇明潁州）巡檢驛丞》：「李宦。濟南人。」
③呂景蒙《嘉靖潁州志·職官表·（皇明潁州）巡檢驛丞》：「荊春。平度人。」
④呂景蒙《嘉靖潁州志·職官表·（皇明潁州）巡檢驛丞》：「趙廷輔。平陰人。」
⑤呂景蒙《嘉靖潁州志·職官表·（皇明潁州）巡檢驛丞》：「楊秀純。施秉人。俱潁川驛。」
⑥呂景蒙《嘉靖潁州志·職官表·（皇明潁州）倉局遞運》：「李斌。所大使。」
⑦呂景蒙《嘉靖潁州志·職官表·（皇明潁州）倉局遞運》：「陸弘。所大使。」
⑧呂景蒙《嘉靖潁州志·職官表·（皇明潁州）倉局遞運》：「李旻。倉大使。」
⑨呂景蒙《嘉靖潁州志·職官表·（皇明潁州）倉局遞運》：「郭良輔。倉大使。」
⑩呂景蒙《嘉靖潁州志·職官表·（皇明潁州）倉局遞運》：「翟錦。倉大使。」
⑪呂景蒙《嘉靖潁州志·職官表·（皇明潁州）倉局遞運》：「范正。倉大使。」
⑫呂景蒙《嘉靖潁州志·職官表·（皇明潁州）倉局遞運》：「王伯昇。莒州人。倉大使。」《嘉慶莒州志·選舉·（明）恩例》：「王伯昇。潁州倉大使。」

馬奉。嘉靖十七年（1538）任。
張昊。十八年（1539）任。
秦矩勝。二十年（1541）任。
鄧禛。二十一年（1542）任。
吳愷。二十二年（1543）任。
李憲。山東茌平人。吏員。二十三年（1544）任。
許奎。湖廣巴陵人。吏員。二十四年（1545）任。
王思恭。山西榆次人。吏員。二十五年（1546）任。
張祥。福建莆田人。吏員。二十六年（1547）任。

副使十三人：
臧政。①
危鑾。②
盧鳳。③

賈東周。④

虞邦崇。縉雲人。⑤

趙璇。河内人。嘉靖十五年（1536）任。⑥

李旹節。十七年（1538）任。

張廷松。十八年（1539）任。

呂章。二十年（1541）任。

劉俸祿。二十一年（1542）任。

王志禮。曲阜人。二十四年（1545）任。

崔景旹。襄垣人。二十五年（1546）任。

程萬仞。莆田人。二十六年（1547）任。已上俱廣積倉。

---

①呂景蒙《嘉靖潁州志·職官表·（皇明潁州）倉局遞運》：「臧政。倉副使。」

②呂景蒙《嘉靖潁州志·職官表·（皇明潁州）倉局遞運》：「危鑾。倉副使。」

③呂景蒙《嘉靖潁州志·職官表·（皇明潁州）倉局遞運》：「盧鳳。倉副使。」

④呂景蒙《嘉靖潁州志·職官表·（皇明潁州）倉局遞運》：「賈東周。倉副使。」

⑤呂景蒙《嘉靖潁州志·職官表·（皇明潁州）倉局遞運》：「虞邦崇。縉雲人。倉副使。」

⑥呂景蒙《嘉靖潁州志·職官表·（皇明潁州）倉局遞運》：「趙璇。河内人。倉副使。」

署印典術典科：

楊寶。①

郭士元。俱本州人。②

## 潁上縣

知縣五十一人：

陳勝。洪武初任。③

車誠。浙江餘姚人。四年（1371）任。見《宦業》。

高翼。④

王皞。武進人。見《宦業》。

劉禮仁。⑤

卞子才。⑥

李公遂。⑦

王彥緒。⑧

史垕。⑨

李忠。⑩

宋大亨。俱洪武間任。⑪

宋士民。⑫

---

①呂景蒙《嘉靖潁州志·職官表·（皇明潁州）典術典科》：「郭士元。楊寶。俱本州人。典術。」

②見前註。

③呂景蒙《嘉靖潁州志·職官表·（明潁上縣）知縣》：「（高皇帝洪武）陳勝。」《順治潁上縣志·秩官·歷官（明潁上縣知縣）》：「陳勝。洪武二年（1369）任。」

④呂景蒙《嘉靖潁州志·職官表·（明潁上縣）知縣》：「（高皇帝洪武）高翼。」《順治潁上縣志·秩官·歷官（明潁上縣知縣）》僅存其名。

⑤呂景蒙《嘉靖潁州志·職官表·（明潁上縣）知縣》：「（高皇帝洪武）劉禮仁。」《順治潁上縣志·秩官·歷官（明潁上縣知縣）》僅存其名。《雍正廣東通志·人物志·明》：「劉孔仁。合浦人。洪武初以孝悌力田舉，任河南潁上令，廉勤愛民。九載歸休，年高德茂，鄉人重之。」疑即其人。

⑥呂景蒙《嘉靖潁州志·職官表·（明潁上縣）知縣》：「（高皇帝洪武）卞子才。」《順治潁上縣志·秩官·歷官（明潁上縣知縣）》僅存其名。

⑦呂景蒙《嘉靖潁州志·職官表·（明潁上縣）知縣》：「（高皇帝洪武）李公遂。」《順治潁上縣志·秩官·歷官（明潁上縣知縣）》僅存其名。

⑧呂景蒙《嘉靖潁州志·職官表·（明潁上縣）知縣》：「（高皇帝洪武）王彥緒。」《順治潁上縣志·秩官·歷官（明潁上縣知縣）》僅存其名。

⑨呂景蒙《嘉靖潁州志·職官表·（明潁上縣）知縣》：「（高皇帝洪武）史垕。」《順治潁上縣志·秩官·歷官（明潁上縣知縣）》僅存其名。

⑩呂景蒙《嘉靖潁州志·職官表·（明潁上縣）知縣》：「（高皇帝洪武）李忠。」《順治潁上縣志·秩官·歷官（明潁上縣知縣）》僅存其名。

⑪呂景蒙《嘉靖潁州志·職官表·（明潁上縣）知縣》：「（高皇帝洪武）宋大亨。」《順治潁上縣志·秩官·歷官（明潁上縣知縣）》僅存其名。

⑫呂景蒙《嘉靖潁州志·職官表·（明潁上縣）知縣》：「（文皇帝永樂）宋士民。」《順治潁上縣志·秩官·歷官（明潁上縣知縣）》作「朱士民」。

馬得。①

惠幹。②

毛智。③

鄧謙。④

范觀。⑤

魏斌。⑥

范約。⑦

吳讓。俱永樂間任。⑧

廖明。洪熙間任。⑨

輔臣。⑩

鞏希。⑪

雷祖述。俱宣德間任。⑫

沈潤。⑬

鄭文濂。僊居人。見《宦業》。

耿威。四川西充人。俱正統間任。⑭

鄭祺。江西貴溪人。景泰初任。見《宦業》。

玄圭。直隸密雲人。景泰間任。⑮

---

①呂景蒙《嘉靖潁州志·職官表·（明潁上縣）知縣》：「（文皇帝永樂）馬得。」《順治潁上縣志·秩官·歷官（明潁上縣知縣）》僅存其名。

②呂景蒙《嘉靖潁州志·職官表·（明潁上縣）知縣》：「（文皇帝永樂）惠幹。」《順治潁上縣志·秩官·歷官（明潁上縣知縣）》僅存其名。

③呂景蒙《嘉靖潁州志·職官表·（明潁上縣）知縣》：「（文皇帝永樂）毛智。」《順治潁上縣志·秩官·歷官（明潁上縣知縣）》僅存其名。

④呂景蒙《嘉靖潁州志·職官表·（明潁上縣）知縣》：「（文皇帝永樂）鄧謙。」《順治潁上縣志·秩官·歷官（明潁上縣知縣）》僅存其名。

⑤呂景蒙《嘉靖潁州志·職官表·（明潁上縣）知縣》：「（文皇帝永樂）范觀。」《順治潁上縣志·秩官·歷官（明潁上縣知縣）》僅存其名。

⑥呂景蒙《嘉靖潁州志·職官表·（明潁上縣）知縣》：「（文皇帝永樂）魏斌。」《順治潁上縣志·秩官·歷官（明潁上縣知縣）》僅存其名。

⑦呂景蒙《嘉靖潁州志·職官表·（明潁上縣）知縣》：「（文皇帝永樂）范約。」《順治潁上縣志·秩官·歷官（明潁上縣知縣）》僅存其名。

⑧呂景蒙《嘉靖潁州志·職官表·（明潁上縣）知縣》：「（文皇帝永樂）吳讓。」《順治潁上縣志·秩官·歷官（明潁上縣知縣）》僅存其名。

⑨呂景蒙《嘉靖潁州志·職官表·（明潁上縣）知縣》：「（昭皇帝洪熙）廖明。」《順治潁上縣志·秩官·歷官（明潁上縣知縣）》作「廖萌」。楊士奇《送廖子謨序》：「翰林庶吉士廖子謨既授潁上知縣，告別將之官。廖氏之先與余同里巷……而子謨從余於翰林六年，志同而道契矣。」疑即其人。

⑩呂景蒙《嘉靖潁州志·職官表·（明潁上縣）知縣》：「（章皇帝宣德）輔臣。」《順治潁上縣志·秩官·歷官（明潁上縣知縣）》僅存其名。

⑪呂景蒙《嘉靖潁州志·職官表·（明潁上縣）知縣》：「（章皇帝宣德）鞏希。」《順治潁上縣志·秩官·歷官（明潁上縣知縣）》僅存其名。

⑫呂景蒙《嘉靖潁州志·職官表·（明潁上縣）知縣》：「（章皇帝宣德）雷祖述。」《順治潁上縣志·秩官·歷官（明潁上縣知縣）》僅存其名。

⑬呂景蒙《嘉靖潁州志·職官表·（明潁上縣）知縣》：「（睿皇帝正統）沈潤。」《順治潁上縣志·秩官·歷官（明潁上縣知縣）》僅存其名。

⑭呂景蒙《嘉靖潁州志·職官表·（明潁上縣）知縣》：「（睿皇帝正統）耿威。四川西充人。」「威」字，《順治潁上縣志》作「盛」。《順治潁上縣志·秩官·歷官（明潁上縣知縣）》：「耿盛。西充人。」

⑮呂景蒙《嘉靖潁州志·職官表·（明潁上縣）知縣》：「（景皇帝景泰）玄圭。直隸密雲人。」《順治潁上縣志·秩官·歷官（明潁上縣知縣）》：「玄圭。密雲人。」《民國密雲縣志·人才表·（明）貢生》：「玄圭。官江南潁上縣。」

劉淮。①

李忠。僊居人。俱天順間任。②

李呰義③。福建長樂人。成化十五年（1479）任。見《宦業》。

曹琦。河南光州人。④

王輔。浙江嘉興人。俱成化間任。⑤

馬倫。遼東開元人。⑥

張澄。河南洛陽人。弘治十八年（1505）任。見《宦業》。

屈寬。山東蓬萊人。⑦

丁璉。聊城人。⑧

王大本。湖廣京山人。⑨

夏釜。浙江餘姚人。貢士。俱正德中任。⑩

歐允莊。廣東順德人。貢士。十年（1515）任。⑪

魏頌。湖廣蒲圻人。貢士。十四年（1519）任。遷知州。⑫

廖自顯。直隸盧龍人。嘉靖元年（1522）任。見《宦業》。

①呂景蒙《嘉靖潁州志・職官表・（明潁上縣）知縣》：「（睿皇帝天順）劉。失其名。」《順治潁上縣志・秩官・歷官（明潁上縣知縣）》：「劉□。失其名。」

②呂景蒙《嘉靖潁州志・職官表・（明潁上縣）知縣》：「（睿皇帝天順）李忠。僊居人。」《順治潁上縣志・秩官・歷官（明潁上縣知縣）》：「李忠。僊居人。」《光緒僊居縣志・選舉・（明）貢生》：「（弘治）李忠。《鄭志》：令潁上九年，有清名。《顧志》：在正統。」

③「義」字，呂景蒙《嘉靖潁州志》作「儀」。

④呂景蒙《嘉靖潁州志・職官表・（明潁上縣）知縣》：「（純皇帝成化）曹琦。河南光州人。」《順治潁上縣志・秩官・歷官（明潁上縣知縣）》：「曹琦。光州人。」

⑤呂景蒙《嘉靖潁州志・職官表・（明潁上縣）知縣》：「（純皇帝成化）王輔。浙江嘉興人。」《順治潁上縣志・秩官・歷官（明潁上縣知縣）》：「王輔。嘉興人。正德七年（1512）任。」《光緒嘉興府志・選舉・（明）貢生》：「（天順六年，1462）王黼。知縣。」疑即其人。

⑥呂景蒙《嘉靖潁州志・職官表・（明潁上縣）知縣》：「（敬皇帝弘治）馬倫。遼東開元人。」《順治潁上縣志・秩官・歷官（明潁上縣知縣）》：「馬倫。開元人。」《民國開原縣志・科第表・（明）貢生》：「馬倫。官江南儀徵縣知縣。」

⑦呂景蒙《嘉靖潁州志・職官表・（明潁上縣）知縣》：「（毅皇帝正德）屈寬。山東蓬萊人。」《順治潁上縣志・秩官・歷官（明潁上縣知縣）》：「屈寬。蓬萊人。」

⑧呂景蒙《嘉靖潁州志・職官表・（明潁上縣）知縣》：「（毅皇帝正德）丁璉。聊城人。」《順治潁上縣志・秩官・歷官（明潁上縣知縣）》：「丁璉。聊城人。」《乾隆山東通志・選舉志・明（舉人）》：「（乙酉科成化元年，1465）丁璉。聊城人。知縣。」《雍正河南通志・職官・汝寧府屬知州知縣》：「（確山縣）丁璉。山東聊城人。舉人。成化二十三年（1487）任。」

⑨呂景蒙《嘉靖潁州志・職官表・（明潁上縣）知縣》：「（毅皇帝正德）王大本，湖廣京山人。」《順治潁上縣志・秩官・歷官（明潁上縣知縣）》：「王大本。京山人。」《雍正湖廣通志・選舉志・舉人》：「（弘治五年壬子，1492）王大本。京山人。」《雍正湖廣通志・人物志・安陸府》：「王大本。字立之。京山人。弘治壬子鄉薦。令穎［潁］上，有善政，百姓德之。日進諸生論説古今，未幾謝歸。清風兩袖，囊琴襆被而已。（《舊通志》。）」

⑩呂景蒙《嘉靖潁州志・職官表・（明潁上縣）知縣》：「（毅皇帝正德）夏釜。浙江餘姚人。貢士。」《順治潁上縣志・秩官・歷官（明潁上縣知縣）》：「夏釜。餘姚人。」《雍正浙江通志・選舉・明（舉人）》：「（弘治八年乙卯，1495）夏釜。餘姚人。知州。」《光緒餘姚縣志・選舉表・

（明）鄉貢》：「（宏［弘］治八年乙卯）夏釜。見子淳傳。」《光緒餘姚縣志・列傳・明》：「夏淳。字惟初，號復吾。父釜。」

⑪呂景蒙《嘉靖潁州志・職官表・（明潁上縣）知縣》：「（毅皇帝正德）歐允莊。廣東順德人。貢士。十年任。」《順治潁上縣志・秩官・歷官（明潁上縣知縣）》：「歐允莊。順德人。舉人，正德十三年（1518）任。」《咸豐順德縣志・選舉表・（明）舉人》：「（宏［弘］治）歐允莊。字國儀。陳村人。知潁上縣。」

⑫呂景蒙《嘉靖潁州志・職官表・（明潁上縣）知縣》：「（毅皇帝正德）魏頌，湖廣蒲圻人。貢士。十四年遷至知州。」《順治潁上縣志・秩官・歷官（明潁上縣知縣）》：「魏頌。蒲圻人。舉人。嘉靖元年（1522）任。」《雍正湖廣通志・選舉志・舉人》：「（正德二年丁卯，1507）魏頌，蒲圻人。」《雍正河南通志・職官・開封府屬知州知縣》：「（祥符縣）魏頌。湖廣蒲圻人。貢士。三年（1508）任。」《道光蒲圻縣志・選舉・（明）舉人》：「（正德）魏頌，字美之。二年丁卯中。官知州，有傳。父銘。」

王民。盧龍人。貢士。五年（1526）任。卒於官。①

陳邦儀。九江人。貢士，十年（1531）任。短於催科，勞於撫字。以不合當道去，宦囊蕭然，容色自若。人至今思之。②

林應亮。福建侯安［官］人。嘉靖壬辰（1532）進士。十二年（1533）任，尋調秀水縣。③

潘倫。廣東高要人。貢士。十二年（1533）任。覲罣，不可。當道忌之，去。④

姜旹習。四川資縣人。貢士。（十）四年（1535）任。⑤

鄒理。江西臨川人。監生。十九年（1540）任。⑥

陳叔美。陝西涇陽人。貢士。二十年（1541）任。⑦

李檀。河南汲縣人。嘉靖甲辰（1544）進士。二十三年（1544）任。⑧

①呂景蒙《嘉靖潁州志·職官表·（明潁上縣）知縣》：「（今皇帝嘉靖）王民。盧龍人。貢士。五年任。卒於官。」《順治潁上縣志·秩官·歷官（明潁上縣知縣）》：「王民。盧龍人。舉人，嘉靖六年（1527）任。」

②呂景蒙《嘉靖潁州志·職官表·（明潁上縣）知縣》：「（今皇帝嘉靖）陳邦儀。九江人。貢士。十年任。」《順治潁上縣志·秩官·歷官（明潁上縣知縣）》：「陳邦儀。九江人。舉人。嘉靖十一年（1532）任。」《嘉靖九江府志·選舉·（國朝）鄉試》「（弘治甲子，1504）陳邦儀。任宜章知縣。」疑即其人。

③呂景蒙《嘉靖潁州志·職官表·（明潁上縣）知縣》：「（今皇帝嘉靖）林應亮。福建侯官人。進士。十二年任。調秀水。」《順治潁上縣志·秩官·歷官（明潁上縣知縣）》：「林應亮。侯官人。進士。嘉靖十二年任。」《乾隆福建通志·選舉·明進士》：「（嘉靖十一年壬辰）侯官縣林應亮。傳見《人物》。」《乾隆福建通志·人物·明》：「林應亮。字熙載。春澤子。嘉靖壬辰進士。知潁上，調秀水，皆有廉聲。守常德，榮王官校挾勢爲害，應亮剗梟獷，植善良，縛諸不法者署諸理。值大祲，治糜賑藥，全活者衆。歷藩臬，晉戶部右侍郎。請告歸，奉父杖履幾二十年。時父春澤以程番太守家居，子如楚弱冠登進士，三世萊綵，傳爲盛事。」

④呂景蒙《嘉靖潁州志·職官表·（明潁上縣）知縣》：「（今皇帝嘉靖）潘倫。廣東高要人。貢士。十二年任。」《順治潁上縣志·秩官·歷官（明潁上縣知縣）》：「潘倫。高安［要］人。舉人。嘉靖十三年（1534）任。」《雍正廣東通志·選舉志·舉人（明）》：「（嘉靖元年壬午，1522）潘倫。高要人。」《道光高要縣志·選舉錄·（明）舉人》：「潘倫。嘉靖元年科，官穎［潁］上知縣。」

⑤呂景蒙《嘉靖潁州志·職官表·（明潁上縣）知縣》：「（今皇帝嘉靖）姜時習。四川資縣人。貢士。十四年任。」《順治潁上縣志·秩官·歷官（明潁上縣知縣）》：「姜時習。［資］縣人。舉人。嘉靖十五年（1536）任。」《雍正四川通志·選舉·舉人（明）》：「（明嘉靖年舉人）姜時習。俱資縣人。」

⑥《順治潁上縣志·秩官·歷官（明潁上縣知縣）》：「鄒理。萍鄉人。歲貢。嘉靖十七年（1538）任。」

⑦《順治潁上縣志·秩官·歷官（明潁上縣知縣）》：「陳叔美。涇陽人。舉人。嘉靖十九年（1540）任。見《宦業》。」《順治潁上縣志·秩官·（明）宦業》：「陳叔美，號鴻野，陝西涇陽縣人。舉人。青年老成，政尚寬和，省刑罰，簿（薄）稅斂，愛百姓，禮士夫，厚學校。廉以律己，厚以待人。雖百工曲藝，俱各有思。莅潁四載，陞徐州知州。」《雍正陝西通志·選舉·舉人（明）》：「（嘉靖十年辛卯，1531）陳叔美，涇陽人。知州。」《宣統涇陽縣志·選舉·（明）舉人》：「（嘉靖辛卯）陳淑美。淑頤弟。劍州知州。」

⑧《順治潁上縣志·秩官·歷官（明潁上縣知縣）》：「李檀。汲縣人。進士。嘉靖二十五年（1546）任。」《雍正河南通志·選舉·進士（明）》：「（嘉靖甲辰科秦鳴雷榜）李檀。汲縣人。主事。」

縣丞九人：
王伯易。①
孔克耕。漢中人。洪武十七年（1384）任。見《宦業》。
董孝宗。②
籍聞宗。③
艾守信。④
樊智。⑤
高堅。⑥
劉中。⑦
馬傑。俱洪武間任。後裁革。⑧

主簿二十六人：
姚養素。⑨
張仁。⑩

顔宗。⑪

霍篪。⑫

李得中。⑬

應志。⑭

---

①呂景蒙《嘉靖潁州志·職官表·（明潁上縣）縣丞》：「（高皇帝洪武）王伯易。」《順治潁上縣志·秩官·歷官（明潁上縣縣丞一員）》僅存其名。

②呂景蒙《嘉靖潁州志·職官表·（明潁上縣）縣丞》：「（高皇帝洪武）董孝宗。」《順治潁上縣志·秩官·歷官（明潁上縣縣丞一員）》僅存其名。

③呂景蒙《嘉靖潁州志·職官表·（明潁上縣）縣丞》：「（高皇帝洪武）籍聞宗。」

④呂景蒙《嘉靖潁州志·職官表·（明潁上縣）縣丞》：「（高皇帝洪武）艾守信。」《順治潁上縣志·秩官·歷官（明潁上縣縣丞一員）》僅存其名。

⑤呂景蒙《嘉靖潁州志·職官表·（明潁上縣）縣丞》：「（高皇帝洪武）樊智。」《順治潁上縣志·秩官·歷官（明潁上縣縣丞一員）》僅存其名。

⑥呂景蒙《嘉靖潁州志·職官表·（明潁上縣）縣丞》：「（高皇帝洪武）高堅。」《順治潁上縣志·秩官·歷官（明潁上縣縣丞一員）》僅存其名。

⑦呂景蒙《嘉靖潁州志·職官表·（明潁上縣）縣丞》：「（高皇帝洪武）劉中。」《順治潁上縣志·秩官·歷官（明潁上縣縣丞一員）》僅存其名。

⑧呂景蒙《嘉靖潁州志·職官表·（明潁上縣）縣丞》：「（高皇帝洪武）馬傑。」《順治潁上縣志·秩官·歷官（明潁上縣縣丞一員）》：「馬傑。後裁革。」

⑨呂景蒙《嘉靖潁州志·職官表·（明潁上縣）主簿》：「（高皇帝洪武）姚養素。」《順治潁上縣志·秩官·歷官（明潁上縣主簿一員）》僅存其名。

⑩呂景蒙《嘉靖潁州志·職官表·（明潁上縣）主簿》：「（高皇帝洪武）張仁。」《順治潁上縣志·秩官·歷官（明潁上縣主簿一員）》僅存其名。

⑪呂景蒙《嘉靖潁州志·職官表·（明潁上縣）主簿》：「（高皇帝洪武）顔宗。」《順治潁上縣志·秩官·歷官（明潁上縣主簿一員）》僅存其名。

⑫呂景蒙《嘉靖潁州志·職官表·（明潁上縣）主簿》：「（高皇帝洪武）霍篪。」《順治潁上縣志·秩官·歷官（明潁上縣主簿一員）》僅存其名。

⑬呂景蒙《嘉靖潁州志·職官表·（明潁上縣）主簿》：「（高皇帝洪武）李得中。」《順治潁上縣志·秩官·歷官（明潁上縣主簿一員）》僅存其名。

⑭呂景蒙《嘉靖潁州志·職官表·（明潁上縣）主簿》：「（高皇帝洪武）應志。」《順治潁上縣志·秩官·歷官（明潁上縣主簿一員）》僅存其名。

杜斌。①

吳賢。②

吳智。③

甯莊。④

高福觀。⑤

趙昇。⑥

李素。⑦

張彪。⑧

邢清。俱洪武間任。⑨

梁登。⑩

胡登。⑪

劉禧。⑫

王項。⑬

曹貫。直隸興濟人。⑭

王海。直隸任丘人。⑮

李□。逸其名。俱永樂間任。⑯

---

①呂景蒙《嘉靖潁州志·職官表·（明潁上縣）主簿》：「（高皇帝洪武）杜斌。」《順治潁上縣志·秩官·歷官（明潁上縣主簿一員）》僅存其名。

②呂景蒙《嘉靖潁州志·職官表·（明潁上縣）主簿》：「（高皇帝洪武）吴賢。」《順治潁上縣志·秩官·歷官（明潁上縣主簿一員）》僅存其名。

③呂景蒙《嘉靖潁州志·職官表·（明潁上縣）主簿》：「（高皇帝洪武）吴智。」《順治潁上縣志·秩官·歷官（明潁上縣主簿一員）》僅存其名。

④呂景蒙《嘉靖潁州志·職官表·（明潁上縣）主簿》：「（高皇帝洪武）甯莊。」《順治潁上縣志·秩官·歷官（明潁上縣主簿一員）》僅存其名。

⑤呂景蒙《嘉靖潁州志·職官表·（明潁上縣）主簿》：「（高皇帝洪武）高福觀。」《順治潁上縣志·秩官·歷官（明潁上縣主簿一員）》僅存其名。

⑥呂景蒙《嘉靖潁州志·職官表·（明潁上縣）主簿》：「（高皇帝洪武）趙昇。」《順治潁上縣志·秩官·歷官（明潁上縣主簿一員）》僅存其名。

⑦呂景蒙《嘉靖潁州志·職官表·（明潁上縣）主簿》：「（高皇帝洪武）李素。」《順治潁上縣志·秩官·歷官（明潁上縣主簿一員）》僅存其名。

⑧呂景蒙《嘉靖潁州志·職官表·（明潁上縣）主簿》：「（高皇帝洪武）張彪。」《順治潁上縣志·秩官·歷官（明潁上縣主簿一員）》作「張虎」。

⑨呂景蒙《嘉靖潁州志·職官表·（明潁上縣）主簿》：「（高皇帝洪武）邢清。」《順治潁上縣志·秩官·歷官（明潁上縣主簿一員）》僅存其名。

⑩呂景蒙《嘉靖潁州志·職官表·（明潁上縣）主簿》：「（文皇帝永樂）梁登。」《順治潁上縣志·秩官·歷官（明潁上縣主簿一員）》僅存其名。

⑪呂景蒙《嘉靖潁州志·職官表·（明潁上縣）主簿》：「（文皇帝永樂）胡登。」《順治潁上縣志·秩官·歷官（明潁上縣主簿一員）》僅存其名。

⑫呂景蒙《嘉靖潁州志·職官表·（明潁上縣）主簿》：「（文皇帝永樂）劉禧。」《順治潁上縣志·秩官·歷官（明潁上縣主簿一員）》僅存其名。

⑬呂景蒙《嘉靖潁州志·職官表·（明潁上縣）主簿》：「（文皇帝永樂）王頊。」《順治潁上縣志·秩官·歷官（明潁上縣主簿一員）》作「王瑣」。

⑭呂景蒙《嘉靖潁州志·職官表·（明潁上縣）主簿》：「（文皇帝永樂）曹貫。直隸興郡人。」《順治潁上縣志·秩官·歷官（明潁上縣主簿一員）》：「曹貫。直隸興濟人。」

⑮呂景蒙《嘉靖潁州志·職官表·（明潁上縣）主簿》：「（文皇帝永樂）王海。直隸任丘人。」《順治潁上縣志·秩官·歷官（明潁上縣主簿一員）》：「王海，直隸上［任］丘人。」

⑯呂景蒙《嘉靖潁州志·職官表·（明潁上縣）主簿》：「（文皇帝永樂）李。失其名。」《順治潁上縣志·秩官·歷官（明潁上縣主簿一員）》：「李□。失其名。」

馮繼。山西平陽人。洪熙間任。①
陳幹。山東人。②
郜太。山西太原人。俱宣德間任。③
閻縉。直隸永平人。正統間任。後裁革。④

典史三十九人：
王猷。⑤
杜湛。⑥
鄧宗仁。⑦
袁景芳。⑧
張庸。⑨
方謙祐。俱洪武間任。⑩
楊文。⑪
孫子儀。⑫

鹿瑢。⑬

朱祉。⑭

①呂景蒙《嘉靖潁州志·職官表·（明潁上縣）主簿》：「（昭皇帝洪熙）馮繼。山西平陽人。」《順治潁上縣志·秩官·歷官（明潁上縣主簿一員）》：「馮繼。平陽人。」

②呂景蒙《嘉靖潁州志·職官表·（明潁上縣）主簿》：「（章皇帝宣德）陳幹。山東人。」《順治潁上縣志·秩官·歷官（明潁上縣主簿一員）》僅存其名。

③呂景蒙《嘉靖潁州志·職官表·（明潁上縣）主簿》：「（章皇帝宣德）郜太。山西太原人。」《順治潁上縣志·秩官·歷官（明潁上縣主簿一員）》：「郜泰。太原人。」

④呂景蒙《嘉靖潁州志·職官表·（明潁上縣）主簿》：「（睿皇帝正統）閻緡。直隸永平人。簿自緡裁革。」《順治潁上縣志·秩官·歷官（明潁上縣主簿一員）》：「閻緡。永平人。簿自緡裁革。」

⑤呂景蒙《嘉靖潁州志·職官表·（明潁上縣）典史》：「（高皇帝洪武）王猷。」《順治潁上縣志·秩官·歷官（明潁上縣典史）》僅存其名。

⑥呂景蒙《嘉靖潁州志·職官表·（明潁上縣）典史》：「（高皇帝洪武）杜湛。」《順治潁上縣志·秩官·歷官（明潁上縣典史）》僅存其名。

⑦呂景蒙《嘉靖潁州志·職官表·（明潁上縣）典史》：「（高皇帝洪武）鄧宗仁。」《順治潁上縣志·秩官·歷官（明潁上縣典史）》僅存其名。

⑧呂景蒙《嘉靖潁州志·職官表·（明潁上縣）典史》：「（高皇帝洪武）袁景芳。」《順治潁上縣志·秩官·歷官（明潁上縣典史）》僅存其名。

⑨呂景蒙《嘉靖潁州志·職官表·（明潁上縣）典史》：「（高皇帝洪武）張庸。」《順治潁上縣志·秩官·歷官（明潁上縣典史）》僅存其名。

⑩呂景蒙《嘉靖潁州志·職官表·（明潁上縣）典史》：「（高皇帝洪武）方謙祐。」《順治潁上縣志·秩官·歷官（明潁上縣典史）》僅存其名。

⑪呂景蒙《嘉靖潁州志·職官表·（明潁上縣）典史》：「（文皇帝永樂）楊文。」《順治潁上縣志·秩官·歷官（明潁上縣典史）》僅存其名。

⑫呂景蒙《嘉靖潁州志·職官表·（明潁上縣）典史》：「（文皇帝永樂）孫子儀。」《順治潁上縣志·秩官·歷官（明潁上縣典史）》僅存其名。

⑬呂景蒙《嘉靖潁州志·職官表·（明潁上縣）典史》：「（文皇帝永樂）鹿瑢。」《順治潁上縣志·秩官·歷官（明潁上縣典史）》僅存其名。

⑭呂景蒙《嘉靖潁州志·職官表·（明潁上縣）典史》：「（文皇帝永樂）朱祉。」《順治潁上縣志·秩官·歷官（明潁上縣典史）》僅存其名。

石堅。俱永樂間任。①
何九皋。洪熙間任。②
鄭禮。宣德間任。③
馮海。正統間任。④
徐田。景泰間任。⑤
楊彪。⑥
田福。俱天順間任。⑦
宋猷。⑧
王整。⑨
周榮。⑩
陶政。⑪
袁魁。俱成化間任。⑫
牟必洪。⑬
張崇。⑭

賈倫。⑮

李祥。直隸保定人。⑯

①呂景蒙《嘉靖潁州志·職官表·（明潁上縣）典史》：「（文皇帝永樂）石堅。」《順治潁上縣志·秩官·歷官（明潁上縣典史）》僅存其名。
②呂景蒙《嘉靖潁州志·職官表·（明潁上縣）典史》：「（昭皇帝洪熙）何九皋。」《順治潁上縣志·秩官·歷官（明潁上縣典史）》僅存其名。
③呂景蒙《嘉靖潁州志·職官表·（明潁上縣）典史》：「（章皇帝宣德）鄭禮。」《順治潁上縣志·秩官·歷官（明潁上縣典史）》僅存其名。
④呂景蒙《嘉靖潁州志·職官表·（明潁上縣）典史》：「（睿皇帝正統）馮海。」《順治潁上縣志·秩官·歷官（明潁上縣典史）》僅存其名。
⑤呂景蒙《嘉靖潁州志·職官表·（明潁上縣）典史》：「（景皇帝景泰）徐田。」《順治潁上縣志·秩官·歷官（明潁上縣典史）》僅存其名。
⑥呂景蒙《嘉靖潁州志·職官表·（明潁上縣）典史》：「（睿皇帝天順）楊彪。」《順治潁上縣志·秩官·歷官（明潁上縣典史）》作「楊虎」。
⑦呂景蒙《嘉靖潁州志·職官表·（明潁上縣）典史》：「（睿皇帝天順）田福。」《順治潁上縣志·秩官·歷官（明潁上縣典史）》僅存其名。
⑧呂景蒙《嘉靖潁州志·職官表·（明潁上縣）典史》：「（純皇帝成化）宋猷。」《順治潁上縣志·秩官·歷官（明潁上縣典史）》作「宋獻」。
⑨呂景蒙《嘉靖潁州志·職官表·（明潁上縣）典史》：「（純皇帝成化）王鏊。」《順治潁上縣志·秩官·歷官（明潁上縣典史）》僅存其名。
⑩呂景蒙《嘉靖潁州志·職官表·（明潁上縣）典史》：「（純皇帝成化）周榮。」《順治潁上縣志·秩官·歷官（明潁上縣典史）》僅存其名。
⑪呂景蒙《嘉靖潁州志·職官表·（明潁上縣）典史》：「（純皇帝成化）陶政。」《順治潁上縣志·秩官·歷官（明潁上縣典史）》僅存其名。
⑫呂景蒙《嘉靖潁州志·職官表·（明潁上縣）典史》：「（純皇帝成化）袁魁。」《順治潁上縣志·秩官·歷官（明潁上縣典史）》僅存其名。
⑬呂景蒙《嘉靖潁州志·職官表·（明潁上縣）典史》：「（敬皇帝弘治）牟必洪。」《順治潁上縣志·秩官·歷官（明潁上縣典史）》僅存其名。
⑭呂景蒙《嘉靖潁州志·職官表·（明潁上縣）典史》：「（敬皇帝弘治）張。失其名。」《順治潁上縣志·秩官·歷官（明潁上縣典史）》：「張□。失其名。」
⑮呂景蒙《嘉靖潁州志·職官表·（明潁上縣）典史》：「（敬皇帝弘治）賈倫。」《順治潁上縣志·秩官·歷官（明潁上縣典史）》僅存其名。
⑯呂景蒙《嘉靖潁州志·職官表·（明潁上縣）典史》：「（敬皇帝弘治）李祥。直隸保定人。」《順治潁上縣志·秩官·歷官（明潁上縣典史）》：「李祥。保定人。」

郝傑。直隸大城人。俱弘治間任。①
金英。江西新淦人。②
陳麒。山西平陽人。③
張輦。直隸任丘人。俱正德間任。④
施釗。浙江餘姚人。⑤
蔡成章。湖廣麻城人。
陳伯禮。山東蒲臺人。
岑鉞。福建莆田人。
周孟學。湖廣人。
李英。江西雩都人。⑥
張松。福建莆田人。
許廷貴。浙江臨海人。⑦
朱鳳。浙江蕭山人。嘉靖二十四年（1545）任。⑧

教諭十八人：

謝善。浙江鄞縣人。洪武間任。⑨

劉繼。福建人。⑩

---

①呂景蒙《嘉靖潁州志·職官表·（明潁上縣）典史》：「（敬皇帝弘治）郝傑。直隸大城人。」《順治潁上縣志·秩官·歷官（明潁上縣典史）》僅存其名。

②呂景蒙《嘉靖潁州志·職官表·（明潁上縣）典史》：「（毅皇帝正德）金英。江西新淦人。」《順治潁上縣志·秩官·歷官（明潁上縣典史）》：「金英。新涂［淦］人。」

③呂景蒙《嘉靖潁州志·職官表·（明潁上縣）典史》：「（毅皇帝正德）陳麒。山西平陽人。」《順治潁上縣志·秩官·歷官（明潁上縣典史）》：「陳麒。平陽人。」

④呂景蒙《嘉靖潁州志·職官表·（明潁上縣）典史》：「（毅皇帝正德）張葦。直隸任丘人。」《順治潁上縣志·秩官·歷官（明潁上縣典史）》：「張葦，任丘人。」

⑤呂景蒙《嘉靖潁州志·職官表·（明潁上縣）典史》：「（今皇帝嘉靖）施釗。浙江餘姚人。」《順治潁上縣志·秩官·歷官（明潁上縣典史）》：「施釗。餘姚人。」

⑥呂景蒙《嘉靖潁州志·職官表·（明潁上縣）典史》：「（今皇帝嘉靖）李英。江西雩都人。十六年（1537）任。」《順治潁上縣志·秩官·歷官（明潁上縣典史）》：「李英。雩都人。嘉靖十六年任。」

⑦《順治潁上縣志·秩官·歷官（明潁上縣典史）》：「許廷貴。浙江人。」

⑧《順治潁上縣志·秩官·歷官（明潁上縣典史）》：「朱鳳。浙江人。」

⑨呂景蒙《嘉靖潁州志·職官表·（明潁上縣）教諭》：「（高皇帝洪武）謝善。浙江鄞縣人。」《順治潁上縣志·秩官·學官（明潁上縣儒學教諭）》：「謝善。鄞縣人。貢。永樂六年（1408）任。」

⑩呂景蒙《嘉靖潁州志·職官表·（明潁上縣）教諭》：「（景皇帝景泰）劉繼。福建人。」《順治潁上縣志·秩官·學官（明潁上縣儒學教諭）》：「劉繼。福建人。貢。永樂十年（1412）任。」

李恪。俱永樂間任。①

陳紳。陝西鳳翔人。景泰五年（1454）任。②

鍾朝［期］。江西太和人。天順二年（1458）任。③

陳拳。福建閩縣人。八年（1464）任。④

林堂。福建莆田人。成化十年（1474）任。⑤

郭玹。江西分宜人。十六年（1480）任。⑥

林汝明。福建莆田人。弘治三年（1490）任。見《宦業》。

趙璁。福建南安人。十三年（1500）任。⑦

胡祥。江西新淦人。正德元年（1506）任。⑧

張雲龍。福建晉江人。三年（1508）任。⑨

方世讓。湖廣巴陵人。貢士。九年（1514）任。遷陝西寧羌知州。⑩

谷廩。陝西咸寧人。嘉靖二年（1523）任。⑪

何司［思］明。福建福清人。貢士，八年（1529）任。⑫

崔繼賢。山東莒州人。十五年（1536）任。⑬

①呂景蒙《嘉靖潁州志・職官表・（明潁上縣）教諭》：「（睿皇帝天順）李恪。」《順治潁上縣志・秩官・學官（明潁上縣儒學教諭）》：「李恪。永樂十六年（1418）任。」

②呂景蒙《嘉靖潁州志・職官表・（明潁上縣）教諭》：「（睿皇帝正統）陳。失其名。陝西鳳翔人。五年任。」《順治潁上縣志・秩官・學官（明潁上縣儒學教諭）》：「陳才。鳳翔人。貢。景泰五年任。」當即其人。

③呂景蒙《嘉靖潁州志・職官表・（明潁上縣）教諭》：「（睿皇帝天順）鍾期。江西太和人。二年任。」《順治潁上縣志・秩官・學官（明潁上縣儒學教諭）》：「鍾期。太和人。貢。天順四年（1460）任。」

④呂景蒙《嘉靖潁州志・職官表・（明潁上縣）教諭》：「（純皇帝成化）陳拳。福建閩縣人。八年任。」《順治潁上縣志・秩官・學官（明潁上縣儒學教諭）》：「陳拳。閩縣人。貢。天順八年任。」《乾隆福建通志・選舉・明舉人（正統三年戊午，1438）》：「（福州府）陳拳。教諭。」疑即其人。

⑤呂景蒙《嘉靖潁州志・職官表・（明潁上縣）教諭》：「（純皇帝成化）林堂。福建莆田人。十年任。」《順治潁上縣志・秩官・學官（明潁上縣儒學教諭）》：「林堂。莆田人。貢。成化十一年（1475）任。」《光緒莆田縣志・選舉・（明）鄉舉》：「（天順六年壬午，1462）林堂。字望由。楊州教授。」

⑥呂景蒙《嘉靖潁州志・職官表・（明潁上縣）教諭》：「（純皇帝成化）郭玹。江西分宜人。十六年任。」《順治潁上縣志・秩官・學官（明潁上縣儒學教諭）》：「郭玹。分宜人。貢。成化十六年任。」《道光分宜縣志・選舉・（明）縣學歲貢》：「郭玹。成化七年辛酉（1471）。授潁上教諭。」

⑦呂景蒙《嘉靖潁州志・職官表・（明潁上縣）教諭》：「（敬皇帝弘治）趙璁。福建南安人。十三年任。」《順治潁上縣志・秩官・學官（明潁上縣儒學教諭）》：「趙璁。南安人。貢。弘治十二年（1499）任。」

⑧呂景蒙《嘉靖潁州志・職官表・（明潁上縣）教諭》：「（毅皇帝正德）胡祥。江西新淦人。元年任。」《順治潁上縣志・秩官・學官（明潁上縣儒學教諭）》：「胡祥。新金［淦］人。貢。正德元年任。」

⑨呂景蒙《嘉靖潁州志・職官表・（明潁上縣）教諭》：「（毅皇帝正德）張雲龍。福建晉江人。三年任。」《順治潁上縣志・秩官・學官（明潁上縣儒學教諭）》：「張雲龍。晉江人。由舉人，正德三年任。」《乾隆福建通志・選舉・明舉人（宏［弘］治十一年戊午，1498）》：「（泉州府）張雲龍。通判。」《乾隆晉江縣志・選舉・（明）鄉舉》：「（宏［弘］治十一年戊午科）張雲龍。府學。湖州通判。」

⑩呂景蒙《嘉靖潁州志・職官表・（明潁上縣）教諭》：「（毅皇帝正德）方世讓。湖廣巴陵人。九年任。遷陝西寧羌知州。」《順治潁上縣志・秩官・學官（明潁上縣儒學教諭）》：「方世讓。巴陵人。貢。正德九年任。」《隆慶岳州府志・選舉表・（明岳州府學）舉人》：「（正德庚午，

1510）方世讓。寧羌知州。」《光緒甯羌州志・官師・（明）知州》：「方世讓。湖廣巴陵舉人。持躬清介，銳意好士，州務一新。」

⑪呂景蒙《嘉靖潁州志・職官表・（明潁上縣）教諭》：「（今皇帝嘉靖）谷廩。陝西咸寧人。監生。二年任。」《順治潁上縣志・秩官・學官（明潁上縣儒學教諭）》：「谷廩。咸寧人。貢。嘉靖二年任。」

⑫呂景蒙《嘉靖潁州志・職官表・（明潁上縣）教諭》：「（今皇帝嘉靖）何司［思］明。福建福清人。貢士。八年任。」《順治潁上縣志・秩官・學官（明潁上縣儒學教諭）》：「何思明。福清縣舉人。嘉靖八年任。」《乾隆福建通志・人物・明》：「何思明。字致虛，福清人。正德己卯（1519）舉人，授潁［潁］上教諭。潁爲鳳陽屬邑，雖稱中州，而士鮮經術。思明嚴立課程，時爲講解，士因而感奮，彬彬幾與畿輔埒。又捐俸葺學宮，闢泮池，恤貧士之不能婚塟者。部使者以學行兼優奬之。歸里，著有《經義典則》、《四書訓字》及《梅花百咏》行於世。卒年八十二。子世祺，嘉靖進士。」

⑬呂景蒙《嘉靖潁州志・職官表・（明潁上縣）教諭》：「（今皇帝嘉靖）崔繼賢。山東莒州人。監生。十六年（1537）任。」《順治潁上縣志・秩官・學官（明潁上縣儒學教諭）》：「崔繼賢。莒縣人。貢。嘉靖十六年任。」《嘉慶莒州志・選舉・（明）歲貢》：「崔繼賢。教諭。」

陳旦。江西新昌人。二十年（1541）任。①

方輅。江西樂平人。貢士。二十六年（1547）任。②

訓導二十五人：

呂璠。浙江新昌人。③

陶惟恭。湖廣恭［公］安人。俱天順間任。④

金曄。浙江鄞縣人。⑤

李銘。山東博興人。⑥

高玹。浙江鄞縣人。⑦

---

①《順治潁上縣志・秩官・學官（明潁上縣儒學教諭）》：「陳旦。新昌人。貢。嘉靖二十年任。」《同治新昌縣志・選舉・（明）五貢》）：「陳旦。縣治人。嘉靖十四年（1535）歲貢。浙江寧波府訓導，陞南直潁上教諭。」

②《順治潁上縣志・秩官・學官（明潁上縣儒學教諭）》：「方輅。樂平舉人。嘉靖二十六年任。至御史。」《雍正江西通志・選舉・明（鄉試）》：「（嘉靖十九年庚子，1540）方輅。樂平人。廣西道御史。」《乾隆樂平縣志・選舉・（明）舉人》：「（嘉靖十九年庚子科）方輅。字朝錫。有傳，見《能吏》。」《乾隆樂平縣志・人物・（明）能吏》：「方輅。字朝錫，永善鄉人。嘉靖庚子鄉薦。教潁上，端詩範典。試福建，擢知太平縣，廉明果斷，殄除豪猾。時倭寇猖獗，輅設奇募兵勦之，悉出俸铂二十金及首飾，犒勇敢，搗賊巢，溫、臺諸路藉以保障。巡按林應箕、巡撫胡宗憲上其事，加五品俸級，賚金八十兩，表裏四端。隨築太平城，爲是邑捍，百姓感而祀之。丙辰，擢廣西道御史、巡按順天，權貴莫敢干。庚申，復按蘇松，風裁尤著，以養病卒於家，兩畿有真御史之謠。」

③呂景蒙《嘉靖潁州志・職官表・（明潁上縣）訓導》：「（睿皇帝天順）呂璠。浙江新昌人。」《順治潁上縣志・秩官・學官（明潁上縣儒學訓導）》：「呂璠。新昌人。貢。天順五年（1461）任。」《民國新昌縣志・選舉表・（明）薦辟》：「呂璠。景泰中舉經明行修科。耒陽教諭。」

④呂景蒙《嘉靖潁州志・職官表・（明潁上縣）訓導》：「（睿皇帝天順）陶惟恭。湖廣公安人。」《順治潁上縣志・秩官・學官（明潁上縣儒學訓導）》：「陶惟恭。公安人。貢。天順元年（1457）任。」《民國公安縣志・選舉・（明）舉人》：「（景泰四年癸酉，1453）陶惟恭。教諭。」

⑤呂景蒙《嘉靖潁州志・職官表・（明潁上縣）訓導》：「（純皇帝成化）金曄。浙江鄞縣人。」《嘉靖寧波府志・選舉・（國朝）歲貢》：「（成化五年己丑，1469）余曄。」疑即其人。

⑥呂景蒙《嘉靖潁州志・職官表・（明潁上縣）訓導》：「（純皇帝成化）李銘。山東博興人。」《順治潁上縣志・秩官・學官（明潁上縣儒學訓導）》：「李銘。山東博興人。成化三年（1467）任。」《道光博興縣志・選舉表・（明）貢生》：「李銘。潁上訓導。」

⑦呂景蒙《嘉靖潁州志・職官表・（明潁上縣）訓導》：「（純皇帝成化）高玹。浙江鄞縣人。」《順治潁上縣志・秩官・學官（明潁上縣儒學訓導）》：「高玹。浙江鄞縣人。」《嘉靖寧波府志・選舉・（國朝）歲貢》：「（天順八年甲申，1464）高玹。」

馬龍。河南孟津人。①
謝謙。廣西羅城人。俱成化間任。②
劉禎。江西永新人。③
張儼。浙江上虞人。④
劉裕。四川瀘州人。⑤
羅琪。浙江會稽人。⑥
牛鍾。直隸遵化人。俱弘治間任。⑦
王秉性。四川章明人。⑧
段錦。直隸永年人。⑨
丘材。福建莆田人。⑩
朱恭⑪。山東冠縣人。
丁舉。山東曲阜人。俱正德間任。⑫

①呂景蒙《嘉靖潁州志・職官表・（明潁上縣）訓導》：「（純皇帝成化）馬龍。河南孟津人。」《順治潁上縣志・秩官・學官（明潁上縣儒學訓導）》：「馬龍。河南孟津人。成化八年（1472）任。」

②呂景蒙《嘉靖潁州志・職官表・（明潁上縣）訓導》：「（純皇帝成化）謝謙。廣西羅城人。」《順治潁上縣志・秩官・學官（明潁上縣儒學訓導）》：「謝謙。羅田人。」《民國羅城縣志・政治・選舉（羅城縣歷代科舉人員姓名住址一覽表）》：「（舉人，成化四年戊子，1468）謝謙。官寧波府知府。」

③呂景蒙《嘉靖潁州志・職官表・（明潁上縣）訓導》：「（敬皇帝弘治）劉禎。江西永新人。」《順治潁上縣志・秩官・學官（明潁上縣儒學訓導）》：「劉禎。江西永新人。弘治元年（1488）任。」

④呂景蒙《嘉靖潁州志・職官表・（明潁上縣）訓導》：「（敬皇帝弘治）張儼。浙江上虞人。」《順治潁上縣志・秩官・學官（明潁上縣儒學訓導）》：「張儼，上虞人。弘治三年（1490）任。」《雍正浙江通志・選舉・明（舉人）》：「（成化二十二年丙午，1486）張儼。上虞人。同知。」《光緒上虞縣志・選舉表・（明）舉人》：「（成化二十二年丙午）張儼。歷任潁上、延平、漳州、廣州同知。」

⑤呂景蒙《嘉靖潁州志・職官表・（明潁上縣）訓導》：「（敬皇帝弘治）劉裕。四川瀘州人。」《順治潁上縣志・秩官・學官（明潁上縣儒學訓導）》：「劉瑢。盧［瀘］州人。弘治五年（1492）任。」

⑥呂景蒙《嘉靖潁州志・職官表・（明潁上縣）訓導》：「（敬皇帝弘治）羅琪。浙江會稽人。」《順治潁上縣志・秩官・學官（明潁上縣儒學訓導）》：「羅琪。會稽人。弘治十一年（1498）任。」《萬曆會稽縣志・選舉表・（明）歲貢》：「羅琪。訓導。」

⑦呂景蒙《嘉靖潁州志・職官表・（明潁上縣）訓導》：「（敬皇帝弘治）牛鍾。直隸遵化人。」《順治潁上縣志・秩官・學官（明潁上縣儒學訓導）》：「牛鍾。遵化人。弘治十三年（1500）任。」

⑧呂景蒙《嘉靖潁州志・職官表・（明潁上縣）訓導》：「（毅皇帝正德）王秉性。四川章明人。」《順治潁上縣志・秩官・學官（明潁上縣儒學訓導）》：「王秉性。章明人。正德二年（1507）任。」

⑨呂景蒙《嘉靖潁州志・職官表・（明潁上縣）訓導》：「（毅皇帝正德）段錦。直隸永年人。」《順治潁上縣志・秩官・學官（明潁上縣儒學訓導）》：「段錦。永年人。正德六年（1511）任。」

⑩呂景蒙《嘉靖潁州志・職官表・（明潁上縣）訓導》：「（毅皇帝正德）丘材。福建莆田人。」《順治潁上縣志・秩官・學官（明潁上縣儒學訓導）》：「丘材。莆田人。正德九年（1514）任。」

⑪呂景蒙《嘉靖潁州志・職官表・（明潁上縣）訓導》：「（毅皇帝正德）朱恭。山東冠縣人。」《順治潁上縣志・秩官・學官（明潁上縣儒學訓導）》：「朱恭。冠縣人。正德七年（1512）任。」《道光冠縣縣志・選舉・（明）恩貢歲貢》：「朱恭。」

⑫呂景蒙《嘉靖潁州志・職官表・（明潁上縣）訓導》：「（毅皇帝正德）丁舉。山東曲阜人。遷光山縣教諭。」《順治潁上縣志・秩官・學官（明潁上縣儒學訓導）》：「丁舉。曲阜人。正德十年（1515）任。」

陶瑜。江西廬陵人。嘉靖五年（1526）任。卒於官。①

余釜。浙江西安人。八年（1529）任。②

王雍。江西吉水人。十七年（1538）任。言溫而氣和，文質而義精，士類多所造就，至今稱之爲溫溫恭人云。③

王珩。湖廣鄖陽人。十八年（1539）任。④

容怡。廣東高要人。二十年（1541）任。⑤

趙儀。湖廣江夏人。二十二年（1543）任。⑥

王啟。浙江西安人。二十三年（1544）任。⑦

王琮。河南鈞州人。二十五年（1546）任。⑧

遞運所大使十四人：

孔孚。⑨

毛淵。⑩

杜本。濱州人。⑪

何英。山東人。⑫

傳□。保定人。逸其名。⑬

---

①呂景蒙《嘉靖潁州志·職官表·（明潁上縣）訓導》：「（今皇帝嘉靖）陶瑜。江西廬陵人。監生。五年任。卒於官。」《順治潁上縣志·秩官·學官（明潁上縣儒學訓導）》：「陶瑜。廬陵人。嘉靖五年任。」

②呂景蒙《嘉靖潁州志·職官表·（明潁上縣）訓導》：「（今皇帝嘉靖）余釜。浙江西安人。監生。八年任。」《順治潁上縣志·秩官·學官（明潁上縣儒學訓導）》：「余釜。西安人。嘉靖八年任。」《嘉慶西安縣志·選舉·（明）貢生》：「（嘉靖年）余釜。教諭。」

③《順治潁上縣志·秩官·學官（明潁上縣儒學訓導）》：「王雍。吉水人。嘉靖十七年任。」《道光吉水縣志·選舉·（明）貢士》：「王雍。」

④《順治潁上縣志·秩官·學官（明潁上縣儒學訓導）》：「王珩。鄖陽人。嘉靖十九年（1540）任。」《同治鄖陽縣志·選舉·（明）貢生》：「王珩。訓導。」

⑤《順治潁上縣志·秩官·學官（明潁上縣儒學訓導）》：「容怡。高安［要］人。嘉靖二十年任。」

⑥《順治潁上縣志·秩官·學官（明潁上縣儒學訓導）》：「趙儀。江夏人。嘉靖二十三年（1544）任。」《同治江夏縣志·選舉表·（明）歲貢》：「趙儀。」

⑦《順治潁上縣志·秩官·學官（明潁上縣儒學訓導）》：「王啟。延平人。嘉靖二十八年（1549）任。」《嘉慶西安縣志·選舉·（明）貢生》：「（嘉靖年）王啟。訓導。」

⑧《順治潁上縣志·秩官·學官（明潁上縣儒學訓導）》：「王琮。鈞州人。嘉靖二十二年（1543）任。」

⑨呂景蒙《嘉靖潁州志·職官表·（皇明潁上）倉局遞運》：「孔孚。所官。」《順治潁上縣志·秩官·雜職（明潁上縣遞運所大使）》僅存其名。

⑩呂景蒙《嘉靖潁州志·職官表·（皇明潁上）倉局遞運》：「毛淵。所官。」《順治潁上縣志·秩官·雜職（明潁上縣遞運所大使）》僅存其名。

⑪呂景蒙《嘉靖潁州志·職官表·（皇明潁上）倉局遞運》：「杜本。濱州人。所官。」《順治潁上縣志·秩官·雜職（明潁上縣遞運所大使）》：「杜本。山東濱州人。」

⑫呂景蒙《嘉靖潁州志·職官表·（皇明潁上）倉局遞運》：「何英。山東人。所官。」《順治潁上縣志·秩官·雜職（明潁上縣遞運所大使）》：「何英。山東人。」

⑬呂景蒙《嘉靖潁州志·職官表·（皇明潁上）倉局遞運》：「傅。保定人。」《順治潁上縣志·秩官·雜職（明潁上縣遞運所大使）》：「傅保。保定人。」

劉頤。棗陽人。①
劉偉。晉寧人。②
楊清。高唐人。③
甯果［杲］。江西人。④
童尹。黄巖人。⑤
陳安。滑縣人。⑥
阮忠愛。四會人。⑦
崔允。歷城人。⑧
郭環。護［獲］嘉人。今革。⑨

稅課局大使八人：
熊景仁。⑩
鄭得旻。⑪
安仁。山東人。⑫

①呂景蒙《嘉靖潁州志·職官表·（皇明潁上）倉局遞運》：「劉頤。棗陽人。」《順治潁上縣志·秩官·雜職（明潁上縣遞運所大使）》：「劉賾［頤］。棗陽人。」
②呂景蒙《嘉靖潁州志·職官表·（皇明潁上）倉局遞運》：「劉偉。晉寧人。」《順治潁上縣志·秩官·雜職（明潁上縣遞運所大使）》：「劉偉。江西人。」
③呂景蒙《嘉靖潁州志·職官表·（皇明潁上）倉局遞運》：「楊清。高唐人。」《順治潁上縣志·秩官·雜職（明潁上縣遞運所大使）》：「楊清。高唐人。」
④呂景蒙《嘉靖潁州志·職官表·（皇明潁上）倉局遞運》：「甯杲。江西人。」《順治潁上縣志·秩官·雜職（明潁上縣遞運所大使）》：「甯杲。江西人。」
⑤呂景蒙《嘉靖潁州志·職官表·（皇明潁上）倉局遞運》：「童尹。黄巖人。」《順治潁上縣志·秩官·雜職（明潁上縣遞運所大使）》：「童尹。蘭溪人。」
⑥呂景蒙《嘉靖潁州志·職官表·（皇明潁上）倉局遞運》：「陳安。滑縣人。」《順治潁上縣志·秩官·雜職（明潁上縣遞運所大使）》：「陳安。滑縣人。」
⑦呂景蒙《嘉靖潁州志·職官表·（皇明潁上）倉局遞運》：「阮忠愛。四會人。」《順治潁上縣志·秩官·雜職（明潁上縣遞運所大使）》：「阮忠愛。四會人。」
⑧呂景蒙《嘉靖潁州志·職官表·（皇明潁上）倉局遞運》：「崔允。歷城人。」《順治潁上縣志·秩官·雜職（明潁上縣遞運所大使）》：「崔允。歷城人。」
⑨呂景蒙《嘉靖潁州志·職官表·（皇明潁上）倉局遞運》：「郭環。獲嘉人。」《順治潁上縣志·秩官·雜職（明潁上縣遞運所大使）》：「郭環。護加［獲嘉］人。」
⑩呂景蒙《嘉靖潁州志·職官表·（皇明潁上）倉局遞運》：「熊景仁。局官。」《順治潁上縣志·秩官·雜職（明潁上縣税課局大使）》：「熊景仁。山東人。」
⑪呂景蒙《嘉靖潁州志·職官表·（皇明潁上）倉局遞運》：「鄭德旻。局官。」《順治潁上縣志·秩官·雜職（明潁上縣税課局大使）》僅存其名。
⑫呂景蒙《嘉靖潁州志·職官表·（皇明潁上）倉局遞運》：「安仁。山東人。」《順治潁上縣志·秩官·雜職（明潁上縣税課局大使）》：「安仁。山東人。」

鄭師儒。山東人。①

鄧順。山東人。②

孫繹。山東人。③

王□。山東人。逸其名。④

楊清。山東人。今革。⑤

倉大使八人：

李仲爵。

張倉。

邊尚質。

李松。

黄友現。

劉森。

李梅。直隸獻縣人。嘉靖二十五年（1546）。

毛景明。

驛丞二十九人：

羅明。⑥

張冕。⑦

李嵩。⑧

嚴舉。山西人。⑨

---

①呂景蒙《嘉靖潁州志・職官表・（皇明潁上）倉局遞運》：「鄭師儒，山東人。」

②呂景蒙《嘉靖潁州志・職官表・（皇明潁上）倉局遞運》：「鄧順。四川人。俱局官。」《順治潁上縣志・秩官・雜職（明潁上縣稅課局大使）》：「鄧順。山東人。」

③呂景蒙《嘉靖潁州志・職官表・（皇明潁上）倉局遞運》：「孫繹。山東人。」《順治潁上縣志・秩官・雜職（明潁上縣稅課局大使）》：「孫澤。山東人。」

④呂景蒙《嘉靖潁州志・職官表・（皇明潁上）倉局遞運》：「王。山東人。俱局官。」

⑤呂景蒙《嘉靖潁州志・職官表・（皇明潁上）倉局遞運》：「楊清。山東人。局官。」

⑥呂景蒙《嘉靖潁州志・職官表・（皇明潁上）驛丞》僅存其名。《順治潁上縣志・秩官・雜職（明潁上縣江口驛驛丞）》僅存其名。

⑦呂景蒙《嘉靖潁州志・職官表・（皇明潁上）驛丞》：「張冕。俱江口驛。」《順治潁上縣志・秩官・雜職（明潁上縣江口驛驛丞）》僅存其名。

⑧呂景蒙《嘉靖潁州志・職官表・（皇明潁上）驛丞》：「李嵩。江口驛。」《順治潁上縣志・秩官・雜職（明潁上縣江口驛驛丞）》僅存其名。

⑨呂景蒙《嘉靖潁州志・職官表・（皇明潁上）驛丞》：「嚴舉。山西人。」《順治潁上縣志・秩官・雜職（明潁上縣江口驛驛丞）》：「嚴舉。山東人。」

宋紀。山西人。①

宋□。山東人。逸其名。

吳文振。山西人。②

陳璁。湖廣人。③

王進德。福建人。已上俱江口驛，今革。④

陳莊。⑤

張文振。⑥

鄭廣。山西人。⑦

徐敏。鄞縣人。⑧

范希禹。山西人。

李錫。山東人。⑨

尹盛。山東人。⑩

季倫。保定人。⑪

李瑞。山東人。⑫

鄧順。四川人。⑬

---

①呂景蒙《嘉靖潁州志・職官表・（皇明潁上）驛丞》：「宋。山西人。俱江口驛。」

②呂景蒙《嘉靖潁州志・職官表・（皇明潁上）驛丞》：「吳文振。山西人。」《順治潁上縣志・秩官・雜職（明潁上縣江口驛驛丞）》：「吳文振。山西人。」

③呂景蒙《嘉靖潁州志・職官表・（皇明潁上）驛丞》：「陳璁。湖廣人。」《順治潁上縣志・秩官・雜職（明潁上縣江口驛驛丞）》：「陳璁。湖廣人。」

④呂景蒙《嘉靖潁州志・職官表・（皇明潁上）驛丞》：「王進德。福建人。俱江口驛。」《順治潁上縣志・秩官・雜職（明潁上縣江口驛驛丞）》：「王進德。閩縣人。」

⑤呂景蒙《嘉靖潁州志・職官表・（皇明潁上）驛丞》：「陳莊。甘城驛。」《順治潁上縣志・秩官・雜職（明潁上縣甘城驛驛丞）》僅存其名。

⑥呂景蒙《嘉靖潁州志・職官表・（皇明潁上）驛丞》僅存其名。《順治潁上縣志・秩官・雜職（明潁上縣甘城驛驛丞）》僅存其名。

⑦呂景蒙《嘉靖潁州志・職官表・（皇明潁上）驛丞》：「鄭廣。山西人。」

⑧呂景蒙《嘉靖潁州志・職官表・（皇明潁上）驛丞》：「徐敏。鄞縣人。俱甘城驛。」《順治潁上縣志・秩官・雜職（明潁上縣甘城驛驛丞）》：「徐敏。鄞縣人。」

⑨呂景蒙《嘉靖潁州志・職官表・（皇明潁上）驛丞》：「李錫。山東人。」《順治潁上縣志・秩官・雜職（明潁上縣甘城驛驛丞）》：「李錫。山東人。」

⑩呂景蒙《嘉靖潁州志・職官表・（皇明潁上）驛丞》：「尹盛。山東人。俱甘城驛。」《順治潁上縣志・秩官・雜職（明潁上縣甘城驛驛丞）》：「尹盛。山東人。」

⑪呂景蒙《嘉靖潁州志・職官表・（皇明潁上）驛丞》：「季倫。保定人。」《順治潁上縣志・秩官・雜職（明潁上縣甘城驛驛丞）》：「季倫。保定人。」

⑫呂景蒙《嘉靖潁州志・職官表・（皇明潁上）驛丞》：「李瑞。山東人。俱甘城驛。」《順治潁上縣志・秩官・雜職（明潁上縣甘城驛驛丞）》：「李瑞。山東人。」

⑬呂景蒙《嘉靖潁州志・職官表・（皇明潁上）驛丞》：「鄧順。四川人。俱甘城驛。」《順治潁上縣志・秩官・雜職（明潁上縣甘城驛驛丞）》：「鄧瑞。四川人。」當即其人。

郭成賢。山東人。①
周鳳。山東人。②
齊相。山東人。③
殷域。河南人。④
周斐。河南人。⑤
吳江。福建人。
鄒尭弼。山東人。⑥
喻義。湖廣人。
廖濟。湖廣郴州人。嘉靖二十五年（1546）任。
劉玠。直隸趙州人。已上俱甘城驛。

太和縣

知縣三十五人：
高士進。招附民人六百户，及置縣治。⑦

馬良。⑧

趙岱。⑨

穆寧。俱洪武間任。⑩

①呂景蒙《嘉靖潁州志·職官表·（皇明潁上）驛丞》：「郭成賢。山東人。」《順治潁上縣志·秩官·雜職（明潁上縣甘城驛驛丞）》：「郭成賢。山東人。」

②呂景蒙《嘉靖潁州志·職官表·（皇明潁上）驛丞》：「周鳳。山東人。」《順治潁上縣志·秩官·雜職（明潁上縣甘城驛驛丞）》：「周鳳。山東人。」

③呂景蒙《嘉靖潁州志·職官表·（皇明潁上）驛丞》：「齊相。山東人。俱甘城驛。」《順治潁上縣志·秩官·雜職（明潁上縣甘城驛驛丞）》：「齊相。山東人。」

④呂景蒙《嘉靖潁州志·職官表·（皇明潁上）驛丞》：「殷域。河南人。」《順治潁上縣志·秩官·雜職（明潁上縣甘城驛驛丞）》僅存其名。

⑤呂景蒙《嘉靖潁州志·職官表·（皇明潁上）驛丞》：「周斐。河南人。」《順治潁上縣志·秩官·雜職（明潁上縣甘城驛驛丞）》僅存其名。

⑥《順治潁上縣志·秩官·雜職（明潁上縣甘城驛驛丞）》僅存其名。

⑦呂景蒙《嘉靖潁州志·職官表·（明太和縣）知縣》：「（高皇帝洪武）高士進。招附民人六百戶，及置縣治焉。」《萬曆太和縣志·歷官·知縣題名（皇明）》：「高士進。洪武二年（1369）任太和知縣。詳見《名宦》。」《萬曆太和縣志·歷官·遺愛（皇明）》：「高士進。洪武三年（1370）任太和縣承［丞］。元季兵革之餘，民多流離。公招附人民六百戶，愛養安輯，俾各遂其生息之樂，邑人愛之。見《名宦》。」

⑧呂景蒙《嘉靖潁州志·職官表·（明太和縣）知縣》：「（高皇帝洪武）馬良。」《萬曆太和縣志·歷官·知縣題名（皇明）》：「馬良。洪武四年（1371）任。詳見《名宦》。」《萬曆太和縣志·歷官·遺愛（皇明）》：「馬良。洪武五年（1372）任太和縣知縣。廉介愛民，修置縣治，剏建學宫於今地。作興士類，勸課農桑，不期年而百廢具舉。《名宦》。」

⑨呂景蒙《嘉靖潁州志·職官表·（明太和縣）知縣》：「（高皇帝洪武）趙岱。」《萬曆太和縣志·歷官·知縣題名（皇明）》：「趙岱。洪武八年（1375）任。詳見《名宦》。」該書無《名宦》，其《遺愛》部分亦未收其人。

⑩呂景蒙《嘉靖潁州志·職官表·（明太和縣）知縣》：「（高皇帝洪武）穆寧。」《萬曆太和縣志·歷官·知縣題名（皇明）》：「穆寧。洪武十二年（1379）任。詳見《名宦》。」該書無《名宦》，其《遺愛》部分亦未收其人。

侯簡。①
魏恩。②
花潤（生）。俱永樂間任。③
陳名。江西餘干人。宣德八年（1433）任。見《宦業》。
張處仁。湖廣攸縣人。正統九年（1444）任。見《宦業》。
左弼。正統間任。④
范衷。江西豐城人。景泰間任。見《宦業》。
黃裳。山東章丘人。⑤
李靖。北直隸人。⑥
李傑。雲南人。⑦
潘凱。河南洛陽人。⑧
徐冕。浙江人。⑨
楊昺。北直隸人。貢士。俱成化間任。⑩
楊鍊。河南靈寶人。進士。召入爲監察御史。⑪

①呂景蒙《嘉靖潁州志・職官表・（明太和縣）知縣》：「（文皇帝永樂）侯簡。」《萬曆太和縣志・歷官・知縣題名（皇明）》：「侯簡。永樂元年（1403）任。」

②呂景蒙《嘉靖潁州志・職官表・（明太和縣）知縣》：「（文皇帝永樂）魏恩。」《萬曆太和縣志・歷官・知縣題名（皇明）》：「魏恩。無考。」

③呂景蒙《嘉靖潁州志・職官表・（明太和縣）知縣》：「（文皇帝永樂）花潤（生）。」《萬曆太和縣志・歷官・知縣題名（皇明）》：「花潤生。字蘊玉，號介軒。福建邵武府人。登永樂曾棨榜進士，永樂年任。後陞浙江市舶提舉，尋陞浙江提學。詳見《遺愛》。」該書《遺愛》部分亦未收其人。《光緒邵武府志・選舉・（明）進士》：「（永樂二年甲申，1404）花潤生。見《宦績傳》。」《光緒邵武府志・人物・（明）宦績》：「花潤生。字蘊玉。幼潁敏，博學強記，人以爲書肆。永樂二年第進士，知古田縣，教民種藝，創公署學校，爲子弟置書籍，親課其業。改太和縣，遷浙江市舶司提舉，擢按察司僉事，尋以尚書王直薦，轉提督浙江學校，規矩詳審，考校精嚴。未七十，引年歸家，居二十餘年，足蹟未嘗至公府。自號介軒，又號紫雲老人。有《介軒集》。」

④呂景蒙《嘉靖潁州志・職官表・（明太和縣）知縣》：「（睿皇帝正統）左弼。」《萬曆太和縣志・歷官・知縣題名（皇明）》：「左弼。無考。」

⑤呂景蒙《嘉靖潁州志・職官表・（明太和縣）知縣》：「（純皇帝成化）黃裳。山東章丘人。」《萬曆太和縣志・歷官・知縣題名（皇明）》：「黃裳。山東章丘人。由貢士，天順五年（1461）任。」

⑥呂景蒙《嘉靖潁州志・職官表・（明太和縣）知縣》：「（純皇帝成化）李靖。北直隸人。」《萬曆太和縣志・歷官・知縣題名（皇明）》：「李靖。北直隸人。由貢士，成化二年（1466）任。」

⑦呂景蒙《嘉靖潁州志・職官表・（明太和縣）知縣》：「（純皇帝成化）李傑。雲南人。」《萬曆太和縣志・歷官・知縣題名（皇明）》：「李傑。雲南人。由舉人，成化五年（1469）任。」

⑧呂景蒙《嘉靖潁州志・職官表・（明太和縣）知縣》：「（純皇帝成化）潘凱。河南洛陽人。」《萬曆太和縣志・歷官・知縣題名（皇明）》：「潘凱。河南洛陽人。由舉人，成化八年（1472）任。」《乾隆洛陽縣志・選舉・（明）舉人》：「（景泰）潘凱。癸酉（1453）。長垣知縣。」《嘉慶長垣縣志・職官表・（明）知縣》：「（成化年）潘凱。河南洛陽人。」

⑨呂景蒙《嘉靖潁州志・職官表・（明太和縣）知縣》：「（純皇帝成化）徐冕。浙江人。」《萬曆太和縣志・歷官・知縣題名（皇明）》：「徐冕。浙江人。由舉人，成化十一年（1475）任。」

⑩呂景蒙《嘉靖潁州志・職官表・（明太和縣）知縣》：「（純皇帝成化）楊昺。北直隸人。貢士。歷任八年，陞通判。」《萬曆太和縣志・歷官・

知縣題名（皇明）》：「楊昺。直隸蠡縣人。由舉人，成化十八年（1482）任。歷任八年，陞通判。有去思碑。詳見《遺愛》。」《萬曆太和縣志・歷官・遺愛（皇明）》：「楊昺。北直隸蠡吾人。成化年，由貢士，歷任八年。六事無修，五善咸備，民拯吏畏，以薦陞府通。《名宦》。」《光緒蠡縣志・選舉・（明）舉人》：「（天順）楊昺。己卯（1459）。」

⑪呂景蒙《嘉靖潁州志・職官表・（明太和縣）知縣》：「（敬皇帝弘治）楊鍊。河南靈寶人。進士。行取選授御史。」《萬曆太和縣志・歷官・知縣題名（皇明）》：「楊鍊。河南靈寶人。由進士，弘治二年（1489）任，行取御史。」《雍正河南通志・選舉・進士（明）》：「（成化辛丑，1481）楊鍊。靈寶人。御史。」《光緒靈寶縣志・選舉・（明）進士》：「楊鍊。字德純，營田里人。舉成化辛卯（1471）科，登成化辛丑進士。授合肥知縣，擢監察御史。」

丘經。京衛人。弘治庚戌（1490）進士。召入爲監察御史。①

龔［翁］陸。福建人。②

王旻。山東曹縣人。③

戴鰲。浙江鄞縣人。弘治己未（1499）進士。陞主事。俱弘治間任。④

雷頤。湖廣巴陵人。⑤

宇文鍾。陝西人。⑥

薛安。鎮遠衛人。⑦

趙夔。遼東錦州人。見《宦業》。

許世昌。陝西澄縣人。俱正德間任。⑧

①呂景蒙《嘉靖潁州志・職官表・（明太和縣）知縣》：「（敬皇帝弘治）丘經。京衛人。進士，五年（1492）任，行取選授御史。」《萬曆太和縣志・歷官・知縣題名（皇明）》：「丘經。京衛人。由進士，弘治五年任，行取御史。」《雍正畿輔通志・進士・弘治庚戌科錢福榜》：「邱經。錦衣衛籍。」

②呂景蒙《嘉靖潁州志・職官表・（明太和縣）知縣》：「（敬皇帝弘治）龔［翁］陸。福建人。」《萬曆太和縣志・歷官・知縣題名（皇明）》：「翁陸。福建莆田人。由舉人，弘治七年（1494）任。有詩，載於《藝文》。」《光緒莆田縣志・選舉・（明）鄉舉》：「（成化十六年庚子，1480）「翁淕［陸］。字守□。世用子。府學。泰和知縣。」

③呂景蒙《嘉靖潁州志・職官表・（明太和縣）知縣》：「（敬皇帝弘治）王旻。山東曹縣人。」《萬曆太和縣志・歷官・知縣題名（皇明）》：「王旻。山東曹縣人。由舉人，弘治九年（1496）任。詳見《名宦》。」《萬曆太和縣志・歷官・遺愛（皇明）》：「王旻。山東曹縣人。由舉人，弘治九年任太和知縣。廉明剛正，不畏強禦，人不敢干以私，時有包孝肅之稱。吏民畏而愛之，卒於官。後人常思慕，祀之名宦。」

④呂景蒙《嘉靖潁州志・職官表・（明太和縣）知縣》：「（敬皇帝弘治）戴鰲，浙江鄞縣人。進士。陞主事。」《萬曆太和縣志・歷官・知縣題名（皇明）》：「戴鰲，浙江鄞縣人。由舉人，弘治十五年（1502）任。」《雍正浙江通志・選舉・明（進士）》：「（弘治十二年己未）戴鰲。鄞人。尋甸知府。」《嘉靖寧波府志・選舉・（國朝）進士》：「（弘治十二年己未科）戴鰲。知府。」

⑤呂景蒙《嘉靖潁州志・職官表・（明太和縣）知縣》：「（毅皇帝正德）雷頤。湖廣巴陵人。」《萬曆太和縣志・歷官・知縣題名（皇明）》：「雷頤。湖廣巴陵人。由舉人，正德元年（1506）任。有去思碑，詳見《藝文》。」《萬曆太和縣志・歷官・遺愛（皇明）》：「雷頤，湖廣巴陵人。由舉人，正德間任。公勤廉幹，興廢舉墜，嘗建馬神祠，去後人思之，樹碑於其前。」《康熙湖廣通志・選舉志・明舉人》：「（成化十三年丁酉，1477）雷頤。巴陵人。知縣。」

⑥呂景蒙《嘉靖潁州志・職官表・（明太和縣）知縣》：「（毅皇帝正德）宇文鍾。陝西人。」《萬曆太和縣志・歷官・知縣題名（皇明）》：「宇文鍾。陝西乾州人。由進士，正德三年（1508）任。以御史謫貶。」《光緒乾州志稿・選舉表・（明）舉人》：「（宏［弘］治五年，1492）宇文鍾。」《光緒乾州志稿・選舉表・（明）進士》：「（宏［弘］治十五年，1502）宇文鍾。監察御史。」

⑦呂景蒙《嘉靖潁州志・職官表・（明太和縣）知縣》：「（毅皇帝正德）薛安。鎮遠衛人。」《萬曆太和縣志・歷官・知縣題名（皇明）》：「薛安。湖廣鎮遠衛人。由監生，正德六年（1511）任。以陷城罷官，家眷遂不能歸，俱卒於官。有塚在太和。」

⑧呂景蒙《嘉靖潁州志・職官表・（明太和縣）知縣》：「（毅皇帝正德）許世昌。陝西澄縣人。瑞麥亭有《記》，蓋視前政夔之有遺愛祠設也。其見任官，輒自立碑與？」《萬曆太和縣志・歷官・知縣題名（皇明）》：「許世昌。陝西澄城人。由舉人，正德十二年（1517）任。」《民國澄城縣附志・選舉表・（明）舉人》：「許世昌。宏［弘］治十七年（1504）。太和知縣，開封府通判，順慶、承天同知。」

許選。福建漳浦人。貢士，嘉靖初任。見《宦業》。

鄧觀。廣東人。①

林墰。福建莆田人。十二年（1533）任。見《宦業》。

凌士顔。廣東化州人。貢士。十四年（1535）任。②

陳琦。字□□，福建莆田人。貢士。十六年（1537）任。明而能斷，惠而有威，民樂只之。陞惠州府同知。③

張永昌。直隸永年人。貢士。二十一年（1542）任。陞陝西苑馬寺丞。④

周居魯。山東歷城人。貢士。二十三年（1544）任。調簡僻去。⑤

胡寧。字體坤，廣西藤縣人。貢士。二十六年（1547）任。⑥

縣丞一十一人：

袁伯儀。洪武初任。見《宦業》。

齊翼。湖廣人。正統間任。⑦

胡清。天順間任。⑧

李衍。湖廣人。⑨

①呂景蒙《嘉靖潁州志·職官表·（明太和縣）知縣》：「（今皇帝嘉靖）鄧觀。廣東人。」《萬曆太和縣志·歷官·知縣題名（皇明）》：「鄧觀。廣東曲江人。由舉人，嘉靖九年（1530）任。」《光緒曲江縣志·選舉表·（明）舉人》：「（正德十一年丙子，1516）鄧觀。泰和知縣。」

②呂景蒙《嘉靖潁州志·職官表·（明太和縣）知縣》：「（今皇帝嘉靖）凌士顔。廣東化州人。貢士。十四年任。」《萬曆太和縣志·歷官·知縣題名（皇明）》：「凌士顔。號龍山，廣東化州人。由舉人，嘉靖十四年（1535）任。見《遺愛》。」《萬曆太和縣志·歷官·遺愛（皇明）》：「凌士顔。號龍山，廣東化州人。由舉人，嘉靖十四年（1535）任。下車之初，振作儒林，留心民瘼，以仁恕存心，以寬平爲政。暇日吟詠甚富。嘗捐俸刊社約，編以教民。」《道光化州志·文選舉·（明）舉人》：「凌士顔。庚午（1510）科。歷任大庾縣知縣。夔父。」

③《萬曆太和縣志·歷官·知縣題名（皇明）》：「陳琦。號對江，福建莆田人。由舉人，嘉靖十六年（1537）任。填泮池，立面墻，士至今有遺憾。陞惠州府同。」《光緒莆田縣志·選舉·（明）鄉舉》：「（正德十一年丙子，1516）陳琦。字亦韓。府學。惠州同知。」

④《萬曆太和縣志·歷官·知縣題名（皇明）》：「張永昌。號靜菴，直隸永年人。由舉人，嘉靖二十一年（1542）任。陞苑馬寺丞。詳見《遺愛》。」《萬曆太和縣志·歷官·遺愛（皇明）》：「張永昌。號靜菴，北直隸永年人。由舉人，筮仕鳳陽府學訓導。十八年（1539）陞太和知縣。操守廉靖，敷政寬仁，修城濬池，保護生民，至令穎陞陝西苑馬。」《光緒永年縣志·選舉表·（明）舉人》：「（嘉靖十年辛卯，1531）張永昌。苑馬寺寺丞。」

⑤《萬曆太和縣志·歷官·知縣題名（皇明）》：「周居魯。號與山，山東歷城人。由舉人，嘉靖二十三年（1544）任。後調元氏縣。」《雍正山東通志·選舉志·制科（舉人）》：「周居魯。歷城人。知縣。」

⑥《萬曆太和縣志·歷官·知縣題名（皇明）》：「胡寧。號靜齋，廣西藤縣人。由舉人，嘉靖二十六年（1547）任。」《光緒藤縣志·選舉·（明）鄉舉》：「（嘉靖十六年丁酉，1537）胡甯。五袴廂人。珖長子。任江西泰和縣知縣。」

⑦呂景蒙《嘉靖潁州志·職官表·（明太和縣）縣丞》：「（睿皇帝正統）齊翼。湖廣人。」《萬曆太和縣志·歷官·主簿題名（皇明）》：「齊翼。湖廣黄岡人。正統十一年（1446）任。」

⑧呂景蒙《嘉靖潁州志·職官表·（明太和縣）縣丞》：「（睿皇帝天順）胡清。」《萬曆太和縣志·歷官·主簿題名（皇明）》：「胡清。景泰二年（1451）任。」

⑨呂景蒙《嘉靖潁州志·職官表·（明太和縣）縣丞》：「（純皇帝成化）李衍。湖廣人。」《萬曆太和縣志·歷官·縣丞題名（皇明）》：「李衍。湖廣人。由監生，成化年間任。」

甘澈。江西人。成化間任。①
張瓊。湖廣人。②
李暉。湖廣人。俱弘治間任。③
賈釗。北直隸人。④
趙徽。四川人。俱正德間任。⑤
賈鸞。山西人。⑥
李具善。陝西人。俱嘉靖間任。⑦

主簿五人：
張信。景泰間任。⑧
賈銘。北直隸人。成化間任。⑨
潘志澄。湖廣人。⑩
陳虎。北直隸人。⑪
姚進。湖廣人。俱弘治間任。縣丞、主簿，今俱裁革。⑫

①呂景蒙《嘉靖潁州志・職官表・（明太和縣）縣丞》：「（純皇帝成化）甘澈。江西人。」《萬曆太和縣志・歷官・縣丞題名（皇明）》：「甘澈。江西豐城人。由監生，成化十一年（1475）任。築土城，建城門，有功城社者也。」

②呂景蒙《嘉靖潁州志・職官表・（明太和縣）縣丞》：「（敬皇帝弘治）張瓊。湖廣人。五年（1492）任。」《萬曆太和縣志・歷官・縣丞題名（皇明）》：「張瓊。湖廣人。」

③呂景蒙《嘉靖潁州志・職官表・（明太和縣）縣丞》：「（敬皇帝弘治）李暉。湖廣人。」《萬曆太和縣志・歷官・縣丞題名（皇明）》：「李暉。湖廣人。」

④呂景蒙《嘉靖潁州志・職官表・（明太和縣）縣丞》：「（毅皇帝正德）賈釗。北直隸人。」《萬曆太和縣志・歷官・縣丞題名（皇明）》：「賈釗。北直隸人。正德年間任。」

⑤呂景蒙《嘉靖潁州志・職官表・（明太和縣）縣丞》：「（毅皇帝正德）趙徽。四川人。」《萬曆太和縣志・歷官・縣丞題名（皇明）》：「趙徽。四川人。以上俱弘治年間任。」

⑥呂景蒙《嘉靖潁州志・職官表・（明太和縣）縣丞》：「（今皇帝嘉靖）賈鸞。山西人。」《萬曆太和縣志・歷官・縣丞題名（皇明）》：「賈鸞。江西臨川人。正德十三年（1518）任。」

⑦呂景蒙《嘉靖潁州志・職官表・（明太和縣）縣丞》：「（今皇帝嘉靖）李具善。陝西人。」《萬曆太和縣志・歷官・（皇明）縣丞題名》：「李具善。陝西人。嘉靖年間任。」

⑧呂景蒙《嘉靖潁州志・職官表・（明太和縣）主簿》：「（景皇帝景泰）張信。」《萬曆太和縣志・歷官・主簿題名（皇明）》：「張信。宣德十年（1435）任。」

⑨呂景蒙《嘉靖潁州志・職官表・（明太和縣）主簿》：「（純皇帝成化）賈銘。北直隸人。」《萬曆太和縣志・歷官・主簿題名（皇明）》：「賈銘。北直隸人。成化十二年（1476）任。」

⑩呂景蒙《嘉靖潁州志・職官表・（明太和縣）主簿》：「（敬皇帝弘治）潘志澄。湖廣人。」《萬曆太和縣志・歷官・主簿題名（皇明）》：「潘志澄。湖廣人。弘治元年（1488）任。」

⑪呂景蒙《嘉靖潁州志・職官表・（明太和縣）主簿》：「（敬皇帝弘治）陳虎。北直隸人。」《萬曆太和縣志・歷官・主簿題名（皇明）》：「陳虎。北直隸人。弘治五年（1492）任。」

⑫呂景蒙《嘉靖潁州志・職官表・（明太和縣）主簿》：「（敬皇帝弘治）姚進。湖廣人。」《萬曆太和縣志・歷官・主簿題名（皇明）》：「姚進。湖廣人。弘治八年（1495）任。」

典史一十一人①：

馬俊。正統間任。②

傅興。景泰間任。③

喬文。天順間任。④

苗清。山東人。成化間任。⑤

王憲。浙江人。正德元年（1506）任。⑥

皮秀。⑦

胡光大。俱嘉靖初任。⑧

羅大聲。湖廣麻城人。十二年（1533）任。⑨

潘明。四川富順人。二十年（1541）任。⑩

任文進。字士昇，河南靈寶人。二十二年（1543）任。⑪

教諭一十人⑫：

鄭恭。閩人。正統間任。⑬

①據後所列，實爲十人，疑缺一人。

②呂景蒙《嘉靖潁州志·職官表·（明太和縣）典史》：「（睿皇帝正統）馬俊。」《萬曆太和縣志·歷官·主簿題名（皇明）》：「馬俊。正統初年任。」

③呂景蒙《嘉靖潁州志·職官表·（明太和縣）典史》：「（景皇帝景泰）傅興。」《萬曆太和縣志·歷官·典史題名（皇明）》：「傅興。景泰中任。」

④呂景蒙《嘉靖潁州志·職官表·（明太和縣）典史》：「（睿皇帝天順）喬文。」《萬曆太和縣志·歷官·典史題名（皇明）》：「喬文。天順二年（1458）任。」

⑤呂景蒙《嘉靖潁州志·職官表·（明太和縣）典史》：「（純皇帝成化）苗清。山東人。」《萬曆太和縣志·歷官·典史題名（皇明）》：「苗清。山東長清人。成化二十四年（1488）任。」

⑥呂景蒙《嘉靖潁州志·職官表·（明太和縣）典史》：「（毅皇帝正德）王憲。浙江人。元年任。」《萬曆太和縣志·歷官·典史題名（皇明）》：「王憲。北直隸人。弘治年任。」

⑦呂景蒙《嘉靖潁州志·職官表·（明太和縣）典史》：「（今皇帝嘉靖）皮秀。」《萬曆太和縣志·歷官·典史題名（皇明）》：「皮秀。江西豐城人。嘉靖元年（1522）任。」

⑧呂景蒙《嘉靖潁州志·職官表·（明太和縣）典史》：「（今皇帝嘉靖）胡光大。」《萬曆太和縣志·歷官·典史題名（皇明）》：「胡光大。浙江人。嘉靖十年（1531）任。」

⑨呂景蒙《嘉靖潁州志·職官表·（明太和縣）典史》：「（今皇帝嘉靖）羅大聲。湖廣麻城人。十二年任。」《萬曆太和縣志·歷官·典史題名（皇明）》：「羅大聲。湖廣麻城人。嘉靖十三年（1534）任。」

⑩《萬曆太和縣志·歷官·典史題名（皇明）》：「潘明。四川富順人。嘉靖二十年任。」

⑪《萬曆太和縣志·歷官·典史題名（皇明）》：「任文進。字士昇，河南靈寶人。嘉靖二十二年任。」

⑫據後所列，實爲一十一人。

⑬呂景蒙《嘉靖潁州志·職官表·（明太和縣）教諭》：「（睿皇帝正統）鄭恭。閩縣人。」《萬曆太和縣志·歷官·教諭題名（皇明）》：「鄭恭。福建福清人。正統年任。」《乾隆福建通志·選舉·明舉人》：「（正統六年辛酉，1441）福清縣鄭恭。九江教授。」

王建。河南人。①
錢健。浙江人。②
陳濬。湖廣人。③
朱充。浙江人。俱正德間任。④
張漢。浙江餘姚人。嘉靖元年（1522）任。⑤
楊大器。河南人。貢士。十二年（1533）任。⑥
賈希顔。河南祥符人。貢士。十六年（1537）任。⑦
魏大濟。福建人。十九年（1540）任。⑧
張元奎。江西人。二十三年（1544）任。⑨
江汝楫。江西人。貢士。二十六年（1547）任。⑩

訓導一十六人：
林僑。長樂人。⑪
葉文顯。海鹽人。俱正統間任。⑫

①呂景蒙《嘉靖潁州志·職官表·（明太和縣）教諭》：「（毅皇帝正德）王建。河南人。」《萬曆太和縣志·歷官·教諭題名（皇明）》：「王建。河南磁州人。由舉人，成化中任。後附籍太和。」

②呂景蒙《嘉靖潁州志·職官表·（明太和縣）教諭》：「（毅皇帝正德）錢健。浙江人。」《萬曆太和縣志·歷官·教諭題名（皇明）》：「錢健。江西新昌人。成化十八年（1482）任。」

③呂景蒙《嘉靖潁州志·職官表·（明太和縣）教諭》：「（毅皇帝正德）陳濬。湖廣人。」《萬曆太和縣志·歷官·教諭題名（皇明）》：「陳濬。湖廣人。正德七年（1512）任。」

④呂景蒙《嘉靖潁州志·職官表·（明太和縣）教諭》：「（毅皇帝正德）朱充。浙江人。」《萬曆太和縣志·歷官·教諭題名（皇明）》：「朱充。浙江人。正德十年（1515）任。」

⑤呂景蒙《嘉靖潁州志·職官表·（明太和縣）教諭》：「（今皇帝嘉靖）張漢。餘姚人。」《萬曆太和縣志·歷官·教諭題名（皇明）》：「張漢。浙江餘姚人。嘉靖年間任。」《光緒餘姚縣志·選舉表·（明）歲貢》：「（正德九年甲戌，1514）張漢。泰和教諭。」

⑥呂景蒙《嘉靖潁州志·職官表·（明太和縣）教諭》：「（今皇帝嘉靖）楊大器。河南人。貢士。十二年任。」《萬曆太和縣志·歷官·教諭題名（皇明）》：「楊大器。河南遂平人。由舉人，嘉靖十二年任。」

⑦《萬曆太和縣志·歷官·教諭題名（皇明）》：「賈希顏。號復菴，河南祥符人。由舉人，嘉靖十六年任。陞襄垣縣知縣。」

⑧《萬曆太和縣志·歷官·教諭題名（皇明）》：「魏大濟。福建福清縣人。嘉靖十九年任。」

⑨《萬曆太和縣志·歷官·教諭題名（皇明）》：「張元奎。號汭濱，江西鉛縣人。嘉靖二十三年任。」

⑩《萬曆太和縣志·歷官·教諭題名（皇明）》：「江汝楫。號五岡，江西南昌人。由舉人，嘉靖二十六年任。門人進士張沖詩贈云：『絳帳還南日，江頭花正開。樗材愧桃李，鯨浪仗風雷。世路人千里，天涯酒一杯。行行回首處，丹鳳詔書來。』陞荊州府教授。有詩載《藝文》。」《民國南昌縣志·選舉表·（明）嘉靖十九年庚子，1540》：「（鄉試）江汝楫。字濟之。五里岡人。」

⑪呂景蒙《嘉靖潁州志·職官表·（明太和縣）訓導》：「（睿皇帝正統）林僑。長樂人。」《萬曆太和縣志·歷官·訓導題名（皇明）》：「林僑。福建長樂人。景泰二年（1451）任。」《乾隆福建通志·選舉·明舉人》：「（正統三年戊午，1438）長樂縣林僑。賜子。第一名。父子榜首。無錫教諭。」

⑫呂景蒙《嘉靖潁州志·職官表·（明太和縣）訓導》：「（睿皇帝正統）葉文顯。海鹽人。」《萬曆太和縣志·歷官·訓導題名（皇明）》：「葉文顯。浙江海鹽人。」

陳曜。山西蒲州人。弘治元年（1488）任。①
李宏。②
唐元。俱五年（1492）任。③
汪廷俊。浙江人。④
鄭文憲。浙江人。⑤
徐良。浙江武義人。⑥
余先。俱正德間任。⑦
束朝陽。河南項城人。嘉靖八年（1529）任。陞教諭。⑧
張廷獻。廣東河源人。選貢。十五年（1536）任。⑨
任相儒。直隸清河人。歲貢。十八年（1539）任。⑩
董茂醇。浙江新昌人。選貢。二十年（1541）任。⑪
謝瀛。河南柘城人。嘉靖二十三年（1544）。陞安東教諭。⑫
□□［王伸］。字引之，河南汝寧府人。歲貢。二十二年（1543）任。⑬
鄔睦。字世和，浙江寧海人。歲貢。二十六年（1547）任。⑭

①呂景蒙《嘉靖潁州志・職官表・（明太和縣）訓導》：「（敬皇帝弘治）陳曜。山西蒲州人。」《萬曆太和縣志・歷官・訓導題名（皇明）》：「陳曜。山西蒲州人。」

②呂景蒙《嘉靖潁州志・職官表・（明太和縣）訓導》：「（敬皇帝弘治）李宏。五年任。」《萬曆太和縣志・歷官・訓導題名（皇明）》：「李宏。年籍無考。」

③呂景蒙《嘉靖潁州志・職官表・（明太和縣）訓導》：「（敬皇帝弘治）唐元。五年任。」《萬曆太和縣志・歷官・訓導題名（皇明）》：「唐元。年籍無考。」

④呂景蒙《嘉靖潁州志・職官表・（明太和縣）訓導》：「（毅皇帝正德）汪廷俊。浙江人。」《萬曆太和縣志・歷官・訓導題名（皇明）》：「汪廷俊。浙江人。成化十八年（1482）任。有詩載《藝文》。」

⑤呂景蒙《嘉靖潁州志・職官表・（明太和縣）訓導》：「（毅皇帝正德）鄭文憲。浙江人。」《萬曆太和縣志・歷官・訓導題名（皇明）》：「鄭文憲。浙江四明人。成化二十二年（1486）任。」

⑥呂景蒙《嘉靖潁州志・職官表・（明太和縣）訓導》：「（毅皇帝正德）徐良。浙江武義人。」《萬曆太和縣志・歷官・訓導題名（皇明）》：「徐良。浙江武義人。」

⑦呂景蒙《嘉靖潁州志・職官表・（明太和縣）訓導》：「（毅皇帝正德）余先。」《萬曆太和縣志・歷官・訓導題名（皇明）》：「余先。年籍無考。」

⑧呂景蒙《嘉靖潁州志・職官表・（明太和縣）訓導》：「（今皇帝嘉靖）東朝陽。河南項城人。八年任。陞教諭。」《萬曆太和縣志・歷官・訓導題名（皇明）》：「東朝陽。河南項城人。嘉靖十二年（1533）任。」《宣統項城縣志・選舉表・（明）貢生》：「（嘉靖）東朝陽。涇州教授，陞湖北孝感縣知縣。」

⑨呂景蒙《嘉靖潁州志・職官表・（明太和縣）訓導》：「（今皇帝嘉靖）張廷獻。廣東河源人。選貢。十五年任。」《萬曆太和縣志・歷官・訓導題名（皇明）》：「張廷獻。號蕭渠，廣東惠州府河源縣人。由選貢，嘉靖十五年任。陞金華縣諭。」《光緒惠州府志・選舉表・（明河源）歲貢》：「（嘉靖）張廷獻。十四年（1535）。教諭。」

⑩《萬曆太和縣志・歷官・訓導題名（皇明）》：「任相儒。號忍齋，直隸廣平府清河人。嘉靖十九年（1540）任。《光緒清河縣志・選舉・（明）歲貢》：「任相儒。陝西耀州學正。」

⑪《萬曆太和縣志・歷官・訓導題名（皇明）》：「董茂醇。號岸峯，浙江新昌人。由選貢，嘉靖二十年任。詳見《遺愛》。」《萬曆太和縣志・歷官・遺

愛（皇明）》：「董茂醇。號峁峯，浙江新昌人。由選貢，嘉靖二十年任訓導。學行俱優，循循善誘，論議尤極博洽。嘗發於詩云：『濟時無重任，學道有清貧。』士君子雅慕之。」《民國新昌縣志・選舉表・（明）歲貢》：「（嘉靖十八年己亥，1539）董茂醇。泰和訓導。有《傳》。」《民國新昌縣志・人物・明》：「董茂醇。嘉靖十八年仕泰和縣訓導。幼隨父廩仕興化，讀《易通》《太極圖》諸書，即了大義，曰：『是書本自昭晰，晦翁所註另作一編可也。』志行純篤，取予不苟。嘗讀書旅邸，有美婦三挑之，不動。所著《存心圖說》、《思朱錄》與《董伯文稿》，並傳於時。」

⑫《萬曆太和縣志・歷官・訓導題名（皇明）》：「謝瀛。河南柘城人。嘉靖二十三年任。詳見《遺愛》。」《萬曆太和縣志・歷官・遺愛（皇明）》：「謝瀛。柘城人。由選貢，嘉靖二十三年任訓導。忠厚老成，善於啟迪，諸生有所□，亦卻去。士大夫感□服之。」

⑬《萬曆太和縣志・歷官・訓導題名（皇明）》：「王伸。字引之，號荊濱，河南汝寧府人。嘉靖二十九年（1550）任。」

⑭《萬曆太和縣志・歷官・訓導題名（皇明）》：「鄔睦。字世和，號髻峯，浙江寧海人。嘉靖二十七年（1548）任。」《光緒寧海縣志・選舉表・五貢表》：「（嘉靖年）鄔睦。字世和，江瑤人。江南泰和訓導。」

北原和巡檢四人：

王萬。山西翼城人。嘉靖十四年（1535）任。①

劉校。河南滎陽人。十六年（1537）任。②

明鸞。山東日照人。十九年（1540）任。③

趙慎。山東博興人。二十三年（1544）任。今裁革。④

驛丞四人⑤：

趙旺。⑥

羅素。俱和陽驛。⑦

馬成。界溝驛。俱裁革。⑧

遞運所官一人：

周原。今裁革。⑨

稅課局官一人：

陶仁淵。今裁革。⑩

①《萬曆太和縣志·歷官·巡檢（皇明）》：「王萬。山西翼城人。嘉靖十四年任。」

②《萬曆太和縣志·歷官·巡檢（皇明）》：「劉校。河南滎陽縣人。嘉靖十六年任。」

③《萬曆太和縣志·歷官·巡檢（皇明）》：「明鸞。山東日照人。嘉靖十九年任。」

④《萬曆太和縣志·歷官·巡檢（皇明）》：「趙慎。山東博興人。嘉靖二十三年任。裁革。」

⑤據後所列，實爲三人，疑缺一人。

⑥呂景蒙《嘉靖潁州志·職官表·（皇明太和）巡檢驛丞》：「趙旺。和陽驛。」《萬曆太和縣志·歷官·驛丞（皇明）》僅存其名。

⑦呂景蒙《嘉靖潁州志·職官表·（皇明太和）巡檢驛丞》：「羅素。和陽驛。」《萬曆太和縣志·歷官·驛丞（皇明）》僅存其名。

⑧呂景蒙《嘉靖潁州志·職官表·（皇明太和）巡檢驛丞》：「馬成。界溝驛。」《萬曆太和縣志·歷官·驛丞（皇明）》：「馬成。年籍俱無考。」

⑨呂景蒙《嘉靖潁州志·職官表·（皇明太和）局官遞運》：「周原。所官。」《萬曆太和縣志·歷官·大使（皇明）》：「周原。年籍無考。」

⑩呂景蒙《嘉靖潁州志·職官表·（皇明太和）局官遞運》：「陶仁淵。局官。」《萬曆太和縣志·歷官·大使（皇明）》：「陶仁淵。廣西平樂人。洪武中任。前洪峒知縣，以罪謫太和，因附籍。貢士玘，縣丞煥，皆其後也。」

訓術：

朱孟。

李宜春曰：余觀宋守令，表表然較著，今胡落如邪？宋以潁爲畿輔善地，自朝官出者率多名賢，至曾南豐亦嘗丐知是郡。廼今以枳棘視焉，詎山川弗古，亦將閟而有待者乎？

# 建置

夫入其邑，墻屋完固，孔子善之；①道於陳，野無寄寓，襄其卜乎？②作《建置》，敘憲度，可以明表興替，可以觀政。而坊廠鋪橋附焉。

①《孔子家語·辨政》：「子路治蒲三年，孔子過之。入其境，曰：『善哉由也！恭敬以信矣。』入其邑，曰：『善哉由也！忠信而寬矣。』至庭，曰：『善哉由也！明察以斷矣。』子貢執轡而問曰：『夫子未見由之政，而三稱其善，其善可得聞乎？』孔子曰：『吾見其政矣。入其境，田疇盡易，草萊甚辟，溝洫深治，此其恭敬以信，故其民盡力也；入其邑，墻屋完固，樹木甚茂，此其忠信以寬，故其民不偷也；至其庭，庭甚清閒，諸下用命，此其言明察以斷，故其政不擾也。以此觀之，雖三稱其善，庸盡其美矣！』」

②《國語·周語中》：「定王使單襄公聘於宋，遂假道於陳，以聘於楚。火朝覿矣，道茀不可行，候不在疆，司空不視塗，澤不陂，川不梁，野有庾積，場功未畢，道無列樹，墾田若蓺，膳宰不致餼，司里不授館，國無寄寓，縣無施舍，民將築臺於夏氏。及陳，陳靈公與孔寧、儀行父南冠以如夏氏，留賓不見。單子歸，告王曰：『陳侯不有大咎，國必亡。』」

## 州①

兵備道。在東門內，中爲堂，堂後爲穿堂，聯以退事廳，夾兩廂爲書吏房廳。東偏有圃有池，兵憲顧公翀作亭池上。書室又在廳西，廳之後正衙在焉。堂之前爲露臺，覆以船亭翼；左右爲卷房，爲輿隸房。前爲儀門，兩旁爲角門，角左右爲抄案所、供狀所。又前爲大門。兵憲許公天倫闢門外八字墻，爲州衛廳事，廳各三楹，左右列焉，樹以木欄，環至屏墻。又分東西爲二欄，門規制雅飭，氣象森嚴，稱兵備道矣。②

州治。在北城西。洪武元年，同知李天祐即元舊址建焉。知州劉琳、黃嘉愛、黃九霄、范金相繼脩葺。嘉靖丙午，知州李宜春漸次改建，規制畧備。中近民堂，東吏目廳，西爲庫，爲儀仗庫。堂後爲景行堂，景行之後，知州宅在焉。近民之前爲露臺，覆以船亭左右翼，以六曹、架閣庫、承發司、馬科以次而附。當馳道中有戒石銘亭，亭東爲同知宅。同知李偉、吳人忠脩建。進爲吏廨西間焉。判官宅在庫之西，吏目宅又在廳之東。前爲儀門，兩旁爲角門，角左右爲長廊，左爲神祠，右爲獄，退爲女獄。又前爲大門，東西列旌善、申明二亭，通衢則列以承流、宣化二坊，各置門以防護云。③ 李宜春《脩州治記》：

古君子出政之所，必極崇飭，非以侈觀，將以整肅其紀綱，而尊有位焉者也。昔鄭子產補敗得宜，史氏所書；衛文公治宮室合制，詩人溢咏。近代以來樂因循，而改作是憚，以傳舍視官，其不傳舍視署治邪？甚至震風淩雨，亦莫之救敗也。況潁自洪武鼎建，間有脩飭，其規制卑陋，因循者多。余始至其門，見兩扉短闊，高五尺許。入其庭，則狹而仄。至儀門，則漸以寬，而左右兩門，則又隘焉。坐政事堂，附簷立數柱，傾頹就敝。土神祠又在卷房左，大爲不稱。退後堂覆以船亭，蔽塞殊甚，衙亦類是。日諰諰焉，謀欲改之，又慮夫化未孚衆之未可動也。廼節縮貶費，身以家任焉。廼撤亭爲庭，夾以兩廂附堂，後則立亭三楹以蔽雨風。既而視獄舍湫隘臭穢，余甚傷之。廼市民附獄地，作次舍若干楹，徙囚於內。具載於山陰錢公之《記》。於是撤舊址以益於庭，廣與方齊，翼以兩廊，立獄門於廊右。土神祠又在左廊之下，闢兩角門。大門惟易其扉之高焉爾，周以垣墉，甃以磚石。又移旌善、申明二亭於大門東西，列焉其間。作者十之四，仍其舊而脩十之八。計工而

①此類名原無，爲與下文潁上、太和二縣相區別，據實際内容補。

②《順治潁州志·建置·公署》：「兵備道。東門裏。大門、儀門、大堂五楹，東西皂隸房，傍堂東西書吏房，堂後堂三間，東西有書房一，寢房三間，東西廂房，東西各有書房，後房三間。」

③《成化中都志·公宇·潁州》：「治在北城内西北隅。洪武元年，州同知李添祐即元舊基創建。」《南畿志·鳳陽府·潁州（公舘）》：「潁州治。在北城内西北隅。洪武元年州同知李添祐即元舊基創建。」呂景蒙《嘉靖潁州志·建置》：「州治。設於北城之西。洪武元年，同知李天祐即元舊基建。中爲牧愛堂，堂之東爲吏目廳，西爲庫（貯貢稅、糧課、罰贖諸金幣），爲儀仗庫。牧愛之後爲洞達軒，軒後爲燕思堂，堂後爲知州宅。牧愛之東迤南爲同知宅。庫西爲判官宅，吏目之宅近其廳。廳之南西面爲吏戶禮房、承發司，庫之南東面爲兵刑工房、馬政科。其南爲獄。牧愛之前中爲戒石銘亭，又前爲儀門。儀門之東爲土神祠。祠南为吏廨仪门，又前爲門，門外有坊二，東曰承流，西曰宣化。設官：知州一人，同知一人，判官一人（同知、判官、添註無定員）；吏目一人，吏司八人，典十有五人。」

傭，度材而取，積漸而成。費不出於帑，役不勞於民，罰不科於罪，民莫知所出，余亦莫知所從出也。蓋事所當急，不得而緩；政所當舉，不得而廢。余惟樹紀綱、脩制度爾，他何所知？他何所知？雖然，恃陋而不脩，固有司之恥；間脩矣，而政教不舉，則爲具文，爲美觀，徒飾而已。噫！又安得脩大厦萬間，盡庇夫一邦之民，而俾之無失所者乎？

李宜春《景行堂記》：

景行堂，余徹事堂也。曷名爲？宋晏、歐、吕、蘇名之乎？四公爲㫖名臣，出知是郡，固不以潁爲輕。潁至今煒煒然，以四公增而重焉。余後六百餘禩而來，獨欣欣慕焉，肆堂以「景行」扁之。《詩》不云乎：「高山仰止，景行行止。雖不能至，心鄉往之。」余寔鄉往乎四公也。竊歎夫昔之㫖一潁，今之㫖又一潁。同此山川，而湮變殊；同此人才，而虛實殊；同此風俗，而淳漓殊。間嘗坐政事堂，求道風之遺無昔焉。竟日勤勤，然刑欲平，政欲理，利欲興，弊欲革，才欲造。庶幾爲景行在是矣。退而登斯堂也，心清境朗，僾乎與四公相揖讓，下上其論議。又竊竊焉而深惟之：將有如晏元獻公政事著聞者乎？將有如歐陽文忠公教民子弟者乎？將有如吕正獻公爲人愛戴，蘇文忠公奏開水利者乎？不猶夫丘陵學山而不至山者哉！然而化也者，㫖不能齊也；志也者，分不能限也。故居今㫖，志古道，亦所以自鏡也，豈必盡同？要之盡其職焉爾矣，化曷論哉？雖然，余固不能至也，將以所至望海内焉。均是責，亦均是意。其在斯乎？其在斯乎？遂鑱石記之。

按《周禮》，孟秋之月「命有司脩法制，繕囹圄，具桎梏」。孟春之月「命有司省囹圄，去桎梏，止獄訟」。夫獄，即古囹圄。囹者，領也；圄者，禦也。言以領錄囚徒，主禁禦也。

《繕囹圄記》：

蛇歲乙巳孟秋月，余叨中都貳守，署潁州兵備篆，竊錄繫囚。前此，凡坐繫稍涉行蹟，遽庚死獄中，無得生出。獄白枉狀，余□□。然□□獄室，見陛垣陋隘，卑劣不稱容繫□□焉。未幾，交臬篆去潁，又未幾，聞人李子宜春以進士來守潁。

明年仲夏，余遷刑部郎中過此，則覩李子治。甫旬月，燦然脩之法制，可數數以計。其一繕囹圄，買民地，闢基址若干。周遭築高垣若干，具囚室總若干。其重強盜，其次人命、死刑，其次充軍、徒刑洎竊盜，又其次輕擊，各一所，皆間之垣堵，別之圜扉，布之嚴棘。有嚴也，亦稱乎其囹圄矣。潁人請余爲記，余曰：「李子其知務哉！」余觀潁、亳曠原，界於河南，易至游寇。其民好訟，喜以劫盜誣人之死，故擊隘陋中輒蒸鬱，疾佗相枕染斃。不然，獄卒懼逸自參，□□容致之健全也。矧夫憲臬駐劄，其囚輻輳，□□邑之人，而獄仍之州，無怪其不免乎？不自□□。嗟乎！古者，歲每令繕囹圄。夫秋有繕，嗣春可省；秋不繕，嗣春省何所？今狴犴隘陋？歷百年不聞繕作，謂古之省囹圄然歟？且秋以具乎桎梏，謂之脩法制以懲民之邪，則無失之猛；春以去乎桎梏，謂之止獄訟以延民之生，則無失之寬。故以獄爲福堂，外嚴其形，爲施內寬之地。今則惟任猛卒，抵恃桎梏，終歲以爲困病。囚人不可轉動肢體，抑豈古議獄緩死意邪？然則李子斯舉，其猶行古之政矣乎？

余聞諸李子同年，李子性忠而誠，方正剛明。今治理果然，不請名當道，不妨民旹。化民方不動聲以色，民交頌其下。余爲扁，或□神之所以無憾堂云。

刑部郎中山陰錢楩撰。

察院行臺。在州學之東，兵備道之西。中澄清堂，左右翼以輿隸房。堂後爲退廳，廳後有亭曰旹雨堂。前爲儀門，爲大門。嘉靖丙午知州李宜春重脩。① 戶部侍郎邵寶《旹雨亭銘並序》：

正德壬申春二月，都御史彭公奉命剿河南流賊。越四月，賊平，復命移師殪東賊之逋於南者。公至潁州，飭戎僉憲孫君伯堅即察院以館，公榜之曰「都臺」。維旹大暑，遂門其寢之北壁，除地爲庭且亭焉。公坐以籌，體舒神暢。伯堅請名，公名之曰「旹雨」。蓋謂師出天王，其神速如此。伯堅以公命使來請銘。

初，公祖命將行，余方在朝，數與餞燕，嘗擬功成之日爲詩頌之，今而果然。吾聞古之能師者，惟貞以吉，惟威以濟，惟全以勝，惟豫以立，而濟之以機，成之以斷。公，通儒也，知用是道爲。王師將克成厥功，且不自居，而歸之於上。亭名旹雨，不亦宜乎？伯堅素著風裁，於是師與有勞焉。銘曰：

有鎮斯川，宿我重兵。有屹斯臺，有翼斯亭。孰亭臺中，而旹雨是名？吁嗟偉哉！彭公中丞。中丞有文，中丞有文［武］。鉞秉節持，自天子所。拯我人斯，殲彼豺虎。中原既汛，遂指南土。民則太和，式歌且舞。維此歌舞，中丞之功。中丞曰吁！帝載天工。公贊神算，桓桓我師。譬彼大旱，雨來孔旹。人亦有言，王師旹雨。公維雨師，既雨既處。侃侃憲臣，從公於征。廼後廼先，駕風鞭霆。有榜孔昭，上對天日。大田既膏，嘉穀既實。江漢滔滔，河汴湯湯。以蘇以潤，雨流孔長。公以雨來，斯焉戾止。旹雨旹暘［暘］，其自今始。人視亭只，如棠斯陰。公像弗留，尚留公心。②

廣積倉。在鼓樓之南，凡爲厫四十楹。嘉靖丙午知州李宜春脩。③

---

①《成化中都志·公宇·潁州》：「察院。在州治東。洪武二年（1369）創建，成化十一年（1475）改建於南城大東門內。」呂景蒙《嘉靖潁州志·建置》：「巡按察院行臺。在州學之東，分司之西。有門，有儀門，有堂（題曰澄清），有後堂，有亭。有內外東西廂。其外街之東爲激揚坊。」《順治潁州志·建置·公署》：「舊察院。在儒學東。大門、儀門、大堂三楹，堂下東西皂隸房，後堂東西書吏房。今廢，改爲民房。」

②此文見於呂景蒙《嘉靖潁州志·建置》中「巡按察院行臺」條所附。

③《成化中都志·公宇·潁州》：「廣積倉。在城西北隅。原係潁川衛軍儲倉，正統二年（1437）改屬本州。」《南畿志·鳳陽府·潁州（公舘）》：「廣積倉。在城西北。原係潁川衛軍儲倉，正統二年改屬本州。」《正德潁州志·貢賦·課》：「廣積倉。按《元志》，粮儲倉在水次，即今北城內西北隅。宣德中以地狹，徙建南城故汝陰縣治，即今所也。」呂景蒙《嘉靖潁州志·建置》：「廣積倉。在鍾［鐘］鼓樓之南。凡爲厫者四十楹，有門，有廳，有倉官宅。設官：大使一人、副使一人。吏：攢典一人。」《順治潁州志·建置·公舘》：「廣積倉。鍾鼓樓前，大街迤西巷內，附貯潁川衛屯糧。」

公館。在察院前。知州李宜春脩。①

潁川驛。在北城外之東。成化己亥同知劉節建。②

劉龍驛。在州東六十里，今革。

稅課局。今革。③

遞運所。今革。④

陰陽學。在州前。⑤

醫學。《舊志》載：在北城小南門內，皆雍街西。地東西六丈五尺，南北四丈五尺。⑥

僧正司。在資福寺。⑦

道正司。在迎祥觀。⑧

沈丘鎮巡檢司。在州西一百二十里。⑨

預備倉。在廣積倉內，凡三十二厫。嘉靖丁未知州李宜春脩。新建廳三楹，外大門一座，周以垣墉。其在東鄉曰留陵，其在西鄉曰栗頭，曰沈丘，曰田村，其在南鄉曰七旗，其在北鄉曰横橋。今已俱廢，遺址尚存。⑩

養濟院。在兵備道後。嘉靖丁未知州李宜春脩。⑪

漏澤園。在東關東。嘉靖壬寅兵憲蘇公志皋置。⑫

①《正德潁州志・公署》：「公舘。州舊無公舘，以公務至者，惟於潁川驛駐節，而過使無寓。成化十五年（1479），劉節建潁川驛東。」《順治潁州志・建置・公舘》：「公舘。舊察院前巷。」

②《成化中都志・公宇・潁州》：「潁川驛。在東關外，潁水之濱。」《南畿志・鳳陽府・潁州（公舘）》：「潁川驛。在東關外。」《正德潁州志・郵驛》：「潁川驛。舊驛在三里灣，洪武中河水淪決，徙今所。因循弊陋，且面北，過使厭寓。成化己亥（1479），同知劉節悉撤而新之，面南，在公舘右。」呂景蒙《嘉靖潁州志・建置》：「潁川水驛。在北城外之東，潁河之南。有門，有亭，有驛丞宅。設官：驛丞一人、吏典一人。傍爲舘，有門，有儀門，有堂，有後堂，有東西序以待使客。」《順治潁州志・建置・公舘》：「潁川水驛。在北關迤東。今廢。」

③《成化中都志・公宇・潁州》：「稅課局。在北關。」《南畿志・鳳陽府・潁州（公舘）》：「稅課局。在北關。」《正德潁州志・貢賦・廢倉四所》：「廢稅課局。在北城北門外。天順中以課額不多，故裁省。今爲社學基。」呂景蒙《嘉靖潁州志・建置》：「稅課局。今革。」

④《成化中都志・公宇・潁州》：「遞運所。在東關。」呂景蒙《嘉靖潁州志・建置》：「遞運所，即驛西之舘。今革。」

⑤《正德潁州志・學校》：「陰陽學。在北城城隍廟東小巷北。」呂景蒙《嘉靖潁州志・建置》：「陰陽學。在驛之西北門之左。有門，有亭。設官：典術一人。」《順治潁州志・建置・公舘》：「陰陽學。城隍廟東小巷。今廢。」

⑥《成化中都志・公宇・潁州》：「醫學、陰陽學，俱在北城內。」《南畿志・鳳陽府・潁州（公舘）》：「陰陽學、醫學，俱在北城內。」《正德潁州志・學校》：「醫學。在北城小南門內，時雍街西。地東西六丈五尺，南北四丈五尺。」呂景蒙《嘉靖潁州志・建置》：「醫學。闕。設官：典科一人。」《順治潁州志・建置・公舘》：「醫學。北城時雍街西。今廢。」

⑦《成化中都志・公宇・潁州》：「僧正司。在資福寺。」《正德潁州志・寺觀》：「資福寺。在南城南門内大街西（外行内古）衙內，僧正司在焉。每歲萬壽節，履端、長至，俱於寺習儀。」呂景蒙《嘉靖潁州志・建置》：「僧正司。在資福寺。設官：僧正一人。」

⑧《成化中都志・公宇・潁州》：「道正司。在迎祥觀。」《南畿志・鳳陽府・潁州（公舘）》：「僧正司、道正司。俱見《方外志》。」《正德潁州志・寺觀》：「迎祥觀。在南城西北隅，道正司在焉。」呂景蒙《嘉靖潁州志・建置》：「道正司。在迎祥觀。設官：道正一人。」

⑨《成化中都志・公宇・潁州》：「沈丘巡檢司。在州西一百二十里沈丘縣東。」呂景蒙《嘉靖潁州志・建置》：「沈丘鎮巡檢司。在州西一百二十里。有衙門，設官：巡檢一人、司吏一人。」《順治潁州志・建置・公舘》：「巡檢司。在州西一百二十里沈丘鄉。」

⑩《南畿志・鳳陽府・潁州（公舘）》：「預備倉。東、西、南、北四鄉各一所，沈丘鄉二所。」呂景蒙《嘉靖潁州志・建置》：「預備倉七。一在廣積倉內，凡爲廒者三十有二楹；一在劉陵，一在栗頭，一在沈丘，一在田村，一在七旗，一在橫橋。」

⑪《南畿志・鳳陽府・潁州（公舘）》：「養濟院。在城東南隅。」呂景蒙《嘉靖潁州志・建置》：「養濟院。在分司之後，周爲室，中爲亭，外爲門。」《順治潁州志・建置・公舘》：「養濟院。兵備道後。」

⑫《順治潁州志・建置・公舘》：「漏澤園。在東關。今湮沒。東西城外多有人家捐地義塚，不載。」

# 潁上縣

縣治。在十字街東。洪武初知縣陳勝始建，縣丞孔克畊、知縣李旹儀、廖自顯相繼脩葺。嘉靖丙午知縣李檀重葺，中節愛堂，東黄册庫，西儀仗庫。其吏、戶、禮房在東序，鋪長附之。兵、刑、工在西序，馬科附之。後爲堂曰思過，又後爲知縣宅。典史宅在堂之左，吏廨又在堂之右。堂前爲戒石銘亭，進爲儀門，兩旁爲角門。左神祠，右獄舍。又進爲大門，上爲譙樓門，之前又爲開誠布公坊。旌善、申明二亭則東西列焉。① 郎中曹驄《重脩縣治記》：

今聖祖之正統八年，□□□□。嘉靖之二年，盧龍廖侯以辛未進士授鳳陽潁上令。視篆後，目擊縣治之敝，廼詢之父老曰：「潁上有縣，且有守禦所，軍民雜處，城池互守，而竟如此何？」父老曰：「有年矣。國初，縣治在十字街西，兵燹廢。洪武元年，千戶孫繼達領軍守禦，改爲所。二年，縣尹陳勝廼建於街之東，旹僅草創。至十七年，縣丞孔克畊始高而廣之。及今百六十餘年，相繼者補廢脩墜，未克全功也。」侯悵然曰：「脩理之說，今旹之嫌；傳舍之視，君子所忌。吾固不能爲君子，而可招旹之□耶？」第青［旹］方人饑且疲，勞民用財，恐非民父母，姑置諸。越四年，岁大熟，而侯之官亦幾三載矣。政通人和，上下皆知其賢，風聲籍籍，若將有欽召也。父老相率請曰：「前此縣治之脩，侯嘗體民之心，民亦知侯也。今吾民安矣，安敢不體侯之心而從其役乎？」侯曰：「可。」於是遂加脩飭，恢縣治而新之。凡廊舍庫藏，有不堪者，悉覆砌而整易之，大門外立坊，扁曰「開誠布公」。左立社學，右立申明亭。西百步許，又立恤孤院。其制度嚴肅，而比次相聯。力取於民，財贖以罪，聲色不動，而厥功告成。父老輩欲立石頌之，以傳永久，廼走霍索予記。余惟治天下、國家一理也。創始者難，守成者易，而中興之者則尤難也。起人心於安常習故之餘，集事功於傾圮頹廢之後，改作有道，而刱建維新，廖侯以之。余觀侯於潁治之脩久矣。度工量力，侯旨審勢，非一日也。鳩財取石，測制相位，非一旨也。越三年而一新之，壞者以美，缺者以完。民不知勞，財不知費，何侯之才之長而功之大也！潁人老者猶及見舊，若壯而幼，但知有今日也。幼者壯，而壯者老，其即侯之德，寧有窮於役之功，不爲潁之中興耶？是知侯之治邑治人，下□家之心也，不可不紀。侯名自顯，德潛其字也，北

①《成化中都志·公宇·潁上縣》：「治在通津門內，洪武二年（1369）創建。」《南畿志·鳳陽府·潁上（公館）》：「潁上縣治，在通津門內，洪武三年（1370）創建。」呂景蒙《嘉靖潁州志·建置》：「潁上縣治在十字街東。中爲堂曰節愛，後爲堂曰思過。中貫爲軒堂，東爲黃冊庫，西爲儀仗庫。堂之東序爲吏、戶、禮房，鋪長附之；西序爲兵、刑、工房，馬科附之。中爲戒石銘亭，亭前爲儀門。門東爲土神祠，西爲獄房。又前爲門，上爲譙樓（知縣時儀建），門之前有坊一曰開誠布公。思過堂後爲知縣宅幕廳，東爲主簿宅（今廢）。儀門左爲典史宅，吏廨在堂之右。設官：知縣一人，主簿一人（今革），典史一人，吏司八人，典九人。」《順治潁上縣志·建置·公署》：「縣治。元在城十字街西，兵廢。洪武元年（1368），千戶孫繼達改爲所治。二年（1369），知縣陳勝來宰，廼經營於十字街東，草創。十七年（1384），縣丞孔克耕始高大之。正堂名節愛，今改親民堂。後爲思過廳。後衙後爲縣宅，爲思雨亭。堂東爲黃冊庫，西爲儀仗庫。兩廡爲六房，後爲吏廨。甬道中爲戒石銘亭，今改爲坊。堂東南爲典史宅，前爲儀門，東爲寅賓館，又東土地祠，西爲獄，前爲大門譙樓。」

畿永平人。

察院行臺。在縣治東。縣丞孔克畊建，知縣李旹儀脩，嘉靖丁未知縣李檀重脩。① 都憲馬炳然《渡淮河書察院壁詩》：

行盡淮河又汴河，一年滄海任風波。萍蹤自歎秋無定，鐵面深慚□□磨。□歲光陰詩酒少，半生辛苦簿書多。乾□□□東山約，道路無窮柰爾何？

少卿張泰次韻：

□□獨自泝潁河，西風一葉泛清波。匣中劍氣□□角，鏡裏霜花曉正磨。萬里雲山鄉思杳，百年宦海旅愁多。急流勇退□□□，未报君恩柰若何？

府公舘。在縣治西。知縣王輔建。丁□□□□□□□。②

縣倉。在通津門裏，古龍興寺基。縣丞孔克畊建。③

甘城驛。在城外東北隅，爲甘茂故宅，驛丞陳莊建。④ 少卿張泰詩：

偶過甘城問驛名，居人傳說古今情。當旹呂氏爲秦相，曾薦甘羅列上卿。此地尚遺三畝宅，東郊猶有一荒坐。丈夫未可輕年少，宣父猶能畏後生。

江口驛。在西北五十五里。弘治八年（1495）革。⑤

遞運所。在城外東北隅。弘治八年（1495）革。⑥

稅課局。在北關大街北。弘治八年（1495）革。⑦

---

①《成化中都志·公宇·潁上縣》：「察院。在縣治東，洪武八年（1375）建。」《順治潁上縣志·建置·公署》：「察院。在縣治東。」

②《順治潁上縣志·建置·公署》：「公舘。在縣治西。今廢。」

③呂景蒙《嘉靖潁州志·建置》：「縣倉。在通津門內，古龍興寺基。洪武十八年（1385），縣丞孔克畊立。」《順治潁上縣志·建置·公署》：「潁上縣倉。在儒學左古龍興寺基。洪武十八年（1385），縣丞孔克畊創立。」

④《成化中都志·公宇·潁上縣》：「甘城驛。在北關。原係潁上驛千戶所軍夫遞送，洪武六年（1373）改名屬本縣。」《南畿志·鳳陽府·潁上（公舘）》：「甘城驛。在北關外。」呂景蒙《嘉靖潁州志·建置》：「甘城驛。在城外東北隅，爲甘茂故地。有舘，有門，有驛丞宅，設官：驛丞一人、吏典一人。」《順治潁上縣志·建置·公署》：「甘城驛。在北閣。南至大街，北至小街、東大街，接四丈八尺。嘉靖二十年（1541）革，後改爲甘城書院，今廢。」

⑤《成化中都志·公宇·潁上縣》：「江口驛。在縣西北五十里，江子口東岸。」呂景蒙《嘉靖潁州志·建置》：「江口驛。在西北五十五里，弘治八年革。」《順治潁上縣志·建置·公署》：「江口驛。弘治八年革。」

⑥《成化中都志·公宇·潁上縣》：「遞運所。在城北關，臨沙河。」呂景蒙《嘉靖潁州志·建置》：「遞運所。在城外東北隅。弘治八年革。」《順治潁上縣志·建置·公署》：「遞運所，在河頭街。」

⑦呂景蒙《嘉靖潁州志·建置》：「稅課局。在北關大街之北。弘治八年革。」《順治潁上縣志·建置·公署》：「稅課局。在縣東關三步兩橋，後革廢。今有放纜鈔關臺，基址尚存。」

陰陽學。在禾稔門東。①

醫學。在城外東北隅。②

僧會司。在龍興寺。③

道會司。在東華觀。④

預備倉。在縣倉後。正德丙子（1516）知縣歐允莊遷建，嘉靖丁未（1547）知縣李檀脩。⑤

恤孤院。在潁陽門内。⑥

## 太和縣

縣治。在城中央。中爲堂，堂東爲庫，又爲典史廳；西爲架閣庫。其東序則列以吏、戶、禮房，西序則列以兵、刑、工房。堂後爲知縣宅，典史宅在廳之東，詣吏廨又在其東。堂前爲戒石銘亭，進爲儀門，兩旁爲角門。左神祠，右獄舍。又進爲大門，上爲譙樓，東西則列以旌善亭、申明亭。又分左右爲德化坊、宣政坊。嘉靖丁未知縣胡寧重脩。⑦

---

①《成化中都志·公宇·潁上縣》：「陰陽學。在北關外。」呂景蒙《嘉靖潁州志·建置》：「陰陽學。在禾稔門東，設官：訓術一人。」《順治潁

上縣志・建置・公署》：「陰陽學。洪武初年在禾稔門東隙地，今遷縣前。」

②《成化中都志・公宇・潁上縣》：「醫學。在州關外一里。」《南畿志・鳳陽府・潁上（公舘）》：「陰陽學、醫學。俱在北關外。」呂景蒙《嘉靖潁州志・建置》：「醫學。在城外東北隅。設官：訓科一人。」《順治潁上縣志・建置・公署》：「醫學。縣治前。今廢。」

③《成化中都志・公宇・潁上縣》：「僧會司。在龍興寺。」呂景蒙《嘉靖潁州志・建置》：「僧會司。在龍興寺。設官：僧會一人。」《順治潁上縣志・建置・公署》：「僧會司。古龍興寺在通津門內，毁於兵。明初遷於城外北關大街。洪武二十六年（1393）設僧會司，僧會義隆鼎新重建。」

④呂景蒙《嘉靖潁州志・建置》：「道會司。在東華觀。設官：道會一人。」

⑤《南畿志・鳳陽府・潁上（公舘）》：「預備倉。舊在禾稔門内，今遷縣倉後。」呂景蒙《嘉靖潁州志・建置》：「預備倉。在縣倉後。」《順治潁上縣志・建置・公署》：「預備倉。在禾稔門迤西。正德十一年（1516），知縣歐允莊遷於潁上縣倉後。」

⑥《南畿志・鳳陽府・潁上（公舘）》：「養濟院。在潁陽門内。」呂景蒙《嘉靖潁州志・建置》：「養濟院。在潁陽門內。中有堂，有舍，外有門。」《順治潁上縣志・建置・公署》：「養濟院。守禦所西。」

⑦《成化中都志・公宇・太和縣》：「治在宣化坊，洪武二年（1369）知縣高士進因元舊基創建。」《南畿志・鳳陽府・太和（公舘）》：「太和縣治，在宣化坊。洪武三年（1370），知縣高士進即元舊基創建。」呂景蒙《嘉靖潁州志・建置》：「太和縣治。在縣之中。中爲堂，堂後爲知縣宅，東南爲縣丞宅，東北爲主簿宅（今廢，官俱裁革）。堂東爲幕廳，廳東爲典史宅，又東爲吏廨堂，兩翼曰庫，曰架閣庫。堂之東西序曰六房，前曰戒石銘亭，曰儀門。儀門東曰土神祠，西曰獄。又前曰門，門上爲譙樓。設官：知縣一人，縣丞一人，主簿一人（丞、薄俱革），典史一人，吏司八人，典九人。」《萬曆太和縣志・建置・縣治》：「太和爲邑，沿革不一，故縣治因時變遷。（漢爲細陽縣，治在茨河之西。隋爲潁陽縣，治在南原和鄉。宋爲萬壽，在於玄牆，後爲泰和，移於舊縣。）元大德八年（1304）始建今地。（知縣李瑛創。有碑記，見《藝文》。）國朝洪武五年（1372），廼加修拓。（知縣馬良因元之舊而重修之。自後張處仁、范衷、許選、陳棐、黃瑚相繼修葺。）中爲正堂，（扁曰牧愛。）堂之東爲典史幕廳，（扁曰贊政，弘治七年知縣丘經建。）又東爲永寧庫，庫之前爲永寧閣；（弘治十六年知縣戴鰲重建。）堂之西爲儀仗庫。堂之前爲露臺，中爲馳道，左列吏、戶、禮房併承發司，右列兵、刑、工房併司馬科。（正統十一年知縣張處仁建。）知縣宅在正堂之北。宅之東有樂民臺。（知縣戴鰲建。）堂之迤東而南爲縣丞宅，（裁革，今廢。）又東爲主簿宅，（正統間裁革，今改典史宅。）各吏廨在縣丞、典史宅之後。馳道之南立戒石亭，（洪武中令天下郡縣立戒石，以警有位，刻宋太祖無慕之箴。）亭之前爲儀門，東西爲角門。又前爲大門，西角門之內爲獄舍，（萬曆元年知縣劉岭以見監斬絞重囚，義滿欽恤，饑寒凍餒，恐於天和，隨查本縣鎮集舊規，豐戶仰咨公堂，納粳米一斗，令其倍折粟米，收貯在倉，按月給之，備申各院、本府，咸以積米養囚，具見憫恤至意矣。憲聶公深允其議，以爲矜有罪也，如此其恤，無告也可如準爲永。又定

規，仍於獄內置銅鑼一面，囚有寃抑者，許擊鑼申訴。其有不係重犯，即時開釋，保縗無有久坐淹禁者。）獄神堂在西角門之前，又前爲土地祠。東角門之前爲存留倉，爲馬廄。（原有舊基，近廢。萬曆二年建造倉廒三十五間，凡夏秋税糧，不論起存，俱收在內。其里甲走遞馬疋，亦俱在內餵養，輪差以防員曠之弊，且緊急時便於查點。）又前爲寅賓館。（萬曆元年知縣劉岓鼎建。夫今之仕者，一蒞其任，則跂足待遷，以過客視其官，以逆旅視其衙門，鮮以興作爲意，公則以官爲家，凡當修者即修之，凡當建者即建之，不少以苟己自安。今門堂、宅舍、廒倉、帑藏之屬，無不革其舊而新之，其視奔競夤緣爲能，莞庫簿書爲事，一切興作，諉之曰：『吾不暇焉，吾不暇焉。』其用心之公私大小何如耶？）大門之東爲章善亭，（立孝義、貞烈石碑於中。）西爲癉惡亭。（書惡民姓名於中。先是，知縣胡與之於嘉靖三十五年大門之東爲聞樓，樓成，懸鍾而扣，正午未之交，廼感陽明先生《醒睡詩》『日過亭午』之句似爲有合，廼用韻而題其上云：『五夜陽烏轉地中，東方曙色欲朦朧。人間安息還成夢，獨立清宵撞曉鍾。獨立清宵撞曉鍾，一聲初動驚昏懵。生民久矣需先覺，此日無聞真是聾。』）」

**察院行臺**。在縣治東。知縣侯簡建，張處仁脩，嘉靖丁未知縣胡寧重脩。① 提學御史莆田陳琳《寓察院和張天瑞詩》：

絃誦聲聞古潁濵，星軺端不厭轔轔。太和有象還今日，大治無形愧若人。風舞柳烟春意満，露懸竹月夜光新。迴欄徙倚頻看鏡，猶是勛名未老身。

管馬御史聶豹《喜雨和韻》：

旹雨冥冥洽潁濵，塵驅聊暫息轔轔。潤蘇枯槁還生意，歡動郊原慶野人。何處尚鳴松鶴急，嫩涼旹度竹風新。才疎匡濟願年足，一枕簷聲愜病身。

巡按御史張惟恕《過太和秋原》：

柿葉紅兮豆葉黄，田家炊熟喚牛郎。牛郎飽後驅牛去，一任長歌卧白楊。

又：

豆葉黄兮柿葉紅，社頭白髮見村翁。村翁倚仗看禾黍，病眼猶能數落鴻。

又：

棠葉翻兮柳葉踈，西風潁水野雲孤。孤雲萬里懸孤輿，繫馬長亭日欲晡。

又：

柳葉踈兮棠葉翻，鷄豚桑柘滿秋原。秋原老稚迎相告，長夜荒村不閉門。

①《成化中都志·公宇·太和縣》：「察院。在縣治東，永樂元年（1403）建。」《萬曆太和縣志·建置·公署》：「察院行臺。（鄰縣治之東。永樂元年知縣侯簡重建。）中爲正堂，（扁曰肅清。）前爲露臺，中爲馳道，抄案、輿皂各房夾列馳道之東西。前爲儀門，東西爲二角門，又前爲大門。正堂之後爲穿堂，又後爲內堂，（扁曰冰清玉潔。御史聶雙江諸名公有留題，見《藝文》。）又退爲涼亭。穿堂東爲廚房，西爲書吏房。」

府館。在學西。知縣胡寧脩。

存留倉。在縣治東。①

税課局。在縣西北一里。革。②

界溝遞運所。今革。③

北原和巡檢司。今革。④

陰陽學。⑤

醫學。俱在縣西一里。⑥

僧會司。在興國寺。⑦

道會司。在城隍廟。⑧

預備倉。在縣治東。⑨

演武場。在南廓東。

養濟院。在縣治西南。知縣胡寧脩。⑩

①呂景蒙《嘉靖潁州志・建置》：「存留倉。在縣治東。」

②《成化中都志・公宇・太和縣》：「稅課局。在縣治西北一里。」《南畿志・鳳陽府・太和（公舘）》：「稅課局。在縣治西北一里。」呂景蒙《嘉靖潁州志・建置》：「稅課局。在縣西北一里。今革。」《萬曆太和縣志・建置・縣治》：「稅課局。在縣西北，洪武十六年（1383）大使周仁淵建。今廢。」

③《成化中都志・公宇・太和縣》：「界溝遞運所。在縣西七十里。」呂景蒙《嘉靖潁州志・建置》：「界溝遞運所。在縣西七十里。今革。」《萬曆太和縣志・建置・縣治》：「界溝遞運所。在縣西七十里，原有正堂三間，東西廂房共六間，官宅三間，洪武四年（1371）大使周原建。原設紅船五十一隻，今廢。」

④《成化中都志・公宇・太和縣》：「北原和巡檢司，在縣北八十里。」《南畿志・鳳陽府・太和（公舘）》：「北原和巡檢司，在縣北八十里。」呂景蒙《嘉靖潁州志・建置》：「北原和巡檢司，在縣北八十里，有衙門，設官：巡檢一人、司吏一人。」《萬曆太和縣志・建置・縣治》：「北原和巡檢司。在縣北八十里。原有正堂三間，東西廂房共六間，官宅三間，廚房三間。正統十一年（1446）知縣張處仁建。今廢。」

⑤《成化中都志・公宇・太和縣》：「陰陽學。在縣治西。」《南畿志・鳳陽府・太和（公舘）》：「陰陽學。在縣治西。」呂景蒙《嘉靖潁州志・建置》：「陰陽學。在縣西一里。設官：訓術一人。」《萬曆太和縣志・建置・縣治》：「陰陽學。洪武十八年（1385）訓術孟克誠建。」

⑥《成化中都志・公宇・太和縣》：「醫學。在縣治南。」《南畿志・鳳陽府・太和（公舘）》：「醫學。在縣治南。」呂景蒙《嘉靖潁州志・建置》：「醫學。在縣西一里。設官：訓科一人。」《萬曆太和縣志・建置・縣治》：「醫學。在縣治西南。洪武十八年（1385）訓術馬榮建。」

⑦呂景蒙《嘉靖潁州志・建置》：「僧會司。在興國寺。設官：僧會一人。」

⑧呂景蒙《嘉靖潁州志・建置》：「道會司。在城隍廟。設官：道會一人。」

⑨《南畿志・鳳陽府・太和（公舘）》：「預備倉。凡二所。」呂景蒙《嘉靖潁州志・建置》：「預備倉。在縣治東。正統八年（1443）典史（馬）俊建。」《萬曆太和縣志・建置・卹政》：「預備倉。在縣治居仁街之北。舊有倉七間，至隆慶五年（1571），知縣黃瑚重建五間。萬曆元年（1573）知縣劉岭重建五間，並其舊者盡加修理。」

⑩《南畿志・鳳陽府・太和（公舘）》：「養濟院。在縣治西。」呂景蒙《嘉靖潁州志・建置》：「養濟院。在縣治西南。中有堂，有舍，外有門。」《萬曆太和縣志・建置・卹政》：「養濟院。在崇禮街迤西，屋一十八間。」

## 坊六十一

激揚坊。在州兵備道東。①

儒林坊。在州儒學西。②

起敬坊。在州城隍廟巷口。③

登雲坊。在州南城。爲舉人呂慶立。今廢。④

奎光坊。在州南城。⑤

繡衣坊。在州南城。俱爲李葵立。⑥

進士坊。在州南城小十字街。爲李葵立。⑦

沖霄坊。在州南城大街。爲經魁張沖立。⑧

雄飛坊。在州南城大街。爲舉人張守亨立。⑨

敕封坊。在州南城大街。爲御史張光祖父治立。

登科坊。⑩

進士坊。⑪

①《正德潁州志·坊郭》：「激揚坊。在南城察院東。」呂景蒙《嘉靖潁州志·建置·（州）坊》：「激揚。在臬司東。」

②呂景蒙《嘉靖潁州志·建置·（州）坊》：「儒林。在儒學西。」

③《正德潁州志·坊郭》：「起敬坊。在北城城隍廟巷口。」呂景蒙《嘉靖潁州志·建置·（州）坊》：「起敬。在城隍廟巷口。」

④《正德潁州志·坊郭》：「登雲坊。在南城。爲舉人呂慶立。今廢。」呂景蒙《嘉靖潁州志·建置·（州）坊》：「登雲。在南城。爲呂慶。以上至文英，今俱廢。」《順治潁州志·建置·坊》：「登雲。南城。爲舉人呂慶立。今廢。」

⑤《正德潁州志·坊郭》：「奎光坊。在南城。爲舉人李葵立。」呂景蒙《嘉靖潁州志·建置·（州）坊》：「奎光。在南城。」《順治潁州志·建置·坊》：「奎光。南城。今廢。」

⑥《正德潁州志·坊郭》：「繡衣坊。在南城大街。爲御史李葵立。」呂景蒙《嘉靖潁州志·建置·（州）坊》：「繡衣。在南城。俱爲李葵。」《順治潁州志·建置·坊》：「繡衣。南城。俱爲李葵立。」

⑦《正德潁州志·坊郭》：「進士坊。在南城小十字街。爲進士李葵立。」呂景蒙《嘉靖潁州志·建置·（州）坊》：「進士三。俱在南北中衢，一爲郭昇，一爲李葵，一爲儲珊立。」《順治潁州志·建置·坊》：「進士三。一爲郭昇立，在衛東大街；一爲李葵立，在小十字街南；一爲儲珊立，在大隅頭南。」

⑧《正德潁州志·坊郭》：「沖霄坊。在南城大街。爲經元張沖立。」呂景蒙《嘉靖潁州志·建置·（州）坊》：「沖霄。在南城。爲張沖。」《順治潁州志·建置·坊》：「沖霄。爲舉人張沖立。今廢。」

⑨《正德潁州志·坊郭》：「雄飛坊。在南城大街。爲舉人張守亨立。」呂景蒙《嘉靖潁州志·建置·（州）坊》：「雄飛。在南城。爲張守亨。」《順治潁州志·建置·坊》：「雄飛。爲舉人張守亨立。今廢。」

⑩呂景蒙《嘉靖潁州志·建置·（州）坊》：「登科。在南城。」

⑪《正德潁州志·坊郭》：「進士坊。在南城大街。弘治壬戌年（1502）都指揮王爵、鞏开麟爲進士儲（珊立）。」呂景蒙《嘉靖潁州志·建置·（州）坊》：「進士三。俱在南北中衢，一爲郭昇，一爲李葵，一爲儲珊立。」《順治潁州志·建置·坊》：「進士三。一爲郭昇立，在衛東大街；一爲李葵立，在小十字街南；一爲儲珊立，在大隅頭南。」

豸繡坊。俱在州南城大街。爲儲珊立。①

鳳鳴坊。在州南城大十字街。爲舉人胡洲立。②

進士坊。在州北城旹雍街，爲郭昇立。③

文英坊。在州北城。爲舉人葉春立。今廢。④

攀鱗坊。在州北城土主巷。爲舉人張嵩立。今廢。⑤

世科坊。在州北關。爲舉人韓璽、孫韓祥立。⑥

飛黄坊。在州北城。爲舉人張葵立。⑦

敕封坊。在州南城大街。爲户部主事李增父炳立。⑧

脩文坊。在潁上縣治西。⑨

閲武坊。在潁上守禦所東。俱廢。⑩

鳳池坊。在潁上縣學西。⑪

興賢坊。在潁上縣學東。⑫

施仁坊。在潁上縣養濟院前。⑬

鯤化坊。在潁上縣北關。爲舉人盛能立。⑭

①《正德潁州志·坊郭》：「豸繡坊。在南城大街。正德辛未年（1511）御史趙時中爲御史儲珊立。」呂景蒙《嘉靖潁州志·建置·（州）坊》：「豸繡坊。在南城。俱爲儲珊。」《順治潁州志·建置·坊》：「豸繡。南城。俱爲儲珊立。明萬曆三十年（1602）爲居民遺火災。」

②《正德潁州志·坊郭》：「鳳鳴坊。住南城大十字街。弘治庚戌年（1490）知州劉讓爲舉人儲珊立。」呂景蒙《嘉靖潁州志·建置·（州）坊》：「鳳鳴。在南城。爲胡洲。」《順治潁州志·建置·坊》：「鳳鳴。南城。爲舉人胡洲立。今廢。」

③《正德潁州志·坊郭》：「進士坊。在北城時雍街。爲進士郭昇立。」呂景蒙《嘉靖潁州志·建置·（州）坊》：「進士三。俱在南北中衢，一爲郭昇，一爲李葵，一爲儲珊立。」《順治潁州志·建置·坊》：「進士三。一爲郭昇立，在衛東大街；一爲李葵立，在小十字街南；一爲儲珊立，在大隅頭南。」

④《正德潁州志·坊郭》：「文英坊。在北城。爲舉人葉春立。今廢。」呂景蒙《嘉靖潁州志·建置·（州）坊》：「文英。在北城。爲葉春。」《順治潁州志·建置·坊》：「文英。北城。爲舉人葉春立。今廢。」

⑤《正德潁州志·坊郭》：「攀鱗坊。在北城土主巷。爲舉人張嵩立。今廢。」呂景蒙《嘉靖潁州志·建置·（州）坊》：「攀鱗。在北城。爲張嵩。」《順治潁州志·建置·坊》：「攀鱗。北城。爲舉人張嵩立。今廢。」

⑥《正德潁州志·坊郭》：「世科坊。在北關。爲舉人韓祥立。」呂景蒙《嘉靖潁州志·建置·（州）坊》：「世科。在北關。爲韓祥。」《順治潁州志·建置·坊》：「世科。北城。爲舉人韓祥立。今廢。」

⑦呂景蒙《嘉靖潁州志·建置·（州）坊》：「飛黄。在北城。爲張葵。」《順治潁州志·建置·坊》：「飛黄。北城。爲舉人張葵立。今廢。」

⑧《順治潁州志·建置·坊》：「敕封。南城大街。爲封工科右給事中王邦益立。同前災。」可見並非同一坊。

⑨呂景蒙《嘉靖潁州志·建置·（潁上）坊》：「修文。縣治西。」《順治潁上縣志·建置·亭閣樓坊（坊）》：「修文坊。縣西。」

⑩呂景蒙《嘉靖潁州志·建置·（潁上）坊》：「閱武。守禦所東。」《順治潁上縣志·建置·亭閣樓坊（坊）》：「閱武坊。守禦所東。」

⑪呂景蒙《嘉靖潁州志·建置·（潁上）坊》：「鳳池。儒學西。」《順治潁上縣志·建置·亭閣樓坊（坊）》：「鳳池坊。儒學西。」

⑫呂景蒙《嘉靖潁州志·建置·（潁上）坊》：「興賢。儒學東。」《順治潁上縣志·建置·亭閣樓坊（坊）》：「興賢坊。儒學東。」

⑬呂景蒙《嘉靖潁州志·建置·（潁上）坊》：「施仁。養濟院前。」《順治潁上縣志·建置·亭閣樓坊（坊）》：「施仁坊。養濟院前。」

⑭呂景蒙《嘉靖潁州志·建置·（潁上）坊》：「鯤化。爲盛能立。」《順治潁上縣志·建置·亭閣樓坊（坊）》：「鯤化坊。北關。爲舉人盛能立。」

蝇賀坊。在潁上縣北關。爲舉人卜謙立。①

三秀坊。在潁上縣北關。爲舉人楊誠立。②

奪錦坊。在潁上縣北關。爲舉人謝鵬立。③

冠英坊。在潁上縣河頭街。爲舉人韓雄立。④

丹鳳坊。在潁上縣河頭街。爲舉人費謹立。⑤

進士坊。在潁上縣北關。爲李芳立。⑥

進士坊。在潁上縣黄溝鋪。爲盛能立。⑦

鳴陽坊。在潁上縣東關。爲舉人黄廣立。⑧

進士坊。在潁上縣東關。爲黄廣立。⑨

鴻臚坊。在潁上縣東關。爲序班馬江立。⑩

肅儀坊。在潁上縣東關。爲序班沈繼立。⑪

貞節坊。在潁上縣北關。爲節婦梅氏立。已上俱廢。⑫

通濟坊。在潁上縣十字街東。⑬

納清坊。在潁上縣十字街西。⑭

萃陽坊。在潁上縣十字街南。⑮

拱辰坊。在潁上縣十字街北。⑯

---

①呂景蒙《嘉靖潁州志・建置・（潁上）坊》：「蠅賀。爲卜謙。」《順治潁上縣志・建置・亭閣樓坊（坊）》：「蠅賀坊。北關。爲舉人卜謙立。」

②呂景蒙《嘉靖潁州志・建置・（潁上）坊》：「三秀。爲楊誠。」《順治潁上縣志・建置・亭閣樓坊（坊）》：「四秀坊。爲舉人楊誠、李芳、卜謙、林英立。」

③呂景蒙《嘉靖潁州志・建置・（潁上）坊》：「奪錦。爲謝鵬。」《順治潁上縣志・建置・亭閣樓坊（坊）》：「奪錦坊。在北關。爲舉人謝鵬立。」

④呂景蒙《嘉靖潁州志・建置・（潁上）坊》：「冠英。爲韓雄。」《順治潁上縣志・建置・亭閣樓坊（坊）》：「冠英坊。在北關。爲舉人韓雄立。」

⑤呂景蒙《嘉靖潁州志・建置・（潁上）坊》：「丹鳳。爲賀［費］錦。」《順治潁上縣志・建置・亭閣樓坊（坊）》：「丹鳳坊。在北關。爲舉人費謹立。」

⑥呂景蒙《嘉靖潁州志・建置・（潁上）坊》：「進士三。一爲李芳，一爲盛能，一爲黃慶。」《順治潁上縣志・建置・亭閣樓坊（坊）》：「進士坊三。一在黃溝鋪，爲盛能立；一北關，爲李芳立；一東關，爲黃廣立。」

⑦見前註。

⑧呂景蒙《嘉靖潁州志・建置・（潁上）坊》：「鳴陽。爲黃廣。」《順治潁上縣志・建置・亭閣樓坊（坊）》：「鳴陽坊。爲黃廣立。」

⑨見前註。

⑩《順治潁上縣志・建置・亭閣樓坊（坊）》：「鴻臚坊。東關。爲序班馬江立。」

⑪《順治潁上縣志・建置・亭閣樓坊（坊）》：「肅儀坊。在東關。爲序班沈繼立。」

⑫呂景蒙《嘉靖潁州志・建置・（潁上）坊》：「貞節。爲梅節婦。以上俱廢。」《順治潁上縣志・建置・亭閣樓坊（坊）》：「貞節坊。在北關。爲梅節婦劉氏立。」

⑬呂景蒙《嘉靖潁州志・建置・（潁上）坊》：「通濟。街之東向。」

⑭呂景蒙《嘉靖潁州志・建置・（潁上）坊》：「納清。街之西向。」

⑮呂景蒙《嘉靖潁州志・建置・（潁上）坊》：「萃陽。街之南向。」

⑯呂景蒙《嘉靖潁州志・建置・（潁上）坊》：「拱辰。街之北向。」

淮汴會津坊。在潁上縣通津門外。已上俱知縣廖自顯建。①
步蟾坊。在潁上縣河頭大街。爲舉人林英立。②
登科坊。在潁上縣北關。爲舉人王相立。③
接武坊。在潁上縣北關。爲舉人王翊立。④
孝行坊。在潁上縣北關。爲王翊立。⑤
攀龍坊。在潁上縣河頭街。爲舉人王確立。⑥
司城坊。在潁上縣北關。爲兵馬副指揮王宸立。⑦
興賢坊。在太和縣儒學東。⑧
育秀坊。在太和縣儒學西。⑨
青雲路坊。在太和縣儒學前。⑩
攀桂坊。太和縣。爲王質立。⑪
登雲坊二。太和縣。爲齊敬、張禎立。⑫
折桂坊。太和縣。爲徐良立。⑬
步雲坊。太和縣。爲張綸立。已上俱廢。⑭

大司寇坊。太和縣。爲尚書王質立。⑮

翰林坊。太和縣。爲檢討紀鏞立。⑯

①呂景蒙《嘉靖潁州志·建置·（潁上）坊》：「淮汴會津。通津門外。」
②呂景蒙《嘉靖潁州志·建置·（潁上）坊》：「步蟾。爲林英。」《順治潁上縣志·建置·亭閣樓坊（坊）》：「步蟾坊。在北關。爲舉人林英立。」
③呂景蒙《嘉靖潁州志·建置·（潁上）坊》：「登科。爲王相。」《順治潁上縣志·建置·亭閣樓坊（坊）》：「登科坊。在北關。爲舉人王相立。」
④呂景蒙《嘉靖潁州志·建置·（潁上）坊》：「接武。爲王翊。」《順治潁上縣志·建置·亭閣樓坊（坊）》：「接武坊。在北關。爲舉人王翊立。」
⑤呂景蒙《嘉靖潁州志·建置·（潁上）坊》：「孝行。爲王翊。」《順治潁上縣志·建置·亭閣樓坊（坊）》：「孝行坊。在北關。爲孝子王翊立。」
⑥呂景蒙《嘉靖潁州志·建置·（潁上）坊》：「攀龍。爲王確。」《順治潁上縣志·建置·亭閣樓坊（坊）》：「攀龍坊。北關。爲舉人王確立。」
⑦《順治潁上縣志·建置·亭閣樓坊（坊）》：「司城坊。爲兵馬王宸立。」
⑧呂景蒙《嘉靖潁州志·建置·（太和）坊》：「興賢。儒學東。」《萬曆太和縣志·建置·坊廂》：「興賢坊。在儒學南街東。」
⑨呂景蒙《嘉靖潁州志·建置·（太和）坊》：「育秀。儒學西。」《萬曆太和縣志·建置·坊廂》：「育秀坊。在儒學南街西。」
⑩呂景蒙《嘉靖潁州志·建置·（太和）坊》：「青雲路。儒學前。」
⑪呂景蒙《嘉靖潁州志·建置·（太和）坊》：「攀桂。爲王質立。」
⑫呂景蒙《嘉靖潁州志·建置·（太和）坊》：「登雲二。一爲齊敬，一爲張禎。」《萬曆太和縣志·建置·坊廂》：「登雲坊。在縣北關王廟前，爲舉人齊敬立。」「在縣崇文街南，爲舉人張禎立。以上五坊俱廢。」
⑬呂景蒙《嘉靖潁州志·建置·（太和）坊》：「折桂。爲徐良。」《萬曆太和縣志·建置·坊廂》：「折桂坊。在縣治西大十字街南，爲舉人徐良立。」
⑭呂景蒙《嘉靖潁州志·建置·（太和）坊》：「步雲。爲張綸。以上至攀桂俱廢。」《萬曆太和縣志·建置·坊廂》：「步雲坊。在縣治東十字街迤北，爲舉人張倫立。」
⑮呂景蒙《嘉靖潁州志·建置·（太和）坊》：「大司寇。爲尚書王質。」《萬曆太和縣志·建置·坊廂》：「大司寇坊。在縣東居仁街，爲尚書王質立。」
⑯呂景蒙《嘉靖潁州志·建置·（太和）坊》：「翰林。爲檢討紀鏞。」《萬曆太和縣志·建置·坊廂》：「翰林坊。在縣西遵義街，爲檢討紀鏞立。」

南畿出色坊。太和縣。爲舉人孫崇德立。①

攀桂坊。太和縣。爲舉人王章立。②

## 馬廠一十三

陳村廠。在州東四十五里。③

茨河廠。在州西二十里。④

定鄉廠。在州西一百里。⑤

阜陽廠。在州西一百七十里。⑥

關廂廠。在州西南五里。⑦

功立廠。在州南九十里。⑧

中村岡廠。在州南九十里。⑨

王市廠。在州北九十里。⑩

在城廠。在潁上縣禾稔門外一里。⑪

陽臺廠。在潁上縣北河東一十五里。⑫

東廠。在太和縣南原和三十里。⑬

西廠。在太和縣北原和六十五里。⑭

---

①呂景蒙《嘉靖潁州志·建置·（太和）坊》：「南畿出色。爲孫崇德。」《萬曆太和縣志·建置·坊廂》：「南畿出色坊。在縣治南門崇禮街，爲舉人孫崇德立。」

②呂景蒙《嘉靖潁州志·建置·（太和）坊》：「攀桂。爲王章。」《萬曆太和縣志·建置·坊廂》：「攀桂坊。在縣治西十字街迤北，爲舉人王章立。」

③呂景蒙《嘉靖潁州志·建置·（州）馬廠》：「陳村。東四十五里。」

④呂景蒙《嘉靖潁州志·建置·（州）馬廠》：「茨河。西二十里。」

⑤呂景蒙《嘉靖潁州志·建置·（州）馬廠》：「定鄉。西一百里。」

⑥呂景蒙《嘉靖潁州志·建置·（州）馬廠》：「阜陽。西一百七十里。」

⑦呂景蒙《嘉靖潁州志·建置·（州）馬廠》：「關廂。西南五里。」

⑧呂景蒙《嘉靖潁州志·建置·（州）馬廠》：「功立。南九十里。」

⑨呂景蒙《嘉靖潁州志·建置·（州）馬廠》：「中村崗。南九十里。」

⑩呂景蒙《嘉靖潁州志·建置·（州）馬廠》：「王市。北九十里。」

⑪呂景蒙《嘉靖潁州志·建置·（潁上）馬廠》：「在城。禾稔門外一里。」

⑫呂景蒙《嘉靖潁州志·建置·（潁上）馬廠》：「陽臺。北河東一十五里。」

⑬呂景蒙《嘉靖潁州志·建置·（太和）馬廠》：「東廠。南原和三十里。」《萬曆太和縣志·建置·土田》：「牧馬草場地三處，共壹拾肆頃壹拾肆畝捌釐肆毫……一處南原和廠地，坐落玄牆集迤南，三頃玖拾柒畝伍分柒釐伍毫。東至朱顯名地，西至歪家林，南至朱顯名地，北至郭斌地。」

⑭呂景蒙《嘉靖潁州志·建置·（太和）馬廠》：「西廠。北原和六十五里。」《萬曆太和縣志·建置·土田》：「一處北原和廠地，坐落倪圩集迤西，肆頃玖拾陸畝伍分捌釐柒毫。東至于奉地，西至陳源地，南至劉同地，北至何貴地。」

歪家林廠。在太和縣六十里。①

## 鋪四十一

總鋪。在州東關。②

七里鋪。在州東七里。③

十八里鋪。在州東十八里。④

兔兒崗鋪。在州東三十里。⑤

穆家莊鋪。在州東四十里。⑥

雙塔鋪。在州東五十里。⑦

夷陵鋪。在州東六十里，接潁上縣丘陵鋪。⑧

王莊鋪。在州西十里。⑨

茨河鋪。在州西二十里。⑩

石羊鋪。在州西三十里。⑪

①呂景蒙《嘉靖潁州志·建置·（太和）馬廠》：「歪家林，六十里。」《萬曆太和縣志·建置·土田》：「一處歪家林廠地，坐落玄牆集迤南，肆頃壹拾玖畝玖分貳釐貳毫。東至南原和廠地，西至苑敬地，南至郭倫地，北至苑敬地。右上三處場地，弘治七年（1494）知縣丘經拘集地鄰，公同丈量，撥人戶佃種，立碑記於儀門之左。今只北原和地肆頃玖拾陸畝伍分捌釐柒毫。」

②《南畿志·鳳陽府·潁州（城社）》：「遞鋪二十：州前、孟家莊、穆家莊、十八里、兔兒岡、雙塔、夷陵、三十里河、栗頭、楊橋、沈丘、釜陽、鮦陽城、伍名、橫橋、白魚港、王莊、茨河口、石羊、乾溝。」《正德潁州志·鋪舍》：「總鋪。在南城東門外，射圃亭北。」呂景蒙《嘉靖潁州志·建置·（州）鋪》：「總。東門外。」《順治潁州志·建置·鋪舍》：「總鋪。東門外街南。」

③呂景蒙《嘉靖潁州志·建置·（州）鋪》：「七里。七里。」《順治潁州志·建置·鋪舍》：「七里鋪。城東南七里。」

④《正德潁州志·鋪舍》：「十八里鋪。」呂景蒙《嘉靖潁州志·建置·（州）鋪》：「十八里。十八里。」《順治潁州志·建置·鋪舍》：「十八里鋪。城東十八里。」

⑤《正德潁州志·鋪舍》：「兔兒崗鋪。」呂景蒙《嘉靖潁州志·建置·（州）鋪》：「兔兒崗。三十里。」《順治潁州志·建置·鋪舍》：「兔兒崗鋪。城東三十里。」

⑥呂景蒙《嘉靖潁州志·建置·（州）鋪》：「穆家莊。四十里。」《順治潁州志·建置·鋪舍》：「穆家莊鋪。城東四十里。」

⑦《正德潁州志·鋪舍》：「雙塔鋪。」呂景蒙《嘉靖潁州志·建置·（州）鋪》：「雙塔。五十里。」《順治潁州志·建置·鋪舍》：「雙塔鋪。城東五十里。」

⑧《正德潁州志·鋪舍》：「夷陵鋪。」呂景蒙《嘉靖潁州志·建置·（州）鋪》：「夷陵。六十里。俱東往潁上路。」《順治潁州志·建置·鋪舍》：「夷陵鋪。城東六十里。」

⑨《正德潁州志·鋪舍》：「王莊鋪。」呂景蒙《嘉靖潁州志·建置·（州）鋪》：「王莊。十里。」

⑩《正德潁州志·鋪舍》：「茨河鋪。」呂景蒙《嘉靖潁州志·建置·（州）鋪》：「茨河。二十里。」《順治潁州志·建置·鋪舍》：「茨河鋪。城西北二十里。」

⑪《正德潁州志·鋪舍》：「石羊鋪。」呂景蒙《嘉靖潁州志·建置·（州）鋪》：「石羊。三十里。」《順治潁州志·建置·鋪舍》：「石羊鋪。城西北三十里。」

乾溝鋪。在州西四十五里，接太和縣雙廟鋪。①
仵明鋪。在州東北三十里。②
横橋鋪。在州東北四十里。③
白漁港鋪。在州東北五十里，往蒙城路。④
總鋪。在潁上縣壽春門外。⑤
蓮花池鋪。在潁上縣西八里。⑥
十八里鋪。在潁上縣西十八里。⑦
黄溝鋪。在潁上縣西二［三］十五里。⑧
團湖鋪。在潁上縣西四十里。⑨
丘陵鋪。在潁上縣西五十里。⑩
十八里鋪。在潁上縣東十八里。⑪
鄭家崗鋪。在潁上縣東四十里。⑫
黄崗鋪。在潁上縣東五十里。⑬
賽澗鋪。在潁上縣東六十里。⑭

①《正德潁州志・鋪舍》：「乾溝鋪。北五里，太和地。」呂景蒙《嘉靖潁州志・建置・（州）鋪》：「乾溝。四十五里。俱西往太和路。」《順治潁州志・建置・鋪舍》：「乾溝鋪。城西北四十里。俱通太和縣路。」

②《正德潁州志・鋪舍》：「作名鋪。在州北三十里溝西，有贍鋪地十畝。」呂景蒙《嘉靖潁州志・建置・（州）鋪》：「作明。三十里。」《順治潁州志・建置・鋪舍》：「作明鋪。城東北三十里。」

③《正德潁州志・鋪舍》：「橫橋鋪。在州北六十里溝東，今置預備倉。」呂景蒙《嘉靖潁州志・建置・（州）鋪》：「橫橋。四十里。」《順治潁州志・建置・鋪舍》：「橫橋鋪。城北四十里。」

④《南畿志・鳳陽府・潁上（城社）》：「遞鋪十有一：由縣前總鋪而東達壽州界鋪五曰：十八里、鄭家崗、黃崗、賽澗、西正陽；西達潁州界鋪五曰：蓮花池、西十八里、黃溝、團湖、丘陵。」《正德潁州志・鋪舍》：「白魚港鋪。在州北九十里，母猪港之北，今基存。宣德中遷，失故地。」呂景蒙《嘉靖潁州志・建置・（州）鋪》：「白漁港。五十里。俱東北往蒙城路。」《順治潁州志・建置・鋪舍》：「白魚港鋪。城東北五十里。俱蒙城路。」

⑤呂景蒙《嘉靖潁州志・建置・（潁上）鋪》：「總。壽春門外。」《順治潁上縣志・建置・鋪舍》：「縣總鋪。西關。今廢。」

⑥呂景蒙《嘉靖潁州志・建置・（潁上）鋪》：「蓮花池。八里。」

⑦呂景蒙《嘉靖潁州志・建置・（潁上）鋪》：「十八里。十八里。」

⑧呂景蒙《嘉靖潁州志・建置・（潁上）鋪》：「黃溝。三十五里。」《順治潁上縣志・建置・鋪舍》：「黃溝鋪。去縣三十五里。」

⑨呂景蒙《嘉靖潁州志・建置・（潁上）鋪》：「團湖。四十里。」《順治潁上縣志・建置・鋪舍》：「團湖鋪。去縣四十里。」

⑩呂景蒙《嘉靖潁州志・建置・（潁上）鋪》：「丘陵。五十里。俱西往潁州路。」《順治潁上縣志・建置・鋪舍》：「丘陵鋪。去縣五十里，西通潁州。」

⑪呂景蒙《嘉靖潁州志・建置・（潁上）鋪》：「十八里。十八里。」《順治潁上縣志・建置・鋪舍》：「東十八里鋪。去縣十八里。」

⑫呂景蒙《嘉靖潁州志・建置・（潁上）鋪》：「鄭家崗。四十里。」《順治潁上縣志・建置・鋪舍》：「鄭家崗鋪。去縣四十里。」

⑬呂景蒙《嘉靖潁州志・建置・（潁上）鋪》：「黃崗。五十里。」《順治潁上縣志・建置・鋪舍》：「黃崗鋪。去縣五十里。」

⑭呂景蒙《嘉靖潁州志・建置・（潁上）鋪》：「賽澗。六十里。」《順治潁上縣志・建置・鋪舍》：「賽澗鋪。去縣六十里。」

西正陽鋪。在潁上縣東七十里，往壽州路。①

太和總鋪。在太和縣治西。②

望城鋪。在太和縣東八里。③

雙廟鋪。在太和縣東十八里。④

舊縣鋪。在太和縣西北十里。⑤

十里溝鋪。在太和縣西北二十里。⑥

稅子鋪。在太和縣西北三十里。⑦

倉溝鋪。在太和縣西北四十里。⑧

七里鋪。在太和縣西北五十里。⑨

界溝鋪。在太和縣西北六十里，往沈丘路。⑩

茨河鋪。在太和縣東北十里。⑪

港溝鋪。在太和縣東北，往蒙城路。⑫

十八里鋪。在太和縣北十八里。⑬

雙浮屠鋪。在太和縣北三十里。⑭

倪丘鋪。在太和縣北六十里。⑮

桑家店鋪。在太和縣北七十里。⑯

---

①呂景蒙《嘉靖潁州志・建置・（潁上）鋪》：「西正陽。七十里。俱東往壽州路。」《順治潁上縣志・建置・鋪舍》：「西正陽鋪。去縣七十里，過［通］壽州。」

②《南畿志・鳳陽府・太和（城社）》：「遞鋪十有六：縣前、望城、雙廟、舊縣、十里溝、稅子、倉溝、七里、茨河、港溝、雙浮圖、淝河、界溝、倪丘、八里、桑家店。」呂景蒙《嘉靖潁州志・建置・（太和）鋪》：「太和總。縣治西。」《萬曆太和縣志・建置・鋪舍》：「在城總鋪。在公舘迤西。鋪司一名，遞年工食銀七兩二錢；鋪兵六名，每年各工食銀五兩四錢。餘鋪鋪司一名，鋪兵只四名，遞年工食，俱當官給領。」

③呂景蒙《嘉靖潁州志・建置・（太和）鋪》：「望城。八里。」《萬曆太和縣志・建置・鋪舍》：「望城鋪。在縣東南八里。」

④呂景蒙《嘉靖潁州志・建置・（太和）鋪》：「雙廟。十八里。俱東往潁州路。」《萬曆太和縣志・建置・鋪舍》：「雙廟鋪。在縣東南一十五里。」

⑤呂景蒙《嘉靖潁州志・建置・（太和）鋪》：「舊縣。十里。」《萬曆太和縣志・建置・鋪舍》：「舊縣鋪。在縣西北八里。」

⑥呂景蒙《嘉靖潁州志・建置・（太和）鋪》：「十里溝。二十里。」《萬曆太和縣志・建置・鋪舍》：「十里溝鋪。在縣西北一十五里。」

⑦呂景蒙《嘉靖潁州志・建置・（太和）鋪》：「稅子。三十里。」《萬曆太和縣志・建置・鋪舍》：「稅子鋪。在縣西北一十五里。」

⑧呂景蒙《嘉靖潁州志・建置・（太和）鋪》：「倉溝。四十里。」《萬曆太和縣志・建置・鋪舍》：「蒼溝鋪。在縣西北五十里。」

⑨呂景蒙《嘉靖潁州志・建置・（太和）鋪》：「七里。五十里。」

⑩呂景蒙《嘉靖潁州志・建置・（太和）鋪》：「界溝。六十里。俱西北往沈丘路。」

⑪呂景蒙《嘉靖潁州志・建置・（太和）鋪》：「茨河。十里。」《萬曆太和縣志・建置・鋪舍》：「茨河鋪。在縣東三十五里。」

⑫呂景蒙《嘉靖潁州志・建置・（太和）鋪》：「港溝。三十五里。俱東北往蒙城路。」《萬曆太和縣志・建置・鋪舍》：「港溝鋪。在縣北五十里。」

⑬呂景蒙《嘉靖潁州志・建置・（太和）鋪》：「十八里。十八里。」《萬曆太和縣志・建置・鋪舍》：「北十八里鋪。在縣北十八里。」

⑭呂景蒙《嘉靖潁州志・建置・（太和）鋪》：「雙浮屠。三十里。」《萬曆太和縣志・建置・鋪舍》：「雙浮屠鋪。在縣北三十里。」

⑮呂景蒙《嘉靖潁州志・建置・（太和）鋪》：「倪丘。六十里。」《萬曆太和縣志・建置・鋪舍》：「倪丘鋪。在縣北六十里。」

⑯呂景蒙《嘉靖潁州志・建置・（太和）鋪》：「桑家店。七十里。」《萬曆太和縣志・建置・鋪舍》：「桑家店鋪。在縣北八十五里。」

淝河鋪。在太和縣北，往亳州路。①

## 橋三十八

南關橋。在州迎薰門外。②
西關橋。在州宜秋門外。③
東關橋。在州宜陽門外。
白龍溝橋。在州承恩門外，跨西湖中。④同知劉節有《記》。
夷陵橋。在州東六十二里。⑤
站溝橋。在州東六十里。⑥
板橋。在州東南七十里。⑦
磚橋。在州南四十里。⑧
七星橋。在州南五十里，水中生七石如北斗，土人架梁於上。⑨
七旗橋。在州南七十五里。⑩

功立橋。在州南一百里。⑪

---

①下文所載實爲三十九。呂景蒙《嘉靖潁州志·建置·（太和）鋪》：「淝河。九十里。俱北往亳州路。」《萬曆太和縣志·建置·鋪舍》：「淝河鋪。在縣北九十里。」

②《南畿志·鳳陽府·潁州（城社）》：「橋八：白龍溝、西關、南關、夷陵、七星、板橋、七旗、驛口。」《正德潁州志·關梁》：「南關橋。在南城門外，跨城南隍池，路通城南官道。」呂景蒙《嘉靖潁州志·建置·（州）橋》：「南關。迎熏門外。」

③《正德潁州志·關梁》：「西關橋。在南城西門外，跨城西隍池，通州西官道。」呂景蒙《嘉靖潁州志·建置·（州）橋》：「西關。宜秋門外。」

④《成化中都志·橋梁津渡·潁州》：「白龍溝橋。在州西一里，即西湖景之水口建橋，通故儒學。」《正德潁州志·關梁》：「白龍溝橋。在北城西北隅，跨西湖，下流白龍溝。成化中，僧濟拳募修。有《記》立石。」呂景蒙《嘉靖潁州志·建置·（州）橋》：「白龍溝。承恩門外，跨西湖水。」

⑤《正德潁州志·關梁》：「夷陵橋。在州東六十二里板橋東，坡水下流大澗，路通官道。」呂景蒙《嘉靖潁州志·建置·（州）橋》：「夷陵。東六十二里。」《順治潁州志·建置·橋梁》：「夷陵橋。在州東六十里鋪。」

⑥《正德潁州志·關梁》：「站溝橋。在州東六十里，跨陳村下流。土人架梁，以便行旅。通舊馬驛官道。」呂景蒙《嘉靖潁州志·建置·（州）橋》：「站溝。東六十里。」《順治潁州志·建置·橋梁》：「站溝橋。在州東五十里。」

⑦《正德潁州志·關梁》：「板橋。在州東南七十里，跨潤河。土人架木樑，便南北行旅。」呂景蒙《嘉靖潁州志·建置·（州）橋》：「板。東南七十里。」《順治潁州志·建置·橋梁》：「板橋。在州東南七十里。」

⑧《正德潁州志·關梁》：「磚橋。在州南四十里，跨潤河。前代建，以便南北行旅。橋北，小店、客戶二十餘家。」呂景蒙《嘉靖潁州志·建置·（州）橋》：「磚。南四十里。」《順治潁州志·建置·橋梁》：「磚橋。在州南四十里。」

⑨《成化中都志·橋梁津渡·潁州》：「七星橋。在州南五十里，跨閏河。水中有七石，形如北斗，故名。」《正德潁州志·關梁》：「七星橋。在州南五十里，跨潤河。水中生石七拳，如北斗，土人架梁石上，通衢。」呂景蒙《嘉靖潁州志·建置·（州）橋》：「七星。南五十里。」《順治潁州志·建置·橋梁》：「七星橋。在州南五十里。水中生石子如北斗狀，得名。」

⑩《成化中都志·橋梁津渡·潁州》：「七旗橋。在州南八十里七旗岡，跨谷河。」《正德潁州志·關梁》：「七旗橋。在州南七旗崗北，跨谷河。土人建，以通官倉。」呂景蒙《嘉靖潁州志·建置·（州）橋》：「七旗。南七十五里。」《順治潁州志·建置·橋梁》：「七旗橋。在州南七十里。」

⑪《正德潁州志·關梁》：「功立橋。在州南一百里，跨谷河。土人建，以便商旅。橋南有集。」呂景蒙《嘉靖潁州志·建置·（州）橋》：「功立。南一百里。」《順治潁州志·建置·橋梁》：「功立橋。在州南一百里。」

通惠橋。在州西南一百里。①

楊宅橋。在州西南一百一十里。②

油店橋。在州西南一百四十里。③

楊橋。在州西九十里。④

驛口橋。在州西一百里。⑤

永濟橋。在州西十五里。⑥

通津橋。在潁上縣東門外。⑦ 教諭張雲龍《記》：

出城之東偏，有通津橋。聞國初只一小溝，厥後河水西南奔衝，溝遂漸以闊大，勢難收十［拾］，昔有道人募財爲橋矣，速其成而不憂其敗，苟其功而不虞其毁。嗣而莅縣者積數人，或填以土，或梁以木，僅取便一旹，易於圮壞，甚爲僅僅之弗問，況其地移邑居之，劇當大道之交，冠蓋商旅軍民往來之夥，雨雪旹至，過者寒心。甚至傎人倒馬□於至□矣。正德辛未，當道委檢府李公來□潁邑，到任未旬，曰：「玆非吾當務之急乎？」量費之多寡，不足，令有罪者以金贖之，得若干，廼屬民。公立省計出纳，以董是役。僦匠斬石載磚，□□築以基址，既堅且好，輔以欄檻，廼闕廼完，遷延至三月初七，喻［逾］兩月而畢工。邦人士以是役之成，不可以不記焉乎。鄭子產以乘輿濟人於溱洧，孟子譏其不善爲政；漢薛宣見其子之爲彭城令，橋梁不脩，宣心知其無所能。盖爲政之道，非謂大術大法，無有淪而不舉之處，雖道路之簸，津河之小，民趍磨之處，或不遂其變，不當其里，不得其濟，亦足爲仁政之累，全體之汙，是以君子受一命，居一邑，亦無不盡其心焉者，宜乎！李公行之堅勇，不倦終日也。邑人追思其有改乎，然公非圉以一橋，而掠其名之美，凡其操以持己見，然舉措亦皆稱是，故不辭而書之於石云。

通潁橋。在潁上縣潁陽門外。⑧

①呂景蒙《嘉靖潁州志・建置・（州）橋》：「通惠。西南一百里。」《順治潁州志・建置・橋梁》：「通惠橋。在州西一百里。」

②《正德潁州志・關梁》：「楊宅橋。在州西南一百一十里，跨谷河。前代建，有碑石，剝落。」呂景蒙《嘉靖潁州志・建置・（州）橋》：「楊宅。西南一百一十里。」《順治潁州志・建置・橋梁》：「楊宅橋。在州西南一百一十里。」

③《正德潁州志・關梁》：「油店橋。在州西南一百四十里，跨谷河。唐劉大師經過，改名迎僊橋。」呂景蒙《嘉靖潁州志・建置・（州）橋》：「油店。西南一百四十里。」《順治潁州志・建置・橋梁》：「油店橋。在州西南一百四十里。」

④《正德潁州志・關梁》：「楊橋。在州西九十里，跨延河口，路通沈丘之官道。」呂景蒙《嘉靖潁州志・建置・（州）橋》：「楊。西九十里。」《順治潁州志・建置・橋梁》：「楊橋。在州西九十里。」

⑤《正德潁州志・關梁》：「驛口橋。在州西一百里古馬驛前，通汝寧官道。又云：建橋時一虎守料，故又名一虎橋。」呂景蒙《嘉靖潁州志・建置・（州）橋》：「驛口。西一百里。」《順治潁州志・建置・橋梁》：「驛口橋。在州西一百里。」

⑥呂景蒙《嘉靖潁州志・建置・（州）橋》：「永濟。西四十五里，黎瑪等建。」《順治潁州志・建置・橋梁》：「永濟橋。在州西一百里。」當有误。或非指同一橋。

⑦《南畿志・鳳陽府・潁上（城社）》：「橋七：在東門外者曰通津，在壽春門外者曰通霍，在潁陽門外者曰通潁，在北門大街者曰濟涉，跨黃溝者一，跨大溝者一，跨林家溝者一。」呂景蒙《嘉靖潁州志・建置・（潁上）橋》：「通津。東門外。」《順治潁上縣志・建置・橋梁》：「通津橋。縣東門外。」

⑧呂景蒙《嘉靖潁州志・建置・（潁上）橋》：「通潁。潁陽門外。」《順治潁上縣志・建置・橋梁》：「通潁橋。西門。」

濟涉橋。在潁上縣北關大街。①

通霍橋。在潁上縣壽春門外。②

黄岡橋。在潁上縣東南。③

大石橋。在潁上縣東南四十里。④

蓮花橋。在潁上縣西八里。⑤

謝家橋。在潁上縣北四十五里。⑥

林家橋。在潁上縣東北五十里。⑦

長林橋。在潁上縣溝，通溝。⑧

磚橋。在太和縣西一十二里。⑨

利涉橋。在太和縣西北一十五里。學正胡衮有《記》。⑩

雙浮屠橋。在太和縣西北三十里。⑪

李忠橋。在太和縣西北四十里。⑫

張道人橋。在太和縣西北五十里。⑬

穀河橋。在太和縣西北八十里。⑭

張貴橋。在太和縣北三十里。⑮

---

①呂景蒙《嘉靖潁州志·建置·（潁上）橋》：「濟涉。北關大街。」《順治潁上縣志·建置·橋梁》：「濟涉橋。北關隍口。」

②呂景蒙《嘉靖潁州志·建置·（潁上）橋》：「通霍。壽春門外。」《順治潁上縣志·建置·橋梁》：「通霍橋。南門。」

③呂景蒙《嘉靖潁州志·建置·（潁上）橋》：「黃岡。縣東。」《順治潁上縣志·建置·橋梁》：「黃崗橋。監生李經建。」

④呂景蒙《嘉靖潁州志·建置·（潁上）橋》：「大石。東南四十里。」《順治潁上縣志·建置·橋梁》：「大石橋。東南四十里。」

⑤呂景蒙《嘉靖潁州志·建置·（潁上）橋》：「蓮花。西八里。」《順治潁上縣志·建置·橋梁》：「蓮花橋。張丞才建。」

⑥呂景蒙《嘉靖潁州志·建置·（潁上）橋》：「謝家。北四十五里。」《順治潁上縣志·建置·橋梁》：「謝家橋。縣北四十五里，通京。」

⑦呂景蒙《嘉靖潁州志·建置·（潁上）橋》：「林家。東北五十里。」《順治潁上縣志·建置·橋梁》：「林家橋。縣東北五十里。謝磐建。」

⑧呂景蒙《嘉靖潁州志·建置·（潁上）橋》：「長林。在王愛溝，通京師路。」《順治潁上縣志·建置·橋梁》：「長林橋。在王愛溝，通北京路。」

⑨《南畿志·鳳陽府·太和（城社）》：「橋五：史家、雙浮圖、劈灘、穀河、磚橋。」呂景蒙《嘉靖潁州志·建置·（太和）橋》：「磚。西一十二里。」《萬曆太和縣志·輿勝·橋梁》：「磚橋。在縣西一十里。景泰三年（1452），知縣范衷造。」

⑩呂景蒙《嘉靖潁州志·建置·（太和）橋》：「利涉。西北一十五里。先名批灘溜橋，爲邑省祭張世雄等所建，兵備李石疊改今名。州學正胡袞《記》。」《萬曆太和縣志·輿勝·橋梁》：「坯灘溜橋。在縣北十五里。正統十一年（1446），省祭張聶造，兵憲李公改名利涉橋。有《記》，見《藝文》。」

⑪呂景蒙《嘉靖潁州志·建置·（太和）橋》：「雙浮屠。西北三十里。」《萬曆太和縣志·輿勝·橋梁》：「雙浮屠橋。在縣北三十里。景泰四年（1453），知縣范衷造。」

⑫呂景蒙《嘉靖潁州志·建置·（太和）橋》：「李忠。西北四十里。」《萬曆太和縣志·輿勝·橋梁》：「李忠橋。在縣北四十里。」

⑬呂景蒙《嘉靖潁州志·建置·（太和）橋》：「張道人。西北五十里。」《萬曆太和縣志·輿勝·橋梁》：「張道人橋。在縣東北十里。」

⑭呂景蒙《嘉靖潁州志·建置·（太和）橋》：「穀河。西北八十里。」《萬曆太和縣志·輿勝·橋梁》：「穀河橋。在縣西北八十里。正統五年（1440），鄉民張英造。」

⑮呂景蒙《嘉靖潁州志·建置·（太和）橋》：「張貴。北三十里。」《萬曆太和縣志·輿勝·橋梁》：「張貴橋。在縣東北三十里。鮑文振等重修。有《碑記》，見《藝文》。」

倪丘橋。在太和縣北六十里。①

板橋。在太和縣北八十里。②

麗道人橋。在太和縣東北十五里。③

史家橋。在太和縣東北二十五里。④

白廟橋。在太和縣東北二十里。⑤

## 渡二十六

東關口渡。在州潁川驛後。⑥

三里灣渡。在州東二里，潁河與黄河會處。⑦

毛家窩渡。在州北。⑧

官擺渡。在州西十五里，潁河。⑨

私擺渡。在州西六十里，潁河。⑩

茨河渡。在州西北二十五里。⑪

①呂景蒙《嘉靖潁州志·建置·（太和）橋》：「倪丘。北六十里。」《萬曆太和縣志·輿勝·橋梁》：「倪丘橋。在縣北七十里。正統十一年（1446），兵憲李公造。」

②呂景蒙《嘉靖潁州志·建置·（太和）橋》：「板。北八十里。」《萬曆太和縣志·輿勝·橋梁》：「板橋。在縣北七十五里。」

③呂景蒙《嘉靖潁州志·建置·（太和）橋》：「麗道人。東北十五里。」

④呂景蒙《嘉靖潁州志·建置·（太和）橋》：「史家。東北二十五里。」《萬曆太和縣志·輿勝·橋梁》：「史家橋。在縣東北二十五里。景泰三年（1452），知縣范衷造。」

⑤呂景蒙《嘉靖潁州志·建置·（太和）橋》：「白廟。東北二十里。」《萬曆太和縣志·輿勝·橋梁》：「白廟橋。在縣東北二十里。庠生劉一貴、省祭王泰同造。有《碑記》，見《藝文》。」

⑥《南畿志·鳳陽府·潁州（城社）》：「渡五：朱臯、三里灣、黃河口、谷河口、茨河。」《正德潁州志·關梁（渡）》：「東關口渡。在北城東北隅潁川驛後，渡通蒙城、亳縣。」呂景蒙《嘉靖潁州志·輿地下·關廂鄉圖（渡）》：「東關口。潁川驛之後。」《順治潁州志·輿地·渡》：「東關口。潁川驛之後。」

⑦《成化中都志·橋梁津渡·潁州》：「三里灣渡。在州東潁水，舊與黃河會處。」《正德潁州志·關梁（渡）》：「三里灣渡。在州東三里潁水舊與黃河會處，渡通東北鄉，蒙、亳二縣。」呂景蒙《嘉靖潁州志·輿地下·關廂鄉圖（渡）》：「三里灣。東二里，潁河與黃河會處。」《順治潁州志·輿地·渡》：「三里灣。東二里，潁河與黃河會處。」

⑧《正德潁州志·關梁（渡）》：「毛家窩渡。在州西十五里王莊鋪前潁河，渡通太和。」呂景蒙《嘉靖潁州志·輿地下·關廂鄉圖（渡）》：「毛家窩。州北。」《順治潁州志·輿地·渡》：「毛家窩。州北。」

⑨《正德潁州志·關梁（渡）》：「官擺渡。在州西十五里王莊鋪前，潁河，渡通太和。」呂景蒙《嘉靖潁州志·輿地下·關廂鄉圖（渡）》：「官擺。西十五里，潁河。」《順治潁州志·輿地·渡》：「官擺渡。西十五里，潁河。」

⑩《正德潁州志·關梁（渡）》：「私擺渡。古名老婆灣，在州西十六里，過潁河，南北要津。宋紹興十年（1140），金龍虎大王等敗退，軍至此留營，爲副留守劉錡所敗。」呂景蒙《嘉靖潁州志·輿地下·關廂鄉圖（渡）》：「私擺，（州）西六十里，潁河。」《順治潁州志·輿地·渡》：「私擺渡。西六十里，潁河。」

⑪《成化中都志·橋梁津渡·潁州》：「茨河渡。在州西二十五里石羊鋪前。」《正德潁州志·關梁（渡）》：「茨河渡。在州西二十五里石羊鋪前，渡通太和縣。」呂景蒙《嘉靖潁州志·輿地下·關廂鄉圖（渡）》：「茨河。西二十五里。」《順治潁州志·輿地·渡》：「茨河渡。西二十五里，潁河。」

谷河口渡。在州東南。①

劉家渡。在州東南一百一十里，淮河。②

中村崗渡。在州南七十里，谷河。③

朱臯渡。在州南一百二十里，汝河。④

留陵渡。在州東，潁河。⑤

靳家渡。在州東北九十里，淝河。⑥

岳廂渡。在州北一百二十里，淝河。⑦

裴家渡。在州西九十里，潁河。⑧

張老人渡。在州西六十五里，潁河。⑨

黄連渡。在州西九十里，潁河。宋劉琦募敢死士毒上流，以困兀朮於此。⑩

關洲渡。在潁上縣西南四十五里。⑪

廟臺渡。在潁上縣南二十五里。⑫

正陽渡。在潁上縣東南七十里。⑬

江口渡。在潁上縣。江子水出，設舟以便往來。⑭

①《成化中都志·橋梁津渡·潁州》：「谷河口渡。在州東南谷河入淮處。」《正德潁州志·關梁（渡）》：「谷河口渡。在州東南谷河入淮處，渡通宣灣。」呂景蒙《嘉靖潁州志·輿地下·關廂鄉圖（渡）》：「谷河口。州東。」《順治潁州志·輿地·渡》：「谷河口。州東。」

②《正德潁州志·關梁（渡）》：「劉家渡。在州東南一百一十里水臺東淮水，渡通霍丘。」呂景蒙《嘉靖潁州志·輿地下·關廂鄉圖（渡）》：「劉家。東南一百一十里，淮河。」《順治潁州志·輿地·渡》：「劉家渡。東南一百一十里，淮河。」

③《正德潁州志·關梁（渡）》：「中村崗渡。在州南七十里，谷河，渡通安舟崗，逾淮河。」呂景蒙《嘉靖潁州志·輿地下·關廂鄉圖（渡）》：「中村崗。南七十里，谷河。」《順治潁州志·輿地·渡》：「中村崗渡。南七十里，谷河。」

④《成化中都志·橋梁津渡·潁州》：「朱皐渡。在州南一百二十里，汝水入淮處。」《正德潁州志·關梁（渡）》：「朱皐渡。在州南一百二十里蒙、汝入淮處，渡通固始。」呂景蒙《嘉靖潁州志·輿地下·關廂鄉圖（渡）》：「朱皐。南一百二十里，汝河。」《順治潁州志·輿地·渡》：「朱皐渡。南一百二十里，汝河。」

⑤《正德潁州志·關梁（渡）》：「留陵渡。在州東留陵驛後潁河，渡通東鄉。」呂景蒙《嘉靖潁州志·輿地下·關廂鄉圖（渡）》：「留陵。州東，潁河。」《順治潁州志·輿地·渡》：「留陵渡。州東，潁河。」

⑥此條當有誤。《正德潁州志·關梁（渡）》：「靳家渡。在州北一百二十里，淝河，渡通蒙、亳。」呂景蒙《嘉靖潁州志·輿地下·關廂鄉圖（渡）》：「靳家。北一百二十里，淝河。」《順治潁州志·輿地·渡》：「靳家渡。北一百二十里，淝河。」

⑦《正德潁州志·關梁（渡）》：「岳廟渡。在州北一百二十里，淝河，渡通張村鋪並亳縣。」呂景蒙《嘉靖潁州志·輿地下·關廂鄉圖（渡）》：「岳廟。北一百二十里，淝河。」《順治潁州志·輿地·渡》：「岳廟渡，北一百二十里，淝河。」

⑧《正德潁州志·關梁（渡）》：「裴家渡。在州西九十里，潁河，渡通南北行旅。」呂景蒙《嘉靖潁州志·輿地下·關廂鄉圖（渡）》：「裴家。西九十里，潁河。」《順治潁州志·輿地·渡》：「裴家渡。西九十里，潁河。」

⑨《正德潁州志·關梁（渡）》：「張老人渡。在州西六十五里，渡通南北通衢。太和粮稅從此上船。」呂景蒙《嘉靖潁州志·輿地下·關廂鄉圖（渡）》：「張老人。西六十五里，潁河。」《順治潁州志·輿地·渡》：「張老人渡。西六十五里，潁河。」

⑩《正德潁州志·關梁（渡）》：「黃連渡。在州西九十里，潁河。宋劉錡募敢死士毒上流，以困兀朮在此。」呂景蒙《嘉靖潁州志·輿地下·關廂鄉圖（渡）》：「黃連。西九十里，潁河。宋劉琦募敢死士毒上流，以困兀朮在此。」《順治潁州志·輿地·渡》：「黃連渡。西九十里，潁河。宋劉琦募敢死士毒上流，以困兀朮在此。」

⑪《南畿志·鳳陽府·潁上（城社）》：「渡四：通濟、正陽、八里垛、廟臺。」呂景蒙《嘉靖潁州志·輿地下·關廂鄉圖（渡）》：「關洲。（潁上）西南四十五里。」《順治潁上縣志·輿圖·溝洫（渡）》：「關洲渡。在縣西南四十五里。」

⑫《成化中都志·橋梁津渡·潁上縣》：「廟臺渡。在縣南二十五里淮潤鄉。」呂景蒙《嘉靖潁州志·輿地下·關廂鄉圖（渡）》：「廟臺。（潁上）南二十五里。」《順治潁上縣志·輿圖·溝洫（渡）》：「廟臺渡。在縣南二十五里。」

⑬《成化中都志·橋梁津渡·潁上縣》：「正陽渡。在縣東南八十里。」呂景蒙《嘉靖潁州志·輿地下·關廂鄉圖（渡）》：「正陽。（潁上）東南七十里。」《順治潁上縣志·輿圖·溝洫（渡）》：「正陽渡。在縣東南七十里。」

⑭呂景蒙《嘉靖潁州志·輿地下·關廂鄉圖（渡）》：「江口。江子水出，設舟以便往來。」《順治潁上縣志·輿圖·溝洫（渡）》：「江口渡。江子水出，設渡以便往來。」

許家渡。在潁上縣北二十里。①

吳家渡。在潁上縣北十里。②

嚴家渡。在潁上縣北一里。③

朱家渡。在潁上縣南三里。④

楊家渡。在潁上縣東南二十五里。⑤

八里渡。在潁上縣東南五十里。⑥

李宜春曰：《春秋》凡興作必書，重民力也。至川不梁，館不垣，又屢屢譏焉，無亦廢先王之教邪？嗚乎！

爲有司至廢先王之教，顧諉之曰：「吾重民力，吾重民力。」然歟？然乎？

①呂景蒙《嘉靖潁州志·輿地下·關廂鄉圖（渡）》：「許家。（潁上）北十二里。」《順治潁上縣志·輿圖·溝洫（渡）》：「許家渡。在縣北二十里。」
②呂景蒙《嘉靖潁州志·輿地下·關廂鄉圖（渡）》：「吳家。（潁上）北七里。」《順治潁上縣志·輿圖·溝洫（渡）》：「吳家渡。在縣北七里。」
③呂景蒙《嘉靖潁州志·輿地下·關廂鄉圖（渡）》：「嚴家。（潁上）北一里。」《順治潁上縣志·輿圖·溝洫（渡）》：「嚴家渡。在縣北一里。」
④呂景蒙《嘉靖潁州志·輿地下·關廂鄉圖（渡）》：「朱家。（潁上）南三里。」《順治潁上縣志·輿圖·溝洫（渡）》：「朱家渡。在縣南十五里。」
⑤「二十五」三字，疑當作「五」，從呂景蒙《嘉靖潁州志》而誤。呂景蒙《嘉靖潁州志·輿地下·關廂鄉圖（渡）》：「楊家。（潁上）東南二十五里。」《順治潁上縣志·輿圖·溝洫（渡）》：「楊家渡。在縣東南五里。」《同治潁上縣志·建置·津梁》：「楊家渡。縣東五里。」
⑥呂景蒙《嘉靖潁州志·輿地下·關廂鄉圖（渡）》：「八里。（潁上）東南五十里。」

# 賦產

《禹貢》以三壤成賦，而稅畆者譏；《周禮》以九式節財，而敗類者刺。作《賦產》，敘養成、群生、節宣、地利，而溝洫附焉。

## 田賦

《禹貢》

豫州之域。厥土惟壤，下土墳壚。厥田惟中上，厥賦錯上中。厥貢漆、枲、絺、紵，厥篚纖纊，錫貢磬錯。①

周

其利林、漆、絲、枲。②

唐

貢絁、綿、糟、白魚。③

宋

募民耕陂塘、荒地凡千五百頃。貢紬、絁、綿。④

---

①《尚書·禹貢》：「荆、河惟豫州。伊、洛、瀍、澗既入於河，滎波既豬，導菏澤，被孟豬。厥土惟壤，下土墳壚。厥田惟中上，厥賦錯上中。厥貢漆、枲、絺、紵，厥篚纖纊，錫貢磬錯。浮於洛，達於河。」呂景蒙《嘉靖潁州志·食貨·夏》：「豫州厥田惟中上，厥賦錯上中。厥貢漆、枲、絺、紵，厥篚纖纊，錫貢磬錯。」

②《周禮·職方氏》：「河南曰豫州，其山鎮曰華山，其澤藪曰圃田，其川滎雒，其浸波溠，其利林漆絲枲……」呂景蒙《嘉靖潁州志·食貨·周》：「河南曰豫州，其利林、漆、絲、枲。」

③《新唐書·地理志》：「潁州汝陰郡，上。本信州，武德四年置，六年更名。土貢：絁、綿、糟、白魚。」呂景蒙《嘉靖潁州志·食貨·唐》：「信州，武德四年（621）置，六年（623）更汝陰郡，戶三萬七百七十，口二十萬二千八百九十。貢絁、綿、糟、白魚。」

④《宋史·地理志·京西路》：「順昌府，上，汝陰郡，舊防禦，後爲團練。開寶六年（973），復爲防禦。元豐二年，陞順昌軍節度。舊潁州，政和六年（1116），改爲府……貢紬、絁、綿。」呂景蒙《嘉靖潁州志·食貨·宋》：「潁州後陞順昌府，戶七萬八千一百七十四，口一十六萬六百二十八。募民耕潁州陂塘荒地凡千五百頃，貢紬、絁、綿。」

## 明

潁州官民田地二千七百四頃八十八畝七分六釐一毫。①

嘉靖元年（1522），開墾地六頃六十二畝五分。

二十一年（1542），實在二千七百一十一頃五十一畝二分六釐一毫。

夏稅。小麥五千三百九十六石八斗一升五合八勺。②

秋糧。四千三百八十石五斗八升一合一勺。③

馬草。九千二百五十二包三斤八兩。④

桑絲。折絹六十疋二丈六尺九寸一分。⑤

歲辦。帶毛硝熟貉皮一十五張，退毛硝熟羊皮五十二張，退毛硝熟獐皮一十五張，退毛硝熟牛犢皮一張，黃草根四十六斤，胖襖、褲、鞋十四副。⑥

### 潁上縣

洪武二十四年（1391），官民田地五百六十六頃八十八畝九分二釐三毫。⑦

正德七年（1512），開墾地一百九十七頃一畝六分三毫。⑧

嘉靖元年（1522），開墾三頃六畝九分六毫。⑨

二十一年（1542），實在七百六十六頃九十七畝四分三釐二毫。

夏稅。小麥一千八百八十石六斗一升一合七勺。⑩

秋糧。一千二百三十九石六斗一升二合七勺。⑪

馬草。二千四百包有奇。⑫

---

①呂景蒙《嘉靖潁州志·食貨·課（州）》：「（今皇帝嘉靖朝壬午）田地：二千八百五十三頃九十五畝。」

②呂景蒙《嘉靖潁州志·食貨·賦（州）》：「（嘉靖元年）夏稅：小麥五千七百二十石八斗三升八合一勺。」

③呂景蒙《嘉靖潁州志·食貨·賦（州）》：「（嘉靖元年）秋糧：糙粳米三百一十二石一斗七升三合九勺，粟米四千二百一十一石二升一合四勺。」

④呂景蒙《嘉靖潁州志·食貨·賦（州）》：「（嘉靖元年）馬草：九千二百五十二包三斤八兩。」

⑤呂景蒙《嘉靖潁州志·食貨·貢（州）》：「（嘉靖元年）絲：折絹六十疋零二丈六尺九寸一分餘。」

⑥呂景蒙《嘉靖潁州志·食貨·貢（州）》：「（天順六年）帶毛硝熟貉皮一十五張，退毛硝熟羊皮五十二張，退毛硝熟獐皮一十五張，退毛硝熟牛犢皮一張，黄草根四十六斤，胖襖、褲、鞋一十四副。」

⑦呂景蒙《嘉靖潁州志·食貨·課（潁上）》：「（高皇帝朝辛未）田地：五百六十六頃八十八畝。」

⑧呂景蒙《嘉靖潁州志·食貨·課（潁上）》：「（毅皇帝朝壬申）田地：二千八百五十三頃九十五畝。」

⑨呂景蒙《嘉靖潁州志·食貨·課（潁上）》：「（今皇帝朝壬午）田地，如前。」

⑩呂景蒙《嘉靖潁州志·食貨·賦（潁上）》：「（嘉靖元年）夏稅：小麥一千八百八十石五斗一升二合三勺。」

⑪呂景蒙《嘉靖潁州志·食貨·賦（潁上）》：「（嘉靖元年）秋糧：粳米一千二百三十九石六斗一升七合。」

⑫呂景蒙《嘉靖潁州志·食貨·賦（潁上）》：「（嘉靖元年）馬草：二千四百包有奇。」

桑絲。折絹一十四疋一丈八寸七分五釐。①

歲辦。硝熟羊皮三十張，帶毛貉子皮一十七張，紅綠胖襖、褲、鞋九副，黄蠟二百八十一斤，牛觔三百斤。②

## 太和縣

嘉靖元年（1522），官民田地一千一百六十四頃四十五畝二分。③

二十一年（1542），實在二千二百一十頃三十六畝三釐。

夏稅。小麥二千三百九十八石五斗二升一合二勺五抄［秒］。④

秋糧。粟米二千四百三石三斗一升六合二勺。⑤

馬草。四千四百七十二包四斤七兩二錢。⑥

桑絲。折絹三十一疋二丈四尺九寸。⑦

歲辦。帶毛硝熟貉皮一十二張，退毛硝熟羊皮二十二張，山羊皮一十二張，獐皮六張，牛犢皮四張，黄草根一十七斤。⑧

李宜春曰：潁之田，其弊弊乎？《近志》所載，惟起自正德壬申（1512），若黄册，則併壬申莫之存矣，惡覩其洪武、永樂間哉？蓋田非常稔，而治荒者率多貪天，册無實報，而連陌者僅稱數畝，是以告訐易興，而圖籍易以滅也。故棄業始循其券，而後以餘田爭；強軍欺見其隱，而後以屯田爭。嗚呼！潁之人咸盡報責焉，則誰其田之地廣，大荒而不治，又將誰之尤哉？

①呂景蒙《嘉靖潁州志·食貨·貢（潁上）》：「（嘉靖元年）絲：一十七斤一十五兩二錢五分，折絹十四疋零一丈八寸七分五釐。」

②呂景蒙《嘉靖潁州志·食貨·貢（潁上）》：「（天順六年）硝熟羊皮三十張，帶毛貉皮一十七張，紅綠胖襖、褲、鞋九副，黃蠟二百八十一斤，牛觔三百斤。」

③呂景蒙《嘉靖潁州志·食貨·課（太和）》：「（今皇帝朝壬午）田地：一千一百六十四頃四十五畝二分。」《萬曆太和縣志·食貨·土田》：「官民田地共壹千貳百壹拾頃三拾陸畝三釐，官田地一頃肆拾壹畝柒分三釐，民田地壹千貳百捌頃玖拾肆畝三分。」

④呂景蒙《嘉靖潁州志·食貨·賦（太和）》：「（嘉靖元年）夏稅：小麥二千三百九十八石五斗二升一合。」《萬曆太和縣志·食貨·土田》：「夏稅：小麥貳千三百玖拾捌石伍斗貳升捌勺。」

⑤呂景蒙《嘉靖潁州志·食貨·賦（太和）》：「（嘉靖元年）秋糧：粟米二千四百三石三斗一升六合二勺。」《萬曆太和縣志·食貨·土田》：「秋糧：粟米貳千肆百三石三斗壹升陸合貳勺。」

⑥呂景蒙《嘉靖潁州志·食貨·賦（太和）》：「（嘉靖元年）馬草：四千四百七十二包四斤七兩二錢。」《萬曆太和縣志·食貨·土田》：「隨糧馬草：肆千肆百柒拾貳包肆斤柒兩貳錢。」

⑦呂景蒙《嘉靖潁州志·食貨·貢（太和）》：「（天順六年）絲：三十九斤一十二兩六錢，折絹三十一疋零二丈四尺九寸。」《萬曆太和縣志·食貨·土田》：「農桑絲：三拾玖斤壹拾貳兩陸錢，折絹三拾壹疋貳丈肆尺玖寸。」

⑧呂景蒙《嘉靖潁州志·食貨·貢（太和）》：「（天順六年）帶毛硝熟貉皮一十二張，退毛硝熟羊皮二十二張，山羊皮一十二張，獐皮六張，牛犢皮四張，黃草根一十七斤。」

## 編戶

### 晉

戶八千五百。①

### 南宋

戶二千七百四十九，口一萬四千三百三十五。②

### 隋

戶六萬五千九百二十六。③

## 賦產

唐

戶三萬七百七十，口二十萬二千八百九十。④

宋

戶七萬八千一百七十四，口一十六萬六百二十八。⑤

①《晉書·地理志·豫州》：「汝陰郡。魏置郡，後廢，泰始二年復置。統縣八，戶八千五百。」呂景蒙《嘉靖潁州志·食貨·晉》：「汝陰郡。戶八千五百。」

②《宋書·州郡志·豫州》：「汝陰太守，晉武帝分汝南立，成帝咸康二年，省併新蔡，後復立。領縣四。戶二千七百四十九，口一萬四千三百三十五。」呂景蒙《嘉靖潁州志·食貨·南宋》：「西汝陰郡。戶二千七百四十九，口一萬四千三百三十五。」

③《隋書·地理志·汝陰郡》：「汝陰郡（舊置潁州）。統縣五，戶六萬五千九百二十六。」呂景蒙《嘉靖潁州志·食貨·隋》：「汝陰郡。戶六萬五千九百二十六。」

④《新唐書·地理志·河南道》：「潁州汝陰郡……戶三萬七百七，口二十萬二千八百九十。」呂景蒙《嘉靖潁州志·食貨·唐》：「信州。武德四年置，六年更汝陰郡，戶三萬七百七十，口二十萬二千八百九十。」

⑤《宋史·地理志·京西路》：「順昌府……崇寧戶七萬八千一百七十四，口一十六萬六百二十八。」呂景蒙《嘉靖潁州志·食貨·宋》：「潁州後陞順昌府，戶七萬八千一百七十四，口一十六萬六百二十八。」

## 明

潁州。嘉靖二十一年（1542），戶九千七百五十二，口一十三萬八千二百五十五。

視十一年（1532），戶增二百有二，口增三萬九千一百七十二。①

視元年（1522），口增二萬四千五百三十四。②

視正德壬申（1512），戶增八百五十二，口增七萬二千七十一。③

視成化壬辰（1472），戶增三千五百七十。④

視天順壬午（1462），戶增五千一百一十四。⑤

視景泰壬申（1452），戶增六千八百五十二。⑥

視正統壬戌（1442），戶增七千七百三十四。⑦

視宣德壬子（1432），戶增八千七十二。⑧

視永樂癸未（1403），戶增八千二百有二。⑨

視洪武辛酉（1381），戶增八千五十二。⑩

治凡八十里。洪武初，一十四里。

正統壬戌（1442），增三里。
景泰壬申（1452），增八里。
天順壬午（1462），增十五里。
成化壬辰（1472），增十九里。
壬寅（1482），增十六里。
弘治壬戌（1502），增一里。
嘉靖元年（1522），增四里。

---

①呂景蒙《嘉靖潁州志·食貨·明（州）》：「（今上皇帝朝壬辰）戶九千五百五十，口九萬九千七十八。」
②呂景蒙《嘉靖潁州志·食貨·明（州）》：「（今上皇帝朝壬午）戶九千七百五十二，口一十一萬三千七百一十六。」
③呂景蒙《嘉靖潁州志·食貨·明（州）》：「（毅皇帝壬申）戶八千九百，口六萬六千一百七十九。」
④《成化中都志·戶口·潁州》：「戶二千四百三十六，口一萬七千五百二十一。」呂景蒙《嘉靖潁州志·食貨·明（州）》：「（純皇帝朝壬辰）戶六千一百八十二，口闕。」
⑤呂景蒙《嘉靖潁州志·食貨·明（州）》：「（睿皇帝朝天順壬午）戶四千六百三十八，口闕。」
⑥呂景蒙《嘉靖潁州志·食貨·明（州）》：「（景皇帝朝壬申）戶二千九百，口闕。」
⑦呂景蒙《嘉靖潁州志·食貨·明（州）》：「（睿皇帝朝壬戌）戶二千一十八，口闕。」
⑧呂景蒙《嘉靖潁州志·食貨·明（州）》：「（章皇帝朝壬子）戶一千六百八十，口闕。」
⑨呂景蒙《嘉靖潁州志·食貨·明（州）》：「（文皇帝朝癸未）戶一千五百五十，口闕。」
⑩呂景蒙《嘉靖潁州志·食貨·明（州）》：「（高皇帝朝辛酉）戶一千七百，口闕。」

閘廂四里，東鄉十里，西鄉十五里，南鄉十六里，北鄉十二里，沈丘十三里，河北六里，新增四里。

鹽鈔。一十五萬八千五十二貫。①

商稅課鈔。五千二十三錠三貫九百文。②

門攤課鈔。一百六十八錠一百二十文。③

草場租銀。二十三兩三錢六分。④

## 潁上縣

嘉靖二十一年（1542），戶二千八百有八，口一萬八千三百四十一。

視正德壬申（1512），戶增一百九十五，口增二千七百三十九。⑤

視成化壬寅（1482），戶增八百二十三，口增三千六百三十八。⑥

視景泰壬申（1452），戶增一千一百一十五，口增四千九百四十四。⑦

視永樂癸未（1403），戶增一千二百八十五，口增一萬三千二百一十七。⑧

視洪武辛酉（1381），戶增一千九百二十七，口增一萬三千三十。⑨

治凡一十九里。洪武初，六里。

永樂癸未（1403），增七里。

景泰壬申（1452），增四里。

成化壬寅（1482），增二里。

關廂二里，潁陽鄉四里，淮潤鄉四里，甘羅鄉五里，正陽鄉四里。

酒課鈔。一百二十二錠三貫二百文。⑩

醋課鈔。二錠四貫五百六十文。⑪

---

①呂景蒙《嘉靖潁州志·食貨·課（州）》：「（嘉靖元年）食鹽鈔一十五萬八千五十二貫。」

②呂景蒙《嘉靖潁州志·食貨·課（州）》：「（嘉靖元年）商稅課鈔五千二十三錠三貫九百文。」

③呂景蒙《嘉靖潁州志·食貨·課（州）》：「（嘉靖元年）門攤課鈔一百六十八錠一百二十文。」

④呂景蒙《嘉靖潁州志·食貨·課（州）》：「（嘉靖元年）草塲租銀二十三兩三錢六分。」

⑤呂景蒙《嘉靖潁州志·食貨·明（潁上）》：「（毅皇帝朝壬申）戶二千六百一十三，口一萬五千六百二。」

⑥《成化中都志·戶口·潁上縣》：「戶八百八十一，口五千三百七十。」呂景蒙《嘉靖潁州志·食貨·明（潁上）》：「（純皇帝朝壬寅）戶一千九百八十五，口一萬四千七百。」

⑦呂景蒙《嘉靖潁州志·食貨·明（潁上）》：「（景皇帝朝壬申）戶一千六百九十三，口一萬三千九十七。」

⑧呂景蒙《嘉靖潁州志·食貨·明（潁上）》：「（文皇帝朝癸未）戶闕，口闕。」

⑨呂景蒙《嘉靖潁州志·食貨·明（潁上）》：「（高皇帝朝辛酉）戶八百八十一，口五千三百七十一。」

⑩呂景蒙《嘉靖潁州志·食貨·課（潁上）》：「（嘉靖元年）酒課鈔一百二十三錠三貫二百文。」

⑪呂景蒙《嘉靖潁州志·食貨·課（潁上）》：「（嘉靖元年）醋課鈔二錠四貫五百六十文。」

油課鈔。七錠一貫九百六十文。①

船課鈔。一百二十一錠三貫二百四十文。②

房屋賃鈔。四十二錠九百九十文。③

沒官果價鈔。三錠一貫一百八十文。④

基地租鈔。八百五十文。⑤

守禦千戶所船課鈔。六錠二貫六文。⑥

稅課局商稅鈔。九百九十一錠一貫四百四十文。⑦

## 太和縣

嘉靖二十一年（1542），戶四千五百有九，口五萬六千九百九十五。

視十一年（1532），口增六千四百六十一。⑧

治凡三十五里。城廂四里，南原和鄉四里，北和［原］和鄉四里，大義鄉四里，萬壽鄉四里，添保鄉四里，太平鄉六里，順化鄉五里。⑨

課程鈔。六百五十四錠六百六十文。⑩

李宜春曰：戶口增，奚如有備何？里役繁，奚如匪賦之日廣何？雖流附間有，至成化，一再增三十四，視國初不已極乎？蓋由猾於隱蔽者，利於僞增；巧於催徵者，爭爲雄長；甚而分析舊里，取足淄黄。如宋同知相者，奚啻王成然哉？潁至今切齒，可爲規利害民者之戒。

---

①呂景蒙《嘉靖潁州志·食貨·課（潁上）》：「（嘉靖元年）油課鈔七錠一貫九百六十文。」

②呂景蒙《嘉靖潁州志·食貨·課（潁上）》：「（嘉靖元年）船課鈔一百二十一錠三貫二百四十文。」

③呂景蒙《嘉靖潁州志·食貨·課（潁上）》：「（嘉靖元年）房屋賃鈔四十二錠九百九十文。」

④呂景蒙《嘉靖潁州志·食貨·課（潁上）》：「（嘉靖元年）沒官果價鈔三錠一貫一百八十文。」

⑤呂景蒙《嘉靖潁州志·食貨·課（潁上）》：「（嘉靖元年）地基租鈔八百五十文。」

⑥呂景蒙《嘉靖潁州志·食貨·課（潁上）》：「（嘉靖元年）守禦千戶所船課鈔六錠二貫六文。」

⑦呂景蒙《嘉靖潁州志·食貨·課（潁上）》：「（嘉靖元年）稅課局商稅鈔九百九十一錠一貫四百四十文。」

⑧《成化中都志·戶口·太和縣》：「戶七百一十一，口五千二百九十九。」呂景蒙《嘉靖潁州志·食貨·明（太和）》：「（今上皇帝嘉靖朝壬辰）並闕。」《萬曆太和縣志·食貨·戶口》：「洪武初年，戶貳百壹拾壹，口伍千貳百玖拾玖。嘉靖年間，戶肆千貳百伍拾柒……口伍萬肆千柒百捌拾貳……」

⑨《萬曆太和縣志·建置·鄉圖》：「在城。凡四圖，正統年間新增。南原和。凡四圖，玄牆集西東，皆其所分之堡。北原和。凡四圖，倪坧集、茨河之濱，皆其所分之堡。大義。凡四圖，界溝集、光武廟，皆其所分之堡。萬壽。凡四圖，磚橋集、黄河左右，皆其所分之堡。天保。凡四圖，望城鋪、郭城坡，皆其所分之堡。太平。凡四圖。順化。凡五圖。此二鄉，弘治年間新增。」

⑩呂景蒙《嘉靖潁州志·食貨·課（太和）》：「（嘉靖元年）課程鈔六百五十四錠六百六十文。」

## 徭役

### 州

銀差歲三千四百八兩六錢四釐五毫八系五忽。①

本府推官祇候二名。每名連閏銀一十三兩。

留守司斷事祇候三名。每名連閏銀一十三兩。②

太監府祇候一名。連閏銀一十三兩。

州祇候一十二名。每名連閏銀一十三兩。

管馬通判馬夫一十名。每名銀四兩。

經歷馬夫一十名。每名銀四兩。③

州馬夫四十名。每名銀四兩。④

府學齋夫一十名。每名連閏銀一十三兩。⑤

州學齋夫八名。每名連閏銀一十三兩。⑥

膳夫一十二名。每名連閏銀一十兩八錢三分三釐。⑦

鳳陽縣學膳夫二名。每名連閏銀一十兩八錢三分三釐。⑧

濠梁驛舘夫七名。每名連閏銀一十兩八錢三分三釐。⑨

又力差舘夫二名。每名連閏折銀三十二兩五錢。

池河驛力差舘夫四名。每名連閏折銀三十二兩五錢。⑩

大店驛力差舘夫四名。每名連閏折銀三十二兩五錢。⑪

①呂景蒙《嘉靖潁州志·食貨·庸調（州）》：「銀差歲九百五十有二兩五錢。」

②呂景蒙《嘉靖潁州志·食貨·庸調（州）》：「留守司斷事三人，人銀十有二兩，遇閏各增一兩。」

③呂景蒙《嘉靖潁州志·食貨·庸調（州）》：「府經歷司馬夫十人，州四十人，人銀四兩。」

④見前註。

⑤呂景蒙《嘉靖潁州志·食貨·庸調（州）》：「府學齋夫十人，州學八人，人銀十有二兩。」

⑥見前註。

⑦呂景蒙《嘉靖潁州志·食貨·庸調（州）》：「州學膳夫十人，人銀八兩。」

⑧呂景蒙《嘉靖潁州志·食貨·庸調（州）》：「鳳陽縣學一人，銀十兩。」

⑨呂景蒙《嘉靖潁州志·食貨·庸調（州）》：「濠梁驛舘夫六人，人銀十兩。」

⑩呂景蒙《嘉靖潁州志·食貨·庸調（州）》：「池河驛舘夫三人……大店驛舘夫三人，人銀十兩。」

⑪見前註。

潁川驛力差舘夫四名。每名連閏折銀三十二兩五錢。
漕河夫一十六名。每名銀八兩。
椿草銀。一兩八錢。
富戶銀。叁兩。已上係均徭。
先師廟二祭。每祭銀一十八兩。①
山川壇二祭。每祭銀四兩五錢。②
社稷壇二祭。每祭銀二兩五錢。③
厲壇三祭。每祭銀三兩三錢三分。④
鄉飲二次。每次銀七兩五錢。⑤
進表長路夫。銀一十六兩。⑥
府學歲貢盤纏。銀一十二兩五錢。⑦
州學歲貢盤纏。銀五十兩。⑧
軍器。銀一百八十兩。
胖襖。銀二十一兩六錢。

戶口食鹽。連閏銀五百三十一兩二錢七釐五毫八系五忽。

孤貧布花。銀一十二兩。⑨

聽派京料。銀九百六十兩。已上係里甲。

力差歲一百五十六名，共折銀八百八十六兩。

察院門子一名。銀三兩。⑩

兵備道門子四名。每名銀六兩。⑪

---

①呂景蒙《嘉靖潁州志·食貨·庸調（州）》：「先師廟祭二，每祭銀十有八兩。」

②呂景蒙《嘉靖潁州志·食貨·庸調（州）》：「山川壇祭二，每祭銀四兩五錢。」

③呂景蒙《嘉靖潁州志·食貨·庸調（州）》：「社稷壇祭二，每祭銀二兩五錢。」

④呂景蒙《嘉靖潁州志·食貨·庸調（州）》：「厲壇祭三，每祭銀四兩五錢。」

⑤呂景蒙《嘉靖潁州志·食貨·庸調（州）》：「鄉飲二，每飲銀七兩五錢。」

⑥呂景蒙《嘉靖潁州志·食貨·庸調（州）》：「府進表長路夫，銀十有二兩。」

⑦呂景蒙《嘉靖潁州志·食貨·庸調（州）》：「府學歲貢銀，每歲十兩。」

⑧呂景蒙《嘉靖潁州志·食貨·庸調（州）》：「州學歲貢銀，每貢三十兩。」

⑨呂景蒙《嘉靖潁州志·食貨·庸調（州）》：「存恤布花，銀十有二兩。」

⑩呂景蒙《嘉靖潁州志·食貨·庸調（州）》：「察院門子二人，人銀三兩。」

⑪呂景蒙《嘉靖潁州志·食貨·庸調（州）》：「兵備道四人，人銀六兩。」

快手二十名。每名銀八兩。①
府堂庫子二名。每名銀一十兩。②
皂隸四名。每名銀八兩。③
通判門子一名。銀八兩。④
管糧通判皂隸一名。銀八兩。
管馬通判皂隸一名。銀八兩。
勸農通判皂隸四名。每名銀八兩。
推官門子一名。銀八兩。⑤
州庫子二名。每名銀八兩。⑥
門子二名。每名銀六兩。⑦
皂隸一十二名。每名銀八兩。⑧
禁子七名。每名銀八兩。⑨
巡欄［攔］二名。每名銀貳兩。
州學庫子二名。每名銀八兩。⑩

斗級一名。銀八兩。⑪

門子四名。每名銀八兩。⑫

廟夫一名。銀八兩。⑬

府舘門子一名。銀二兩。⑭

廣積倉斗級二名。每名銀四兩。⑮

①吕景蒙《嘉靖潁州志·食貨·庸調（州）》：「快手二十人，人銀八兩。」

②吕景蒙《嘉靖潁州志·食貨·庸調（州）》：「本府庫子二人，人銀十有二兩。」

③吕景蒙《嘉靖潁州志·食貨·庸調（州）》：「門子二人，皂隸五人，人銀十兩。」

④見前註。

⑤見前註。

⑥吕景蒙《嘉靖潁州志·食貨·庸調（州）》：「本州庫子二人，人銀八兩。」

⑦吕景蒙《嘉靖潁州志·食貨·庸調（州）》：「門子三人，人銀六兩。」

⑧吕景蒙《嘉靖潁州志·食貨·庸調（州）》：「皂隸十有二人，禁子七人，人銀八兩。」

⑨見前註。

⑩吕景蒙《嘉靖潁州志·食貨·庸調（州）》：「儒學庫子二人，門子四人，斗級一人，廟夫二人，人銀十兩。」

⑪見前註。

⑫見前註。

⑬見前註。

⑭吕景蒙《嘉靖潁州志·食貨·庸調（州）》：「公舘門子一人，銀三兩。」

⑮吕景蒙《嘉靖潁州志·食貨·庸調（州）》：「廣積倉斗級六人，預備倉二人，人銀八兩。」

預備倉斗級二名。每名銀四兩。①

沈丘巡檢司弓兵一十八名。每名銀四兩。②

鋪司兵六十一名。總鋪司銀五兩，其餘司兵銀四兩。③

## 潁上縣

銀差歲三百八十有五兩。④

縣祗候五名。每名連閏銀一十三兩。

馬夫二十名。每名銀四兩。⑤

府學膳夫一名。連閏銀一十兩八錢三分三釐。⑥

縣學膳夫六名。每名連閏銀一十兩八錢三分三釐。⑦

齋夫四名。每名連閏銀一十三兩。⑧

歲貢盤纏。銀二十五兩。⑨

先師廟二祭。每祭銀一十八兩。⑩

山川壇二祭。每祭銀四兩五錢。⑪

社稷壇二祭。每祭銀二兩五錢。⑫

厲壇三祭。每祭銀三兩三錢三分。⑬

鄉飲二次。每次銀五兩。⑭

存恤布花。銀五兩。⑮

---

①見前註。
②呂景蒙《嘉靖潁州志·食貨·庸調（州）》：「沈丘鎮巡檢司弓兵二十人，人銀六兩。」
③呂景蒙《嘉靖潁州志·食貨·庸調（州）》：「各鋪司兵六十有七人，總一人銀五兩，餘俱四兩。」
④呂景蒙《嘉靖潁州志·食貨·庸調（潁上）》：「銀差歲三百八十有五兩五錢。」
⑤呂景蒙《嘉靖潁州志·食貨·庸調（潁上）》：「馬夫二十人，人銀四兩。」
⑥呂景蒙《嘉靖潁州志·食貨·庸調（潁上）》：「府學膳夫一人，縣學六人，人銀十兩。」
⑦見前註。
⑧呂景蒙《嘉靖潁州志·食貨·庸調（潁上）》：「儒學齋夫四人，人銀十有二兩。」
⑨呂景蒙《嘉靖潁州志·食貨·庸調（潁上）》：「本學歲貢銀，每貢二十有五兩。」
⑩呂景蒙《嘉靖潁州志·食貨·庸調（潁上）》：「先師廟祭二，山川壇祭二，社稷壇祭二，厲壇祭三，每祭銀如州。」
⑪見前註。
⑫見前註。
⑬見前註。
⑭呂景蒙《嘉靖潁州志·食貨·庸調（潁上）》：「鄉飲二，每飲銀五兩。」
⑮呂景蒙《嘉靖潁州志·食貨·庸調（潁上）》：「存恤布花，銀五兩。」

泗州橋夫。銀二十四兩。①

力差歲九十有八名，共拆［折］銀五百六十一兩。②

察院門子二名。每名銀四兩。③

府舘門子一名。每名銀四兩。④

縣門子二名。每名銀四兩。⑤

縣庫子一名。每名銀六兩。⑥

皂隸十名。每名銀六兩。⑦

禁子四名。每名銀十兩。⑧

學庫子一名。銀十兩。⑨

門子三名。每名銀一十兩。⑩

斗級一名。銀一十兩。⑪

廟夫二名。每名銀一十兩。⑫

啟聖祠夫一名。銀一十兩。⑬

山川壇門子一名。銀一兩。⑭

社稷壇門子一名。銀一兩。⑮

厲壇門子一名。銀一兩。⑯

倉斗級四名。每名銀六兩。⑰

①呂景蒙《嘉靖潁州志·食貨·庸調（潁上）》：「泗州橋夫，銀二十有四兩。」
②呂景蒙《嘉靖潁州志·食貨·庸調（潁上）》：「力差歲一百六十有七人，顧役銀一千二百五十有一兩。」
③呂景蒙《嘉靖潁州志·食貨·庸調（潁上）》：「察院門子二人，府舘一人，縣二人，人銀四兩。」
④見前註。
⑤見前註。
⑥呂景蒙《嘉靖潁州志·食貨·庸調（潁上）》：「本縣庫子一人，皂隸十人，人銀六兩。」
⑦見前註。
⑧呂景蒙《嘉靖潁州志·食貨·庸調（潁上）》：「禁子四人，儒學庫子一人，門子三人，斗級一人，廟夫二人，啟聖祠夫一人，人銀十兩。」
⑨見前註。
⑩見前註。
⑪見前註。
⑫見前註。
⑬見前註。
⑭呂景蒙《嘉靖潁州志·食貨·庸調（潁上）》：「山川壇門子一人，社稷壇一人，厲壇一人，人銀一兩。」
⑮見前註。
⑯見前註。
⑰呂景蒙《嘉靖潁州志·食貨·庸調（潁上）》：「縣倉斗級四人，預備倉二人，人銀六兩。」

預備倉斗級二名。每名銀六兩。①
巡欄［攔］二名。每名銀三兩。②
鋪司兵五十六名。每名銀五兩。③
濠梁驛舘夫二名。每名銀一十兩。④
睢陽驛舘夫一名。銀一十兩。⑤

## 太和縣

銀差歲一千七百有三兩七錢三分五釐七系六忽二微。⑥
本府勸農通判祇候四名。每名連閏銀一十三兩。⑦
留守司司獄祇候一名。連閏銀一十三兩。⑧
縣祇候五名。每名連閏銀一十三兩。⑨
管糧通判馬夫十名。每名銀四兩。⑩
照磨馬夫十名。每名銀四兩。⑪
縣馬夫二十名。每名銀四兩。⑫

縣學齋夫六名。每名連閏銀一十三兩。⑬

府學膳夫三名。每名連閏銀十兩八錢三分三釐。⑭

---

①見前註。

②呂景蒙《嘉靖潁州志・食貨・庸調（潁上）》：「巡攔二人，人銀三兩。」

③呂景蒙《嘉靖潁州志・食貨・庸調（潁上）》：「各鋪司兵五十有六人，人銀五兩。」

④呂景蒙《嘉靖潁州志・食貨・庸調（潁上）》：「濠梁驛舘夫二人，睢陽驛一人，人銀十兩。」

⑤見前註。

⑥呂景蒙《嘉靖潁州志・食貨・庸調（太和）》：「銀差歲四百九十有二兩五錢。」

⑦《萬曆太和縣志・食貨・均徭》：「本府添設捕盜通判祇候肆名，該銀肆拾捌兩。每年帶徵閏月銀壹兩三錢三分三釐，共銀肆拾玖兩三錢三分三釐。」

⑧《萬曆太和縣志・食貨・均徭》：「留守司司獄祇候壹名，該銀壹拾貳兩。每年帶徵閏月銀三錢三分三釐。」

⑨《萬曆太和縣志・食貨・均徭》：「本縣祇候肆名，每名銀壹拾貳兩，共銀肆拾捌兩。每年帶徵閏月銀壹兩陸錢。」

⑩呂景蒙《嘉靖潁州志・食貨・庸調（太和）》：「本府通判馬夫十人，照磨十人，縣二十人，人銀四兩。」《萬曆太和縣志・食貨・均徭》：「本府管糧通判馬夫壹拾名，每名銀肆兩，共銀肆拾兩整。」

⑪見前註。《萬曆太和縣志・食貨・均徭》：「府照磨馬夫拾名，每名銀肆兩，共銀肆拾兩整。」

⑫見前註。《萬曆太和縣志・食貨・均徭》：「（縣）馬夫拾名，每名銀肆兩，共銀肆拾兩。」

⑬呂景蒙《嘉靖潁州志・食貨・庸調（太和）》：「儒學齋夫四人，人銀十有二兩。」《萬曆太和縣志・食貨・均徭》：「本縣儒學齋夫陸名，每名銀壹拾貳兩。每年帶徵閏月銀三兩。」

⑭呂景蒙《嘉靖潁州志・食貨・庸調（太和）》：「府學膳夫一人，縣學六人，人銀十兩。」《萬曆太和縣志・食貨・均徭》：「府學膳夫三名，每名銀拾兩，共銀叁拾兩。每年帶徵閏月（銀）叁兩伍分伍釐柒毫。」

縣學膳夫八名。每名連閏銀十兩八錢三分三釐。①
濠梁驛舘夫五名。每名連閏銀一十兩八錢三分三釐。②
又力差舘夫一名。每名連閏銀三十二兩五錢。
夾溝驛力差舘夫四名。每名連閏銀三十二兩五錢。③
安淮驛舘夫一名。銀十兩八錢三分三釐。④
泗水驛協濟水夫十名。每名銀一十兩。⑤
呂梁等閘壩夫一十五名。每名銀八兩。
椿草。銀一兩八錢。以上係均徭。⑥
先師廟並山川社稷厲壇祭祀。共銀五十二兩。⑦
鄉飲二次。每次銀五兩。⑧
孤貧布花。銀五兩。⑨
戶口食鹽。銀一百一十一兩二錢九分二釐七系六忽二微。⑩
歲貢盤纏。銀二十五兩。⑪
胖襖。銀八兩。⑫

軍器。銀八十三兩一錢七分五釐五毫。⑬

聽派京料。銀四百四十八兩。以上係里甲。⑭

力差歲一百二十四名，共折銀一千五百九十一兩二錢六分三釐。⑮

---

①見前註。《萬曆太和縣志·食貨·均徭》：「縣學膳夫捌名，每名銀拾兩，共銀捌拾兩。每年帶徵閏月（銀）三兩三錢三分三釐三毫。」

②呂景蒙《嘉靖潁州志·食貨·庸調（太和）》：「濠梁驛舘夫五人，安淮驛一人，夾溝驛二人，泗水驛水夫十人，人銀十兩。」《萬曆太和縣志·食貨·均徭》：「濠梁驛舘夫銀捌拾兩。」

③見前註。《萬曆太和縣志·食貨·均徭》：「夾溝驛舘夫銀壹百貳拾兩。」

④見前註。

⑤見前註。《萬曆太和縣志·食貨·均徭》：「泗水驛改編濠梁驛扛夫銀壹百兩。」

⑥《萬曆太和縣志·食貨·里甲》：「椿草銀壹拾捌兩。」

⑦呂景蒙《嘉靖潁州志·食貨·庸調（太和）》：「先師廟祭二，山川壇祭二，社稷壇祭二，厲壇祭三，每祭銀如州。」

⑧呂景蒙《嘉靖潁州志·食貨·庸調（太和）》：「鄉飲二，每飲銀如潁上。」《萬曆太和縣志·食貨·里甲》：「春、冬鄉飲共銀貳拾肆兩陸錢。」

⑨呂景蒙《嘉靖潁州志·食貨·庸調（太和）》：「存恤布花，銀如潁上。」《萬曆太和縣志·食貨·里甲》：「孤貧布花銀伍兩。」

⑩《萬曆太和縣志·食貨·里甲》：「戶口食鹽銀壹百貳兩柒錢三分貳釐壹毫肆絲貳忽貳微……」

⑪《萬曆太和縣志·食貨·里甲》：「考貢盤纏每年徵銀柒兩伍錢。」

⑫《萬曆太和縣志·食貨·里甲》：「胖襖銀捌兩。以上俱係里甲銀差。」

⑬《萬曆太和縣志·食貨·里甲》：「軍器銀壹百陸拾陸梁三錢伍分壹釐。」

⑭《萬曆太和縣志·食貨·里甲》：「京料銀柒百貳拾兩。外加水腳銀壹拾肆兩肆錢。」

⑮呂景蒙《嘉靖潁州志·食貨·庸調（太和）》：「力差歲一百七十人，顧役銀一千二十有二兩。」

太監皂隸一名。銀一十三兩。①
太僕寺皂隸一名。銀一十兩。②
察院門子二名。每名銀四兩。③
府堂皂隸六名。每名銀八兩。④
門子一名。銀八兩。⑤
知事門子一名。銀八兩。⑥
公舘門子一名。銀三兩。⑦
縣皂隸十二名。每名銀七兩。⑧
門子二名。每名銀六兩。⑨
庫子二名。每名銀八兩。⑩
禁子五名。每名銀八兩。⑪
倉斗級一名。銀六兩。⑫
預備倉斗級一名。銀六兩。⑬
巡欄［攔］二名。每名銀四兩。⑭

縣學廟夫一名。銀三兩。⑮

①《萬曆太和縣志·食貨·均徭》：「太監皂隸壹名，銀壹拾貳兩。」

②呂景蒙《嘉靖潁州志·食貨·庸調（太和）》：「南京太僕寺皂隸一人，府知事六人，門子二人，人銀十兩。」《萬曆太和縣志·食貨·均徭》：「南京太僕寺皂隸壹名，該銀壹拾貳兩，閏月加銀壹兩整。」

③呂景蒙《嘉靖潁州志·食貨·庸調（太和）》：「察院門子二人，府舘二人，人銀三兩。」《萬曆太和縣志·食貨·均徭》：「察院行臺門子壹名，銀柒兩貳錢。」

④見前註。《萬曆太和縣志·食貨·均徭》：「府堂皂隸伍名，每名銀柒兩貳錢，共銀叁拾陸兩。」

⑤見前註。《萬曆太和縣志·食貨·均徭》：「府堂門子壹名，該銀柒兩貳錢。」

⑥見前註。

⑦見前註。《萬曆太和縣志·食貨·均徭》：「公館門子壹名，銀柒兩貳錢。」

⑧呂景蒙《嘉靖潁州志·食貨·庸調（太和）》：「本縣庫子二人，門子二人，皂隸十有二人，禁子五人，人銀八兩。」《萬曆太和縣志·食貨·均徭》：「縣堂皂隸壹拾貳名，每名銀柒兩貳錢，共銀捌拾陸兩肆錢。」

⑨見前註。《萬曆太和縣志·食貨·均徭》：「縣堂門子三名，每名銀柒兩貳錢，共銀貳拾壹兩陸錢整。」

⑩見前註。《萬曆太和縣志·食貨·均徭》：「縣庫子貳名，每名銀柒兩貳錢，共銀壹拾肆兩肆錢。」

⑪見前註。《萬曆太和縣志·食貨·均徭》：「本縣禁子伍名，每名銀柒兩貳錢，共銀三拾陸兩。」

⑫呂景蒙《嘉靖潁州志·食貨·庸調（太和）》：「縣倉斗級一人，預備倉二人，人銀八兩。」《萬曆太和縣志·食貨·均徭》：「縣倉斗給〔級〕貳名，每名銀柒兩貳錢，共銀壹拾肆兩肆錢整。」

⑬見前註。

⑭呂景蒙《嘉靖潁州志·食貨·庸調（太和）》：「巡欄二人，人銀五兩。」《萬曆太和縣志·食貨·均徭》：「本縣巡欄貳名，每名銀肆兩，共銀捌兩整。」

⑮《萬曆太和縣志·食貨·均徭》：「儒學廟夫壹名，該銀壹拾兩。」

門子三名。每名銀六兩。①

庫子一名。銀八兩。②

斗級一名。銀八兩。③

鋪司兵八十一名。總鋪司銀五兩，其餘司兵銀四兩。④

李宜春曰：潁之民猶故也，而役視《近志》廼增多焉，是豈一日之漸哉？嗟乎！以此而徵，民猶耗焉；假以漁獵，其將何以聊乎？

## 驛傳

### 州

嘉靖十五年（1536），派編協濟各驛馬騾、水扛夫工食共銀三千兩。二十五年（1546），添編五百八十四兩六錢七分。

睢陽驛。上馬五匹，每匹銀四十二兩；中馬二匹，每匹銀三十八兩；下馬一匹，銀三十五兩三錢三分；共銀三百二十一兩三錢三分。⑤

百善道驛。中馬三匹，每匹銀三十八兩；騾一十二頭，每頭銀三十二兩；共銀四百九十八兩。

紅心驛。原有中馬二匹，每匹銀三十八兩，嘉靖十五年（1536）革去。外編下馬一［二］匹，銀三十五兩三錢三分；騾八頭，每頭銀三十二兩；共銀三百二十六兩六錢六分。⑥

濠梁驛。原有上馬二匹，每匹銀四十二兩，嘉靖十五年（1536）革去。外編騾十頭，每頭銀三十二兩，共銀三百二十兩。⑦

池河驛。原有扛夫一百八名，每名銀十兩，嘉靖十五年（1536）減去，止存七十八名，共銀七百八十兩。⑧

---

①《萬曆太和縣志·食貨·均徭》：「本縣儒學門子三名，每名銀壹拾兩，共銀三拾兩。」

②《萬曆太和縣志·食貨·均徭》：「儒學庫子壹名，該銀壹拾兩。」

③《萬曆太和縣志·食貨·均徭》：「儒學斗給［級］壹名，該銀壹拾兩。」

④呂景蒙《嘉靖潁州志·食貨·庸調（太和）》：「各鋪司兵八十有一人，總一人銀五兩，餘俱四兩。」《萬曆太和縣志·食貨·均徭》：「鋪兵陸拾名，每名工食銀伍兩肆錢，共銀三百貳拾肆兩整。」

⑤《順治潁州志·食貨·驛傳》：「睢陽驛站。銀三百四十八兩。」

⑥呂景蒙《嘉靖潁州志·食貨·庸調（州）》：「紅心驛。中馬夫二人，人銀三十有八兩。」《順治潁州志·食貨·驛傳》：「紅心驛站。銀六百四十九兩一錢。」

⑦呂景蒙《嘉靖潁州志·食貨·庸調（州）》：「濠梁驛。上馬夫二人，人銀四十有二兩；舘夫六人，人銀十兩。」《順治潁州志·食貨·驛傳》：「濠梁驛。損皂水舘船料共站，銀七百二十二兩二錢。」

⑧呂景蒙《嘉靖潁州志·食貨·庸調（州）》：「池河驛。舘夫三人，水夫一百有八人……開河驛，水夫二十有四人；人銀十兩。」《順治潁州志·食貨·驛傳》：「池河驛站。銀三千五百五十三兩四錢。」

潁川水驛。原有水夫四十名，嘉靖二十五年（1546）添編十名，每名銀十兩，共銀五百兩。一身應當，每名每年止徵鋪、陳船料銀二兩，共銀一百兩。①

開河驛。水夫銀三百五十四兩一分。②

流河驛。嘉靖二十一年（1542）始編水夫，銀三百二十四兩六錢七分。

柳灘驛。水夫銀一百兩。

磚河驛。水夫銀五十兩。

潁上縣

嘉靖二十六年（1547），派編協濟各驛馬騾、水扛轎夫工食共銀九百三十八兩八錢四分三釐。

紅心驛。上馬二匹，每匹銀四十二兩；騾十頭，每頭銀三十二兩；共銀四百有四兩。

護城驛。騾二頭，每頭銀三十六兩，共銀七十二兩。

池河驛。扛夫四十名，每名銀十兩，共銀四百兩。③

連窩驛。水夫銀二兩八錢四分三釐。

濠梁驛。扛夫一名，銀一十兩。④

固鎮驛。轎夫五名，每名銀十兩，共銀五十兩。

## 太和縣

嘉靖十五年（1536），派編協濟各驛馬騾、水夫工食共銀二千兩；二十五年（1546），添編一百六十兩。

夾溝驛。上馬三匹，每匹銀四十二兩，共銀一百二十六兩。⑤

紅心驛。中馬三匹，每匹銀三十八兩；騾二頭，每頭銀三十二兩；共銀一百一十四兩⑥。

王莊驛。騾一十四頭，每頭銀三十二兩，共銀四百四十八兩。⑦

張橋驛。騾三頭，每頭銀三十二兩，共銀九十六兩。

---

①《正德潁州志·郵驛》：「潁川驛。舊驛在三里灣，洪武中河水淪決，徙今所。因循弊陋，且面北，過使厭寓。成化己亥（1479），同知劉節悉撤而新之，面南，在公舘右。」呂景蒙《嘉靖潁州志·食貨·庸調（州）》：「潁川驛。舘夫四人，水夫四十人，人銀十兩。」

②見前註。

③呂景蒙《嘉靖潁州志·食貨·庸調（潁上）》：「濠梁驛，舘夫二人……池河驛扛夫四人，人銀十兩。」

④見前註。

⑤《萬曆太和縣志·食貨·驛傳》：「夾溝驛。上馬伍匹，每匹正價銀肆拾貳兩外，幫銀柒拾叁兩，共銀伍百柒拾伍兩。中馬叁匹，每匹正價銀叁拾捌兩外，幫銀柒拾貳兩，共銀叁百叁拾兩。騾壹拾叁頭，每頭正價銀叁拾貳兩外，幫銀陸拾捌兩，共銀壹千叁百兩。」

⑥此數據與前面兩者相加不合，當有誤。

⑦《萬曆太和縣志·食貨·驛傳》：「王莊驿。騾貳头，每頭正價銀叁拾貳兩外，幫銀捌拾陸兩，共銀貳百伍拾兩。」

乾寧驛。水夫三十名，共銀三百兩。
楊青驛。水夫二十二名，共銀二百二十兩。
甘城驛。水夫六十名，共銀六百兩。
固鎮驛。扛夫十五名，共銀一百五十兩。①
濠梁驛。扛夫一名，共銀一十兩。②

李宜春曰：協濟府省，以均勞逸，固也。廼增派山東諸驛，詢之人士，未嘗不痛切。夫東之人，東之人得之，徒增費局，顯之民不重累乎？此余曾上其議，卒格焉而不之行，悲夫！

## 孳牧

洪武六年（1373），滁州設太僕寺。凡民，每家養馬一匹，歲納一駒。二十三年（1390），始定五家共養馬一匹，歲納一駒；若缺一駒，納鈔七百貫。惟養牛者，每家養母牛一隻，納犢一隻。初，牧養馬牛軍民屬監郡提調。二十八年（1395），革去監郡，撥屬有司。永樂六年（1408），始添設管馬官，州則判官，縣則主簿。近亦裁革。

佐二官帶管，而總之於太僕寺。每五丁養牝馬一匹，三丁養牡馬一匹，二年納孳生駒一匹。弘治五年（1492），奉例每一十丁養牡馬一匹，十五丁養牝馬一匹，每十丁養牛一隻。③

州

兒馬一百五十匹，騍馬六百有九匹，犍牛三十有八隻，母牛一百一十有三隻。④

潁上縣

兒馬六十匹，騍馬二百四十匹，犍母牛三十有八隻。⑤

---

①《萬曆太和縣志·食貨·驛傳》：「固鎮驛。扛夫壹拾伍名，每名連加添銀壹拾貳兩，共銀壹百捌拾兩。」

②《萬曆太和縣志·食貨·驛傳》：「濠梁驛。扛夫伍名，每名銀拾兩，共銀伍拾兩。」

③呂景蒙《嘉靖潁州志·食貨·孳牧》：「洪武六年（1373），滁州設太僕寺，凡民每家養馬一匹，歲納一駒。二十三年（1390），始定五家共養馬一匹，歲納一駒。若缺一駒，納鈔七百貫。惟養牛者，每家養母牛一隻，納犢一隻。初，牧養馬牛軍民俱屬監群［郡］提調。二十八年（1395），革去監群［郡］，撥屬有司。永樂六年（1408），始添設管馬官，州則州判，縣則主簿。近亦裁革，佐二官帶管，而總之於太僕寺。每五丁養牝馬一匹，三丁養牡馬一匹，二年納孳生駒一匹。弘治五年（1492），奉例每十丁養牡馬一匹，十五丁養牝馬一匹，每十丁養牛一隻。」

④呂景蒙《嘉靖潁州志·食貨·孳牧》：「州：原額種兒騍馬七百五十有九，兒馬一百五十匹，騍馬六百有九匹，犍母牛一百五十有一隻，犍牛三十有八隻，母牛一百一十有三隻。」

⑤呂景蒙《嘉靖潁州志·食貨·孳牧》：「潁上：兒馬六十匹，騍馬二百四十匹，犍母牛三十有八隻。」

太和縣

兒馬九十四，騍馬三百六十四，犍牛一十隻，母牛五十九隻。①

李宜春曰：馬之弊，其害深哉！養馬者互相爲奸，而醫質又因以爲利，民其有不浚乎？夫浚於民而捐之於軍，斃又易易然，不亦惜哉！噫！安得天下以一縑易一馬，而民其弗擾乎？

## 土產

### 五穀

秈稻、黑稻、烏芒稻、西天旱稻、山黃稻、火旱稻、紅芒稻、望水白稻、挨天黃稻、青芒稻、龍骨早稻、七十日稻、飛上倉稻、虎皮稻、馬鬃稻、紅皮稻、鯽魚稻、大麥、小麥、火麥、蕎麥、春麥、黃黍、大黃黍、黑黍、龍爪粟、寒粟、紅粟、兔蹄粟、青粟、糙粟、米秫、狼尾秫、珍珠秫、黑燋殼秫、紅燋殼秫、鳩眼秫、金苗秫、大小黄豆、菉豆、滿塲白豆、大小黑豆、青豆、滚龍珠豆、茶褐豆、黎小豆、紅小豆、白小豆、紅江豆、白江豆、六月豆、大豌豆、小豌豆、蠶豆、白豌豆、羊眼豆、刀豆、土豆。②

菜類

葱、蒜、韭菜、白菜、芥菜、薺菜、生菜、灰菜、馬齒莧菜、菠菜、芫荽菜、萵苣、茄、白蘿蔔、水蘿蔔、胡蘿蔔、冬瓜、菜瓜、苦瓜、西瓜、王瓜、絲瓜、葫蘆、瓠子、赤根菜、芹菜、蔓菁菜、白莧菜、紅莧菜、鷄頭菜、

①呂景蒙《嘉靖潁州志·食貨·孳牧》：「太和：兒馬九十四，騍馬三百六十四，犍牛一十隻，母牛五十有九隻。」《萬曆太和縣志·食貨·孳牧》：「京馬貳百貳拾伍匹，兒馬肆拾伍匹，騍馬壹百捌拾匹，遞年俵馬銀貳千陸百肆兩。京牛陸拾玖隻，母牛伍拾貳隻，犍牛壹拾柒隻，遞年印犢銀伍兩貳錢。本縣務農耕牛壹百有貳隻，母牛陸拾伍隻，犍牛三拾柒隻。」

②《正德潁州志·土産·五穀部》：「鮮稻、黑稻、烏芒、獐牙鮮、西天旱、山黄稻、火旱稻、紅芒稻、望水白、挨天黄、虎皮糯、飛上倉、紅皮糯、鲫魚糯、龍骨早、青芒稻、七叶稻、大麥、小麥、火麥、蕎麥、春麥、黑黍、黄黍、大黄黍；龍瓜穀、寒穀、青穀、糙穀、葛秫、狼尾秫、珍珠秫、黑壳秫、鳩眼秫、金苗秫、大小黄豆、滿塲白、茶褐豆、菉豆、大小黑豆、黎小豆、紅小豆、白小豆、紅江豆、白江豆、六月豆、大豌豆、小豌豆、蠶豆、羊眼豆、花豆、鴨弹青小豆、刀豆、土豆。」呂景蒙《嘉靖潁州志·物產·五穀》：「粳稻有秈，有黑，有烏芒，有西天旱，有山黄，有火旱，有紅芒，有望水白，有挨天黄，有青芒，有龍骨早，有七十日，有飛上倉。糯稻有虎皮，有馬鬃，有紅皮，有鲫魚。麥多大，多小，多火，多蕎，有春。黍多黄，多大黄，有黑。粟有龍爪，有寒，有紅，有兔蹄，有青，有糙。秫多米，多狼尾，多珍珠，多黑燋壳，多紅燋壳，多鳩眼，有金苗。豆多大小黄，多菉，多滿塲白，多大小黑，多青，有滚龍珠，有茶褐，有黎小，有紅小，有白小，有紅江，有白江，有六月，有大豌，有小豌，有白豌，有蠶，有羊眼，有刀，有土。」

苦藚菜、白花菜、茼蒿菜、甜菜、莙蓬菜、蒲笋、茭白、藕。①

果類

桃、柿、杏、李、棗、櫻桃、核桃、栗、銀杏、石榴、李梅、沙果、槙樝、梨、軟棗、葡萄、花紅、芡、蓮子、菱角、無花果。②

花類

鳳僊花、地棠、木槿花、菊、罌粟花、玉簪花、紅花、六月菊、剪春羅、夜落錦、金盞花、萱草、海棠、鷄冠花、剌縻花、紫薇花、珍珠、蜀葵花、葵花、馬蘭花、牡丹花、薔薇花、芍藥、石竹花、芙蓉花、桂花、山丹花、捲丹花、龍鬚花、紫羅花、千葉榴花、千葉桃花。③

藥類

何首烏、生地黃、紫蘇、薄荷、馬鞭草、香附子、莳蘿、黑牽牛、枸杞子、茴香、杏仁、透骨草、枳壳、茱萸、車前子、桃仁、櫻粟壳、荊芥、苦參、破故紙、地骨皮、天南星、大黄、半夏、覆盆子、芍藥、白扁豆、桑白皮、郁李、黑扁豆、蒼耳草、木瓜、地榆、化骨草、枳實、土椒、麥門冬、楮實、菖蒲、瓜蔞、槐子、莞花、艾、蟬脱、栢子仁、地丁、茅香、桔梗、草烏。④

---

①《正德潁州志·土產·菜部》：「大小葱、蒜、韭、白菜、蘿蔔、赤根菜、青菜、芹菜、灰菜、生菜、芥菜、薺菜、馬齒莧、蔓菁菜、白莧、紅莧、苦苿菜、蓬蒿、鷄頭菜、茄子、芫荽、冬瓜、菜瓜、苦瓜、西瓜、莔蘧菜、均薘、胡蘿蔔、王瓜、甜瓜、葫蘆、瓠子、絲瓜、芋蕖、蒲笋、茭白、藕絲。」呂景蒙《嘉靖潁州志·物產·菜》：「多葱，多蒜，多韭，多白，多芥，多薺，多生，多灰，多馬齒莧，多菠，多芫荽，多萵苣，多茄，多白蘿蔔，多水蘿蔔，多胡蘿蔔，多冬瓜，多菜瓜，多苦瓜，多西瓜，多王瓜，多絲瓜，多葫蘆，多瓠子；有赤根，有芹，有蔓菁，有白莧，有紅莧，有鷄頭，有苦蕒，有白花，有茼蒿，有甜，有莙蓬，有蒲笋，有茭白，有藕。」

②《正德潁州志·土產·果部》：「桃（夏、秋、冬有熟，惟秋熟者佳）、櫻桃（味酸）、核桃（仁瘦）、栗子（少實而小）、柿子（数種，大者八兩）、銀杏（少實）、石榴（子小，微酸）、杏子（小而微酸）、李（数種，紫色者）、李梅（實少）、沙果（小而味淡）、梨子（剝接者味佳，無揸）、棗（核大肉薄）、軟棗（顆小）、葡萄、木瓜（太硬）、賴葡萄（臭）、桑葚子、梧桐（少結）、花紅（顆小味淡）、蓮子、菱角（小而刺）、藕（有揸）、茨菰（小而味澁）、芡、無花果。」呂景蒙《嘉靖潁州志·物產·果》：「多桃（夏、秋、冬熟，惟秋熟者佳），多柿子，多杏，多李，多棗；有櫻桃，有核桃，有栗子，有銀杏，有石榴，有李梅，有沙果，有櫇櫇，有軟棗，有梨，有葡萄，有花紅，有蓮子，有菱角，有芡，有無花果。」

③《正德潁州志·土產·花部》：「牡丹、薔薇、芍藥、鷄冠、石竹花、鳳僊、木槿、芙蕖、月桂、山丹、紅花、甘菊、萱花、龍鬚、千葉桃、刺蘼、紅綿花（間產）、青綿花（間產）、千葉榴、川草花、山茶花、百種菊、四種葵。」呂景蒙《嘉靖潁州志·物產·花》：「多鳳僊（數種），多地棠（二種），多木槿，多罌粟，多玉簪，多紅花，多菊（有數種），多六月菊，多剪春羅，多夜落錦，多金盞，多萱草，多刺蘼，多珍珠，多蜀葵，多葵（數種），多馬蘭，有牡丹，有薔薇，有芍藥，有鷄冠，有石竹（數種），有芙蓉，有月繼，有山丹，有捲丹，有龍鬚，有紫羅，有千葉榴，有千葉桃。」

④《正德潁州志·土產·藥部》：「何首烏、櫻粟壳、生地黄、荊芥、苦参、紫蘇、破故芷、地骨皮、天南星、大黄、半夏、薄荷、覆盆子、馬鞭草、香附子、川芎、芍藥、蒔蘿、白扁豆、黑扁豆、桑白皮、莞花、郁李、茴香、黑牽牛、枸杞子、蒼耳草、杏仁、木瓜、地榆、化骨草、透骨草、枳實、枳壳、茱萸、土椒、車前草、桃仁、秫梗、麥門冬。」呂景蒙《嘉靖潁州志·物產·藥》：「多何首烏，多生地黄，多紫蘇，多薄荷，

多馬鞭草，多香附子，多蒔蘿，多黑牽牛，多枸杞子，多茴香，多杏仁，多透骨草，多枳殼，多茱萸，多車前草，多桃仁；有櫻粟殼，有荊芥，有苦參，有破故紙，有地骨皮，有天南星，有大黄，有半夏，有覆盆子，有芍藥，有白扁豆，有桑白皮，有郁李，有黑扁豆，有蒼耳草，有木瓜，有地榆，有化骨草，有枳實，有土椒，有麥門冬，有楮實，有菖蒲，有瓜蔞，有槐子，有莞花，有艾，有蟬脱，有栢子仁，有地丁，有茅香，有桔梗，有草烏。」

### 草類

蒲草、紅花草、茅草、葶薺草、糝草、芙苗、刺刺、茅芽、稗草、芭蕉、苜蓿、鷄爪草、白蓬草、牛尾蒿、藹蘭、麥蘭、靛草。①

### 竹類

筀竹、紫竹、斑竹、水竹、苦竹、小竹。②

### 木類

柘、槐、榆、桑、柳、楮、椿、白楊、水荊、棠棣、松、栢、桐、櫟、楸、青楊、紫荊、苦楝、冬青。③

## 六畜

馬、騾、驢、水牛、黄牛、山羊、綿羊、豕、犬、貓、鷄、鵝、鴨。④

## 羽類

鴿、鵪鶉、雀、鳩、鴉、告田、紫燕、鴈、天鵝、水鷄、水鴨、鷗、鶴、鸛、鵰、鷺、鴟梟、青鶄、鵚鶖、鸕鷀、蒼鷹、鷂、鶻、鵠、魚鷹、浮鵝、鵂鶹、鵓鴿、鵜、鴛鴦、江四兩、鶯、江燕、鵲、銅嘴鳥、斲木鳥、鴝鵒、

---

①《正德潁州志・土產・草部》：「蒲（根可食）、嬌瓜草（生食）、茅子草（根可食）、稗子草（實可食）、芭蕉（可食）、苜蓿（苗可食）、荸薺草（頭可食）、穇子草（實可食）、芙苗草（根可食）、鷄爪草（根可食）、刺刺草（可食）、茅芽草（可食）、白蓬草（嫩可食）、牛尾蒿、萵蘭草、麥蘭草、水葫蘆草。」呂景蒙《嘉靖潁州志・物產・草》：「多蒲草，多紅花，多茅子，多荸薺，多穇子，多芙苗，多刺刺，多茅芽；有稗子，有芭蕉，有苜蓿，有鷄爪，有白蓬，有牛尾蒿，有過蘭，有麥蘭，有靛。」

②《正德潁州志・土產・竹部》：「筀竹、紫竹、斑竹、水竹、苦竹、小竹。」呂景蒙《嘉靖潁州志・物產・竹》：「有筀，有紫，有斑，有水，有苦，有小。」

③《正德潁州志・土產・木部》：「栢、槐、榆、松、桑、柳、柘、楮、椿、桐、櫟、棣、楸、青楊、白楊、紫荊、水荊、苦楝、冬青、皂角樹、棠梨。」呂景蒙《嘉靖潁州志・物產・木》：「多栢，多槐，多榆，多桑，多柳，多楮，多椿，多白楊，多水荊；有棠棣，有松，有柘，有桐，有櫟，有楸，有青楊，有紫荊，有苦楝，有冬青。」

④呂景蒙《嘉靖潁州志・物產・六畜》：「多馬，多騾，多驢，多水牛，多黄牛，多山羊，多綿羊，多豕，多犬，多貓，多鵝，多鴨，多鷄。」

錦鷄。①

毛類

兔、狸、狐、獺、刺猬。②

鱗類

鯉魚、鰱魚、鯖魚、鯽魚、馬郎魚、黄魪魚、鯿魚、魴魚、鱖魚、鯇魚、鱅魚、白魚、妖魚、祭刀魚、鮎魚、鰍魚、鱔魚、鰻魚、鱓魚、鯚魚、鱨魚、鱧魚。③

介類

黿、鼉、蚌、白眼黿、蝸牛、鼈、蟹、螺、鰕。④

虫類

蜜蜂、黄蜂、蜘蛛、蝦蟇、促織、蚯蚓、蜻蜓、蜈蚣、蝎、蠶、烏蜂、螟蛉、蚰蜒、蟋蟀、蝶、蟬、蛇、蜉蝣、螳螂、蛸蛔、蚰蜒、刀螂、蝎虎、蠟虫。⑤

李宜春曰：潁地廣，五穀亦頗蕃殖，但多荒而不治。稍贏餘，輒爲細賈鬻去；遇荒，價即湧湧然，幾不得食。且地宜桑綿，其不力者比比。謂之曰「人無遺積，而地有遺利」者，非邪！

---

①《正德潁州志·土産·羽部》：「天鵝、鴈、鴿、鵓鶉、水鷄、水鴨、鷗、鶴、鸛、鴇、雕、鷺、鴟梟、青鵲、鵝、鴨、鷄、雀、鴩鷲、鸕鷀、倉鷹、鷂、鶻、鷂、魚鷹、浮鵝、鵪鶉、鳩、烏、鴉、鵜鴣、鵝（俗呼爲水拖車）、鴛鴦、江四兩、鶯、紫燕、江燕、鵲、銅嘴、鸐木、布谷、鵓鴿、白鵲、錦鷄、雉鷄、紅鶴、翡翠、告田。」吕景蒙《嘉靖潁州志·物産·羽》：「多鴿，多鵓鶉，多雀，多鳩，多鴉，多告田，多紫燕；有天鵝，有鴈，有水鷄，有水鴨，有鷗，有鶴，有鸛，有鵰，有鷺，有鴟梟，有青鵲，有鴩鷲，有鸕鷀，有蒼鷹，有鷂，有鶻，有鷂，有魚鷹，有浮鵝，有鵪鶉，有鵜鴣，有鵝（俗呼爲水拖車），有鴛鴦，有江四兩，有鶯，有江燕，有鵲，有銅嘴，有鸐木，有鵓鴿，有錦鷄。」

②《正德潁州志·土産·毛部》：「鹿、獐、狼、虎、獾、貉、狸、狐、兔、馬、騾、驢、獺、山羊、綿羊、刺猬、水牛、黄牛。」吕景蒙《嘉靖潁州志·物産·毛》：「多兔；有狸，有狐，有獺，有刺猬。」

③《正德潁州志·土産·鱗部》：「黄鮒、黄、魴、鱘、鱖、鯇、青鯉、金鯉、黑鯉、鰱、鳙、鯖、白魚（小而味美）、妖魚、祭刀、鯽、鮎、鰍、馬郎、河豚、比目、鱔、鰻、鰕。」吕景蒙《嘉靖潁州志·物産·鱗》：「多鯉，多鰱，多鯖，多鯽，多馬郎；有鮒，有鯿，有魴，有鱖，有鯇，有鳙，有白，有妖，有祭刀，有鮎，有鰍，有鱔，有鰻，有鱓，有鲟，有鱠，有鱧。」

④《正德潁州志·土産·甲部》：「龜、白眼龜（有毒，食之殺人）、鱉、蟹、蛤蚌（大者七八寸徑，舊傳産珍珠）、蝸牛、鼋、螺、鰕。」吕景蒙《嘉靖潁州志·物産·介》：「多龜，多鼋，多蚌，有白眼龜，有鼈，有蟹，有蝸牛，有螺，有鰕。」

⑤《正德潁州志·土産·虫部》：「蠶、蜜蜂、黄蜂、烏蜂、螟蛉、蝦蟆、蚰蜒、促織、蟋蟀、蝶、蟬、蛙、蜉蝣、蜈蚣（長七八寸，能殺人）、螳螂、蛸蛸、蚰蜒、刀螂、蝎、蝎虎。害苗稼蟊賊之類猶多，不足記。」吕景蒙《嘉靖潁州志·物産·虫》：「多蜜蜂，多黄蜂，多蜘蛛，多蝦蟇，多促織，多蚯蚓，多蜻蜓，多蜈蚣，多蝎，多蠶；有烏蜂，有螟蛉，有蚰蜒，有蟋蟀，有蝶，有蟬，有蛇，有蜉蝣，有螳螂，有蛸蛔，有蚰蜒，有刀螂，有蝎虎，有蠟虫。」

# 溝　洫①

## 溝三十一

白龍溝。在州城外西北隅，水自西湖東南，流遶故學宫之北，出龍溝橋，入潁河。②

清溝。在州南鄉百里，溝爲清陂塘設。塘西一溝，上通汝河。前代置閘汝濱，水涸，則啟閘取水，足則閉之。塘東二溝，並馳而東，六十里至紅林。南面一溝，爲民田水利；北面一溝，爲軍屯水利。③

金溝。在州北鄉岳廟西，距州一百二十里，積畎澮之水，通入茨河。④

紫𤅬溝。在州北鄉龍德寺南，引坡水灌母猪港；其西又與阜溝通，入淝河。⑤

小橋溝。在州北九十里，淝河迤西。坡水積會，泛溢如河。北引車轍溝之水，並入淝河。溝西南即三汊溝，亦通於淝河。⑥

①此類原附於《賦産》之後。

②《成化中都志·山川·潁州》：「白龍溝。在城外西北隅，自西湖東南流，遶故學宮之北。東帶郡厲壇，出龍溝橋，入潁河。相傳嘗有白龍現於此。故名。」《正德潁州志·山川·溝》：「白龍溝。在城外西北隅。水自西湖東南流，遶故學宮之北。東帶郡厲壇，出龍溝橋，入潁河。相傳：隋開皇間，郡人有張龍公者，嘗與龍鬬於西湖，出入此溝，故名。」呂景蒙《嘉靖潁州志·溝洫·溝（州）》：「白龍溝。在州城外西北隅。水自西湖東南，流遶故學宮之北，東帶郡厲壇，出龍溝橋，入潁河。」《順治潁州志·輿地·溝》：「白龍溝。在城外西北隅。水自西湖東南，流遶故學宮之北，東帶郡厲壇，出飛虹橋，即白龍溝橋；又從七里河，經蘆花涓，亦出飛虹橋，俱入潁河。」

③《成化中都志·山川·潁州》：「清溝。在州南鄉百里外，引清陂水溉田之溝也。」《正德潁州志·山川·溝》：「清溝。在州南鄉百里外，溝爲清陂塘設。塘西一溝，上通汝河，前代置閘汝濆，塘水涸，則啓閘取汝水以自益，足則閉之。塘東二溝，並馳而東六十里，至紅林。南面一溝，民家水利；北面一溝，軍屯水利。蓋自洪武以來，自相分受。宋時蘇東坡守潁，亦嘗濬溝。詳見《塘》下。」呂景蒙《嘉靖潁州志·溝洫·溝（州）》：「清溝。在州南鄉百里外，溝爲清陂塘設。塘西一溝，上通汝河，前代置閘汝濆，水涸，則啟閘取水，足則閉之。塘東二溝，並馳而東六十里至紅林。南面一溝，爲民田水利；北面一溝，爲軍屯水利。今制皆廢。」《順治潁州志·輿地·溝》：「清溝。在州南鄉百里外，溝爲清陂塘設。塘西一溝上通汝河，前代置閘汝濆，水涸，則啟閘取水，足則閉之。塘東二溝，並馳而東六十里至紅林。南面一溝，爲民田水利；北，爲軍屯水利。今制皆廢。」

④《成化中都志·山川·潁州》：「金溝。在北鄉岳廟西，去城一百二十里，積畎澮之水，入茨河。此非太和之斤溝也。」《正德潁州志·山川·溝》：「金溝。在北鄉岳廟西，距州一百二十餘里，積畎澮之水，通入茨河。舊傳溝產金，訪知壤土之地，非沙非石，金無由生。疑晋時隗炤所居，相近也。」呂景蒙《嘉靖潁州志·溝洫·溝（州）》：「金溝。在北鄉岳廟西，距州一百二十里，積畎澮之水，通入茨河。」《順治潁州志·輿地·溝》同。

⑤《正德潁州志·山川·溝》：「柴埧溝。在北鄉龍德寺坡南，引坡水灌母猪港。其西又與皂溝通，水入淝河。」呂景蒙《嘉靖潁州志·溝洫·溝（州）》：「紫壩溝。在北鄉龍德寺坡南，引坡水灌母猪港。其西又與皁溝通，水入淝河。」《順治潁州志·輿地·溝》同。

⑥《正德潁州志·山川·溝》：「小橋溝。在州北九十里。淝河以西，坡水積會，泛濫如河。北引車轍溝之水，並入淝河。溝之西南又有三汊溝，亦通淝河。」呂景蒙《嘉靖潁州志·溝洫·溝（州）》：「小橋溝。在州北九十里，淝河迤西坡水積會，泛溢如河。北引車轍溝之水，並入淝河。溝西南即三汊溝，亦通於淝河。」《順治潁州志·輿地·溝》：「小橋溝。在州北九十里，淝河迤西坡水積會，泛溢如河。北引轍溝之水，並入淝河。溝西南即三汊溝，亦通於淝河。」

伍名溝。在州北三十里，溝近伍子胥宅。相傳：伍奢爲楚相日，開此溝以洩潦水。至今北鄉西半猶賴此溝得免水患。自母猪港南直流七十里，至入舊黄河處，地勢益低，自上注下幾數仞，聲如擂鼓，故又名響鼓溝。①

蔡村溝。在州西三十里，引柳河水通入潁河。隔河有劉寅溝，引義塘東南之水，亦通潁河。②

雙溝。在州西鄉小汝③河北。首自沈丘河八里灣而東，雙溝並馳百餘里達柳河，中過小汝河、黄溝、其字溝，溝南有黄溝、陳家溝、狼溝、大虫溝、阜溝，俱入潁河。④

汴家溝。在州沈丘小汝河南。積流至欒莊坡，北流破丘，入潁河。⑤

九里溝。在州沈丘東。自范家湖出，過定鄉，經董家莊，遶徐家塚，入潁河。⑥

版腸溝。在州西南一百四十里，積清陂塘北之水，通之谷河。近東十里外，又有葦溝，積土陂以西水，亦通谷河。⑦

五汊溝。在州西南一百六十里艾亭北。有泉流入老堰灣，會汝（河），溉田二十餘頃。⑧

海家溝。在州南七十里，東流爲桃子河。又東與採芹溝合，過分水廟，南流入谷河，北流入大潤河。⑨

龍封溝。在州東三十五里，引張家湖水，南入潁河。⑩

站溝。在州東五十里楊灣村，水入潁河。⑪

乾溝。在州西北四十五里。舊傳楚平王狩於州來，次於乾溪。俗呼乾溝。⑫

大溝。在潁上縣北附廓二里，控［枕］沙河西岸。⑬

①《正德潁州志·山川·溝》：「伍名溝。在州北三十里。溝以伍子胥宅近，故得名。相傳：伍奢爲楚相日，開此溝以洩潦水，以利其家。至今北鄉西半猶賴此溝得減水患。自母猪港南，直流七十里，無少曲折。至入舊黄河處，地勢益低，自上注下幾数仞，聲如擂鼓，故又名響鼓溝云。」呂景蒙《嘉靖潁州志·溝洫·溝（州）》：「伍名溝。在州北三十里，溝以伍子胥宅近，故得名。相傳伍奢爲楚相日，開此溝以洩潦水，以利其家。至今北鄉西半猶賴此溝得免水患。自母猪港南直流七十里，無少曲折，至入舊黄河處，地勢益低，自上注下幾數仞，聲如擂鼓，故又名響鼓溝云。」《順治潁州志·輿地·溝》：「伍名溝。在州北三十里，溝以伍子胥宅近，故得名。相傳伍奢爲太子建相日，開此溝以洩淹水，至今西北猶賴此溝得免水患。自母猪港南直流七十里，無少曲折，至入舊黄河處，地勢益低，自上注下幾數仞，聲如擂鼓，又名響鼓溝云。」

②《正德潁州志·山川·溝》：「蔡村溝。在州西三十里，引柳河以南坡水，通入潁河。隔河有刘寅溝，引義塘東南之水，亦通潁河。」呂景蒙《嘉靖潁州志·溝洫·溝（州）》：「蔡村溝。在州西三十里，引柳河以南坡水通入潁河。隔河有劉寅溝，引義塘東南之水，亦通潁河。」《順治潁州志·輿地·溝》：「蔡村溝。在州西三十里，引柳河以南坡水通入潁河。隔河有寅溝，引義塘東南之水，亦通潁河。」

③原文多一「汝」字，删去。

④《正德潁州志·山川·溝》：「雙溝。在州西鄉小汝河北。首自沈丘河北八里灣而東，雙溝並馳一百餘里，尾達柳河。中間過小汝河、黄溝、其字溝，凡十餘道，交錯經緯，而東流自若，意者地道自然之勢。溝南有黄溝、陳家溝、狼溝、大虫溝、皂溝、其字溝，水俱入潁河。」呂景蒙《嘉靖潁州志·溝洫·溝（州）》：「雙溝。在州西鄉小汝河北。首自沈丘河八里灣而東，雙溝並馳一百餘里，尾達柳河，中間過小汝河、黄溝、其字溝，溝南有黄溝、陳家溝、狼溝、大虫溝、阜溝，水俱入潁河。」《順治潁州志·輿地·溝》同。

⑤《正德潁州志·山川·溝》：「汴家溝。在沈丘小汝河南。積流至樂莊坡，水北流，破丘之水入潁河。」呂景蒙《嘉靖潁州志·溝洫·溝（州）》：「汴家溝。在沈丘小汝河南。積流至樂莊坡，水北流，破丘之水入潁河。」《順治潁州志·輿地·溝》同。

⑥《正德潁州志·山川·溝》：「九里溝。在沈丘之東。水自范家湖出，過定香［鄉］，經董家莊，逶徐家塚，入潁。」呂景蒙《嘉靖潁州志·溝洫·溝（州）》：「九里溝。在沈丘之東，水自范家湖出，過定鄉，經董家莊，逶徐家塚，入潁河。」《順治潁州志·輿地·溝》：「九里溝。在沈丘之東，水自范家湖出，過定鄉，經董家莊，逶徐家莊，入潁河。」

⑦《正德潁州志·山川·溝》：「阪腸溝。在州西南百四十里。積清陂塘北之水，通之谷河。近東十里外，又有葦溝，積土陂以西水，亦通谷河。」呂景蒙《嘉靖潁州志·溝洫·溝（州）》：「阪腸溝。在州西南一百四十里，積清陂塘北之水，通之谷河。近東十里外，又有葦溝，積土陂以西水，亦通谷河。」《順治潁州志·輿地·溝》：「阪腸溝。在州西南一百四十里，積清陂塘北之水，通之谷河。近東十里外，又有葦溝，（積）土

陂以西水，亦通谷河。」

⑧《正德潁州志·山川·溝》：「五汊溝。在州西南一百六十里，艾亭小寺西。寺北有泉混混，四時不竭，東南流入老堰灣，會汝河，兩岸溉田二十餘頃云。」呂景蒙《嘉靖潁州志·溝洫·溝（州）》：「五汊溝。在州西南一百六十里艾亭北。有泉流入老堰灣，會汝河，兩岸溉田二十餘頃云。」《順治潁州志·輿地·溝》：「五汊溝。在州西南一百六十里艾亭北。有泉流入老堰灣，會汝河，兩岸溉田二十餘頃。」

⑨《正德潁州志·山川·溝》：「海家溝。在州南七十里，東流爲桃子河。又東與採芹溝合，過分水廟，南流入谷河，北流入大潤河。」呂景蒙《嘉靖潁州志·溝洫·溝（州）》：「海家溝。在州南七十里，東流爲桃子河。又東與採芹溝合，過分水廟，南流入谷河，北流入大潤河。」《順治潁州志·輿地·溝》同。

⑩《成化中都志·山川·潁州》：「龍封溝。在城東三十五里，源自張家湖，經善現寺前板橋入潁，今湮塞。」《正德潁州志·山川·溝》：「龍封溝。在州東三十五里。引張家湖水，南入潁。土人傳云：張龍公與龍鬭於是，張公語其妻曰：『吾龍也，繫鬣以絳綃。』故東向又有紅絲澗，亦張家湖水出。」呂景蒙《嘉靖潁州志·溝洫·溝（州）》：「龍封溝。在州東三十五里，引張家湖水，南入潁河。」《順治潁州志·輿地·溝》同。

⑪《正德潁州志·山川·溝》：「站溝。在州東五十里楊灣村。水自陳村湖東流十餘里，古馬站之東，大橋跨溝，水流橋外。北折不三里，入潁河。」呂景蒙《嘉靖潁州志·溝洫·溝（州）》：「站溝。在州東五十里楊灣村，水入潁河。」《順治潁州志·輿地·溝》：「站溝。在州東五十五里楊灣村，水入潁河。」

⑫《正德潁州志·山川·溝》：「乾溝。在州西北四十五里。按《左傳·魯昭公十二年》，楚平王狩於州來，次於潁尾，次於乾溪，駐於城父南地。今考地理，張村鋪北，古城父地也；乾溪在張村南七十里，俗呼乾溝。」呂景蒙《嘉靖潁州志·溝洫·溝（州）》：「乾溝。在州西北四十五里。舊傳楚平王狩於州來，次於潁尾，次於乾溪，即其地。俗呼乾溝。」《順治潁州志·輿地·溝》同。

⑬呂景蒙《嘉靖潁州志·溝洫·溝（潁上）》：「大溝。在縣北附廓二里，控［枕］沙河西岸。」《順治潁上縣志·輿圖·溝洫（溝）》：「大溝。在縣西附廓二里許，枕沙河西岸。」

王愛溝。在潁上縣北十里甘羅鄉，陽臺、長林湖水皆注此，西出沙河。①

茅城溝。在潁上縣東北二十里甘羅鄉，受田間衆流之水，合而成溝，東流復折而南，注長林湖。②

柳溝。在潁上縣西郭外，自潁州南流而東入縣境，經淮潤鄉柳河村柳谷谿，又東南流至廟臺，入淮水。③

黃溝。在潁上縣西北三十里淮潤鄉，又東入潁水。④

十字溝。在潁上縣西北三十里。本黃溝支流之水，末流過柳河。⑤

灰溝。在潁上縣東四十里甘羅鄉。⑥

涿溝。在潁上縣東南六十里正陽鄉，接灰溝，達沙河。⑦

---

①呂景蒙《嘉靖潁州志·溝洫·溝（潁上）》：「王愛溝。在縣北十里甘羅鄉，陽臺、長林湖水皆注於此溝，西出沙河。居民王愛世居溝側，故名。」《順治潁上縣志·輿圖·溝洫（溝）》：「王愛溝。縣北十里甘羅鄉。陽臺、長林湖水皆注於此溝，西出沙河。居民王愛世居溝側，故名。」

②呂景蒙《嘉靖潁州志·溝洫·溝（潁上）》：「茅城溝。在縣東北二十里甘羅鄉，受田間衆流之水，合而成溝，東流復折而南，注長林湖。」《順治潁上縣志·輿圖·溝洫（溝）》：「茅城溝。縣東北二十里甘羅（鄉）。受田間衆流之水，合而成溝，東流復折而南，注長林湖。」

③呂景蒙《嘉靖潁州志·溝洫·溝（潁上）》：「柳溝。水自潁州南，東流入縣境之西，經淮潤鄉柳河村柳谷谿，又東南流至廟臺入淮，有東西名，實一水也。」《順治潁上縣志·輿圖·溝洫（溝）》：「西柳溝、東柳溝。水自潁州南東流入縣境之西，經淮潤鄉柳河村柳谷谿，又東南流至廟臺，實一水也。」

④呂景蒙《嘉靖潁州志·溝洫·溝（潁上）》：「黃溝。其源未詳。自州流經縣西北三十里淮潤鄉，又東入潁水。」《順治潁上縣志·輿圖·溝洫（溝）》：「黃溝。其源未詳。自州流經縣治西北三十里淮潤鄉，又東入潁水。」

⑤呂景蒙《嘉靖潁州志·溝洫·溝（潁上）》：「十字溝。本黃溝支流之水，末流過柳河。」《順治潁上縣志·輿圖·溝洫（溝）》：「十字溝。本黃溝支流之水，末流過柳溝。」

⑥呂景蒙《嘉靖潁州志·溝洫·溝（潁上）》：「灰溝。在縣東四十里甘羅鄉。」《順治潁上縣志·輿圖·溝洫（溝）》：「灰溝。縣東四十里甘羅鄉。」

⑦呂景蒙《嘉靖潁州志·溝洫·溝（潁上）》：「涿溝。在縣東南六十里正陽鄉，上流接灰溝，下流達沙河。」《順治潁上縣志·輿圖·溝洫（溝）》：「涿溝。縣東南六十里正陽鄉。上流接灰溝，下流達沙河。」

金溝。在潁上縣東北六十里，出渦河，入於淮。①

秋家溝。在潁上縣東南七十里正陽鄉。秋僉事家於此。②

五道溝。在太和縣西南八里，通沙河。③

斤溝。在太和縣北六十里。④

吳漕溝。在太和縣東北八十里，通淝河。⑤

大澗溝。在太和縣東北五十里，通淝河。⑥

流鴈溝。在太和縣西北二十里。⑦

## 湖三十一⑧

西湖。在州西北三里。宋知潁州歐陽脩因田禾亢旱，以百萬餘人築塞白龍溝，注水西湖，灌溉腴田；又建書院，作六一堂，移而家焉。至蘇軾與趙德麟因而開治。後湖爲軍民多侵塞爲田，水亦易涸。嘉靖乙未（1535），兵備李公宗樞委判官呂景蒙查復湖地十有餘頃，周圍計一十六里。丁未（1547），兵備許公天倫委知州李宜春查復硬界一十一畝。⑨唐許渾《潁州從事西湖亭燕［讌］餞詩》：

①呂景蒙《嘉靖潁州志·溝洫·溝（潁上）》：「金溝。在縣東北六十里，出渦河，入於淮。」《順治潁上縣志·輿圖·溝洫（溝）》：「金溝。縣東北界六十里，出渦口，入於淮。」

②呂景蒙《嘉靖潁州志·溝洫·溝（潁上）》：「秋家溝。在縣東南七十里正陽鄉。秋僉事家於此。」《順治潁上縣志·輿圖·溝洫（溝）》：「秋家溝。縣東南七十里正陽鄉。秋僉事家於此。」

③《成化中都志·山川·太和縣》：「五道溝。在縣西南十里，上通沙河。」呂景蒙《嘉靖潁州志·溝洫·溝（太和）》：「五道溝。在縣西南八里，通沙河。」《萬曆太和縣志·輿勝·溝洫》：「五道溝。在縣西南五里，其溝五道，皆沙河之支流也，俱復歸沙河。」

④呂景蒙《嘉靖潁州志·溝洫·溝（太和）》：「斤溝。在縣北六十里。」《萬曆太和縣志·輿勝·溝洫》：「斤溝。在縣北六十里，水道形如斤字，因名斤溝，通於茨河。」

⑤呂景蒙《嘉靖潁州志·溝洫·溝（太和）》：「吳漕溝。在縣東北八十（里），通淝河。」《萬曆太和縣志·輿勝·溝洫》：「吳漕溝。在縣東北八十里，其水北通明河，轉入淝河，南通於宋塘河。」

⑥呂景蒙《嘉靖潁州志·溝洫·溝（太和）》：「大潤溝。在縣東北五十里，通淝河。」《萬曆太和縣志·輿勝·溝洫》：「大潤溝。在縣東北五十里，通於淝河。」

⑦呂景蒙《嘉靖潁州志·溝洫·溝（太和）》：「流鴈溝。在縣西北二十里。」《萬曆太和縣志·輿勝·溝洫》：「流鴈溝。在縣西北二十里，北通八丈河，南通坯灘溜口，入於沙河。」

⑧據後所列，實爲三十，疑缺一湖。

⑨《成化中都志·山川·潁州》：「西湖。在城西二里，袤十里，廣二里餘。清風徐來，碧波浩蕩，蓮芰蘋蓼，魚躍禽鳴，美景不一。歐陽文忠公樂潁州風土，嘗築室湖上。《王直方詩話》云：『杭有西湖，而潁亦有西湖，皆爲游賞之勝。』蘇東坡連守二州，其初得潁也。有潁人在坐，云：『內翰只銷游西湖中，便可以了郡事。』蓋言訟簡也。秦少游因作一絕獻之。後東坡到潁，有謝執政啟云：『入忝兩禁，每玷比扉之容；出典二邦，輒爲西湖之長。』《侯鯖錄》云：『歐公自楊移汝陰，有詩云：「都將二十四橋月，換得西湖十頃秋。」後東坡自汝移楊，作《詩》云：「二十四橋亦何有，換此十頃玻璃風。」用歐公語也。』東坡《新開西湖》詩註云：『予以潁人苦飢，奏乞留黃河夫萬人，修境內溝洫，詔從之。因以餘力，浚治此湖。』」《南畿志·鳳陽府·潁州（山川）》：「西湖。在城西二里。歐陽永叔嘗築室湖上。」《正德潁州志·山川·湖》：「西湖。在州西北二里外。湖長十里，廣三里。相傳古時水深莫測，廣袤相齊。胡金之後，黄河衝蕩，湮湖之半，然而四時佳景尚在。前代名賢達士，往往泛舟遊翫於是。湖南有歐陽文忠公書院基。」呂景蒙《嘉靖潁州志·溝洫·湖（州）》：「西湖。在州西北三里外。袤十餘里，廣二

里，景象甚佳。宋晏殊、歐陽修、蘇軾相繼爲守，皆嘗宴賞於此，題詠甚富。湖南有西湖書院，其址並湖爲軍民田所侵多矣。嘉靖乙未，兵備宗樞呈請撫按衙門案行，判官景蒙查復湖地十頃有餘。周圍計一十有六里，而書院、祠宇爲之一新云。」《順治潁州志・輿地・湖》：「西湖。在州西北三里外。袤十餘里，廣二里，不知创自何代。唐许浑从事颍，已有『西湖清宴』之句。宋宴［晏］殊、歐陽修、蘇軾相繼爲守，皆嘗宴賞於此。歐公告老於潁，數年竟卒於湖上。湖中渚有宴［晏］、呂、歐、蘇祠。湖南有西湖書院，遺址半爲鄰湖者侵。嘉靖乙未，兵備李公宗樞申準撫按衙門案，委判官呂公景蒙查復湖地十頃有餘。周圍計一十有六里，而書院、祠宇復舊。後稍圮頽，州守謝公詔力清湖址，塗飾一新。迨今三十餘年，書院已湮廢，獨四公祠肖像如生。有大門，有六一堂，東西翼以廂房六，祠前東西廂房六。後有臺巍然上亭，周圍有垣，西府郭公蒙吉建松喬祠，祀鄉賢漢太傅陳公蕃、光祿勳郭公憲、光祿主事范公滂、宋焦公千之、明盧公翰，士民服其義舉云。湖故無租，利湖田者赴告學臺，歲增租銀十六兩，湖自此賛矣。又居民利水涸侵佔，慣盗決，堤防常爲沮洳煙蕪之場。今須寬其堤面，置廬專守者數家，湖邊隨人佃種蓮茨，湖饒魚鼈，本州嚴規密理，一歲之入，供租有餘。周湖又可引爲水田，計利亦當百倍。前賢之餘韻流澤，蓋深跂望於後哲云。」

西湖清燕［讌］不知回，一曲離歌酒一杯。城帶夕陽開鼓角，寺臨秋水見樓臺。蘭堂客散蟬猶噪，桂檝人稀鳥自來。獨想征車過鞏洛，此中霜菊遶潭開。

宋晏殊詩：

前村過雨蓬麻亂，遠水粘天鸛鶴飛。①

歐陽脩《示同遊》：

菡萏香清畫舸浮，使君寧復憶揚州？都將二十四橋月，換得西湖十頃秋。②

《初至種瑞蓮黃楊寄呂度支許主客》：

平湖十頃碧琉璃，四面清陰乍合旹。柳絮已將春去遠，海棠應恨我來遲。啼禽似與遊人語，明月閒撑野艇隨。每到最佳堪樂處，却思君共把芳巵。③

《初夏》：

積雨新晴漲碧溪，偶尋行處獨依依。綠陰黃鳥春歸後，紅蘤青苔人迹稀。萍匝汀洲魚自躍，日長欄檻燕交飛。林僧不用相迎送，吾欲臺頭坐釣磯。④

《祈雨曉過湖上》：

清晨驅馬思悠然，渺渺平湖碧玉田。曉日未昇先起霧，綠陰初合自生烟。身閒始覺旹光好，春去猶餘物色

①兩句實出自宋代張耒《雨後至城外》，全詩作：「日日思歸未就歸，只今行路已霑衣。江村過雨蓬麻亂，野水連天鸛鶴飛。塵務卻嫌經意少，故人新更得書稀。鹿門縱隱猶多事，苦向人前說是非。」

②此詩，《歐陽修全集》題作《西湖戲作示同遊者》。

③此詩，《歐陽修全集》題作《初至潁州西湖種瑞蓮黃楊寄淮南轉運呂度支發運許主客》。

④此詩，《歐陽修全集》題作《初夏西湖》。

妍。更待四郊甘雨足，相隨簫管①樂豐年。

《泛舟呈張運使》：

波光柳色碧溟濛，曲渚斜橋畫艇②通。更遠更佳唯恐盡，漸深漸密似無窮。綺羅香裏留佳客，絃管聲來颭晚風。半醉回舟迷向背，樓臺高下夕陽中。③

《春日寄謝法曹》：

西湖春色歸，春草④綠於染。群芳爛不收，東風落如糝。參軍春思亂如雲，白髮題詩愁送春。遥知江⑤上一樽酒，能憶天涯萬里人。萬里思春尚有情，忽逢春至客心驚。雪消門外千山綠，花發江邊二月晴。少年把酒逢春色，今日逢春頭已白。異鄉物態與人殊，惟有東風舊相識。⑥

蘇軾《陪歐陽公燕》：

謂公方壯鬢⑦似雪，謂公已老光浮頰。揭來湖上飲美酒，醉後劇談猶激烈。湖邊草木新著霜，芙蓉晚菊爭煌煌。插花起舞爲公壽，公言百歲如風狂。赤松共遊也不惡，誰能忍饮［飢］啖僊藥？已將壽夭付天公，彼徒辛苦吾差樂。城上烏棲暮靄生，銀缸畫燭照湖明。不辭歌詩勸公飲，坐無桓伊能撫箏。⑧

《趙德麟餞飲湖上》：

老守惜春意，主人留客情。官餘閑日月，湖上好清明。新火發茶乳，溫風散粥餳。酒闌紅杏闇，日落大堤平。清夜除燈坐，孤舟擘岸撐。逮君幘未墮，對此月猶橫。⑨

《次答趙德麟》：

太山秋毫兩無窮，鉅細本出相形中。大千起滅一塵裏，未覺杭潁誰雌雄？我在錢塘拓湖淥，大堤士女爭

---

①「管」字，《歐陽修全集》中《祈雨曉過湖上》作「皷」。
②原誤作「艇」字，《歐陽修全集》中《西湖泛舟呈運使學士張掞》作「舸」。
③此詩，《歐陽修全集》題作《西湖泛舟呈運使學士張掞》。
④「草」字，《歐陽修全集》中《春日西湖寄謝法曹歌》作「水」。
⑤「江」字，《歐陽修全集》中《春日西湖寄謝法曹歌》作「湖」。
⑥此詩，《歐陽修全集》題作《春日西湖寄謝法曹歌》。
⑦「鬢」字，《蘇軾詩集》中《陪歐陽公燕西湖》作「鬚」。
⑧此詩，《蘇軾詩集》題作《陪歐陽公燕西湖》。
⑨此詩，《蘇軾詩集》題作《趙德麟餞飲湖上舟中對月》。

昌丰。六橋横絕天漢上，北山始與南屏通。忽驚二十五萬丈，老葑席卷蒼雲空。揭來潁尾弄秋色，一水縈帶昭靈宫。坐思吴越不可到，借君月斧脩朦朧。二十四橋亦何有，换此十頃玻璃風。雷塘水幹禾黍滿，寶釵耕出餘鸞龍。明年詩客來吊古，伴我霜夜號秋蟲。①

又：

使君不用山鞠窮，饑民自逃泥水中。欲將百瀆起凶歲，免使甑石愁揚雄。西湖雖小亦西子，縈流作態清而丰。千夫餘力起三閘，焦陂下與長淮通。十年憔悴塵土窟，清瀾一洗啼痕空。王孫本自有僊骨，平生宿衛明光宫。一行作吏人不識，正似雲月初朦朧。耆臨此水照冰雪，莫遣白髮生秋風。定須卻致兩黄鵠，新與上帝開濯龍。湖成君歸侍帝側，燈火②已綴釵頭蟲。③

**東張家湖**。在州東二十里潁水北岸。方廣六七里，魚鼈鳧鴨蓮芡之利甚多。舊傳張龍公化龍而去，其宅遂陷爲湖，故西有龍封溝。④

**南張家湖**。在州西南一百七十里龍項灣。周不滿四里，民多利之。⑤

**界溝湖**。在州西一百四十里。本黄河水道淤塞隔成湖，長三十餘里。湖之南三里又一小湖，亦長二三里。成化中，同知劉節嘗督民開兩渠洩水，成腴田。⑥

鄭家湖。在州西一百五十里舒陽河南。方廣僅五里。相傳鄭祥遠據此湖，故名。⑦

---

①此詩，《蘇軾詩集》題作《軾在潁州，與趙德麟同治西湖，未成，改揚州。三月十六日，湖成，德麟有詩見懷，次其韻》。

②「火」字，《蘇軾詩集》中《再次韻德麟新開西湖》作「花」。

③此詩，《蘇軾詩集》題作《再次韻德麟新開西湖》。

④《成化中都志·山川·潁州》：「東張家湖。在州東三十里，潁水北岸，方六七里。相傳：湖廼古寢丘城。隋初，郡人張路斯家於此，後化龍，城陷爲湖。故土人呼張家湖。」《正德潁州志·山川·湖》：「東張家湖。在州東三十里，潁水北岸，方廣六、七里。水族、禽、鳥、蓮、芡之利，居民有之。相傳：湖廼古寢丘城。至隋初，郡人張路斯家於是，以明經登第。景隆中爲宣城令，罷官歸，每夕出。後語其妻曰：『吾龍也，蓼人鄭祥遠亦龍。吾與戰。』明日，其子助而勝。後與九子皆化龍，而城遂陷爲湖，土人呼張家湖。故西有龍封溝、紅絲澗云。詳見歐公《跋〈集古録〉》云。」呂景蒙《嘉靖潁州志·溝洫·湖（州）》：「東張家湖。在州東三十里，潁水北岸。方廣六七里，魚、鱉、鳬、鴨、蓮、芡之利甚多。舊傳：張龍公與鄭祥遠戰勝化龍而去，其宅遂陷爲湖，故西有龍封溝。」《順治潁州志·輿地·湖》：「東張家湖。在州東三十里，潁水北岸。方廣六七里，魚、鱉、鳬、鴨、蓮、芡之利甚多，今半湮。舊傳：張龍公與鄭祥遠戰勝，化龍而去，其宅遂陷爲湖，故西有龍封溝。」

⑤《成化中都志·山川·潁州》：「南張家湖。在州西南一百七十里龍項灣。」《正德潁州志·山川·湖》：「南張家湖。在州西南一百七十里龍項灣。周不能五里，物産與東張家湖等，居民利之。」呂景蒙《嘉靖潁州志·溝洫·湖（州）》：「南張家湖。在州西南一百七十里龍項灣。周不滿四里，民多利之。」《順治潁州志·輿地·湖》同。

⑥《成化中都志·山川·潁州》：「界溝湖。在州西一百四十里。本黄河水道，淤隔成湖，長三十餘里。」《正德潁州志·山川·湖》：「界溝湖。在州西一百四十里。本黄河水道，淤隔成湖，長三十餘里。湖之南三里又一小湖，亦長二三里。成化中，同知劉節嘗督民兩開渠洩水，各夷高湮下，多成腴田。」呂景蒙《嘉靖潁州志·溝洫·湖（州）》：「界溝湖。在州西一百四十里。本黄河水道，淤隔成湖，長三十餘里。湖之南三里又一小湖，亦長二三里。成化中，同知劉節嘗督民開兩渠洩水，成腴田。」《順治潁州志·輿地·湖》：「界溝湖。在州西一百四十里。本黄河水道，淤隔成湖，長三十餘里。湖之南三里又一小湖，亦長二三里。成化中，同知劉節嘗督民開兩渠，洩水灌田。」

⑦《成化中都志·山川·潁州》：「鄭家湖。在州西一百五十里，輸楊河南。廣四五里，四時不竭。相傳：蓼人鄭祥遠嘗據此池，後化龍，故名。」《正德潁州志·山川·湖》：「鄭家湖。在州西一百五十里，舒陽河南。方廣僅五里，四時不竭。相傳：隋時蓼人鄭祥遠，廼龍也，嘗據此池。後人呼爲鄭家湖云。」呂景蒙《嘉靖潁州志·溝洫·湖（州）》：「鄭家湖。在州西一百五十里，舒陽河南。方廣僅五里。相傳鄭祥遠據此湖，故名。」《順治潁州志·輿地·湖》同。

白楊湖。在州西一百二十里。亦黄河水道淤隔成湖，潦則會界溝湖之水。①

陶中湖。在州西一百一十五里柳河西。周廣十里，潤溉土田，居民利之。②

鴨兒湖。在州北三十里茨河東。今地平水少，民皆樹藝。③

范家湖。在州西一百二十里。今爲沃壤，民皆樹藝。④

六百丈湖。在州南一百里淮河北。民資水灌田。⑤

鏡兒湖。在州南九十里谷河之南。其形如鏡。⑥

雙塚湖。在州西南一百里。⑦

姑嫂湖。在州南八十里崇灣中。⑧

丁家湖。在潁上縣東二十五里甘羅鄉。水出沙河。⑨

團湖。在潁上縣西五十里淮潤鄉。⑩

白馬湖。在潁上縣南四十里正陽鄉。水中有洲，建白馬寺，故名。⑪

陽臺東西湖。在潁上縣北二十里甘羅鄉。二水合流，經臺下南馳至三汊溝，達王愛溝，出沙河。物産頗多，民獲利焉。⑫

長林湖。在潁上縣東北十里甘羅鄉。上通茅城溝，下接王愛溝，水出沙河。⑬

澗頭湖。在潁上縣西北三十里淮潤鄉。水注黄溝，入於沙河。⑭

①《成化中都志・山川・潁州》：「白楊湖。在州西一百二十里。黄河水道淤隔成湖，水潦與界溝通。」《正德潁州志・山川・湖》：「白楊湖。在州西一百二十里，亦黄河水道，淤隔成湖。潦水泛，則界溝湖之水自溝引而東，入白楊湖，今湮其半。土見處皆可耕稼，下者水族繁盛。」呂景蒙《嘉靖潁州志・溝洫・湖（州）》：「白楊湖。在州西一百二十里，亦黄河水道淤隔成湖。潦水至，則界溝湖之水會於此。」《順治潁州志・輿地・湖》同。

②《正德潁州志・山川・湖》：「陶中湖。在州西一百一十五里，柳河西。周不十里，潤溉土田，居民利之。」呂景蒙《嘉靖潁州志・溝洫・湖（州）》：「陶中湖，在州西一百一十五里，柳河西。周廣十里，潤溉土田，居民利之。」《順治潁州志・輿地・湖》同。

③《正德潁州志・山川・湖》：「鴨兒湖。在北鄉茨河東，去城三十里。先時黄河横流，地之下皆湖。此中南北二十里，鷗、鴈、鳧、鴨，聚育如雲。河徙水退，今皆樹藝矣。」呂景蒙《嘉靖潁州志・溝洫・湖（州）》：「鴨兒湖。在州北三十里，茨河東。今地平水少，民皆樹藝。」《順治潁州志・輿地・湖》同。

④《正德潁州志・山川・湖》：「范家湖。在州西一百二十里。前時河水所被，今爲沃壤。雨二日，則復成湖，涸可立待。」呂景蒙《嘉靖潁州志・溝洫・湖（州）》：「范家湖。在州西一百二十里。今爲沃壤，民皆樹藝。」《順治潁州志・輿地・湖》同。

⑤《成化中都志・山川・潁州》：「六百丈湖。在州南一百二十里，淮河北。」《正德潁州志・山川・湖》：「六百丈湖。在州南一百里，淮河北。四面腴田，居民資湖，種樹粳稻。」呂景蒙《嘉靖潁州志・溝洫・湖（州）》：「六百丈湖。在州南一百里，淮河北。民資水灌田。」《順治潁州志・輿地・湖》同。

⑥《成化中都志・山川・潁州》：「鏡兒湖。在州南九十里，谷河之南。圓如鏡，天宇澄澈，湖光可鑑。」《正德潁州志・山川・湖》：「鏡兒湖。在州南九十里，谷河之南。圓如一鏡，天宇澄澈，湖光逼人。」呂景蒙《嘉靖潁州志・溝洫・湖（州）》：「鏡兒湖。在州南九十里，谷河之南。其形如鏡。」《順治潁州志・輿地・湖》同。

⑦《正德潁州志・山川・湖》：「雙塚湖。在州西南五里。」按，此說當誤。呂景蒙《嘉靖潁州志・溝洫・湖（州）》：「雙塚湖。在州西南一百里。」《順治潁州志・輿地・湖》同。

⑧《正德潁州志・山川・湖》：「姑嫂湖。在州南鄉八十里崇灣中，畜水以溉灣田，至張家灣瀰漫。」呂景蒙《嘉靖潁州志・溝洫・湖（州）》：「姑嫂湖。在州南八十里崇灣中。」《順治潁州志・輿地・湖》同。

⑨呂景蒙《嘉靖潁州志・溝洫・湖（潁上）》：「丁家湖。在縣東二十五里甘羅鄉。今漸湮塞。」《順治潁上縣志・輿圖・溝洫（湖）》：「丁家湖。縣東三十五里甘羅鄉。昔多蒲葦，今亦湮塞。水出沙河。」

⑩呂景蒙《嘉靖潁州志・溝洫・湖（潁上）》：「團湖。在縣西五十里淮潤鄉。」《順治潁上縣志・輿圖・溝洫（湖）》：「團湖。縣西五十里淮潤鄉。急遞鋪亦因湖取名。」

⑪呂景蒙《嘉靖潁州志・溝洫・湖（潁上）》：「白馬湖。在縣南四十里正陽鄉。水中有洲，上建白馬寺，故名。」《順治潁上縣志・輿圖・溝洫（湖）》：「白馬湖。縣四十里正陽鄉。水中有洲，上建白馬寺。」

⑫《南畿志・鳳陽府・潁上（山川）》：「陽臺東西二湖。二水合流，經臺下，出沙河。物產頗多，民獲利焉。」呂景蒙《嘉靖潁州志・溝洫・湖（潁上）》：「陽臺東西湖。在縣北二十里甘羅鄉。二水合流，經臺下南馳至三汊溝，達王愛溝，出沙河。物產頗多，民獲利焉。」《順治潁上縣志・輿圖・溝洫（湖）》：「陽臺東湖、西湖。縣北十五里甘羅鄉。二水合流，經臺下南馳至二汊溝，達王愛溝，出沙河。物產頗多，民獲利焉。」

⑬呂景蒙《嘉靖潁州志・溝洫・湖（潁上）》：「長林湖。在縣東北十里甘羅鄉。上通茅城溝，下接王愛溝，水出沙河。」《順治潁上縣志・輿圖・溝洫（湖）》：「長林湖。縣東北十里許甘羅鄉。上通茅城溝，下接王愛溝，水出沙河。」

⑭呂景蒙《嘉靖潁州志・溝洫・湖（潁上）》：「潤頭湖。在縣西北三十里淮潤鄉。水注黃溝，東流入於沙河。」

江家湖。在潁上縣西北二十里淮潤鄉。水通黃溝，東入沙河。①

鹽站湖。在潁上縣南十里正陽鄉。②

第三湖。在潁上縣西南四十里淮潤鄉。③

白塔湖。在潁上縣東三十里甘羅鄉。通灰溝、涿溝，西出沙河。④

周家窪湖。在太和縣北三里。⑤

聶家湖。在太和縣西北二十五里。⑥

寶仲湖。在太和縣南三里。⑦

七里澗湖。在太和縣東八里。⑧

白洋湖。在太和縣西十五里。⑨

---

①呂景蒙《嘉靖潁州志·溝洫·湖（潁上）》：「江家湖。在縣西北二十里淮潤鄉。水通黃溝，東入沙河。」《順治潁上縣志·輿圖·溝洫（湖）》：「江家湖。縣西北二十里淮潤鄉。水通黃溝，東入沙河。」

②呂景蒙《嘉靖潁州志·溝洫·湖（潁上）》：「鹽站湖。在縣南十里正陽鄉。多利。」《順治潁上縣志·輿圖·溝洫（湖）》：「鹽站湖。縣南十里正陽鄉。附於湖者多得利。」

③呂景蒙《嘉靖潁州志·溝洫·湖（潁上）》：「第三湖。在縣西南四十里淮潤鄉。」《順治潁上縣志·輿圖·溝洫（湖）》：「第三湖。縣西南四十里淮潤鄉。」

④呂景蒙《嘉靖潁州志·溝洫·湖（潁上）》：「白塔湖。在縣東三十里甘羅鄉。水通灰溝、涿溝，西出沙河。今塞。」《順治潁上縣志·輿圖·溝洫（湖）》：「白塔湖。縣東北三十里甘羅鄉。水通灰溝，達涿溝，西入沙河。今塞。」

⑤呂景蒙《嘉靖潁州志·溝洫·湖（太和）》：「周家窪湖。在縣北三里。」《萬曆太和縣志·輿勝·山川》：「周家窪湖。在縣北二里許。由七里澗而入茨河。」

⑥呂景蒙《嘉靖潁州志·溝洫·湖（太和）》：「聶家湖。在縣西北二十五里。」《萬曆太和縣志·輿勝·山川》：「上聶家湖。在縣西北四十五里。由流鴈溝而北，洩於八丈河。中聶家湖，在縣西北四十里。由流鴈溝南洩於沙河，即今之蔡家廟湖也。下聶家湖，在縣西北二十里。由稅子鋪口洩於沙河，即今之柳林湖也。」

⑦呂景蒙《嘉靖潁州志·溝洫·湖（太和）》：「寶仲湖。在縣南三里。」《萬曆太和縣志·輿勝·山川》：「寶仲湖。在縣南三里，洩於沙河。」

⑧呂景蒙《嘉靖潁州志·溝洫·湖（太和）》：「七里澗湖。在縣東八里。」《萬曆太和縣志·輿勝·山川》：「七里澗湖。在縣東八里。東洩於茨河。」

⑨呂景蒙《嘉靖潁州志·溝洫·湖（太和）》：「白洋湖。在縣西十五里。」《萬曆太和縣志·輿勝·山川》：「東白洋湖。在縣西十五里，東通沙河。西白洋湖，在東白洋湖之右，通於柳河。」

鴨兒湖。在太和縣西二十里。①

陶種湖。在太和縣西四十里。②

## 灣一十四

八里灣。在州西一百七十里潁河北岸。③

龍項灣。在州西南一百七十里汝水之旁。④

牛角灣。在州西南一百五十里汝水東。南流對灣，曲如牛角。⑤

老堰灣。在州南一百六十里龍項灣東。土民築堰，壅五汊溝泉水以溉灣田。⑥

鯉魚灣。在州南一百四十里汝水旁。一小洲如魚，故名。⑦

崇灣。在州南七十里，谷河、淮河之內。⑧

宣灣。在州南一百里，淮河、谷河之旁。⑨

水臺灣。在州南一百里，故楚平王築臺處，爲淮水所注。⑩

蠻流灣。在州北一百七十里潁河北岸。⑪

溝　洫

①呂景蒙《嘉靖潁州志·溝洫·湖（太和）》：「鴨兒湖。在縣西二十里。」《萬曆太和縣志·輿勝·山川》：「鴨兒湖。在縣西二十里。」

②呂景蒙《嘉靖潁州志·溝洫·湖（太和）》：「陶種湖。在縣西四十里。」《萬曆太和縣志·輿勝·山川》：「陶種湖。在縣西四十里，東洩於柳河。」

③《正德潁州志·山川·灣》：「八里灣。在州西一百七十里，潁河北岸。黃河決齧，北入二三里。今亦樹藝，水多則澇也。」呂景蒙《嘉靖潁州志·溝洫·灣（州）》：「八里灣。在州西一百七十里，潁河北岸。今皆樹藝。」《順治潁州志·輿地·灣》同。

④《正德潁州志·山川·灣》：「龍項灣。在州西南一百七十里。汝水漲，灣之曲折處俱墊溺矣。」呂景蒙《嘉靖潁州志·溝洫·灣（州）》：「龍項灣。在州西南一百七十里汝水之旁。」《順治潁州志·輿地·灣》同。

⑤《正德潁州志·山川·灣》：「牛角灣。在州西南一百五十里。汝水出永安故縣，東折而南流十餘里，又東不能二三里，又北折至對灣前後，迺復東下。汝水泛，則通灣侵淫矣。」呂景蒙《嘉靖潁州志·溝洫·灣（州）》：「牛角灣。在州西南一百五十里汝水東。南流對灣，曲折如牛角云。」《順治潁州志·輿地·灣》同。

⑥《正德潁州志·山川·灣》：「老堰灣。在州南一百六十里龍項灣東。汝水落，則灣中皆膏腴。土民築堰，壅五汊溝泉水以溉灣田，爲利甚博。汝漲，則渰浸無遺。」呂景蒙《嘉靖潁州志·溝洫·灣（州）》：「老堰灣。在州南一百六十里龍項灣東。汝水落，則灣中皆膏腴。土民築堰，壅五汊溝泉水以溉灣田。」《順治潁州志·輿地·灣》同。

⑦《正德潁州志·山川·灣》：「鯉魚灣。在州南一百四十里。汝泛岸，低處一小洲水中如魚，故名。」呂景蒙《嘉靖潁州志·溝洫·灣（州）》：「鯉魚灣。在州南一百四十里汝水旁。一小洲如魚，故名。」《順治潁州志·輿地·灣》同。

⑧《正德潁州志·山川·灣》：「崇灣。在州南七十里。谷河環其北，淮水横其南，決齧渺茫。秋夏水多，民無望矣。」呂景蒙《嘉靖潁州志·溝洫·灣（州）》：「崇灣。在州南七十里，谷河、淮河之內。」《順治潁州志·輿地·灣》同。

⑨《正德潁州志·山川·灣》：「宣灣。在州南一百里。淮水衝匯遏逼，谷河之水不能舒流，泓停低壤。淮泛則逆流於灣，民患亦甚。」呂景蒙《嘉靖潁州志·溝洫·灣（州）》：「宣灣。在州南一百里，淮河、谷河之旁。」《順治潁州志·輿地·灣》同。

⑩《正德潁州志·山川·灣》：「水臺灣。在州南一百里。淮至此河，寬倍上流。故平王築臺於此，以觀競渡之戲。」呂景蒙《嘉靖潁州志·溝洫·灣（州）》：「水臺灣。在州南一百里。淮水至此倍寬，故平王築臺於此。」《順治潁州志·輿地·灣》同。

⑪《正德潁州志·山川·灣》：「蠻流灣。在州北一百一十里。淝河水泛，則低岸悉渰成湖。故雨水稍多，灣偏受患。」呂景蒙《嘉靖潁州志·溝洫·灣（州）》：「蠻流灣。在州北一百七十里，潁河之北岸。」《順治潁州志·輿地·灣》同。

長灣。在潁上縣北十二里，甘羅鄉。①
索家灣。在潁上縣東八里，甘羅鄉。②
陳預灣。在潁上縣東南二十五里，正陽鄉。③
留犢灣。在潁上縣東三十五里，正陽鄉沙河側，昔苗留犢處。④
朱四灣。在潁上縣東四十五里，正陽鄉。⑤

## 澗七

烏龍澗。在潁上縣西北四十里，潁陽鄉。⑥
賽澗。在潁上縣東六十里，正陽鄉。⑦
花水澗。在潁上縣東南三十五里，正陽鄉。⑧
姬家澗。在潁上縣西北四十里，潁陽鄉。⑨
翻車澗。在潁上縣西南六十里，漕口鎮。⑩

馬蝗澗。在穎上縣東南五十里，正陽鄉。⑪

①呂景蒙《嘉靖穎州志·溝洫·灣（穎上）》：「長灣。在縣北十二里，甘羅鄉。」《順治穎上縣志·輿圖·溝洫（灣）》：「長灣。縣北十二里，甘羅鄉。」

②呂景蒙《嘉靖穎州志·溝洫·灣（穎上）》：「索家灣。在縣東八里，甘羅鄉。」《順治穎上縣志·輿圖·溝洫（灣）》：「索家灣。縣東八里，甘羅鄉。」

③呂景蒙《嘉靖穎州志·溝洫·灣（穎上）》：「陳預灣。在縣東南二十五里，正陽鄉。」《順治穎上縣志·輿圖·溝洫（灣）》：「陳預灣。縣東四十五里，正陽鄉。」

④呂景蒙《嘉靖穎州志·溝洫·灣（穎上）》：「思犢灣。在縣東三十五里，正陽鄉沙河側。《舊志》謂時苗留犢處，然犢已留於壽春，若牛母過此而思其犢，理或有之，因更曰思犢。」《順治穎上縣志·輿圖·溝洫（灣）》：「留犢灣。縣東二十五里，正陽鄉沙河側，時苗留犢處。」

⑤呂景蒙《嘉靖穎州志·溝洫·灣（穎上）》：「朱四灣。在縣東四十五里，正陽鄉。」《順治穎上縣志·輿圖·溝洫（灣）》：「朱四灣。縣東四十五里，正陽鄉。」

⑥呂景蒙《嘉靖穎州志·溝洫·澗（穎上）》：「烏龍澗。在縣西北四十里，穎陽鄉。」《順治穎上縣志·輿圖·溝洫（澗）》：「烏龍澗。縣西北四十里，穎陽鄉。」

⑦呂景蒙《嘉靖穎州志·溝洫·澗（穎上）》：「賽澗。在縣東六十里，正陽鄉。」《順治穎上縣志·輿圖·溝洫（澗）》：「賽澗。縣東南六十里，正陽鄉。」

⑧呂景蒙《嘉靖穎州志·溝洫·澗（穎上）》：「花水澗。在縣東南三十五里，正陽鄉。」《順治穎上縣志·輿圖·溝洫（澗）》：「花水澗。縣東五十里，正陽鄉。」

⑨呂景蒙《嘉靖穎州志·溝洫·澗（穎上）》：「姬家澗。在縣西北四十里，穎陽鄉。」《順治穎上縣志·輿圖·溝洫（澗）》：「姬家澗。縣西南四十里，穎陽鄉。」

⑩呂景蒙《嘉靖穎州志·溝洫·澗（穎上）》：「翻車澗。在縣西南六十里，漕口鎮。」《順治穎上縣志·輿圖·溝洫（澗）》：「翻車澗。縣西南六十里，漕口鎮，達清河。」

⑪呂景蒙《嘉靖穎州志·溝洫·澗（穎上）》：「馬蝗澗。在縣東南五十里，正陽鄉。」《順治穎上縣志·輿圖·溝洫（澗）》：「馬蝗澗。縣西南五十里，正陽鄉。」

雙澗。在潁上縣北三十里，潁陽鄉。一水分二派，故名。①

## 塘四

焦陂塘。在州南六十里，廣十餘頃。唐刺史柳寶積教民置陂潤河，引水入塘，溉田萬頃。② 歐陽脩《憶焦陂歌》：

焦陂荷花照水光，未到十里聞花香。焦陂八月新酒熟，秋水魚肥鱠如玉。清河兩岸柳鳴蟬，直到焦陂不下船。笑向漁翁酒家保，金龜可解不須錢。明日君恩許歸去，白頭嘯歌［酣詠］太平年。③

清陂塘。在州西南一百六十里。④

安舟塘。在州南一百里。延袤六七里，遶安舟崗，便於溉田。成化中同知劉節脩復。⑤

周家塘。在潁上縣西十二里。周□□總管家於此。南注八里河。⑥

## 陂三

盆陂。在州南鄉楊宅橋西。前人置陂障谷水，溉河北田。水滿，陂如盆，故名。⑦

## 溝　洫

①呂景蒙《嘉靖潁州志・溝洫・澗（潁上）》：「雙澗。在縣北三十里，潁陽鄉。一水分二派，故名。」《順治潁上縣志・輿圖・溝洫（澗）》：「雙澗。縣治正北三十里，潁陽鄉。一水分二派，故名。」

②《正德潁州志・山川・塘》：「椒陂塘。在州南六十里。廣十餘頃，溉田萬畝。唐刺史柳實積教民置陂潤河，引水入塘，灌溉倍之。」呂景蒙《嘉靖潁州志・溝洫・塘（州）》：「椒陂塘。在州南六十里，廣十餘頃。唐刺史柳實積教民置陂潤河，引水入塘，溉田萬頃。」《順治潁州志・輿地・塘》同。

③此詩，《歐陽修全集》題作《憶焦陂》。

④《正德潁州志・山川・塘》：「清陂塘。在州西南一百六十里。塘自西至東二十里，南北可七八里。往時民樂其利。宋蘇東坡守潁，亦嘗修之，變故廢弛。洪武中，重修塞責。其後分下流之水，軍民矛盾，而塘日湮爲田。上源毀，失汝濱之閘，下流争决走水之溝。於今六十餘年，無事於公家，其利專於一二豪強矣。塘不詳築自何代，今無力以成民功，可愧也。」呂景蒙《嘉靖潁州志・溝洫・塘（州）》：「清陂塘。在州西南一百六十里。」《順治潁州志・輿地・塘》同。

⑤《成化中都志・山川・潁州》：「安舟塘。在州南一百里，延袤幾六七里，環遶安舟岡東北。」《正德潁州志・山川・塘》：「安舟塘。在州南一百里，延袤幾六七里，環遶安舟崗。東北轉挽，以溉土田，民利甚博。成化丁酉，塘少壞。同知劉節給餉，督民築之。」呂景蒙《嘉靖潁州志・溝洫・塘（州）》：「安舟塘。在州南一百里。延袤六七里，環遶安舟崗，民便於溉田。成化中塘壞，同知劉節修復。」《順治潁州志・輿地・塘》：「安舟塘。在州南一百里。環崗七里。成化中壞，同知劉節修復。」

⑥呂景蒙《嘉靖潁州志・溝洫・塘（潁上）》：「周家塘。在縣西十二里。周總管家於此，故名。南注八里河。」《順治潁上縣志・輿圖・溝洫（塘）》：「周家塘。在縣西北十二里。元周總管家於此，故名。」

⑦《成化中都志・山川・潁州》：「盆陂。在南鄉楊宅橋西，置陂障谷水，溉田。水滿，陂望之如盆。」《正德潁州志・山川・陂》：「盆陂。在州南鄉楊宅橋西。前人置陂障谷水，溉河北田。水滿，陂如盆，故名。」呂景蒙《嘉靖潁州志・溝洫・陂（州）》：「盆陂。在州南鄉楊宅橋西。前人置陂障谷河，溉河北田。水滿，陂如盆，故名。」《順治潁州志・輿地・陂》：「盆陂。在州南鄉楊宅橋西。前人置陂障谷水，溉河北田。水滿，陂如盆，故名。」

雙陂。在州南八十里。相傳：自谷河障水，以溉黄丘村南之田。今引水溝道尚在，而陂失去矣。①

土陂。在州南九十里。土民築陂障老軍屯、栗林諸水，以灌黄花坡西田。②

## 堰一

淵家堰。在州南七十里。土人築堰以蓄土陂下流之水，溉黄丘店田。③

李宜春曰：甚矣，水之爲利害也！潁地勢卑曠，澇則易淹，旱則易涸。其於古渠塘多失故處，而湮塞相效尤焉，害何可言哉？噫！欲明其利，在達其患，詳而載焉，其有所考而復乎？

①《成化中都志·山川·潁州》：「雙陂。在南鄉四圖，去城七十里。蓄水以溉黄花陂西之田。」《正德潁州志·山川·陂》：「雙陂。在州南八十里。相傳：前人自谷河障水，以溉黄丘村南之田。今引水溝道尚在，失陂所在。」吕景蒙《嘉靖潁州志·溝洫·陂（州）》：「雙陂。在州南八十里。相傳：前人自谷河障水，以溉黄丘村南之田。今引水溝道尚在，而陂失去所矣。」《順治潁州志·輿地·陂》：「雙陂。在州南八十里。相傳：前人自谷河障水，溉黄丘村南之田。今引水溝道尚在，而陂廢。」

②《正德潁州志·山川·陂》：「土陂。在州南九十里。土民築陂，障老軍屯、栗林坡諸水，以溉黄花坡西之田。」吕景蒙《嘉靖潁州志·溝洫·陂（州）》：「土陂。在州南九十里。土民築陂障老軍屯、栗林諸水，以灌黄花坡西之田。」《順治潁州志·輿地·陂》同。

③《正德潁州志·山川·堰》：「溫家堰。在州南七十里。土民築堰，以畜土陂下流之水，溉黄丘店西之田。」吕景蒙《嘉靖潁州志·溝洫·堰（州）》：「溫家堰。在州南七十里。土人築堰以蓄土陂下流之水，溉黄丘店田。」《順治潁州志·輿地·堰》：「溫家堰。在州南七十里。土人築堰以蓄土陂下流之水，溉黄坵店田。」

# 風俗

夫質文染乎旹化，淳漓繫於世趨。斯稷下之所以扇其清風，蘭陵之所以鬱其茂俗者也。作《風俗》，述習尚以起敝，紀災祥以立防，而《物異》附焉。

汝潁人率性真直，賤商務農。《寰宇記》①

尚氣安愚。《風土記》。②

汝潁固多奇士。賁嵩云。③

鄭、汝之地，墾田頗廣，民多致富，亦由儉嗇而然乎！《宋史》。④

風俗清麗。

人備文武全才。

不事末作。

男勤耕桑，女勤織紝。宋《地理志》⑤

民淳訟簡而物產美，土厚水甘而風氣和。歐陽脩《思潁詩序》⑥

---

①宋乐史《太平寰宇記·濠州》：「率性真直，賤商務農。」呂景蒙《嘉靖潁州志·輿地·風俗》：「《寰宇記》：『汝潁人率性真直，賤商務農。』」

②即晉周處《風土記》。然該書已佚，無從核對。呂景蒙《嘉靖潁州志·輿地·風俗》：「《風土記》云：『尚氣安愚。』」

③《晉书·周顗传》：「周顗字伯仁，安東將軍浚之子也。少有重名，神彩秀徹，雖時輩親狎，莫能媟也。司徒掾同郡賁嵩有清操，見顗歎曰：『汝潁固多奇士，自頃雅道陵遲，今復見周伯仁。將振起舊風，清我邦族矣。』」呂景蒙《嘉靖潁州志·輿地·風俗》：「賁嵩云：『汝潁固多奇士。』」

④《宋史·地理志》：「太宗遷晉、雲、朔之民於京、洛、鄭、汝之地，墾田頗廣，民多致富，亦由儉嗇而然乎！」

⑤這幾句實出自潁州《舊志》。《宋史·地理志》未有近似內容。《大明一統志·鳳陽府》：「風俗清麗。」註云：「潁［潁］州《舊志》：『山川流峙，風俗清麗，人才皆間氣所鍾。』」其後曰：「不事末作。」註云：「同上。汝陰之俗，不事末作，男勤耕桑，女勤織紝。」《大明一統志·鳳陽府》在「風俗清麗」後一條云：「人備文武全才。」註云：「同上。」《成化中都志·風俗·潁州》：「《見聞錄》云：『士兼文武，民務農桑。』《舊志》云：『山川流峙，風俗清麗。』又云：『汝陰之俗，不事末作，男勤耕桑，女勤織紝。』」呂景蒙《嘉靖潁州志·輿地·風俗》：「《宋地志》云：『風俗清麗。人備文武全才。不事末作。男勤耕桑，女勤織紝。』」

⑥歐陽修《思潁詩後序》：「愛其民淳訟簡而物產美，土厚水甘而風氣和，於時慨然已有終焉之意也。」《成化中都志·風俗·潁州》：「歐陽修《思潁詩後序》云：『民淳訟簡而物產美，土厚水甘而風氣和。』」呂景蒙《嘉靖潁州志·輿地·風俗》：「歐公《思潁詩序》云：『民淳訟簡而物產美，土厚水甘而風氣和。』」

里巷敦扶持之義，男女別飲食之筵。《元志》。①

士習詩書，俗尚禮義。《中都志·潁上縣》。②

鄉有賑卹之義，人無穿窬之風。《中都志·太和縣》。③

## 節序

元旦。鷄將鳴，主人起肅衣冠，率子弟焚香拜天。次設供祀竈，謂之接竈。次拜神堂，次拜祖先，點燭燒香，焚楮幣畢，男女拜於中堂，尊卑有序。後族親、鄉友、鄰里交相往拜至親，菓酒往拜其家，謂之賀節。後備春酒，彼此宴會，二三月迺止。④

上元。人家各張花燈於庭，食米粉丸子。又蒸麵食類繭，俗謂之宜蠶。門窗、户壁、碓磨、井竈、槽櫪、欄柵、窩圈各設燈，謂之耗燈。街衢坊巷各設架掛燈，謂之過街燈。兒童輩亦各挑燈相聚，喧嘩遊賞，皷樂通宵。⑤

清明。插柳於簷，交門户上。人各簪一枝，具牲醴，旹餻，祭掃墳墓，封土數簣，謂之添土。又以柳枝掛白紙錢於塚上。⑥

端午。人家包角粽相饋送，懸艾於門户、牀帳處，焚倉朮於庭，置雄黄、菖蒲與酒飲之。仍以雄黄柔［揉］於小兒耳鼻中，繫五彩綫於項，並手臂足腕，謂之百索。男女皆佩符簪艾，□□之□□招□。⑦

六月。初六日，曬衣革、書畫。

七夕。陳瓜果於庭，俗謂之乞巧。

中元。七月十五置食牲醴，祭先如清明儀。⑧

---

①這二句實出自潁州《舊志》。《元史·地理志》未有近似內容。二句又見於《江南通志·潁州府》，註云：「出元史志。」然未言何種史志。亦見於《大清一統志·潁州府》，註云：「出《元和地理志》。」而《元和郡縣圖志》亦無近似內容。呂景蒙《嘉靖潁州志·輿地·風俗》：「《元志》云：『里巷敦扶持之義，男女別飲食之筵。』」

②《成化中都志·建置沿革·古風》：「潁上縣。古云民俗淳厚，惟務農桑。今則士習詩書，俗尚禮義，文質彬彬然也。」

③《成化中都志·建置沿革·古風》：「太和縣。古之風俗，士兼文武，民務農桑。今則鄉有賑卹之義，人無穿窬之風。」

④《順治潁州志·輿地·風俗（歲序）》：「元旦。賀節。」《康熙潁州志·風俗》：「元旦。先拜天地，次祀竈，次拜祖先。然後男女拜家長於中堂，尊卑共飲椒栢酒，食餛飩。詰朝，親友交拜賀節，三日止。」《乾隆阜陽縣志·輿地·風俗》：「元旦。先拜天地，次祀竈，次拜祖先。然後男女拜家長於中堂，尊卑共飲椒栢酒，食餛飩。詰朝，親友交拜賀節，三日後止。」

⑤《順治潁州志·輿地·風俗（歲序）》：「元宵。張燈。」《康熙潁州志·風俗》：「上元。張燈於庭，食米粉丸子。蒸麵米如繭，謂之宜蠶。門戶、碓井等處各設燈，謂之照耗。豐年，街市皆掛燈，兒童持燈聚樂，簫鼓通宵。」《乾隆阜陽縣志·輿地·風俗》：「上元。張燈於庭，食米粉圓子，蒸麵米如繭，謂之宜蠶。門戶、碓井等處各設燈，謂之照耗。豐年，街市皆掛燈，兒童持燈聚樂，簫鼓通宵。」

⑥《順治潁州志·輿地·風俗（歲序）》：「清明。祭墓。」《康熙潁州志·風俗》：「清明。插柳於門戶，具牲醴，拜祭先塋，掃松添土。」《乾隆阜陽縣志·輿地·風俗》：「清明。插柳於門戶，具牲醴，拜祭先塋，掃松添土。」

⑦《順治潁州志·輿地·風俗（歲序）》：「端午。蒲節。」《康熙潁州志·風俗》：「端午。包粽相遺，懸艾於門戶、床帳，焚蒼朮於庭，飲雄黃、菖蒲酒，以綵絲繫小兒項及手足間，男女皆佩符簪艾，採百草合藥。」《乾隆阜陽縣志·輿地·風俗》：「端午。包粽相遺，懸艾於門戶、牀帳，焚蒼朮於庭，飲雄黃、菖蒲酒，以綵絲繫小兒項及手足間，男女皆佩符簪艾，採百草合藥。」

⑧《順治潁州志·輿地·風俗（歲序）》：「中元。祭墓。」《康熙潁州志·風俗》：「中元。祭掃如清明。」《乾隆阜陽縣志·輿地·風俗》：「中元。祭掃如清明。」

中秋。夜焚香月下，雜陳瓜果，中薦以團圓大餅，老幼漸拜，謂之翫月。取一家團圓之象，及夜深迺罷。①

重陽。人家蒸棗糕，飲菊酒，亦相饋送。②

下元。十月初一日祀先，儀與前祭同。③

長至。焚香燭，具牲醴，祀祖先。不行拜賀禮。④

臘八。十二月八日，以諸果並肉米雜煮食之，謂之臘八粥。⑤

祭竈。以十二月二十四日夜靜旹，洒掃潔凈，屏婦女，用白糖三盤，旹果三品，茶三盞，酒三樽，芻一束，豆一盂，水一碗，祀畢焚楮，謂之送竈。⑥

除夜。人家備牲醴，詣墳所祭告。然後換門神，易桃符，焚巨色紙錢於門，焚倉朮壁廡，具放炮爆竹，燒火於庭前，謂之生盆，取光明聚象之意。大張鼓樂，設宴，飲屠蘇酒，長幼歡慶。先拜尊長，餘者以序得拜，謂之賀歲。終夜不寐，謂之守歲。⑦

李宜春曰：余覩士大夫家，猶庶幾近古，下即日靡靡然偷，未嘗不疾旹而心痛焉。蓋服美而志淫，樂門而輕死。論冠昏，多童男而笄女；論喪祭，率歌唱而投壺。兄死則郎嫂爲匹媲，婦寵則姑舅爭毒殺。日投牒數百，傷化居多。及提捕，則強狠亡命，持刃而呼，甚至誣攘竊以強劫，陷善良以窩主，致人非命，不亦冤乎？余故作《諭俗文》，致勸戒焉。噫！安得講朱紫陽之家禮，行呂藍田之鄉約，還吾民於古之風俗哉！

附《諭俗文》：

告諭父老子弟，方今五穀豐登，四封寧謐，各家務要勤爾農桑，毋游手博食；孝爾父母，毋結拜他人。昏姻須論年以耦，兄弟當共籍而居。宴賓客則可飲酒，勿以沉湎而啟爭；處鄰里則持和氣，勿以輕意而致忿喜。告訐則破家損德，求直未必爲直；奉公法則安身樂業，似癡未必爲癡。毋輕軀圖賴，害人適先害己；毋縱貧強禦，得貨反重得禍。容婦女上香謁廟，廉恥何歸？居死喪擊鼓娛屍，禮教安在？徒費錢財，奚補功

---

①《順治潁州志·輿地·風俗（歲序）》：「中秋。賞月。」《康熙潁州志·風俗》：「中秋。夕焚香，陳果餅，老幼拜月，謂之團圓夜。」《乾隆阜陽縣志·輿地·風俗》：「中秋。夕焚香，陳果餅，老幼拜月，謂之團圓夜。」

②《順治潁州志·輿地·風俗（歲序）》：「重陽。登高。」《康熙潁州志·風俗》：「重陽。蒸棗糕饋送，飲菊酒。登高。」《乾隆阜陽縣志·輿地·風俗》：「重陽。蒸棗糕饋送，飲菊酒。登高。」

③《順治潁州志·輿地·風俗（歲序）》：「十月朔。祭墓。」《康熙潁州志·風俗》：「十月朔日。祭掃，焚寒衣。」《乾隆阜陽縣志·輿地·風俗》：「十月朔日。祭掃，焚寒衣。」

④《康熙潁州志·風俗》：「長至。祀祖先。」《乾隆阜陽縣志·輿地·風俗》：「長至。祀祖先。官民相賀。」

⑤《乾隆阜陽縣志·輿地·風俗》：「臘月八日。僧舍用百果及菽乳和米作粥供佛。」

⑥《順治潁州志·輿地·風俗（歲序）》：「臘月。二十四日夜半，設餳祭司命。」《康熙潁州志·風俗》：「臘月二十三日。夜半時設餳果茶酒祀竈。」《乾隆阜陽縣志·輿地·風俗》：「（臘月）二十三日。夜半時設餳果茶酒祀竈。」

⑦《順治潁州志·輿地·風俗（歲序）》：「除夕。更桃符，作春帖。男女胥餞歲。」《康熙潁州志·風俗》：「除夜。易桃符，放爆竹，爇火於庭。先拜祖先，次尊長，餘以序拜，夜分不寐，謂之守歲。」《乾隆阜陽縣志·輿地·風俗》：「除夜。易桃符，放爆竹，爇火於庭。先拜祖先，次尊長，餘以序拜，夜分不寐，謂之守歲。」

德？嗟乎！才疏政拙，愧無德教之加；俗敝風頹，深切話言之戒。庶期勸勉，共返善淳。父老子弟，其毋忽諸！

## 物異

### 漢

初元五年（前44）夏及秋，霪雨連旬，壞卻［郤］民舍，及水流殺人。①

永元十二年（100）六月，大水傷稼。②

元初二年（115），水化爲血。③

元［延］光二年（123）三月丙申，大風拔木。潁上木連理者數株。④

### 晉

元康四年（294）十一月，汝陰地震。木連理二。⑤

## 東晉

元帝，北境漸蹙，潁陷於劉曜、石勒。⑥

## 宋

大明二年（458）三月壬子，西汝陰郡樓煩平地出醴泉。⑦

---

①《漢書・元帝紀》：「（永光五年）秋，潁川水出，流殺人民。」呂景蒙《嘉靖潁州志・郡紀》：「（兩漢）元帝初元五年夏及秋，霪雨連旬，壞卸[卻]民舍，及水流殺人。」

②《後漢書・五行・大水》：「（和帝永元）十二年六月，潁川大水，傷稼。」呂景蒙《嘉靖潁州志・郡紀》：「（兩漢）和帝永元十二年六月，大水傷稼。」

③《後漢書・五行・大水》：「（安帝永初）六年，河東池水變色，皆赤如血。是時鄧太后猶專政。《古今註》曰：『元初二年，潁川襄城臨（流）水化爲血，（不流）。』京房占曰：『流水化爲血，兵且起，以日辰占與其色。』」呂景蒙《嘉靖潁州志・郡紀》：「（兩漢）安帝元初二年，潁州水化爲血。按京房占曰『水化爲血，兵且起。』」

④《後漢書・五行・大風拔樹》：「（安帝）延光二年三月丙申，河東、潁川大風拔樹。」《後漢書・安帝紀》：「（延光三年七月）潁川上言木連理。」二事並非同年。呂景蒙《嘉靖潁州志・郡紀》：「（兩漢）元光二年三月丙申，大風拔木。是年，潁上木連理者數株。」

⑤《晉書・五行・地震》：「（惠帝元康四年）十一月，滎陽、襄城、汝陰、梁國、南陽地皆震。」呂景蒙《嘉靖潁州志・郡紀》：「（晉）惠帝元康四年十一月，汝陰地震。是時，潁州言有木連理二。」

⑥呂景蒙《嘉靖潁州志・郡紀》：「（東晉）元帝後，北境漸蹙，潁陷於劉曜、石勒。」

⑦《宋書・符瑞志・醴泉》志第十九載：「孝武帝大明二年三月壬子，北汝陰樓煩平地出醴泉，豫州刺史宗慤以聞。」呂景蒙《嘉靖潁州志・郡紀》：「（宋）世祖大明二年三月壬子，西汝陰樓煩平地出醴泉，豫州刺史宗慤以聞。」

泰始三年（467），魏鄭義、元石攻汝陰，太守張超城守，攻之不克。①

西魏

遣大將王思政入據潁，高岳堰洧水灌城，圍之，潁陷。②

東魏

武定五年（547）正月，司徒侯景反，潁州刺史司馬世雲以城應之，景入據潁。七年（549）春正月，齊文襄王帥衆赴潁州，擒刺史皇甫僧顯。五月，魏克潁州。初，沙門志公於大會中作詩曰：「兀尾狗子始著狂，欲死不死嚙人傷，須臾之間自滅亡。患在汝陰死三湘，橫屍一旦無人藏。」侯景小字狗子，後景敗於三湘，果驗。潁州長史賀若統執刺史田迅，據州降後周。③

隋

大業三年（607）夏四月，賊率房憲（伯）陷汝陰郡。④

## 唐

永徽四年（653）夏秋旱，潁等州尤甚。⑤

大曆四年（769），殺潁州刺史李岵。旹令狐彰爲滑、魏節度使，性猜阻忮忍，忤者輒死。（怒）潁州刺史李岵，遣姚奭代之，戒曰：「不旹殺之。」岵知其謀，因殺奭，死者百餘人。奔汴州，上書自言。彰亦劾之。河南尹張延賞畏彰，留岵使不遣，

---

①《魏書·鄭羲傳》：「明年春，又引軍東討汝陰。劉彧汝陰太守張超城守不下，石率精鋭攻之，不克，遂退至陳項，議欲還軍長社，待秋擊之。」呂景蒙《嘉靖潁州志·郡紀》：「（宋）明帝泰始三年，魏鄭羲、元石攻汝陰，汝陰太守張超城守，石等率精鋭攻之不克。」

②《周書·王思政傳》：「東魏太尉高嶽、行臺慕容紹宗、儀同劉豐生等，率步騎十萬來攻潁川……思政選城中驍勇，開門出突……齊文襄更益嶽兵，堰洧水以灌城。」呂景蒙《嘉靖潁州志·郡紀》：「西魏，遣大將王思政入據潁州，東魏高岳堰洧水灌城，圍之，潁陷。」

③《魏書·孝靜紀》：「（武定五年春正月）辛亥，司徒侯景反，潁州刺史司馬世雲以城應之。景入據潁城……（武定七年）五月，齊文襄王帥衆自鄴赴潁川。六月丙申，克潁州……潁州刺史皇甫僧顯等……（天平四年）冬十月，潁州長史賀若徽執刺史田迅西叛，引寶炬都督梁回據城。」呂景蒙《嘉靖潁州志·郡紀》：「（東魏）武定五年正月，司徒侯景反，潁州刺史司馬世雲以城應之，景入據潁。七年五月，魏克潁州。初，沙門志公於大會中作詩曰：『兀尾狗子始著狂，欲死不死嚙人傷，須臾之間自滅亡。患在汝陰死三湘，橫屍一旦無人藏。』景小字狗子，後景敗於三湘，果驗。潁州長史賀若統執刺史田迅，據州降後周。」

④《隋書·煬帝紀》：「（大業三年四月）丁酉，賊帥房憲伯陷汝陰郡。」呂景蒙《嘉靖潁州志·郡紀》：「（隋）煬帝大業三年夏四月，賊帥房憲伯陷汝陰郡。」

⑤《新唐書·五行志·常暘》：「（永徽）四年夏、秋，旱，光、婺、滁、潁等州尤甚。」呂景蒙《嘉靖潁州志·郡紀》：「（唐）高宗永徽四年夏秋旱，光、婺、滁、潁等州尤甚。」

故彰書先聞。斥岵夷州，殺之。①

咸通元年（860），潁州大水。九年（868）十二月，龐勛破下蔡。②

廣明元年（880），黄巢圍潁州，刺史欲以城降。旹段秀實孫珂居潁，募少年拒戰。衆裹糧請從，賊潰，拜州司馬。③

天祐二年（905）五月，潁州汝陰民彭文妻一産三男。④

## 後唐

長興三年（932）七月，諸州大水，宋、潁、亳尤甚。⑤

## 後漢

乾祐二年（949），潁州進白鹿。⑥

## 周

顯德三年（956），潁州進白兔，又進白烏。⑦

# 風　俗

①《新唐書·令狐彰傳》：「（令狐彰）拜滑亳、魏博節度使……然猜阻忮忍，忤者輒死。怒潁州刺史李岵，遣姚奭代之，戒曰：『不時代，殺之。』岵知其謀，因殺奭，死者百餘人，奔汴州，上書自言，彰亦劾之。河南尹張延賞畏彰，留岵使，故彰書先聞，斥岵夷州，殺之。」呂景蒙《嘉靖潁州志·郡紀》：「（唐）大曆四年，殺潁州刺史李岵。時令狐彰爲滑、亳、魏節度使，性猜阻忮忍，忤者輒死。怒潁州刺史李岵，遣姚奭代之，戒曰：『不時殺之。』岵知其謀，因殺奭，死者百餘人。奔汴州，上書自言。彰亦劾之。河南尹張延賞畏彰，留岵使不遣，故彰書先聞。斥岵夷州，殺之。」

②《新唐書·五行·水不潤下》：「咸通元年，潁州大水。」《新唐書·懿宗本紀》：「（咸通九年）十二月，龐勛陷和、滁二州……」未云「破下蔡」事。呂景蒙《嘉靖潁州志·郡紀》：「（唐）懿宗咸通元年，潁州大水。九年十二月，龐勛破下蔡。」

③《新唐書·段秀實傳》附《段珂傳》：「珂，僖宗時居潁州。黄巢圍潁，刺史欲以城降，珂募少年拒戰，衆裹糧請從，賊遂潰，拜州司馬。」呂景蒙《嘉靖潁州志·郡紀》：「（唐）僖宗廣明元年，黄巢圍潁州，刺史欲以城降。時段秀實孫珂居潁，募少年拒戰。衆裹糧請從，賊潰，拜州司馬。」

④《新唐書·五行·人痾》：「天祐二年五月，潁州汝陰民彭文妻一產三男。」呂景蒙《嘉靖潁州志·郡紀》：「（唐）哀宗天祐二年五月，潁州汝陰民彭文妻一產三男。」

⑤《舊五代史·唐書·明宗紀》：「（長興三年七月）秦、鳳、兖、宋、亳、潁、鄧大水，漂邑屋，損苗稼。」呂景蒙《嘉靖潁州志·郡紀》：「後唐長興三年七月，諸州大水，宋、亳、潁尤甚。」

⑥《舊五代史·漢書·隱帝紀》：「（乾祐二年六月）乙亥，潁州獻白鹿。」呂景蒙《嘉靖潁州志·郡紀》：「後漢乾祐二年，潁州進白鹿。」

⑦《玉海·祥瑞·動物》：「（周顯德）三年，潁州獻白兔。」《文獻通考·物異考·羽蟲之異》：「（世宗顯德）三年，潁州進白烏。」呂景蒙《嘉靖潁州志·郡紀》：「周顯德三年，潁州進白兔。是年，又進白烏。」

宋

建隆二年（961），詔發陳、許丁夫數萬，浚蔡水入潁。六年，潁州水溢，渰民舍、田疇甚衆。①

開寶二年（969），潁、蔡、陳、宋、亳水害秋苗。四年（971），白露、舒、汝、廬、潁五水並漲，壞廬舍、民田。六年（973）六月，潁州淮、淠水溢，渰民舍、田疇甚衆。②

太平興國二年（977）六月，潁水漲，壞城門、軍營、民舍。五年（980）五月，潁水溢，壞堤及民舍。獻白雉。③

淳化四年（993）秋，潁、宋、亳霖雨，秋稼多敗。五年（994）秋，潁、宋、亳雨水害稼。④

咸平六年（1003），潁州獻白麑。⑤

天僖二［三］年（1019）三月甲申，潁州石隕出泉，飲之愈疾。三年正月晦，沈丘縣民駱新田間震雷，墳之，隕石三，入地七尺許。⑥

治平元年（1064），潁水災。又以是年旱。⑦

紹興七年（1137），宗弼爲右監軍，復取河南，戰於潁州，漢軍少卻。十年（1140）五月壬寅，金人圍順昌府，東京副留守劉錡引兵力戰，敗之。乙巳，劉錡遣將閻充敗金人於李村。乙卯，順昌圍解。三十一年（1161）五月乙卯，知順昌軍孟昭率部曲來歸。⑧

①《宋史·太祖本紀》：「（建隆二年春正月）丁巳，導蔡水入潁。」建隆僅至五年，未有六年；其年潁州「渰民舍、田疇」事亦不可考。且呂景蒙《嘉靖潁州志·郡紀》：「（宋）太祖建隆二年，詔發陳、許丁夫數萬，浚蔡水入潁。建隆六年，潁州水溢，渰民舍、田疇甚衆。」

②《宋史·五行·水上》：「是歲（開寶二年），青、蔡、宿、淄、宋諸州水，真定、澶、滑、博、洺、齊、潁、蔡、陳、亳、宿、許州水，害秋苗。四年六月，蔡州淮及白露、舒、汝、廬、潁五水並漲，壞廬舍、民田。六年，潁州淮、渒水溢，渰民舍、田疇甚衆。」呂景蒙《嘉靖潁州志·郡紀》：「（宋）開寶二年，潁、蔡、陳、宋、亳、宿、許州水害秋苗。四年白露，舒、汝、廬、潁五水並漲，壞廬舍、民田。六年六月，潁州淮、渒水溢，渰民舍、田疇甚衆。」

③《宋史·五行·水上》：「太平興國二年六月，潁州潁水漲，壞城門、軍營、民舍……五年五月，潁州潁水溢，壞堤及民舍。」《文獻通考·物異考·羽蟲之異》：……「（太平興國九年）潁州獻白雉。」呂景蒙《嘉靖潁州志·郡紀》：「（宋）太宗太平興國二年六月，潁州潁水漲，壞城門、軍營、民舍。五年五月，潁州潁水溢，壞堤及民舍。是年，潁州獻白雉。」

④《宋史·五行·木》：「是（淳化四年）秋，陳、潁、宋、亳、許、蔡、徐、濮、澶、博諸州霖雨，秋稼多敗。五年秋，開封府、宋、亳、陳、潁、泗、壽、鄧、蔡、潤諸州雨水害稼。」呂景蒙《嘉靖潁州志·郡紀》：「（宋）淳化四年秋，陳、潁、宋、亳州霖雨，秋稼多敗。五年秋，宋、亳、陳、潁、泗、壽州雨水害稼。」

⑤《文獻通考·物異考·毛蟲之異》：「（真宗咸平六年）潁州獻白麑。」呂景蒙《嘉靖潁州志·郡紀》：「（宋）真宗咸平六年，潁州獻白麑。」

⑥「二」字誤，當爲「三」。《宋史·真宗紀》：「（天禧三年三月）甲申，潁州石隕出泉，飲之愈疾。」《宋史·五行·水下》：「天禧三年正月晦，沈丘縣民駱新田聞震，頃之，隕石入地七尺許。」呂景蒙《嘉靖潁州志·郡紀》：「（宋）天僖二［三］年三月甲申，潁州石隕出泉，飲之愈疾。三年正月晦，潁州、沈丘縣民駱新田間震雷，頃之，隕石三，入地七尺許。」《乾隆阜陽縣志·輿地·祥異》：「天僖三年正月晦，雷震，頃之，隕石三，入地七尺許。三月甲申，潁州石隕出泉，飲之愈疾。」

⑦《宋史·五行·水上》：「治平元年，慶、許、蔡、潁、唐、泗、濠、楚、廬、壽、杭、宣、鄂、洪、施、渝州、光化軍水。」呂景蒙《嘉靖潁州志·郡紀》：「（宋）英宗治平元年，陳、潁、唐、泗、濠、楚、廬、壽俱有水災。是年，潁、亳州旱。」

⑧《宋史·高宗本紀》：「（紹興十年）五月壬寅，金人圍順昌府……劉錡力戰，敗之……（六月）乙巳，劉錡遣將閻充戰敗金人於順昌之李村……乙卯，順昌圍解。」呂景蒙《嘉靖潁州志·郡紀》：「（宋）高宗紹興七年，宗弼爲右監軍，復取河南，戰於潁州，漢軍少却。十年五月壬寅，金人圍順昌府，東京副留守劉錡引兵力戰，敗之。乙巳，劉錡遣將閻充敗金人於李村。乙卯，順昌圍解。三十一年五月乙卯，知順昌軍孟昭率部曲來歸。」

嘉定十年（1217），宋人攻潁州，焚掠而去。十四年（1221），宋人掠沈丘，殺縣令，焚潁州，執防禦判官。①

## 金

完顏襄率甲士二千人渡潁水，拔潁州。②

## 元

太宗四年（1232）春，攻金，下潁州。③

中統四年（1263），昔壽、潁二州地多荒蕪，有虎食民妻，其夫來告，別的因默然良久，曰：「此易治耳。」廼立檻設機，縛羔羊檻中以誘虎。夜半，虎果至，機發，虎墮檻中，因取弓射之，虎遂死。自是虎害遂息。④

至元二十五年（1288），河決，潁被患。二十七年（1290）復決，潁大被患。⑤

致和元年（1328）五月，潁州蝗。⑥

至正十一年（1351）五月辛亥，潁州妖人劉福通爲亂，以紅巾爲號，陷潁州，據朱皐，攻羅山等縣，陷汝寧、光息等府州，衆至十萬。十六年（1356）四月，大明兵取潁州路。⑦

①《金史・宣宗本紀》：「（興定元年）五月癸巳，宋人攻潁州，焚掠而去……（五年）十一月壬寅，宋人焚潁州，執防禦判官而去。」呂景蒙《嘉靖潁州志・郡紀》：「（宋）寧宗嘉定十年，宋人攻潁州，焚掠而去。十四年，宋人掠沈丘，殺縣令。是年，宋人焚潁州，執防禦判官。」

②《金史・紇石烈志寧傳》：「完顔襄攻潁州，拔之。」呂景蒙《嘉靖潁州志・郡紀》：「金完顔襄率甲士二千人渡潁水，攻拔潁州。」

③《元史・太宗本紀》：「（太宗四年壬辰春正月）壬寅，攻鈞州，克之……遂下商、虢、嵩、汝、陝、洛、許、鄭、陳、亳、潁、壽、睢、永等州。」呂景蒙《嘉靖潁州志・郡紀》：「（元）太宗四年春，攻金，下潁州。」

④《元史・抄思傳》附傳：「（中統四年）冬十一月，謁見世祖於行在所，世祖賜金符，以別的因爲壽潁二州屯田府達魯花赤。時二州地多荒蕪，有虎食民妻，其夫來告，別的因默然良久，曰：『此易治耳。』迺立檻設機，縛羔羊檻中以誘虎。夜半，虎果至，機發，虎墮檻中，因取射之，虎遂死。自是虎害頓息。」呂景蒙《嘉靖潁州志・郡紀》：「是年（中統四年），以別的因爲壽潁二州屯田府達魯花赤。時二州地多荒蕪，有虎食民妻，其夫來告，別的因默然良久，曰：『此易治耳。』迺立檻設機，縛羔羊檻中以誘虎。夜半，虎果至，機發，虎墮檻中，因取射之，虎遂死。自是虎害頓息。」

⑤《元史・世祖紀》：「（至元二十五年五月）河決汴梁，太康、通許、杞三縣，陳、潁二州皆被害。」《元史・五行・水》：「（至元二十七年）十一月，河決祥符義塘灣，太康、通許二縣，陳、潁二州，大被其患。」呂景蒙《嘉靖潁州志・郡紀》：「（元）至元二十五年，河決，潁被患。二十七年復決，潁大被患。」《乾隆阜陽縣志・輿地・祥異》：「元至元二十五年五月，河決，汴梁、潁州被害。二十七年十一月，河決祥符、義唐灣，潁復大被害。」

⑥《元史・五行・火》：「（致和元年）五月，潁州及汲縣蝗。」呂景蒙《嘉靖潁州志・郡紀》：「（元）泰定帝致和元年五月，潁州蝗。」

⑦呂景蒙《嘉靖潁州志・郡紀》：「（元）順帝至正十一年五月辛亥，潁州妖人劉福通爲亂，以紅巾爲號，陷潁州，據朱皐，攻羅山等縣，陷汝寧、光息等府州，衆至十萬。十六年四月，大明兵取潁州路。」《明史・韓林兒傳》附傳：「至正十一年五月，事覺，福通等遽入潁州反……福通據朱皐，破羅山、上蔡、真陽、確山，犯葉、舞陽，陷汝寧、光、息，衆至十餘萬，元兵不能禦。」

## 明

正統元年（1436），潁上沙河水溢，壞民廬舍。①

天順四年（1460），潁上沙河水漲，民舍多渰沒，河東馬頭一空。始遷縣於河西立焉。②

成化二年（1466），大水，漫城尺許。是歲大饑，民死者半，斗米百錢。十三年（1477），潁上桃李冬華，有實如王瓜而小，體空無核。十六年（1480）春，地震。秋淋雨，穀粟無成，豆多腐爛。十七年（1481），大饑疫。③

弘治六年（1493）九月二十五日大雪，道路不通，村落不辨，河水堅結，禽鳥絕飛。至次年二月終始霽。歲則大熟。七年（1494）四月初三日夜，北風大作，雨雹傷稼。八年（1495）七月十五日午，潁上天朗氣清，驟雨如注，即止。俄頃，日色中三龍出沒，烟雲上下相持，自南而北，所過屋瓦皆飛。十七年（1504）五月十二日午後，風自西作，晝晦冥，船隻多沉溺，至夜分風迺止。④

正德三年（1508），潁州進白兔。四年（1509）春，大饑，人相食。七年（1512）春，潁上有鳥飛鳴城郭，其聲甚哀。三月，流賊劉三陷太和，賈敏兒等圍潁上。兵備李天衢督衆圍守，七日而賊退。⑤

嘉靖元年（1522）七月二十四日，大風拔木摧禾，冬暖如春，諸果木皆華，間有實。三年（1524）正月元日夜地震。春大饑，人相食。四年（1525）八月二十二日地震。十二月二十二日復震。⑥十三年（1534）、十四年（1535）俱蝗。二十五年（1546）四月二十日未旹，大雨雹，深有五寸。二十六年（1547），大有年。⑦

李宜春曰：《傳》有之：「天地之災，隱而廢也；萬物之怪，書不說也。」⑧故政平民龢，雖有災並至，庸何傷乎？政闇民窮，雖有祥並見，亦何益邪？《書》曰：「師尹惟日。」⑨司民社者，其無責哉？

---

①呂景蒙《嘉靖潁州志·郡紀》：「（明）睿皇帝正統二年（1437），潁上沙河水溢，壞民廬舍。」《順治潁上縣志·災祥·明》：「正統丁巳，沙河水泛溢，街市民舍水浸者旬日，臥榻下盡魚鱉。李黄門牌坊爲之傾圮。」

②呂景蒙《嘉靖潁州志·郡紀》：「（明）天順四年，潁上沙河水漲，民舍多渰沒，河東馬頭一空。始還縣於河西立焉。」《順治潁上縣志·災祥·明》：「天順庚午，沙河水溢，民舍多沒之。河東馬頭一空，始移河西立焉。」

③呂景蒙《嘉靖潁州志·郡紀》：「（明）純皇帝成化二年，大水，漫城尺許。是歲大饑，民死者半，斗米百錢。十三年，潁上桃李冬華，有實如王瓜而小，體空無核。十六年春，地震。秋淋雨，穀粟無成，豆多腐爛。次年，大饑疫。」《順治潁上縣志·災祥·明》：「成化丙戌，大水浸城者數板。是年大饑，民死者半，斗米值白銀乙錢。丁酉，桃李冬花，樹有實如王瓜，體空，亦不堪食。庚子春，地震。秋，淋雨。穀粟無成，豆多腐壞。次年大饑，大疫。」

④呂景蒙《嘉靖潁州志·郡紀》：「（明敬皇帝弘治）六年九月二十五日大雪，道路不通，村落不辨，河水堅結，禽鳥絕飛。次年二月終始霽。歲則大熟。七年四月初三日夜，北風大作，雨雹傷稼。八年七月十五日午，潁上天朗氣清，驟雨如注，即止。俄頃，日色中三龍出沒，烟雲上下相持，自南而北，所過屋瓦皆飛。十七年五月十二日午後，風自西作，晝晦，船隻多沈溺，至夜分風迺止。」《順治潁上縣志·災祥·明》：「弘治癸丑九月廿五，大雪，道路不通，村落不辨，河水堅結，禽鳥不飛。次年二月中始霽，歲則大熟。甲寅四月初三日夜一更時，北風大作，雨雹。乙卯七月十五日午，天朗氣清，日色中驟雨，即止。俄頃，三龍在西隅，煙雲上下相持，自南而北，其氣呼吸，屋瓦物器所遇者，皆爲奔空飛逐，人亦爲驚異。甲子五月十二日午，颶大作，自西而來，其猛烈可畏，晝亦爲之晦。正陽河下，船多爲之漂流沉溺。」

⑤呂景蒙《嘉靖潁州志·郡紀》：「（明）毅皇帝正德三年，潁州進白兔。四年春，大饑，人相食。七年春，潁上有鳥飛鳴城郭，其聲甚哀。三月，流賊劉三陷太和、賈敏兒等圍潁上。兵備李天衢督衆固守，七日而賊退。」《順治潁上縣志·災祥·明》：「正德己巳春，大饑，人相吞噬。壬申春，有鳥不知所來，飛鳴城郭，其聲可怪，亦不識爲何鳥。三月初，劇賊圍城，十日不克，大肆剽掠，屠戮生靈，焚毁房屋。兵殘之後，至今民

尚未蘇。」

⑥《明史・五行・地震》：「（嘉靖）三年正月丙寅朔，兩畿、河南、山東、陝西同時地震。四年八月癸卯，徐州、鳳陽一衛三州縣及懷慶、開封二府俱地震，聲如雷。九月壬申，鳳陽、徐州及開封二縣復震。」

⑦呂景蒙《嘉靖潁州志・郡紀》：「（明）今上嘉靖元年七月二十四日，大風拔木摧禾，冬暖如春，諸果木皆華，間有實。三年正月元日夜地震。春大饑，人相食。四年八月二十二日地震。十二月二十二日復震。十三、十四年俱蝗。」《順治潁州志・郡紀》：「（明）嘉靖元年七月二十四日，大風拔木摧禾，冬暖如春，諸果木皆華，間有實。三年正月元日夜地震。春大饑，人相食。四年八月二十二日地震。十二月二十二日復震。十三年、十四年俱蝗，田無遺穗。二十五年四月二十日，大雨雹，深五寸，麥禾盡損。」《乾隆阜陽縣志・輿地・祥異》：「（明）嘉靖元年七月二十四日，大風拔木摧禾，冬暖如春，果木皆華，間有實。三年正月元日夜地震。春大饑，人相食。四年八月廿二日地震。十二月廿二日地復震。十三年、十四年俱蝗，田無遺穗。二十五年四月二十日，大雨雹，深五寸，麥禾盡損。」《順治潁上縣志・災祥・明》：「嘉靖壬午七月廿四，風自西北，自暮達旦，拔伐樹木，摧折禾稼，已實者搖落一空，方秀者偃伏遍野，人盡失望。是冬，和氣如春，桃李諸果木皆華，間或有實者。歲薦饑。甲申正月初一日，夜一更時，地震。春大饑，米乙石值白銀乙兩六錢，各色雜糧價騰高。」

⑧《韓詩外傳》卷二：「天地之災，隱而廢也，萬物之怪，書不說也。」

⑨《尚書・洪范》：「王省惟歲，卿士惟月，師尹惟日。」